高职高专会计类"十二五"规划系列教材

税收与纳税筹划

SHUISHOU YU NASHUI CHOUHUA

主 编 段迎春 于 洋

副主编 秦兴高 刘晓南 陈桂梅

中国金融出版社

责任编辑：王　君
责任校对：张志文
责任印制：陈晓川

图书在版编目（CIP）数据

税收与纳税筹划（Shuishou yu Nashui Chouhua）/段迎春，于洋主编 . —北京：中国金融出版社，2013.1
高职高专会计类"十二五"规划系列教材
ISBN 978 - 7 - 5049 - 6737 - 4

Ⅰ. ①税… Ⅱ. ①段…②于… Ⅲ. ①税收管理—中国—高等职业教育—教材②税收筹划—中国—高等职业教育—教材 Ⅳ. ①F812.423

中国版本图书馆 CIP 数据核字（2013）第 005686 号

出版
发行 **中国金融出版社**

社址　北京市丰台区益泽路 2 号
市场开发部　（010）63266347，63805472，63439533（传真）
网上书店　http：//www.chinafph.com
　　　　　（010）63286832，63365686（传真）
读者服务部　（010）66070833，62568380
邮编　100071
经销　新华书店
印刷　北京松源印刷有限公司
尺寸　185 毫米×260 毫米
印张　19
字数　419 千
版次　2013 年 1 月第 1 版
印次　2013 年 1 月第 1 次印刷
定价　36.00 元
ISBN 978 - 7 - 5049 - 6737 - 4/F.6297
如出现印装错误本社负责调换　联系电话（010）63263947

前　言

　　随着我国社会主义市场经济体制的逐步建立，税收体制不断完善和发展。税收筹划是在市场经济条件下经济利益主体降低税收成本、提高经济效益的必然产物。依法纳税是每个公民的义务，合理合法的税收筹划也是纳税人的基本权利。税收筹划对财经类和经济管理类学生来说是一门相当重要的课程，对企业管理者而言是一项必须掌握的技能。

　　本书的编写人员全部都是长期从事税收及纳税筹划教学的一线教师，在长期的教学实践中发现，要想有效地进行纳税筹划，税收制度基本知识的学习是掌握税收筹划的方法与技巧的基础。目前，许多介绍税法和纳税筹划知识的教材是分开的。这种税法和纳税筹划的知识分开来学的教材体例，使学生的知识不连贯，不利于学生和企业财务人员融会贯通地运用税收政策进行纳税筹划。因此，本书的编写人员提出了新的构架思路，将税收和纳税筹划的知识整合在一起。首先，以总论的形式对税收的基本理论和税收筹划的基本原理和方法作概括性介绍，然后按照现行税制的分类方法，以税种为顺序排列章节，分税种介绍其征收范围、税率、纳税计算办法、申报方法等实际操作技能。并将各税种纳税筹划的方法和技巧从实务操作意义上进行分析、提炼、归纳，针对每章的难点和重点问题配以丰富的案例加以说明，以助学生理解和掌握。教学实践证明，这种税收法规介绍与纳税筹划案例分析相结合的方式，便于学习者在透彻理解和扎实掌握税收实务基础上，熟练运用税收筹划具体方法对企业经营活动进行合理合法的纳税筹划，较好地满足高职高专层次学生的教学需要。

　　本书的主要特点：根据高职高专的教学特点和培养目标，注重理论与实际的紧密结合，以应用为目的，以讲清概念、强化实务为重点。全书采用一体化规范的格式设计，每一章的开篇都有学习目标、技能要求和引导案例；每章运用大量案例来进行分析，便于学习者理解、掌握实际操作能力。为了巩固、强化学生的基本知识和基本技能，在每章末配有本章小结并编写了操作训练题。

　　本书编写分工如下：长春金融高等专科学校段迎春教授编写第一章总论、第二章增值税、第七章企业所得税；辽宁金融职业学院于洋教授编写第四章营业税、第五章行为税、第六章关税；辽宁金融职业学院刘晓南编写第三章消费税；辽宁金融职业学院陈桂梅编写第八章个人所得税；广东农工商职业技术学院秦兴高编写第九章资源课税、第十章财产课税。本书由段迎春、于洋担任主编。

在本书编写过程中，我们参阅、借鉴、引用了大量国内外书刊资料和业界的研究成果，并得到了有关专家的指导，对此我们表示衷心的感谢。同时，本书也是吉林省哲学社会科学规划基金项目【2012B303】。鉴于税收筹划是一门综合性、实务性和动态性较强的学科，由于编者的水平有限，书中难免有疏漏和不足，恳请同行和读者批评指正。

编　者

二〇一二年十二月

目 录

第一章

总 论

ZONGLUN

【本章学习目标】

　　知识目标： 理解税收的含义和特点；理解税收制度各要素的内涵，掌握各种不同税率的计算；掌握税收筹划的概念、税收筹划与偷税及避税的关系。

　　能力目标： 掌握税收制度及其构成要素；熟悉税种的分类、纳税申报方式、税款征收方式；运用所学知识对税收筹划案例的性质进行基本判断和分析。

 【导入案例】 　　　　　　　　　**精明者筹划税收**

　　野蛮者抗税，愚昧者偷税，精明者筹划税收。尽管西方发达国家的税法以复杂和细致著称，但也没挡住精明者的"财务活动"。法国《回声报》日前公布的法国40家大型上市公司高管薪酬排行榜显示，法国知名奢侈品集团路易·威登董事长阿尔诺以4 428万欧元居法国薪酬排行榜首位，是世界第四富豪。排行榜中的40家大型上市公司首席执行官2011年总收入达9 680万欧元，人均242万欧元。阿尔诺不久前向比利时政府移民局递交了入籍申请。令人诧异的是和他同样选择离开法国的富豪还有很多位。在很多外来人努力进入法国之际，是什么让这些富豪弃法兰西而去？阿尔诺申请改籍的时机恰逢总统奥朗德提出一项征税计划。奥朗德在2012年法国总统竞选中承诺，他若当选，将对年薪超过100万欧元以上的富豪们征收税率高达75%的重税。为避税，巨富选择逃离法国。由于相对欧洲国家来说，法国针对富人的税负实际上比较重，从20世纪90年代开始就有许多法国的跨国大企业和富豪未雨绸缪想办法合理避税：很多高管将他们的居住地点选在伦敦、瑞士或者是其他国家，以避免税收上的限制，但高官们还是从事和原先一样的工作。在法国提供合理避税筹划业务的公司生意火爆，各种避税奇招也应运而生：在法国购置豪华房产要交大笔的社会团结财产税，但是可以通过买地皮自建、购买森林免税等方式避免缴税，而且通过银行贷款、延长贷款年限也可免交"巨富税"；另外，将财产大量购买人寿保险也可不列入纳税清单，将个人财产转化为企业资产或再投资也可免税[①]。

纳税人追求财富的最大化是天性，在中国税收筹划早已不再是边缘话题，中国税务报有《税收筹划》专刊，北京地税局有《节税读本》，来自上层建筑的声音，说明了合理节税的是纳税人的权利。

【关键词】

税收　税收制度　税收筹划　免税技术

第一节
税收基础知识

一、税收的概念及特征

（一）税收的概念

税收是一个历史极为悠久而又与我们的社会经济生活联系极为密切的财政范畴。自从人类进入阶级社会、产生国家以来，税收一直存在至今；并且随着社会经济的发展、社会制度和国家形态的更迭，税收的具体形式和社会属性也在不断发展变化着。当今世界几乎所有国家，不论大小、社会制度如何，都有税收存在，并以税收作为最主要的财政收入形式。那么，什么是税收呢？

我们认为，税收是国家为实现其职能的需要，凭借政治权力参与一部分社会产品或国民收入的分配，按照税法规定的标准，无偿地取得财政收入的一种形式。

税收是国家财政收入的主要来源，是国家实行宏观经济调控的重要经济杠杆之一。适度的宏观税收水平、科学合理的税收结构和税收制度、规范的税收政策可以有效地调节国民收入再分配、促进生产要素流动、引导资源优化配置、推动经济增长和产业升级、促进充分就业和社会稳定。合理的税制、统一的税法和公平的税负对于理顺和规范国家与企业之间的分配关系、促进企业公平竞争，对于理顺和规范中央与地方之间的国民收入分配关系，都具有非常重要的意义。

（二）税收的特征

税收作为一种凭借国家政治权力所进行的特殊分配，同国家取得财政收入的其他方式相比具有鲜明的特征。税收具有三个特征，即强制性、无偿性和固定性。这就是人们常说的"税收三性"。这三个特征是税收在不同的社会制度下反映的共同特征，这些特

征不因社会制度的改变而变化。

1. 强制性。指国家以社会管理者的身份，凭借政权力量，通过颁布法律或法规，按照一定的征收标准进行强制征税。税收的强制性表现为国家征税是按照国家意志依据法律来征收，而不是按照纳税人的意志自愿缴纳。具体地说，国家税收是通过法律、法规的形式规定下来的，税法是国家法律体系的组成部分，任何经济单位和个人只要取得了应税收入、发生了应税行为，就必须依法向国家履行纳税义务，否则就要受到法律的制裁。我国《宪法》规定公民有纳税义务，并且在《刑法》中设立了"危害税收征管罪"的规定，对违反税法者除依规定令其补税且可处以罚款外，对直接责任人员，视情节轻重处以有期徒刑、无期徒刑，乃至死刑。

2. 无偿性。指国家取得税收收入既不需要偿还，也不需对纳税人付出任何代价。国家征税之后，税款便成为国家的财政收入，也不再直接返还给纳税人本人。从税收的产生来看，国家为了行使其职能，需要大量的物质资料，而国家机器本身又不直接进行物质资料的生产，不能创造物质财富，只能通过无偿的征税来取得财政收入，以保证国家机器的正常运转。

3. 固定性。指国家征税以法律形式预先规定征税范围和征收比例，并作为征纳双方共同遵守的准则。这种固定性主要表现在国家通过税法，把对什么征税、对谁征税和征多少税在征税之前就固定下来。税收的固定性既包括时间上的连续性，又包括征收比例的限度性。

国家通过制定法律来征税，法律的特点是，一经制定就要保持它的相对稳定性，不能"朝令夕改"。国家通过税法，规定了征收范围和比例，在一定时期内相对稳定，纳税人就要依法纳税。税收的固定性也包括时间上的连续性，它区别于一次性的临时摊派以及对违法行为的罚款没收等。

"税收三性"是相互联系、密不可分的统一体，税收的无偿性决定了税收的强制性，而税收的固定性则是强制性、无偿性征收的必然结果。"三性"是税收固定的特征，因此，判断一种财政收入是不是税收，主要就是看它是否同时具有这三个特征。只要同时具备"三性"，它就是税收，不论这种收入的名称是什么，否则它就不是税收。

二、税收制度的概述

(一) 税收制度的概念

税收制度，简称税制，它既是历史的范畴又是财政的范畴，是国家处理税收分配关系的规范。它既是国家向纳税人征税的法律依据和税务机关税收工作的规程，又是纳税人履行纳税义务的法定准则。税收制度的概念可从广义和狭义两个角度理解。

1. 广义的税收制度。广义的税收制度是指税收的各种法律制度的总称，包括国家的各种税收法律法规、税收管理体制、税收征收管理制度以及税务机关内部管理制度。具体可分为：(1) 税收法律制度，即调整税收征纳关系的规范性法律文件，包括各种税法、条例、实施细则、规定、办法和协定等。(2) 税收管理体制，即在中央和地方之间划分税收立法、税收执法和税收管理权限的制度。(3) 税收征收管理制度。(4) 税务机构和人员制度，即有关税务机构的设置、分工、隶属关系以及税务人员的职责、权限等的制度。（5）税收计划、会计、统计工作制度。

2. 狭义的税收制度。狭义的税收制度是指国家的各种税收法规和征收管理制度，包括各种税法条例、实施细则、征收管理办法和其他有关的税收规定等。

税收制度又有另一种含义，即指一个国家在一定的历史条件下所形成的税收制度的结构体系，即各税种之间相互配合、相互协调共同构成的税制体系，如分别以所得税、流转税为主体的税制，以流转税和所得税并重为主体的税制等。它是根据一个国家现实的生产力发展水平和经济结构等情况，将税种、税目、税率的配置和设计作为研究对象，为税制改革、税收立法提供理论依据。

税收制度的上述两种含义既有明显区别，又有内在联系。前者是税收的法律形式，是税收分配活动的法律规范；后者是指一个国家根据其经济条件和财政需要所采用的税制的构造体系。

（二）税收制度与税法

1. 税法的概念。税法是国家制定的用以调整国家和纳税人之间在征纳税方面的权利及义务关系的法律规范的总称。税法是国家和纳税人依法征税和依法纳税的行为准则，目的是保障国家的利益和纳税人的合法权益，维护正常的税收秩序，保证国家的财政收入。

税法作为法律规范，具有与国家法律体系中其他法律部门一样的共性。但由于它所调整的法律关系的对象不同，它又是一个独立的法律部门，具有与其他法律部门不同的特征，具体包括：

（1）税与法的共存性。税收是随着国家的产生而产生的，法又是与国家同时存在的，国家为了取得税收，就必须凭借自己的政治权力，以法律形式参与国民收入分配。一方面，国家向纳税人无偿取得收入，就必须要有法律的强制力予以保证；另一方面，国家征税又必须按照法律标准和规定的程序进行，以保障纳税人的合法权利。正是由于税收分配区别于一般分配的重要标志是国家提供法律参与分配，所以税与法具有共存性。

（2）税法关系主体的一方固定性。任何法律关系都是有主体的，税收法律关系也是如此。但税收法律关系的主体有别于其他法律关系的主体，即在税法关系主体的双方当事人中，一方总是代表国家行使征税权的税务机关，而另一方则是各种不同类型的纳税人。也就是说税务机关作为一方当事人是固定不变的，而各类纳税人作为另一方当事人则是可以变更的。

（3）税法关系主体权利和义务的不对等性。权利与义务对等，是一个基本的法律原则。但这只是从法律关系主体的全部权利义务来考察的，就某一个具体的法律关系主体而言，其在某一个具体的法律、法规中的权利义务不一定是对等的。就税法而言，纳税人以尽义务为主，因为税法确定的征纳关系不是按照协商、等价和有偿等原则确立的，而是国家凭借政治权力，通过立法程序制定并强制执行的。但就财政而言，纳税人是可以通过国家的财政支出安排获得多项权利的。所以，纳税人权利义务的统一是从财政的范畴体现的，单从税法的角度看，纳税人的权利与义务具有不对等性。

（4）税法结构的综合性。税法不是单行法律，而是由实体法、程序法、诉讼法等构成的综合法律体系。税法是一种实体法与程序法相结合的法律结构形式。税法结构的综合性表明税法在国家法律体系中具有非常重要的地位，税法结构只有具有综合性的特征，才能保证国家正确行使征税权，保障足额取得财政收入，也才能保障纳税人的合法权利。

2. 税收制度与税法的关系。从经济学的角度看，税收的本质是国家参与国民收入分配所形成的一种经济利益关系，它包括国家与纳税人之间的税收分配关系以及各级政府间的税收利益分配关系。税收制度是税收本质的具体体现，也就是说，税收的这种分配关系要得以实现，必须通过具体的、外在化的税收制度加以落实，税收制度正是通过税收构成要素的设置才使得国家和社会经济主体的分配关系确定下来的。

税法是法学的概念，税法的调整对象是税收分配中形成的权利义务关系。国家与纳税人之间以及各级政府间的税收利益分配关系都是借助于法的形式，即通过设计税收权利义务来实现的。可见，税法调整的是税收权利义务关系，而不直接是税收分配关系。

税收制度与税法密不可分，两者既有相同点又有不同点。相同点主要表现为：（1）税收制度与税法都是以税收征纳关系为调整对象的；（2）税收制度与税法都是由纳税人、课税对象、税率等要素构成的。税收制度与税法的不同点仅仅表现为在税收基本制度和实施细则方面立法权限的不同以及由此产生的法律效力方面的差别。从立法权限看，凡是由我国最高权力机关（全国人民代表大会及其常务委员会）通过并发布的才能称为税法；凡是由权力机关授权行政机关（包括最高行政机关和地方行政机关）制定并发布的，则称为税收行政法规和行政规章。从法律效力来看，税法的地位和效力最高，税收行政法规次之，再次是税收行政规章。

税收制度与税法所涉及的范围不同。一般来说，所有的税收法律规范都可称为税收制度，具体包括税收法律、法规和规章三种形式在内的所有税收法律规范，而税法一般仅指税收法律这一种形式。例如，《中华人民共和国企业所得税法》既是税收法律，也是税收制度；而《中华人民共和国增值税暂行条例》则仅仅是税收法规，而不是税收法律。

3. 税收法律关系。与税收制度与税法概念相关的还涉及另外一个概念——税收法律关系。税收法律关系是指由税收法律规范确认和调整的国家与纳税人之间发生的权利与义务关系。国家征税表现为与纳税人之间的利益分配关系，在通过法律明确双方的权利与义务后，这种关系上升为一种特定的法律关系。这一税收法律关系主要包括以下三个方面。

（1）权利主体。权利主体是指税收法律关系中享有权利和承担义务的当事人。按当事人行为性质的不同，权利主体可分为征税主体和纳税主体。在我国，征税主体是代表国家行使征税职责的国家税务机关，具体包括各级税务机关、海关和财政机关。纳税主体是指履行纳税义务的单位和个人，具体包括法人、自然人和其他经济组织等。对这种权利主体的确定，我国采取属地兼属人原则，即在华的外国企业、组织、外籍人、无国籍人等，凡在中国境内有所得来源的，都是我国税收法律关系的纳税主体。在我国税收法律、法规中所规定的负有代扣代缴或代收代缴义务的单位和个人也可列为纳税主体。

因为在税收法律关系中由于权利主体双方是行政管理者与被管理者的关系，所以双方的权利与义务是不对等的。这与一般民事法律关系中主体双方权利与义务是平等的不同，这是税收法律关系的一个重要特征。

（2）权利客体。税收法律关系中的权利客体是指权利主体的权利和义务所共同指向的客观对象。税收法律关系客体与征税对象较为接近，在许多情况下是重叠的，但有时两者又有所不同。税收法律关系的客体属于法学范畴，侧重于其所连接的征税主体与纳税主体之间权利义务的关系，不注重具体形态及数量关系，较为抽象；而征税对象属于经济学范畴，侧重于表明国家与纳税人之间物质利益转移的形式、数量关系及范围，较为具体。例如，流转税的法律关系客体是纳税人生产、经营的商品、货物或从事的劳务，而征税对象是其商品流转额或非商品流转额；财产税的法律关系客体是纳税人所有的某些财产，征税对象是这些财产的价值额。

（3）税收法律关系内容。税收法律关系内容是指权利主体依法享有的权利和承担的义务，这是税收法律关系中最实质的部分，也是税法的灵魂。征税主体的权利主要表现在依法征税、进行税收检查以及对违章者进行处罚；其义务主要是向纳税人宣传、咨询、辅导税法，及时把征收的税款解缴国库，依法受理纳税人对税收争议的申诉等。

纳税主体的权利主要有多缴税款申请退还权、延期纳税权、依法申请减免税权、申请复议和提起诉讼权等；其义务主要是按税法规定办理税务登记、进行纳税申报、依法缴纳税款和接受税务检查等。

三、税收制度构成要素

税收制度由各种税收要素构成，简称税制要素，税收要素的具体规定性决定了税收的具体形式。税收制度的构成要素主要包括以下几方面的内容。

（一）纳税人

纳税人也称为纳税主体，是指税法规定的直接负有纳税义务的单位和个人。纳税人是缴纳税款的主体。纳税人既有自然人，也有法人。所谓自然人，一般是指公民或居民个人。所谓法人，是指依法成立并能独立行使法定权利和承担法定义务的企业或社会组织。一般来说，法人纳税人大多是公司或企业。法人相对于自然人而言，是社会组织在法律上的人格化。

各项税收，一般是由纳税人直接申报缴纳或由税务机关直接征收，但为了简化纳税手续，有效控制税源，方便纳税人，税法还规定了扣缴义务人、税务代理人、委托代征人。下面介绍与纳税人相关的两个概念。

1. 纳税人应与负税人相区别。负税人是指最终负担税款的单位和个人。在税收负担不能转嫁的条件下，纳税人与负税人是一致的；在税收负担可以转嫁的条件下，纳税人与负税人是分离的。有的税种，如各种所得税，由于税负不能转嫁，纳税人就是负税人。有的税种，如增值税、消费税、营业税等，由于税负能够转嫁给他人，纳税人与负税人就不一致。税法中并没有负税人的规定，但在制定税收政策和设计税收制度时，政策的制定者就要认真考虑和研究负税人的税收负担问题。

2. 扣缴税款义务人,简称扣缴义务人,是指税法上规定的负有扣缴税款义务的单位。税法规定,税务机关应付给扣缴义务人所代扣、代收税款一定比例的手续费。同时,扣缴义务人也必须依法履行代扣、代收税款义务。如果不履行义务,就要承担相应的法律责任。如我国《税收征收管理法》规定,扣缴义务人如果不履行义务,除对其行为给予处罚外,还应责成扣缴义务人限期将应扣未扣、应收未收的税款补扣或补收。

（二）征税对象

征税对象是指对什么征税,是税法规定的征税的目的物,也称课税对象。它反映了一个税种征税的基本范围和界限,是一种税区别于另一种税的主要标志。国家为了筹集财政资金和调节经济的需要,可以根据客观的经济需要选择多种多样的课税对象。在征税对象这一要素中,有三个相关概念——税源、税目和计税依据。

1. 税源是指每一种税的具体经济来源,是各种税收收入的最终出处。各个税种因征税对象的不同,都有不同的经济来源。有的税种课税对象与税源是相同的,如所得税,其征税对象和税源都是纳税人的所得;有的税种两者则不相同,如财产税,征税对象是应税财产,而税源则是财产的收益或财产所有人的收入。掌握和了解税源的发展变化是税务工作的重要内容,它对制定税收政策和税收制度、开辟和保护税源、增加财政收入等方面都具有重要意义。

2. 税目,是征税对象的具体化,反映具体的征税范围,体现征税的广度。有些税种征税对象简明,没有必要再另行规定税目。有些税种征税对象复杂,需要规定税目,如消费税以消费品为征税对象,但对哪些消费品征税,需要通过税目来规定。规定税目首先为了明确具体的征税项目,另外,通过规定对不同税目的不同税率,体现国家的政策。

3. 计税依据,即指征税对象的计量单位和征收标准。计税依据按其性质可分为两大类:一类是以征税对象的实物形态为计税单位,即按课税对象的数量、重量、容积、体积等为计税依据。它适合于从量计征的税种,如对盐征资源税的课税依据是销售盐的吨数。另一类是以价值形态为计税依据,即按课税对象的价格或价值为计税标准。它适合于从价计征的税种,如对卷烟计征消费税时的计税依据是卷烟的销售价格。

（三）税率

税率是应纳税额与课税对象的比例。税率是税收制度的核心和中心环节,税率的高低既是决定国家税收收入多少的重要因素,也是影响企业和个人经济行为的一个极为重要的手段,因此,它反映了征税的深度,体现了国家的税收政策。税率分为三种基本形式。

1. 比例税率。比例税率是按计税依据对征税对象规定一个固定的征税比率。比例税率不随征税对象数额大小而改变,无论征税对象数额大小,一律按固定比例征收税额。比例税率具有计算简便、利于征管、促进效率的优点。其局限性是比例税率不能体现对能力大者多征、能力小者少征的原则。在税收负担上具有累退性,表现为收入越高,负担越轻,不尽合理。在具体运用上,有以下几种表现形式:统一比例税率、行业比例税率、产品比例税率、地区差别比例税率、幅度比例税率等。

2. 累进税率。累进税率是根据征税对象数额的大小划分为若干等级，每个等级由低到高规定相应的税率，征税对象数额越大，税率越高，即税率水平随征税对象数量的增加而递增。一般适用于对所得额的征税。

累进税率依照累进依据和累进方法的不同，又分为四种形式。

（1）全额累进税率。全额累进税率是指征税对象的全部数额都按其相应等级的累进税率计算征收。

（2）超额累进税率。超额累进税率是指将征税对象按数额大小划分若干等级，对每个等级由高到低分别规定相应的税率，分别计算税额，各个等级税额之和等于应纳税额。

为了解决超额累进税率计算复杂的问题，在实际工作中都采用简化计税方法，即引入"速算扣除数"的方法。所谓"速算扣除数"是指按全额累进税率计算的税额减去按超额累进税率计算的税额的差额。

（3）全率累进税率。全率累进税率是指与全额累进税率的累进方法相同，只是税率的累进依据是相对数，如销售利润率、资金利润率、工资利润率等。

（4）超率累进税率。超率累进税率与超额累进税率的累进方法相同，只是税率的累进依据是相对数，如销售利润率、资金利润率、工资利润率等。我国现行的土地增值税是以土地增值率作为累进依据的，此项比例越大，适用税率越高。

全额累进税率和全率累进税率的优点是计算简便，但在累进级距的临界点附近税负不合理。超额累进税率和超率累进税率的优点是累进程度比较缓和、税收负担较为合理，但计算较为复杂，会加大征纳成本。

3. 定额税率。定额税率也称固定税额，它是对征税对象的一定计量单位直接规定一个固定的税额，而不规定征收比例。定额税率具有计算简便、税额不受价格和收入变动影响的特点。定额税率由于税额一般不随征税对象价值的增长而增长，不能使国家财政收入随国民收入的增长而同步增长。因此，在调节收入和适用范围上具有局限性。定额税率适用于从量计征的税种。其表现形式有以下几种：地区差别税额、幅度税额、分类分级税额。在我国，目前定额税率主要在财产课税、资源课税中使用。

比例税率、累进税率和定额税率都是税法中的税率形式，可概括称为"税法税率"。有时人们为了经济分析的需要，还常引入另外的税率形式，主要包括名义税率、实际税率、边际税率和平均税率，可概括称为"虚拟税率"。名义税率即为税率表所列的税率，是纳税人实际纳税时适用的税率。实际税率是纳税人真实负担的有效税率，它等于实纳税额与经济税基之比，在没有税负转嫁的情况下，即为纳税人的税收负担率。有些税种由于实行减免税，税前列支和扣除，实际税率会低于名义税率。边际税率是指一定数量的税基再增加一个单位所适用的税率，在实行比例税率的条件下，边际税率始终不变；在实行累进税率条件下，税基的不同级距上有不同的边际税率。平均税率是实纳税额与法定税基之比。当实行比例税率时，若无税收减免，平均税率就等于实际税率，也与边际税率一致；实行超额累进税率时，平均税率与边际税率常常存在差别，其差别大小由法定税基的大小决定。

（四）纳税环节

纳税环节是指在商品流转过程中应当缴纳税款的环节。商品从生产到消费，中间要经过许多流转环节，例如，工业品要经过工业生产、商业批发和商业零售等环节。纳税环节的确定是流转课税的一个重要问题，它主要解决征一道税，还是道道征税以及确定在哪个环节征税的问题。它关系到税制结构和税种的布局，关系到税款能否及时足额缴入国库，关系到地区间税收收入的分配。同时关系到是否便利企业的经济核算和纳税人缴纳税款等问题。

按纳税环节的多少和具体环节的选择可以分为不同的课税制度：同一种税只在一个环节课征税收的，称为"一次课征制"；同一种税在两个或两个以上环节课征税收，或同种性质不同税种对同一种收入课征税收的，称为"多次课征制"。

（五）纳税期限

纳税期限是指纳税人缴纳税款的法定期限。每一个税种都要明确规定纳税期限，这是由税收的强制性和固定性的特征所决定的。

在确定纳税期限时，主要应考虑以下三个方面的因素：（1）要根据国民经济各部门生产经营的不同特点和不同的课税对象来确定。（2）要根据纳税人缴纳税额的多少来确定。一般来说，应纳税额大的，纳税期限规定短一些；应纳税额小的，纳税期限规定较长一些。（3）要根据纳税行为的发生情况，对有些税种可以实行依次征收。

（六）税收优惠

税收优惠是指国家根据一定时期政治、经济和社会发展的总目标，运用税收政策在税收法律、行政法规中给予特定的纳税人和征税对象减轻或免除税收负担的各种优待的总称。

税收优惠是对税率的补充，它分为狭义的税收优惠和广义的税收优惠。狭义的税收优惠是指减税和免税，所谓减税、免税是对某些纳税人或征税对象给予鼓励和照顾的一种特殊规定，减税是对应纳税额少征一部分税额；免税是对应纳税额全部免征。广义的税收优惠是指减税、免税、优惠税率、出口退税、加速折旧、税项扣除、投资抵免、亏损弥补、税额抵扣、税收抵免、税收饶让等减轻或免除纳税人和征税对象税收负担的优待规定。

1. 税收优惠的基本方式。

（1）税基式优惠。税基式优惠主要是通过直接缩小计税依据的方式实行的税收优惠。具体包括起征点、免征额、项目扣除以及亏损弥补等。①起征点。起征点是征税对象达到征税数额开始征税的界限。征税对象的数额未达到起征点的不征税；达到或超过起征点的，就其全部数额征税。②免征额。免征额是在征税对象总额中免予征税的数额，即按照一定标准从征税对象总额中预先扣除的数额，免征额部分不征税，只就超过免征额的部分征税。③项目扣除。项目扣除是指在征税对象中扣除一定项目的数额以其余额作为计税依据计算税额。④亏损弥补。亏损弥补是指将以前纳税年度的经营亏损在本纳税年度的经营利润中扣除，以其余额作为计税依据计算税额。

（2）税率式优惠。税率式优惠是指直接通过降低税率的方式实行的税收优惠。如重新确定税率、选择其他低税率、零税率以及关税的暂定税率等。

（3）税额式优惠。税额式优惠是指直接通过减少应纳税额的方式实行的税收优惠。如减税、免税、出口退税、投资抵免、税收抵免、税收饶让等。

2. 税收附加与加成。税收优惠是减轻税负的措施。与之相对应，税收附加和加成是加重纳税人负担的措施。

税收附加也称地方附加，是地方政府依照国家规定的比例随同正税一起征收的列入地方预算外收入的一种款项。如依据增值税、消费税、营业税实纳税额计算的教育费附加。

税收加成是指根据税制规定的税率征税后，再以应纳税额为依据加征一定成数的税额。加征一成相当于纳税额的10%，税收加成实际是税率的延伸，只针对个别情况，不宜整体实施。如个人所得税中对劳务报酬畸高的，实行加成征收。

（七）违章处罚

违章处罚是对纳税人违反税法行为所采取的教育处罚措施。它是维护国家税法严肃性的一种必要措施。税收法令的违章行为，一般有偷税、欠税、抗税和骗税四种情况。违章行为的界定及其处罚的具体规定如下。

1. 偷税。是指纳税人有意识地采取非法手段，不按税法规定缴纳税款的违法行为。如通过伪造或涂改凭证、账册、报表以及转移资产或收入等手段，隐匿应税项目、数量、金额；乱摊成本、费用或擅自提高开支标准等。《中华人民共和国税收征收管理法》（以下简称《征管法》）第六十三条规定：对纳税人偷税的，由税务机关追缴其不缴或者少缴的税款、滞纳金，并处不缴或者少缴的税款50%以上5倍以下的罚款；构成犯罪的，依法追究刑事责任。《征管法》第六十四条规定：纳税人、扣缴义务人编造虚假计税依据的，由税务机关责令限期改正，并处5万元以下的罚款。

2. 欠税。欠税是指纳税人不按规定期限缴纳税款的违章行为。我国《征管法》第六十五条规定：纳税人欠缴应纳税款，采取转移或者隐匿财产的手段，妨碍税务机关追缴欠缴的税款的，由税务机关追缴欠缴的税款、滞纳金，并处欠缴税款50%以上5倍以下的罚款。

3. 抗税。抗税是指纳税人对抗国家税法，拒不依法纳税的一种违法行为。我国《征管法》第六十七条规定：对于抗税情节轻微，未构成犯罪的，由税务机关追缴其拒缴的税款、滞纳金，并处拒缴税款1倍以上5倍以下的罚款。

4. 骗税。骗税是指采取弄虚作假和欺骗手段，骗取出口退（免）税或减免税款的行为。我国《征管法》第六十六条规定：对骗取出口退税的，由税务机关追缴其骗取的退税款，并处以骗取税款1倍以上5倍以下罚款；构成犯罪的，依法追究刑事责任。对骗取国家出口退税款的，税务机关可以在规定期间内停止为其办理出口退税。

四、税收的分类及我国现行税制结构

（一）税收的分类

税收的分类，是指根据不同的目的，按照一定的标准，对复杂的税制和繁多的税种进行归类。科学合理的税收分类有助于分析税源的分布和税收负担的状况以及税收对经济的影响，为制定科学合理的税收政策和切实有效的税收征管制度提供可靠依据。常用的税收分类方法有以下几种。

1. 按课税对象的性质分类。可分为商品劳务税（也称做流转税）、所得税、财产税、资源税、行为税五类。这一分类方法也是中国税收分类的主要方法。

（1）商品劳务税。商品劳务税是以商品和劳务的流转额为课税对象的税种。它主要以商品销售额、购进商品的支付金额和营业收入额为计税依据，一般采用比例税率的形式。我国现行税制中，商品劳务税主要有增值税、消费税、营业税、关税。

（2）所得税。所得税是以收益所得额为课税对象的税种。它主要根据纳税人的生产经营所得、个人收入所得和其他所得进行课征。在我国的现行税制中，所得税类主要包括企业所得税和个人所得税。

（3）财产税。财产税是以财产价值为课税对象的税种。根据不同的课税对象，财产税又可以进一步分为一般财产税、财产转移税、财产增值税等。我国的现行税制中，财产税主要包括房产税、车船税和契税。

（4）资源税。资源税是以资源绝对收益和级差收益为课税对象的税种。前者以拥有某种国有资源的开发和利用权为征收对象；后者是以纳税人占用资源的数量和质量的差额所形成的级差收入为征税对象，征收的目的在于调节级差收入。我国的现行税制中，资源税类主要有资源税、城镇土地使用税、土地增值税和耕地占用税。

（5）行为税。行为税是以特定的行为为课税对象的税种。行为税的征收是为了运用税收杠杆配合国家的宏观经济政策，对社会经济生活中的某些特定行为进行调节和限制。我国现行税制中，行为税类主要有城市维护建设税、印花税、车辆购置税、固定资产投资方向调节税、屠宰税和筵席税等。

2. 按税收计征标准分类。按税收计征标准的不同，可将税种分为从价税和从量税。从价税是指以征税对象及其计税依据的价格或金额为标准计征的税，这类税一般实行比例税率或累进税率，故又称为从价定率计征的税收。从价税是现代税收的基本税种，它包含大部分流转税和所得税。从量税是指以征税对象的重量、件数、容积、面积等数量作为计税依据的税，这类税一般实行定额税率，又称为从量定额计征的税收。在我国，如资源税、车船使用税和耕地占用税等均属此列。

3. 按税收管理和受益权限划分。按税收管理和受益权限的不同，可将税种划分为中央税、地方税及中央和地方共享税。中央税是指属于中央财政固定收入，归中央政府支配和使用的税种，如我国现行税制中的关税、消费税等。地方税是指属于地方财政固定收入，归地方政府支配和使用的税种，如我国现行税制中的营业税、个人所得税等。中央和地方共享税则是指属于中央政府和地方政府共同享有，按一定比例分成的税种。如我国现行税制中的增值税。

4. 按税收负担能否转嫁划分。按照税收负担的最终归宿，即税负能否转嫁为标准，税收可分为直接税和间接税。直接税是指税负不能由纳税人转嫁出去，必须由自己负担的各税种，如所得税、财产税和社会保险税等。间接税是指税负可以由纳税人转嫁出去，由他人负担的各税种，如消费税、营业税和关税等。

5. 按税收与价格的组成关系。按税收与价格的关系，可将税种分为价内税和价外税。凡税金构成商品或劳务价格组成部分的，称为价内税。我国现行的消费税、营业税就是价内税。凡税金不构成商品或劳务价格组成部分的，而只是作为其价格之外的一个附加额，就称为价外税。我国现行的增值税就是价外税。

6. 其他税收分类方法。其他的税收分类方法有以下四种：（1）按税收的形态分类，可以分为力役税、实物税和货币税；（2）按税种的存续时间分类，可以分为经常税和临时税；（3）按税率形式特点分类，可以分为比例税、累进税和定额税；（4）按税法的内容不同，可分为税收实体法和税收程序法。

（二）我国现行税制结构

1. 税制结构的概念。税制结构指的是一国在进行税制设置时，根据本国的具体情况，将不同功能的税种进行组合配置，形成主体税种明确，辅助税种各具特色和作用、功能互补的税种结构。由于税制结构涉及的主要是税收的结构模式问题，所以也称为税制结构或税收结构。

由于税制结构的设置合理与否在相当程度上决定了一个国家税收政策功能发挥和目标的实现，因此，如何确定较为适合本国国情的税制结构，是各国普遍关心的问题。一般而言，一国的税制结构并非固定不变，而是随着社会经济环境的变化不断地调整。在正常情况下，这一过程同时也是一国税制不断优化的过程。

2. 我国现行税制结构。新中国成立以来，我国税制结构经历了从计划经济到有计划商品经济再到社会主义市场经济条件下的调整与变革过程，其中，1994 年的税制改革是新中国成立以来范围最广、程度最深、影响最大的一次税制改革。这次税制改革是适应建立社会主义市场经济体制的要求，按照"统一税制、公平税负、简化税制、合理分权、理顺分配关系、保证财政收入"的指导思想，以流转税制和所得税制为重点，建立起一个多税种、多次征、主次分明的复合式税制结构。

经过 1994 年税制改革和此后多年的逐步完善，我国已经初步建立了适应社会主义市场经济体制需要的税收制度。目前，我国的税收制度共设有 20 种税，按照其性质和作用大致可以分为五类。

（1）流转税类。包括增值税、消费税、营业税和关税。这些税种是在生产、流通或者服务业中，按照纳税人取得的销售收入或者营业收入征收的。

（2）所得税类。包括企业所得税和个人所得税，这些税种是按照生产、经营者取得的利润或者个人取得的收入征收的。

（3）资源税类。包括资源税、城镇土地使用税、土地增值税和耕地占用税四种税。这些税种是对从事资源开发或者使用城镇土地者征收的，可以体现国有资源的有偿使用，并对纳税人取得的资源级差收入进行调节。

（4）财产税类。包括房产税、车船税和契税三种税。

（5）行为税类。包括印花税、城市维护建设税、车辆购置税，以及目前暂停征收的固定资产投资方向调节税和下放地方管理（事实上绝大部分地方已停征）的屠宰税和筵席税六种税。这些税种是为了达到特定目的，对特定对象和特定行为征收的。此外还有属于农业税类的烟叶税。

到目前为止，我国共有20种税，其中流转税4种、所得税2种、资源税4种、财产税3种、行为税6种以及烟叶税1种。实际开征17种税。

第二节
纳税工作基本内容

一、税务登记

税务登记，是指纳税人为履行纳税义务就有关纳税事宜依法向税务机关办理登记的一种法定手续。税务登记是整个税收征收管理的起点。税务登记重要包括开业税务登记，变更税务登记，注销税务登记，外出经营报验登记以及停业、复业税务登记等。

（一）开业登记

1. 开业税务登记的范围。企业，企业在外地设立的分支机构和从事生产、经营的场所，个体工商户和从事生产、经营的事业单位，都应当办理税务登记。

> **【案例1】** 下岗职工李某开办了一个商品经销部，按规定享受一定期限内的免税优惠，他认为既然免税，那就不需要办理税务登记。请问李某的观点对吗？
>
> **案例分析：**
> 李某的观点不对。根据我国税收征收管理法律制度的规定，凡是从事生产经营的单位和个体工商户均应办理税务登记。

2. 开业税务登记的时限要求。从事生产、经营的纳税人领取工商营业执照的，自领取之日起30日内申报办理税务登记。未办理工商营业执照，但经有关部门批准设立的，应当自有关部门批准设立之日起30日内申报办理税务登记。

3. 申报办理开业税务登记应出示的证件和资料。纳税人应根据相关信息填写税务登记表，加盖公章，并出示下列证件和资料：①营业执照副本，如设立分支机构的需提供总机构的营业执照副本复印件；②工商登记注册书或申请书；③企业章程；④属联营企业的，提供联营合同或协议书；⑤法定代表人或负责人居民身份证；⑥技术监督部门核发的组织机构统一代码证；⑦经营场所使用证明，包括房屋产权登记证或产权证明文

件及房屋租赁合同；⑧银行基本存款账户开户卡；⑨企业公章等。（注：个体工商户按①、②、⑤、⑦条提供即可）

（二）变更登记

变更税务登记是指纳税人办理设立税务登记后，因登记内容发生变化，需要对原有登记内容进行更改，而向主管税务机关申报办理的税务登记。

纳税人因工商登记变更而要办理变更登记的，应当自工商行政管理机关变更登记之日起30日内，向原税务登记机关如实提供下列证件、资料申报办理变更的税务登记：①工商登记变更表及工商营业执照；②纳税人变更登记内容的有关证明文件；③税务机关发放的原税务登记证件（登记证正本、副本和税务登记表等）；④其他有关资料。

纳税人按照规定不需要或变更登记的内容与工商登记内容无关的，应当自税务登记内容实际发生变化之日起30日内，或者自有关机关批准或者宣布变更之日起30日内，持下列证件到原税务机关申报办理变更登记：①纳税人变更登记内容的有关证明文件；②税务机关发放的原税务登记证明证件（登记证正本、副本和税务登记表等）；③其他有关资料。

（三）注销登记

注销税务登记，是指纳税人由于出现法定情形终止纳税义务时，向原税务机关申请办理的取消税务登记的手续。办理注销税务登记，该当事人不再接受原税务机关的管理。

纳税人发生解散、破产、撤销以及其他情形，依法终止纳税义务的，应当在向工商行政管理机关或者其他机关办理注销登记前，持有关证件和资料向原税务登记机关申报办理注销税务登记。按规定不需要在工商行政管理机关或者其他机关办理注册登记的，应当自有关机关批准或者宣告终止之日起15日内，持有关证件和资料向原税务登记机关申报办理注销税务登记。

纳税人被工商行政管理机关吊销营业执照或者被其他机关予以撤销登记的，应当自营业执照被吊销或者被撤销之日起15日内，向原税务登记机关申报办理注销税务登记。纳税人因住所、经营地点变动，涉及改变税务登记机关的，应当在工商行政管理机关或其他机关申请办理变更、注销登记前，或住所、经营地点变动前，持有关证件和资料，向原税务登记机关申报办理注销税务登记，并自注销税务登记之日起30日内向迁达地税务机关申报办理税务登记。

二、账簿、凭证管理

账簿是纳税人、扣缴义务人连续记录其各种经济业务的账册；凭证是指能够用来证明经济业务事项发生、明确经济责任并据以登记账簿、具有法律效力的书面证明。因此，对纳税人的账簿和凭证进行管理，对于依法征税、依法纳税以及税收征收管理具有重要意义。

（一）账簿设立

从事生产、经营的纳税人自领取营业执照之日起15日内设置账簿；扣缴义务人应当自扣缴义务发生之日起10日内，按照所代扣、代收的税种，分别设置代扣代缴、代收代缴税款账簿。生产经营规模小又确无建账能力的纳税人，可聘请注册会计师或者经税务机关认可的财会人员代为建账和办理账务。聘请注册会计师或者经税务机关认可的财会人员有实际困难的，经县以上税务机关批准，可以按照税务机关的规定，建立收支凭证粘贴簿、进货销货登记簿等。纳税人、扣缴义务人采用电子计算机记账的，对于会计制度健全、能通过电子计算机正确完整地计算其收入和所得的，其电子计算机储存和输出的会计记录可视同会计账簿，但应按期打印成书面记录并完整保存。

从事生产、经营的纳税人应当自领取税务登记证件之日起15日内，将其财务会计制度或者财务会计处理办法报送主管税务机关备案。纳税人、扣缴义务人采用计算机记账的，应当在使用前将记账软件、程序和使用说明书及有关资料报送主管税务机关备案。

（二）账簿和凭证的保管

会计人员在年度结束后，应将各种账簿、凭证和有关资料按顺序装订成册，统一编号、归档保管。

纳税人的账簿（包括收支凭证粘贴簿、进货销货登记簿）、会计凭证、报表和完税凭证及其他有关纳税资料，除另有规定者外，保存10年，保存期满需要销毁时，应编制销毁清册，经主管税务机关批准后方可销毁。

三、发票管理

发票是购销商品、提供或者接受服务以及从事其他经营活动中，开具、收取的收付款的书面证明。它是确定经营收支行为发生的法定凭证，是会计处理的原始依据，也是税务稽查的重要证据。

税务机关是发票的主管机关，负责发票的印制、领购、开具、取得、保管、缴销的管理和监督。

（一）发票的印制

增值税专用发票由国家税务总局指定的企业印制；普通发票由省、自治区、直辖市税务机关指定的企业印制。发票应当套印全国统一发票监制章，该章的式样和发票版面印刷的要求，由国家税务总局规定。

（二）发票的领购

申请领购发票的单位和个人必须先提出购票申请，提供经办人身份证明、税务登记证件或者其他有关证明，以及发票专用章的印模，经主管税务机关审核后，发给发票领购簿。

税务机关对外省、自治区、直辖市来本辖区从事临时经营活动的单位和个人申请领购发票的，可以要求其提供保证人或者根据所领购发票的票面限额及数量缴纳不超过10 000元的保证金，并限期缴销发票。需要临时使用发票的单位和个人，可以直接向税务机关申请办理。凡需向税务机关申请开具发票的单位和个人，均应提供发生购销业务、提供或接受服务以及其他经营活动的书面证明。对税法规定应当缴纳税款的，税务机关应当在开具发票的同时征税。

（三）发票的保管

开具发票的单位和个人应当建立发票使用登记制度，设置发票登记簿，并定期向主管税务机关报告发票使用情况。使用发票的单位和个人应妥善保管发票，不得丢失。发票丢失，应于丢失当日书面报告主管税务机关，并在报刊和电视等传播媒介上公告声明作废。已开具的发票存根和发票登记簿，应当保存5年，保存期满，报经税务机关查验销毁。

四、纳税申报

纳税申报是纳税人在发生纳税义务后按照税法规定的期限和内容向主管税务机关提交有关纳税书面报告的法律行为，是界定纳税人法律责任的主要依据，是税务机关税收管理信息的主要来源，是纳税程序的中心环节。

（一）纳税申报的内容

纳税申报的内容主要包括：纳税申报表或代扣代缴、代收代缴税款报告表，财务会计报表和与纳税申报有关的资料或证件。纳税人、扣缴义务人的纳税申报或者代扣代缴、代收代缴的税款报告表的主要内容包括：税种、税目、应纳税项目或应代扣代缴、代收代缴的项目，适用税率或单位税额，计税依据，扣除项目及标准，应纳税额或应代扣代缴、代收代缴税款，税款所属期限等。

（二）纳税申报的方式

1. 直接申报。是指纳税人或纳税人的税务代理人直接到税务机关进行申报。根据申报的地点不同，直接申报又可分为直接到办税服务厅申报、到巡回征收点申报和到代征点申报3种。

2. 邮寄申报。是指纳税人将纳税申报表及有关纳税资料以邮寄的方式送达税务机关。具体做法如下：纳税人自行或者委托税务代理人核算应纳税款，填写纳税申报表（对于自核自缴的纳税人还应填写缴款书并到银行缴纳税款），在法定的申报纳税期内使用国家税务总局和邮电部联合制定的专用信封将纳税申报表及有关资料送邮政部门交寄，或者由投递员上门收寄，以交寄时间为申报时间；邮政部门将邮寄申报信件以同城邮政特快的方式送交税务机关；税务机关打印完税凭证，以挂号的形式寄回纳税人（自核自缴纳税的除外）。

3. 数据电文申报。数据电文申报是指纳税人、扣缴义务人通过税务机关确定的电话语音、电子数据交换和网络传输等电子方式进行纳税申报。纳税人、扣缴义务人采取数据电文方式办理纳税申报的，其申报日期以税务机关计算机网络系统收到该数据电文的时间为准，与数据电文相对应的纸质申报资料的报送期限由税务机关确定。

纳税人无论采用哪一种申报方式，都需要根据各税种的要求，向税务机关报送纳税申报表和有关申报资料。

（三）纳税申报期限

纳税申报期限是指法律、行政法规规定的，或是税务机关在依照法律、行政法规的规定的基础上，结合纳税人生产经营实际情况确定的纳税人、扣缴义务人计算应纳税额，并向税务机关申报的期限。纳税申报期限分为按期申报纳税和按次申报纳税。

五、税款缴纳

税款缴纳是指纳税人、扣缴义务人在纳税申报后，依照法定的方式、期限将税款缴纳入库的过程。这是纳税人、扣缴义务人完全履行纳税义务的标志。

（一）税款征收和缴纳方式

1. 税款征收方式。是指税务机关根据税收法律、法规和纳税人生产经营、财务管理状况，本着保证国家税收、便于税务人员征收的原则所采取的具体组织税款入库的方式。税款征收的方式具体表现为以下几种情况。

（1）查账征收：是指税务机关对会计核算制度比较健全的纳税人，依据其报送的纳税申报表、财务报表和其他有关纳税资料，计算应纳税款，填写缴款书或完税凭证，由纳税人到银行划解税款的征收方式。这种方式一般适用于财务会计制度较为健全、能够认真履行纳税义务的纳税单位。

（2）查定征收：是指税务机关对财务制度不健全，但能控制其材料、产量或进销货物的纳税单位和个人，根据纳税户正常条件下的生产能力，对其生产的应税产品确定产量、销售额并据以核算税款的一种征收方式。这种方式适用于生产规模较小、会计核算不健全的作坊式小企业。

（3）查验征收：是指税务机关对纳税人的应税商品、产品，通过查验数量，按市场一般销售单价计算其销售收入，并据以计算应纳税款的一种征收方式。这种方式适用于城乡集贸市场的临时经营以及场外如火车站、机场、码头、公路交通要道等地经销商品的课税，其灵活性较大。

（4）定期定额征收：是指对某些营业额、利润额不能准确计算的小型个体工商业户，采取自报评议，由税务机关定期确定营业额和所得额附征率，多税种合并征收的一种征收方式。这种方式适用于一些无完整考核依据的纳税人。

（5）其他征收方式：主要有代扣代缴、代收代缴、委托代征、邮寄申报纳税、自行申报方式等。

2. 税款缴纳方式。税款缴纳方式是指纳税人或扣缴义务人将税款缴入国库的具体方式，包括以下几种类型（见表1-1）。

表1-1　　　　　　　　　　税款缴纳方式

方式	含义	适用范围
纳税人直接向国库经收处缴纳	纳税人申报前，先向税务机关领取税票，自行填写，然后到国库经收处缴纳税款，以国库经收处的回执联和纳税申报等资料，向税务机关申报纳税	在设有国库经收处的银行和其他金融机构开设账户，并且向税务机关申报的纳税人
税务机关自收税款并办理入库手续	税务机关直接收取税款并办理入库手续的缴纳方式	税务机关代开发票的纳税人缴纳的税款；临时发生纳税义务，需向税务机关直接缴纳的税款；税务机关采取强制执行措施，以拍卖所得或变卖所得缴纳的税款
代扣代缴	按照税法规定，负有扣缴税款的法定义务人在向纳税人支付款项时，从所支付的款项中直接扣收税款的方式	零星分期，不易控制的税源

续表

方式	含义	适用范围
代收代缴	负有收缴义务的法定义务人,对纳税人应纳税款进行代收代缴的方式,即由与纳税人有经济业务往来的单位和个人向纳税人收取款项时依法收取税款	税收网络覆盖不到或很难控制的领域,如受托加工应缴消费税的消费品,应由受托方代收代缴的消费税
委托代征	受托单位按照税务机关核发的代征证书的要求,以税务机关的名义向纳税人征收税款	

（二）税款征收措施

1. 核定、调整税额。如果纳税人有下列情形之一,税务机关将进行核定、调整税额：(1) 依照税收征收管理法可以不设置账簿;(2) 依照税收征收管理法应当设置但未设置账簿;(3) 擅自销毁账簿或者拒不提供纳税资料;(4) 虽设置账簿,但账目混乱、难以查账;(5) 发生纳税义务,未按照规定的期限办理纳税申报,经税务机关责令限期申报,逾期仍不申报;(6) 纳税人申报的计税依据明显偏低,又无正当理由。

2. 责令缴纳和加收滞纳金。纳税人未按照规定期限缴纳税款的,扣缴义务人未按照规定期限解缴税款的,税务机关可责令限期缴纳,并从滞纳税款之日起,按日加收滞纳税款 5‰ 的滞纳金。

对未按照规定办理税务登记的从事生产、经营的纳税人,以及临时从事经营的纳税人,由税务机关核定其应纳税额,责令缴纳;不缴纳的,税务机关可以扣押其价值相当于应纳税款的商品、货物。扣押后缴纳应纳税款的,税务机关必须立即解除扣押,并归还所扣押的商品、货物;扣押后仍不缴纳应纳税款的,经县级以上税务局（分局）局长批准,依法拍卖或者变卖所扣押的商品、货物,以拍卖或者变卖所得抵缴税款。

加收滞纳金的起止时间为法律、行政法规规定或者税务机关依照法律、行政法规的规定确定的税款缴纳期限届满次日起至纳税人、扣缴义务人实际缴纳或者解缴税款之日止。

3. 责令提供纳税担保。纳税担保是指经税务机关同意或确认,纳税人或其他自然人、法人、经济组织以保证、抵押、质押的方式,为纳税人应当缴纳的税款及滞纳金提供的行为。适用纳税担保的情形有以下几种类型。

（1）税务机关有根据认为从事生产、经营的纳税人有逃避纳税义务行为,在规定的纳税期之前责令其限期缴纳应纳税款,在限期内发现纳税人有明显的转移、隐匿其应纳税的商品、货物以及其他财产或者应纳税收入的迹象,责成纳税人提供纳税担保的。

（2）欠缴税款、滞纳金的纳税人或者其法定代表人需要出境的。

（3）纳税人同税务机关在纳税上发生争议而未缴清税款,需要申请行政复议的。

（4）税收法律、行政法规规定可以提供纳税担保的其他情形。

纳税担保范围包括税款、滞纳金和实现税款、滞纳金的费用。

4. 税收保全措施。税收保全措施是指税务机关对可能由于纳税人的行为或者某种客观原因,致使以后税款的征收不能保证或难以保证的,采取限制纳税人处理和转移商品、货物或其他财产的措施。其具体措施包括：书面通知纳税人开户银行或其他金融机构冻结纳税人的金额相当于应纳税款的存款；扣押、查封纳税人的价值相当于应纳税款的商品、货物或其他财产。个人及其所扶养家属维持生活必需的住房和用品，不在税收保全措施执行范围之内。

5. 税收强制执行措施。根据《征管法》的规定，从事生产、经营的纳税人、扣缴义务人未按照规定的期限缴纳或者解缴税款，纳税担保人未按照规定的期限缴纳所担保的税款，由税务机关责令限期缴纳，逾期仍未缴纳的，经县级以上税务局（分局）局长批准，税务机关可以采取强制执行措施。其具体措施包括：书面通知其开户银行或其他金融机构从其存款中扣缴税款；扣押、查封、依法拍卖或者变卖其价值相当于应纳税款商品、货物或其他财产，并以拍卖或者变卖所得抵缴税款。

税务机关采取强制执行措施时，对上述纳税人、扣缴义务人、纳税担保人未缴纳的滞纳金同时强制执行。税收强制执行措施不是保全措施的必然结果。

（三）税款的减免

按照税法的规定，纳税人可以采用书面形式向税务机关申请税款的减免。

1. 减免税的类别。减免税分为报批类减免税和备案类减免税。报批类减免税是指应由税务机关审批的减免税项目；备案类减免税是指取消审批手续的减免税项目和不需税务机关审批的减免税项目。纳税人享受报批类减免税，应提交相应资料，提出申请，由具有审批权限的税务机关（以下简称有权税务机关）审批确认后执行。未按规定申请或虽申请但未经有权税务机关审批确认的，纳税人不得享受减免税。

纳税人享受备案类减免税，应提请备案，经税务机关登记备案后，自登记备案之日起执行。纳税人未按规定备案的，一律不得减免税。

2. 申请减免税应提供的资料。纳税人申请报批类减免税的，应当在政策规定的减免税期限内，向主管税务机关提出书面申请，并报送以下资料：

（1）减免税申请报告，列明减免税理由、依据、范围、期限、数量、金额等。

（2）财务会计报表、纳税申报表。

（3）有关部门出具的证明材料。

（4）税务机关要求提供的其他资料。

第三节
税收筹划基础

一、税收筹划的含义与原则

（一）税收筹划的概念

税收筹划也称税务筹划，国际上对税收筹划概念的描述不尽一致，以下是几种有代表性的观点。

荷兰国际财政文献局编写的《国际税收词典》对税收筹划是这样描述的：税收筹划是指纳税人通过经营活动或对个人事务活动的安排，以达到缴纳最低税收的目的。

印度税务专家 N. J. 雅萨斯威在《个人投资和税收筹划》一书中认为，税收筹划是纳税人通过财务活动的安排，以充分利用税收法规所提供的包括减免税在内的一切优惠，从而获得最大的税收利益。

美国南加利福尼亚州立大学 W. B. 梅格斯博士在与他人合著的《会计学》中认为：人们合理而又合法地安排自己的经营活动，使之缴纳可能最低的税收。他们使用的方法可被称为税收筹划……少纳税和递延缴纳税收是税收筹划的目标所在。另外，他还认为，在纳税发生之前，有系统地对企业的经营或投资行为作出事先安排，以达到尽量少缴所得税，这个过程就是税收筹划。税收筹划主要是选择企业的组织形式和资本结构、投资采用租用还是购入的方式以及交易的时间等。

近年来，我国学术界也开始对税收筹划进行研究。

一种观点认为：纳税人依据所涉及的现行税法，遵循税收国际惯例，在遵守税法的前提下，运用纳税人的权利，对企业组建、经营、投资、筹资等活动进行的旨在减轻税负、有利财务目标实现的谋划与对策。

另一种观点认为：税收筹划是指纳税人在取得税收法律制度支持和税务机关认可的前提下，运用科学的技术方法，通过参与经营策划，使经济活动能够沿着最低税负方向和延期纳税结果运行的一系列谋划活动。[①]

本书认为，税收筹划是指在纳税行为发生之前，在税法允许的范围内，通过对纳税主体的经营活动或投资行为等涉税事项作出事先安排，以达到少缴税和递延缴纳税收的一系列谋划活动。

（二）税收筹划与偷税、避税之间的区别

税收筹划的目的是使纳税人缴纳尽可能少的税款，但减少税款缴纳还可以通过其他一些手段和方法，如偷税、避税等。下面通过税收筹划与偷税、避税的比较，可以更清晰地了解税收筹划与其他减少纳税方法的区别，避免使税收筹划活动触犯法律。

1. 税收筹划与偷税的区别。偷税是指纳税人有意违反税法的规定，使用欺骗、隐瞒的手段，不缴或减少税款缴纳的违法行为。按照我国现行税收征管法的界定，偷税是指纳税人故意伪造、变更、隐瞒、擅自销毁账簿和凭证，在账簿上多列支出，或者不列、少列收入，或者采用虚假的纳税申报的手段，从而不缴或者少缴税款的行为。税收筹划与偷税在以下几方面存在不同。

在经济行为上，偷税是对一项实际已发生的应税经济行为全部或部分的否定；而税收筹划只是对某项应税经济行为的实现形式和过程在事前进行的某种安排，其经济行为符合减轻纳税的相关法律规定。

在行为性质上，偷税是公然违反税法，与税法对抗的一种行为。偷税的主要手段表

---

① 梁俊娇：《税收筹划》，2 页，北京，中国人民大学出版社，2012。

现为纳税人通过有意识地谎报和隐匿有关的纳税情况和事实，达到少缴或不缴税款的目的，其行为具有明显欺诈的性质。但有时也会出现纳税人因疏忽和过失，即非故意而造成纳税减少情况，这种情况以前称为漏税（tax negligence）。

由于对主观上的故意和非故意难以作出法律上的判断，我国现行税法不再采用这一法律用语，也就是说尽管纳税人可能并非故意不缴税，但只要后果产生，就是法律不允许的或非法的；而税收筹划是在尊重税法、遵守税法的前提下，利用法律的规定，结合纳税人的具体经营情况，选择最有利的纳税方案。

当然税收筹划还包括利用税法的缺陷或漏洞进行减轻税负的活动，但税收筹划行为的性质是合法的，至少是不违反法律的禁止性条款的。

在法律后果上，偷税行为是属于法律上明确禁止的行为，因而一旦被征收机关查明属实，纳税人就要为此承担相应的法律责任，受到制裁。我国修改前的《刑法》第二百零一条规定：偷税数额占应纳税额的10%以上不满30%并且偷税数额在1万元以上不满10万元的，或者因偷税被税务机关给予行政处罚又偷税的，处以3年以下有期徒刑或者拘役……而《征管法》第六十三条规定，对纳税人偷税，由税务机关追缴其不缴和少缴的税款、滞纳金，并处以不缴和少缴的税款50%以上5倍以下的罚款；构成犯罪的，依法追究刑事责任。世界各个国家的税法对隐瞒纳税事实的偷逃税行为都有处罚规定。而税收筹划是通过某种合法的形式承担尽可能少的税收负担，其经济行为无论从形式上还是从事实上都是符合法律规定的。

各国政府对税收筹划一般是默许和保护的。如果税收筹划在一定程度上利用了税法规定的缺陷，比较严重地影响到政府的财政收入，政府则会采取修改与完善有关税法规定等措施，使之更加科学完善，以堵塞可能为纳税人所利用的漏洞。

2. 税收筹划与避税的区别。避税是纳税人利用税法上的漏洞和不成熟之处，钻税法的空子，通过对其经营及财务活动等经济行为的巧妙安排，以期达到纳税负担最小的经济行为。而税收筹划则是遵照国家税法的规定和遵循政府的税收立法意图，在纳税义务确立之前为了省税所作的对投资、经营、财务活动的事先安排。避税尽管在形式上是合法的，但其内容却有悖于税法的立法意图；而税收筹划从形式到内容完全合法，反映了国家税收政策的意图，是税收法律予以保护和鼓励的。

需要指出的是，虽然理论上避税和税收筹划有所不同，但在税收筹划的具体实施中，却充斥着利用税法缺陷进行的所谓"非违法"的行为。行为者坚持法律只承认事实，不承认应该；人是"经济人"，出发点是利己的，不能强求纳税人动机的"利他性"。因此，作为不同利益的代表者，税收征收机关和会计师及企业税务顾问在不少涉税行为是否属于"避税"等问题上还存在分歧。

避税和偷税的概念很难区分，2009年2月，十一届全国人大常委会第七次会议表决通过了《中华人民共和国刑法修正案（七）》。修正后的《刑法》对第二百零一条关于不履行纳税义务的量刑标准中的相关表述进行了修改，用"逃避缴纳税款"取代了"偷税"。但我国《征管法》中还没作出修改。

【案例2】某企业利用挂靠法在社会上广招募"四残"人员，使企业的"四残"人员占生产人员总数达到35%，招募为本企业职工的残疾人员又被放假回家，每月领取少量的生活费，以期企业符合国家"福利企业标准"，因而获得享受福利企业所得税的免税政策，请问这属于税收筹划吗？

案例分析：

根据《财政部、国家税务总局关于促进残疾人就业税收优惠政策的通知》（财税〔2007〕92号）和《国家税务总局、民政部、中国残疾人联合会关于促进残疾人就业税收优惠政策征管办法的通知》（国税发〔2007〕67号）的有关规定，符合标准的福利企业凡安置"四残"人员占生产人员总数达到25%的，残疾人职工人数不少于10人的企业。可享受增值税、营业税、企业所得税、个人所得税等多项税收优惠。但对福利企业的资格认定要求，其招募的每个残疾职工必须有适当的劳动岗位，而该企业将招募来的残疾职工又遣散回家的行为，直接违反了税法，实际上属于"逃避缴纳税款"（偷税）而不属于税收筹划①。

（三）税收筹划的原则

税收筹划在于合法、合理地降低税收负担，实现财务利益最大化的目标。为了实现这一目标需要遵循一定的原则。税收筹划原则既是税收筹划过程中应坚持的指导思想和行为准则，也是判断税收筹划成败的标准。

1. 合法原则。税收法律是国家以征税方式取得财政收入的法律规范，税法调整税收征纳双方的征纳关系，形成征纳双方各自的权利与义务，征纳双方都必须遵守。如果采取非法手段进行所谓的税收筹划，那么从本质上看它已不属于税收筹划的范围了。因此，纳税人在进行税收筹划时必须遵循不违背税收法律法规的原则。为了做到不违背税法，税收筹划者必须熟悉和精通税法，掌握国家税法和税收政策的导向，并密切注视税收政策及税法的调整变动，使税收筹划在法律规定的范围内进行。

2. 合理原则。在税收筹划中，还要遵循筹划的合理性原则，注意税收筹划要符合包括税收政策在内的各项国家政策精神。那些违背税收立法精神的行为，如钻税法漏洞的行为等，不符合税收筹划的合理性原则。

在市场经济条件下，国家把税收作为宏观调控的一个重要手段。税收调控涉及的面非常广泛，从国家的宏观经济发展战略到国家的微观经济发展战略，从财政、经济领域到社会领域，各地区、各行各业的各种行为都可能有不同的税收待遇，这些行为只要符合国家法律精神，都是合理的行为。反之，则是不合理行为。税收优惠是国家政策的一个重要组成部分，符合国家政策的某些行为可以享受不同的税收优惠。纳税人通过符合和贯彻国家政策的行为而取得的税收优惠被称为"税收利益"。税收利益是指通过节税少缴纳的税款，税收利益通常被认为是纳税人的正当收益。

3. 规范原则。税收筹划还要遵循筹划的规范性原则。税收筹划不单单是税务方面的

① 民政部关于印发《福利企业资格认定办法》的通知（民发〔2007〕103号）。

问题，还涉及许多其他方面的问题，包括财务、会计等各领域，涉及第一、第二、第三各产业和各产业内的不同行业，以及各地区各方面的问题，税收筹划要遵循各领域、各行业、各地区约定俗成或明文规定的各种制度和标准。例如，在财务、会计筹划上要遵循会计准则、会计制度等规范制度，在行业筹划上要遵循各行业制定的规范制度，在地区筹划上要遵循地区规范，以规范的行为方式和方法来制定相应的节减税收方式和方法。

4. 财务利益最大化原则。财务利益最大化原则是指税收筹划最主要目的是要使纳税人可支配的财务利益最大化，即税后财务利益最大化。

纳税人财务利益最大化除了要考虑节减税收外，还要考虑纳税人的综合经济利益最大化；不仅要考虑纳税人的短期利益，还要考虑纳税人的长期利益；不仅要考虑纳税人的所得增加，还要考虑纳税人的资本增值。在有些情况下，某种方案节税效益可能并不理想，但是从企业总体收益来看是可观的，这时选择这一方案仍然被视为是有效率的。由此可以看出，财务利益最大化原则包含着算大账的含义。同时由于影响经济活动因素很复杂，常常有些非主观所能决定的因素发生变动，给税收筹划带来很多不可预测的问题。因此，税收筹划具有一定的风险性，其成功率并不是百分之百。为了提高成功率，在进行税收筹划时，应尽可能对经济运行中的变化及其变化趋势进行较为科学的预测，对影响税收筹划的相关因素进行必要的分析，以便降低风险程度，提高税收筹划的效率。

二、税收筹划的基本技术与程序

（一）税收筹划的基本技术

1. 免税技术。免税技术是指在法律允许范围内，使纳税人成为免税人，或使纳税人从事免税活动，或使征税对象成为免税对象而免纳税款的税收筹划技术。其中免征人包括免税自然人、免税公司和免税团体机构等。

一般来说，税收是不可避免的，但是纳税人可以成为免征（纳）税收的纳税人——免税人。比如，我国《企业所得税法》规定从事工商经营活动的企业都是纳税人，但在高新技术开发区从事工商经营活动的企业可以免征三年所得税，则设立在开发区从事工商经营活动的企业在三年内属于免征（纳）税收的纳税人。税收筹划通过合法和合理地利用免税规定，可以节减税收。尽管免税实质上都相当于财政补贴，但各国一般有两类不同目的的免税：一类是属于税收照顾性质的免税，它们对纳税人来说只是一种财务利益的补偿；另一类是属于税收奖励性质的免税，它们对纳税人来说则是财务利益的取得。照顾性免税往往是在非常情况或非常条件下才取得的，而且一般也只是弥补损失，所以税收筹划不能利用其来达到节税的目的，只有取得国家奖励性免税才能达到节税的目的。

（1）免税技术特点。免税技术具有以下特点：免税技术运用的是绝对节税原理，直接免除纳税人的税收绝对额，属于绝对节税型税收筹划技术；免税技术简单易行，一般不需要利用数理、统计、财务管理等专业知识进行税收筹划，也无须通过复杂的计算，甚至不用计算，不用比较，就能知道是否可以节减税收，技术非常简单直观；免税是对特定纳税人、征税对象及情况的减免，比如必须从事特定的行业，在特定的地区经营，要满足特定的条件等，而这些不是每个纳税人都能或都愿意做到的，因此，免税技术往往不能普遍运用，适用范围狭窄；免税技术具有一定风险性，在能够运用免税技术的企业投资、经营活动中，往往有一些是被认为投资收益率低或风险高的地区、行业、项目和行为，比如，投资高科技企业可以得到免税待遇，还可能得到超过社会平均水平的投资收益率，但风险性极高，可能因种种原因导致投资失败，使免税优惠变得毫无意义。

（2）免税技术运用的宗旨。在免税技术手段运用过程中，尽量做到以下两点。

①尽量争取更多的免税待遇。在合法和合理的情况下，尽量争取免税待遇，争取尽可能多的项目获得免税待遇。与缴纳税收相比，免征的税收就是节减的税收，免征的税收越多，节减的税收也越多。

②尽量使免税期最长化。在合法和合理的情况下，尽量使免税期延长。许多免税政策都有期限规定，免税期越长，节减的税收越多。

2. 减税技术。减税技术是指在法律允许的范围内，使纳税人减少应纳税额而直接节税的税收筹划技术。与缴纳全额税收相比，减征的税收越多，节减的税收也越多。国家减税的目的无非两个：一是照顾，例如，国家对遭受自然灾害造成损失的纳税人减税或免税。二是鼓励，例如，国家对纳税人从事农、林、牧、渔项目所得；从事国家重点扶持的公共基础项目投资经营所得；从事符合条件的环境保护、节能节水项目所得；符合条件的技术转让所得免征或减征企业所得税。

（1）减税技术特点。减税技术具有以下特点：减税技术运用的是绝对节税原理，直接减少纳税人的税收绝对额，属于绝对节税型税收筹划技术；减税技术简单易行，无须利用数理、统计等专业知识进行税收筹划，只要通过简单的计算就能大致知道可以节减多少税收，技术简便；减税也是对特定纳税人、征税对象及情况的减免，而这些不是每个纳税人都能够满足的，因此，减税技术也是一种不能普遍运用、适用范围狭窄的税收筹划技术；减税技术具有一定风险性，能够运用减税技术的企业投资、经营活动，往往是一些被认为投资收益率低和风险高的地区、行业或项目，从事这类投资、经营活动具有一定的风险性，例如，投资利用"三废"进行再循环生产的企业就有一定的风险性，其投资收益难以预测。

（2）减税技术运用的宗旨。

①尽量争取减税待遇并使减税最大化。在合法和合理的情况下，尽量争取减税待遇，争取尽可能多的税种获得减税待遇，争取减征更多的税收。与缴纳税收相比，减征的税收就是节减的税收，获得减征待遇的税种越多，减征的税收越多，节减的税收也越多。

②尽量使减税期最长化。在合法和合理的情况下，尽量使减税期最长化。减税期越长，节减的税收越多。与按正常税率缴纳税收相比，减征的税收就是节减的税收，而使减税期最长化能使节税最大化。

3. 税率差异技术。税率差异技术是指在法律允许范围内，利用税率的差异而直接节税的税收筹划技术。税率差异包括税率的地区差异、国别差异、行业差异、企业类型差异等。

（1）税率差异技术的特点。税率差异技术运用的是绝对节税原理，可以直接减少纳税人的税收绝对额，属于绝对节税型税收筹划技术。采用税率差异技术节税不单受税率差异的影响，有时还受到税基差异的影响，税基的计算很复杂。计算出结果后还要用一定的方法进行比较，才能大致知道可以节减多少税收，所以税率差异技术较为复杂。税率差异是普遍存在着的，几乎每个纳税人都有一定的挑选范围，税率差异是客观存在着的，而且在一定时期是相对稳定的，因此，税率差异技术具有相对的确定性，是一种能普遍运用、适用范围较大的税收筹划技术。

（2）税率差异技术运用的宗旨。

①尽量寻求税率最低化。在合法和合理的情况下，尽量寻求适用税率的最低化。在其他条件相同的情况下，按高低不同，税率缴纳的税额是不同的，它们之间的差异，就是节减的税收。寻求适用税率的最低化，可以达到节税的最大化。

②尽量寻求税率差异的稳定性和长期性。税率差异具有一定的确定性只是一般而言，税率差异中还有相对稳定性。例如，政局稳定国家的税率差异就比政局动荡国家的税率差异更具稳定性，政策制度稳健国家的税率差异就比政策制度多变国家的税率差异更具长期性。在合法和合理的情况下，应尽量寻求税率差异的稳定性和长期性。

4. 分劈技术。分劈是指把一个自然人（法人）的应税所得或应税财产分成多个自然人（法人）的应税所得或应税财产的行为。分劈技术是指在合法和合理的情况下，使所得、财产在两个或多个纳税人之间进行分劈而直接节税的税收筹划技术。

（1）分劈技术的特点。分劈技术运用的是绝对节税原理，直接减少纳税人的税收绝对额，属于绝对节税型税收筹划技术。一些企业通过分立为多个小企业，强行分割所得来降低适用税率，因此被许多国家认为是一种避税行为。为了防止企业利用小企业税收待遇进行避税，一些国家针对企业的所得分割制定了反避税条款，所以分劈技术能够适用的人和能够进行分劈的项目有限，条件也比较苛刻，因此分劈技术适用范围狭窄。采用分劈技术节税不但要受到许多税收条件的限制，还要受到许多非税条件，如分劈参与人等复杂因素的影响，所以分劈技术较为复杂。

（2）分劈技术运用的宗旨。

①分劈要合理化。使用分劈技术节税，除了要合法，特别要注意的是所得或财产分劈得合理。

②节税要最大化。在合法和合理的情况下，尽量寻求通过分劈技术能达到节税最大化的目标。

5. 扣除技术。扣除技术是指在法律允许的范围内，使扣除额、免征额、冲抵额等尽可能大而直接节减纳税，或调整各个纳税期的扣除额而相对节税的税收筹划技术。在收入同样多的情况下，各项扣除额、宽免额、冲抵额等越大，计税基数就会越小，应纳税额也越小，所节减的税款就越多。

（1）扣除技术的特点。扣除技术可用于绝对节税，通过扣除使计税基数绝对额减少，从而使绝对纳税额减少；也可用于相对节税，通过合法和合理地分配各个计税期的费用扣除和亏损冲抵，增加纳税人的现金流量，起到延期纳税的作用，从而相对节税，在这一点上，与延期纳税技术原理有类似之处。税法中各种扣除、宽免、冲抵规定是最为烦琐复杂，也是变化最多、变化最大的规定，而要节减更多的税收就要精通有关的最新税法，所以扣除技术较为复杂。扣除是适用于所有纳税人的规定，几乎每个纳税人都能采用此法节税，因此，扣除技术是一种能普遍运用、适用范围较大的税收筹划技术。扣除在规定时期是相对稳定的，因此采用扣除技术进行税收筹划具有相对的确定性。

（2）扣除技术运用的宗旨。

①扣除项目最多化。在合法和合理的情况下，尽量使更多的项目能够得到扣除。在其他条件相同的情况下，扣除的项目越多，计税基数就越小，应纳税额就越小，节减的税收也就越多。使扣除项目最多化，可以达到节税的最大化。

②扣除金额最大化。在合法和合理的情况下，尽量使各项扣除额能够最大化。在其他条件相同的情况下，扣除的金额越大，计税基数就越小，应纳税额就越小，节减的税收也就越多。使扣除金额最大化，可以达到节税最大化。

③扣除最早化。在合法和合理的情况下，尽量使各允许扣除的项目在最早的计税期得到扣除。在其他条件相同的情况下，扣除越早，早期缴纳的税收就越少，早期的现金净流量就越大，相对节减的税收就越多，可以达到节税的最大化。

6. 抵免技术。抵免技术是指在法律允许的范围内，使税收抵免额增加而绝对节税的技术。税收抵免额越大，冲抵应纳税额的数额就越大，应纳税额则越小，从而节税额就越大。

（1）抵免技术的特点。抵免技术运用的是绝对节税原理，直接减少纳税人的税收绝对额，属于绝对节税型税收筹划技术。尽管有些税收抵免与扣除有相似之处，但总体来说，各国规定的税收优惠性或基本扣除性抵免种类有限，计算也不会很复杂，因此抵免技术较为简单。抵免普遍适用于所有纳税人，不是只适用于某些特定纳税人，因此，抵免技术适用范围较大。抵免在一定时期相对稳定、风险较小，因此采用抵免技术进行税收筹划具有相对的确定性。

（2）抵免技术运用的宗旨。

①抵免项目最多化。在合法和合理的情况下，尽量争取更多的抵免项目。在其他条件相同的情况下，抵免的项目越多，冲抵应纳税额的项目也越多，冲抵应纳税额的项目越多，应纳税额就越小，因而节税就越多。使抵免项目最多化，可以达到节税的最大化。

②抵免金额最大化。在合法和合理的情况下，尽量使各抵免项目的抵免金额最大化。在其他条件相同的情况下，抵免的金额越大，冲抵应纳税额的金额就越大，冲抵应纳税额的金额越大，应纳税额就越小，因而节减的税收就越多。

税收筹划抵免技术涉及的税收抵免，主要是利用国家为贯彻其政策而制定的税收优惠性或奖励性税收抵免和基本扣除性抵免。很多国家包括我国，都规定了税收优惠性抵免，包括诸如投资抵免、研究开发抵免等。

7. 延期纳税技术。延期纳税技术是指在合法和合理的情况下，使纳税人延期纳税而相对节税的税收筹划技术。纳税人延期缴纳本期税收并不能减少纳税人纳税绝对总额，但等于得到一笔无息贷款，可以增加纳税人本期的现金流量，使纳税人在本期有更多的资金扩大流动资本，用于资本投资。如果存在通货膨胀和货币贬值，延期纳税还可以更有利于企业获得财务收益。

（1）延期纳税技术的特点。延期纳税技术运用的是相对节税原理，一定时期的纳税绝对额并没有减少，是利用货币时间价值节减税收，属于相对节税型税收筹划技术。大多数延期纳税涉及财务制度的许多规定和其他技术，各种延期纳税节税方案要通过较为复杂的财务计算才能比较、决策。延期纳税技术可以利用税法延期纳税规定、会计政策与方法的选择以及其他规定进行节税的税收筹划，几乎适用于所有纳税人，适用范围较大。延期纳税主要是利用财务原理，而不是某些相对来说风险较大、容易变化的政策，因此，延期纳税节税技术具有相对的确定性。

（2）延期纳税技术运用的宗旨。

①延期纳税项目最多化。在合法和合理的情况下，尽量争取更多的项目延期纳税。在其他条件包括一定时期纳税总额相同的情况下，延期纳税的项目越多，本期缴纳的税收就越少，现金流量也越大，相对节减的税收就越多。使延期纳税项目最多化，可以达到节税的最大化。

②延长期最长化。在合法和合理的情况下，尽量争取纳税延长期最长化。在其他条件包括一定时期纳税总额相同的情况下，纳税延长期越长，由延期纳税增加的现金流量所产生的收益也将越多，因而相对节减的税收也越多。使纳税延长期最长化，可以达到节税的最大化。例如，税法规定购置高新技术设备和环保产品设备，可以采用加速折旧法。在其他条件基本相似或利弊基本相抵的条件下，尽管总的折旧额基本相同，但选择加速折旧可以在投资初期缴纳最少的税收，而把税收推迟到以后期间，相当于延期纳税。

8. 退税技术。退税技术是指在法律允许的范围内，使税务机关退还纳税人已纳税款而直接节税的技术。

（1）退税技术的特点。退税技术运用的是绝对节税原理，直接减少纳税人的税收绝对额，属于绝对节税型税收筹划技术。退税技术节减的税收一般通过简单的退税公式就能计算出来，一些国家还给出简化算式，因此退税技术较为简单。退税一般只适用于某些特定行为的纳税人，技术适用的范围较小。国家之所以用退税鼓励某种特定行为如投资，往往是因为这种行为有一定的风险性，这也使得采用退税技术的税收筹划具有一定的风险性。

（2）退税技术要点运用的宗旨。

①尽量争取退税项目最多化。在合法和合理的情况下，尽量争取更多的退税待遇。在其他条件相同的情况下，退税的项目越多，退还的已纳税额就越大，因而节减的税收就越多。

②尽量使退税额最大化。在合法和合理的情况下，尽量使退税额最大化。在其他条件相同的情况下，退税额越大，退还的已纳税额就越大，因而节减的税收就越多。

（二）税收筹划的实施流程

税收筹划策略的实施流程一般可以分为收集信息与目标确定，方案列示、策略分析、方案选择，实施和反馈阶段。

1. 收集信息与目标确定。

（1）收集信息。收集信息是税收筹划的基础，只有充分掌握信息，才能进一步制定税收筹划策略。收集的信息包括企业外部信息和内部信息。

外部信息包括税收环境信息和政府涉税行为信息两个方面。前者主要包括以下几项内容：①企业涉及的税种及各税种的具体规定，特别是税收优惠规定；②各税种之间的相关性；③税收征纳程序和税务行政制度，降低涉税风险；④税收环境的变化趋势、内容。在税收筹划博弈中，企业先行动，因此，在行动之前，必须预测政府可能对自身行动产生的反应，故要了解政府涉税行为信息，主要包括：①政府对税收筹划的态度；②政府的主要反避税法规和措施；③政府反避税的运作规程。

内部信息收集包括实施主体信息和反馈信息。任何税收筹划策略必须基于企业自身的实际经营情况。因此，在制定策略时，必须充分了解企业自身的相关信息，即实施主体信息，包括：①企业理财目标；②企业经营状况；③企业财务状况；④对风险的态度。

企业在实施策略的过程中，会不断获取企业内部新的信息情况；同时，实施结果需要及时反馈相应部门，以便对税收筹划方案进行调整和完善，此为反馈信息。

（2）目标确定。企业在制定具体战略时，必须在既定信息的基础上，分析企业的真正需求，确立筹划策略的具体目标，这些具体目标可能是：①选择低税负点，包括税基最小化、适用税率最低化、减税最大化等具体内容。②选择零税负点，包括纳税义务的免除和避免成为纳税人。③选择递延纳税。递延纳税存在机会成本的选择问题。例如，在减免税期间，可能因递延纳税而减少了应当享受的减免税的利益。

2. 税收筹划方案列示、分析与选择。在掌握相关信息和确立目标之后，策略制定者可以着手设计税收筹划的具体方案。由于关注角度不同，具体方案就可能存在差异，因此策略制定者需要将方案逐一列示，并在后续过程中进行选择。筹划方案是多种筹划技术的组合运用，同时需要考虑风险因素。

方案列示以后，必须进行一系列的分析，主要包括：

（1）法定分析。税收筹划策略的首要原则是法定原则，任何税收筹划方案都必须从属于法定原则，因此，对设计的方案首先要进行合法性分析，控制法律风险。

（2）可行分析。税收筹划的实施，需要多方面的条件，企业必须对方案的可行性作出评估，这种评估包括实施时间的选择、人员素质以及未来的趋势预测。

（3）目标分析。每种设计方案都会产生不同的纳税结果，这种纳税结果是否符合企业既定的目标是筹划策略选择的基本依据。因此，必须对方案进行目标符合性分析，同时优选最佳方案。

3. 实施与反馈。筹划方案选定之后，经管理机关批准，即进入实施阶段。企业应当按照选定的税收筹划方案，对自己的纳税人身份、组织形式、注册地点、所从事的产业、经济活动以及会计处理等作出相应的处理或改变，同时记录筹划方案的收益。

在实施过程中，可能因为执行偏差、环境改变或者由于原有方案的设计存在缺陷从而与预期结果产生差异。这些差异要及时反馈给策略设计者，并对方案进行修正或者重新设计。

【本章小结】

本章将上述内容分为三节，第一节税收基础知识主要介绍了税收的基础概念和理论、税收制度及其构成要素、税收的法律关系、税种的分类及我国现行的税收制度。学生重点学习税收制度及其构成要素。第二节税收征纳制度主要介绍了纳税基本工作程序：企业税务登记，账簿、凭证的管理，纳税申报，税款征收等几个基本工作环节。学生重点了解纳税申报。第三节主要介绍了税收筹划的基本内容和技术。税收筹划的成功与否，某种程度上取决于其筹划技术的合理有效利用。所以要求重点掌握税收筹划技术。目的在于使学生意识到税收筹划是一项必须兼顾企业生产、经营、投资、理财等多方面的综合性工程，只有从税法出发，综合考虑企业的财务活动，才能使设计出的筹划方案合法、合理、可以操作，从而真正体现税收筹划的价值。

 【操作训练】

1. 营业税规定，月营业额在 5 000 ~ 20 000 元的（含 5 000 元）按 5% 的税率征税，5 000 元以下的不征税，某纳税人 2 月取得营业收入 22 000 元。试计算应纳税额，并指出该项规定属于起征点还是免征额。

2. 某税种采取 25% 的比例税率并规定以纳税人的收入额减除 1 000 元费用后的余额作为计税收入额，该纳税人 5 月取得的收入为 5 000 元。试计算应纳税额，并指出该项规定属于起征点还是免征额。

3. 海南光明实业有限公司系由海南海宏股份有限公司和海南裕河有限责任公司共同出资成立，相关资料如下：

（1）注册资本为 1 000 万元，其中海南海宏股份有限公司以货币出资 800 万元，法人营业执照号为 4601008956432；海南裕河有限责任公司出资 200 万元，法人营业执照号为 4601005645632。

（2）公司位于海口市丘海大道 25 号，邮政编码：570103，联系电话：66830267。

（3）海南省工商行政管理局颁发的营业执照号为 4601001216789，经营期为 2010 年 3 月 1 日至 2030 年 2 月 28 日。

（4）公司主要经营范围：投资管理咨询、礼仪服务、公关活动策划、计算机图文设计制作、企业形象策划、商务咨询、企业管理咨询等。

（5）公司员工为 150 人。其中，财务经理：陈宏；办税人员：梁悦；法定代表人：王伟，身份证号：46000419680326 0719。

（6）公司的开户银行及账号：工行海口市秀英支行 2201020409026456701。

（7）低值易耗品摊销方法：一次摊销法。折旧方法：直线法。

　　请根据以上资料，对该公司做如下工作，掌握纳税工作的基本流程：①办理税务登记；②设置账簿、凭证来记录经济业务；③按照税法规定的期限和内容，定期计算应纳税款，向主管税务机关申报并缴纳。

第二章

增值税

ZENGZHISHUI

【本章学习目标】

　　知识目标：掌握一般纳税人和小规模纳税人的标准、增值税征税范围的一般规定；熟悉增值税的类型、增值税专用发票的领购使用范围；理解增值税税收筹划的基本思路及税收筹划方法。

　　能力目标：能正确计算增值税计税销售额和销项税额；能正确确定进项税额；会进行一般纳税人与小规模纳税人应纳税额的计算；能够运用所学的增值税筹划方法进行经营业务中的税收筹划。

 【导入案例】

　　刘经理经营着一家加工生产瓷砖的小型企业。从2009年起，因其公司增值税的征收率由工业企业的6%降为3%。以每年公司的销售额近70万元计算，每年可少缴税2.1万元，自2009年1月1日起，在全国范围内实施增值税转型改革，改革的主要内容包括：允许企业抵扣新购入设备所含的增值税；同时，将小规模纳税人的增值税征收率统一调低至3%。刘经理就是小规模纳税人增值税税率统一调低的受益人。

　　你知道增值税的征收范围吗？如何划分小规模纳税人与一般纳税人呢？带着这些问题我们一起来学习增值税吧。

【关键词】

　　增值税　　销项税　　一般纳税人　　增长率判别法

第一节
增值税概述

增值税是对商品流转额的价值增加部分征收的一种税种。1954年法国率先采用增值税，目前，世界上有130多个国家和地区建立了增值税征收制度。我国自1979年下半年开始试行增值税，之后逐渐扩大试行范围。1993年12月13日国务院颁布《中华人民共和国增值税暂行条例》，实行生产型增值税。自2009年1月1日起，全国全面实行消费型增值税。增值税在我国税制中占有举足轻重的地位，与营业税、消费税、关税等构成互相协调配合的流转税制。国家常用的统计指标"两税"即增值税和消费税。增值税在我国整个税收收入中也占有很大的比重。

一、增值税的纳税人

凡在中华人民共和国境内销售货物或提供加工、修理修配劳务以及进口货物的单位和个人都是增值税的纳税人。"单位"是指国有企业、集体企业、私人企业、其他企业和行政单位、事业单位、军事单位、社会团体和其他单位，还包括外商投资企业和外国企业；"个人"包括个体工商户和其他个人。企业租赁或承包给他人经营的，以承租人或承包人为纳税人。为了严格增值税的征收管理，《增值税暂行条例》参照国际惯例，将纳税人按其经营规模大小及会计核算健全与否划分为一般纳税人和小规模纳税人两类。

(一) 小规模纳税人

小规模纳税人是指年销售额在规定标准以下，并且会计核算不健全，不能按规定报送有关税务资料的增值税纳税人。所称会计核算不健全是指不能正确核算增值税的销项税额、进项税额和应纳税额。

根据《增值税暂行条例实施细则》的规定，小规模纳税人的认定标准是：（1）从事货物生产或提供应税劳务的纳税人，以及以从事货物生产或提供应税劳务为主，并兼营货物批发或零售的纳税人，年应税销售额在50万元以下的；（2）对上述规定以外的纳税人，年应税销售额在80万元以下的；（3）年应税销售额超过小规模纳税人标准的其他个人按小规模纳税人纳税；（4）非企业性单位、不经常发生应税行为的企业可选择按小规模纳税人纳税。

上述"以从事货物生产或提供应税劳务为主"是指纳税人年货物生产或提供应税劳务的销售额占年应税销售额的比重在50%以上的。

(二) 一般纳税人

一般纳税人是指经营规模达到规定标准、会计核算健全的纳税人，通常为年应征增值税的销售额（应税销售额）超过《增值税暂行条例实施细则》规定的小规模纳税人标准的企业和企业性单位（以下简称企业）。

下列纳税人不属于一般纳税人：

（1）年应税销售额未超过小规模纳税人标准的企业；

（2）个人（个体工商户以外的其他个人）；

（3）选择按小规模纳税人纳税的非企业性单位；

（4）不经常发生增值税应税行为的企业。

增值税一般纳税人须向税务机关申请办理一般纳税人认定手续，以取得法定资格。被认定为一般纳税人的企业，可以使用增值税专用发票。如一般纳税人违反专用发票使用规定，税务机关除按税法规定处罚外，还要在6个月内停止其使用专用发票；对会计核算不健全，不能向税务机关提供准确税务资料的，停止其抵扣进项税额，取消其专用发票使用权。除国家税务总局另有规定外，纳税人一经认定为一般纳税人后，不得转为小规模纳税人。

二、增值税的征税范围

（一）基本规定

增值税征税范围包括货物的生产、批发、零售和进口四个环节，此外，加工和修理修配也属于增值税的征税范围，加工和修理修配以外的劳务服务暂不实行增值税。凡在上述四环节中销售货物、提供加工和修理修配劳务进口货物的，都要按规定缴纳增值税。增值税征税范围的具体内容如下：

1. 销售货物。货物，是指除土地、房屋和其他建筑物等一切不动产之外的有形动产，包括电力、热力和气体在内。销售货物是指有偿转让货物的所有权。"有偿"不仅仅指从购买方取得货币还包括取得货物或其他经济利益。

2. 提供加工和修理修配劳务。加工，是指接收来料承做货物，加工后的货物所有权仍属于委托者的业务。"委托加工业务"是指由委托方提供原料及主要材料，受托方按照委托方的要求制造货物并收取加工费的业务。"修理修配"是指受托对损伤和丧失功能的货物进行修复，使其恢复原状和功能的业务。这里的"提供加工和修理修配劳务"都是指有偿提供加工和修理修配劳务。单位或个体工商户聘用的员工为本单位或雇主提供加工、修理修配劳务则不包括在内。

3. 进口货物。进口货物是指申报进入我国海关境内的货物。确定一项货物是否属于进口货物，必须看其是否办理了报关进口手续。通常，境外产品要输入境内，必须向我国海关申报进口并办理有关报关手续。只要是报关进口的应税货物，均属于增值税征税范围，在进口环节缴纳增值税（享受免税政策的货物除外）。

（二）特殊规定

1. 按规定应纳增值税的特殊项目。

（1）货物期货（包括商品期货和贵金属期货），在期货的实物交割环节纳税；

（2）银行销售金银的业务；

（3）典当业的死当物品销售业务和寄售业代委托人销售寄售物品的业务；

（4）集邮商品（如邮票、首日封、邮折等）的生产以及邮政部门以外的其他单位和个人销售的集邮商品。

2. 特殊行为。

（1）视同销售货物行为。单位或个体工商户的下列行为，视同销售货物，征收增值税：

①将货物交付其他单位或个人代销；

②销售代销货物；

③设有两个以上机构并实行统一核算的纳税人，将货物从一个机构移送其他机构用于销售的行为，但相关机构设在同一县（市）的除外；

④将自产或委托加工的货物用于非应税项目；

⑤将自产、委托加工或购买的货物作为投资，提供给其他单位或个体经营者；

⑥将自产、委托加工或购买的货物分配给股东或投资者；

⑦将自产或委托加工的货物用于集体福利或个人消费；

⑧将自产、委托加工或购买的货物无偿赠送其他单位或者个人。

（2）对混合销售行为和兼营行为的征税规定。混合销售行为与兼营行为是在1994年流转税制改革时，由于对货物销售全面实行了增值税，而对服务业除加工和修理修配外仍实行营业税，以及企业为适应市场经济需要开展多种经营的情况下，出现的两个税收概念。

①混合销售行为。一项销售行为如果既涉及增值税应税货物又涉及非应税劳务，为混合销售行为。除《增值税暂行条例实施细则》第六条的规定外，从事货物的生产、批发或零售的企业、企业性单位及个体工商户的混合销售行为，视为销售货物，应当缴纳增值税；其他单位和个人的混合销售行为，视为销售非增值税应税劳务，不缴纳增值税。所谓非应税劳务是指属于应缴营业税的劳务。所谓从事货物的生产、批发或零售的企业、企业性单位及个体工商户，包括以从事货物的生产、批发或零售为主，并兼营非增值税应税劳务的单位和个体工商户在内。具体是指：纳税人的年货物销售额与非增值税应税劳务营业额的合计数中，年货物销售额超过50%，非增值税应税劳务营业额不到50%。

对以从事非增值税应税劳务为主，并兼营货物销售的单位和个人，其混合销售行为应视为销售非应税劳务，不征收增值税。但如果其设立单独的机构经营货物销售并单独核算，该单独机构应视为从事货物的生产、批发或零售的企业、企业性单位，其发生的混合销售行为应当征收增值税。

纳税人的下列混合销售行为，应当分别核算货物的销售额和非增值税应税劳务的营业额，并根据其销售货物的销售额计算缴纳增值税，非增值税应税劳务的营业额不缴纳增值税；未分别核算的，由主管税务机关核定其货物的销售额：①销售自产货物并同时提供建筑业劳务的行为；②财政部、国家税务总局规定的其他情形。

②兼营非增值税应税劳务行为。增值税纳税人在从事应税货物销售或提供应税劳务的同时，还从事非增值税应税劳务（营业税规定的各项劳务），且从事的非应税劳务与

某一项销售货物或提供应税劳务并无直接的联系和从属关系。

根据《增值税暂行条例实施细则》的规定，纳税人兼营非增值税应税劳务的，应分别核算货物或应税劳务和非增值税应税劳务的销售额，对货物和应税劳务的销售额按各自适用的税率征收增值税，对非增值税应税劳务的销售额（营业额）按适用的税率征收营业税。如果不分别核算或者不能准确核算货物或应税劳务和非增值税应税劳务销售额的，由主管税务机关核定货物或应税劳务的销售额。

③混合销售与兼营非应税项目的异同点及其税务处理的规定。混合销售与兼营，两者有相同的方面，又有明显的区别。相同点是：两种行为的经营范围都有销售货物和提供劳务这两类经营项目。区别是：混合销售强调的是在同一项销售行为中存在着两类经营项目的混合，销售货款及劳务价款是同时从一个购买方取得的；兼营强调的是在同一纳税人的经营活动中存在着两类经营项目，但这两类经营项目不是在同一项销售行为中发生。

混合销售与兼营既然是两个不同的税收概念，因此，在税务处理上的规定也不同。混合销售的纳税主要原则是按"经营主业"划分，只征一种税，即或者征增值税或者征营业税。兼营的纳税原则是分别核算、分别征税，即对销售货物或应税劳务的销售额征收增值税，对提供非应税项目获取的收入额征收营业税。

三、增值税税率与征收率

（一）增值税税率

我国增值税设置了一档基本税率和一档低税率，此外还有对出口货物实施的零税率。一般纳税人除特殊规定外适用以下税率。

1. 基本税率。纳税人销售或者进口货物，除列举的以外，税率均为17%；提供加工、修理修配劳务的，税率也为17%。

2. 低税率。纳税人销售或者进口货物适用税率为13%。使用低税率的货物有：

①农业产品。是指种植业、养殖业、林业、牧业、水产业生产的各种植物、动物的初级产品。

②食用植物油。仅指芝麻油、花生油、豆油、菜子油、米糠油、葵花子油、棉子油、玉米胚油、茶油、胡麻油以及以上述油为原料生产的混合油。棕榈油、核桃油、橄榄油，也属本货物的征税范围。

③自来水、暖气、热水、冷气、煤气、石油液化气、天然气、沼气、居民用煤炭制品。

④图书、报纸、杂志。

⑤饲料、化肥、农药、农机、农膜。

⑥国务院规定的其他货物，如食用盐、音像制品、电子出版物、二甲醚。

3. 零税率。纳税人出口货物，税率为零。但是国务院另有规定的除外。

4. 其他规定。纳税人兼营不同税率的货物或者应税劳务的，应当分别核算不同税率货物或者应税劳务的销售额。未分别核算销售额的，从高适用税率。

（二）征收率

考虑到小规模纳税人经营规模小，且会计核算不健全，难以按基本税率和低税率计税和使用增值税专用发票抵扣进项税款，在增值税征收管理中，采用简便方式，按照其销售额与规定的征收率计算缴纳增值税，不准许抵扣进项税，也不允许使用增值税专用发票。按照现行增值税有关规定，对于一般纳税人生产销售的特定货物，确定征收率，按照简易办法征收增值税，并视不同情况，采取不同的征收管理办法。

1. 小规模纳税人征收率的规定。

（1）小规模纳税人增值税征收率为3%，征收率的调整，由国务院决定。

（2）小规模纳税人（除其他个人外）销售自己使用过的固定资产，减按2%征收率征收增值税。只能够开具普通发票，不得由税务机关代开增值税专用发票。

（3）小规模纳税人销售自己使用过的除固定资产以外的物品，应按3%的征收率征收增值税。

2. 一般纳税人按照简易办法征收增值税的征收率规定。

（1）销售自产的下列货物，可选择按照简易办法依照6%征收率计算缴纳增值税：

①县级及县级以下小型水力发电单位生产的电力。小型水力发电单位，是指各类投资主体建设的装机容量为5万千瓦以下（含5万千瓦）的小型水力发电单位。

②建筑用和生产建筑材料所用的砂、土、石料。

③以自己采掘的砂、土、石料或其他矿物连续生产的砖、瓦、石灰（不含黏土实心砖、瓦）。

④用微生物、微生物代谢产物、动物毒素、人或动物的血液或组织制成的生物制品。

⑤自来水。对属于一般纳税人的自来水公司销售自来水按简易办法依照6%征收率征收增值税，不得抵扣其购进自来水取得增值税扣税凭证上注明的增值税税款。

⑥商品混凝土（仅限于以水泥为原料生产的水泥混凝土）。

一般纳税人选择简易办法计算缴纳增值税后，36个月内不得变更。可自行开具增值税专用发票。

（2）销售货物属于下列情形之一的，暂按简易办法依照4%征收率计算缴纳增值税：

①寄售商店代销寄售物品。

②典当业销售死当物品。

③经有权机关批准的免税商店零售免税货物。

上述销售货物行为，可自行开具增值税专用发票。

（3）纳税人销售自己使用过的物品，按下列规定执行：

①一般纳税人销售自己使用过的属于《增值税暂行条例》第十条规定不得抵扣且未抵扣进项税额的固定资产，按简易办法依4%征收率减半征收增值税。

②一般纳税人销售自己使用过的其他固定资产按相关规定执行。

③一般纳税人销售自己使用过的物品和旧货，适用按简易办法依4%征收率减半征收增值税，不得开具增值税专用发票。按下列公式确定销售额和应纳税额：

$$销售额 = \frac{含税销售额}{1 + 4\%}$$

$$应纳税额 = 销售额 \times \frac{4\%}{2}$$

第二节
增值税应纳税额的计算

增值税依据纳税人的会计核算水平和经营规模分为一般纳税人和小规模纳税人两类，两类纳税人应纳税额的计算采取不同的计算方法。

一、一般纳税人应纳税额的计算

增值税一般纳税人销售货物或提供应税劳务，其应纳税额为当期销项税额抵扣当期进项税额后的余额。因此，增值税一般纳税人当期应纳增值税税额的大小，主要取决于当期销项税额和当期进项税额两个因素。

（一）销项税额的计算

销项税额是指纳税人销售货物或者提供应税劳务，按照销售额和规定的适用税率计算并向购买方收取的增值税税额。销项税额的计算公式为

销项税额 = 销售额 × 适用税率

1. 一般销售方式下的销售额的确定。销售额是指纳税人销售货物或者提供应税劳务向购买方收取的全部价款和价外费用，但是不包括收取的销项税额。价外费用包括价外向购买方收取的手续费、补贴、基金、集资费、返还利润、奖励费、违约金、滞纳金、延期付款利息、赔偿金、代收款项、代垫款项、包装费、包装物租金、储备费、优质费、运输装卸费以及其他各种性质的价外收费。但下列项目不包括在内：

（1）受托加工应征消费税的消费品所代收代缴的消费税。

（2）同时符合以下条件的代垫运输费用：①承运部门的运输费用发票开具给购买方的；②纳税人将该项发票转交给购买方的。

（3）同时符合以下条件代为收取的政府性基金或者行政事业性收费：①由国务院或者财政部批准设立的政府性基金，由国务院或者省级人民政府及其财政、价格主管部门批准设立的行政事业性收费；②收取时开具省级以上财政部门印制的财政票据；③所收款项全额上缴财政。

（4）销售货物的同时代办保险等而向购买方收取的保险费，以及向购买方收取的代购买方缴纳的车辆购置税、车辆牌照费。

2. 特殊销售方式下的销售额的确定。纳税人在销售活动中，会采用多种不同的销售

方式,在不同的销售方式下如何确定计征增值税的销售额,税法对此作出了具体规定:

(1) 采取折扣方式销售。折扣销售是指销货方在销售货物或应税劳务时,因购货方购货数量较大等原因而给予购货方的价格优惠。

需要注意以下几点:①折扣销售不同于销售折扣。销售折扣是为了鼓励购货方及时偿还货款而给予的折扣优待,销售折扣是发生在销售之后,是一种融资性质的理财费用(财务费用),故其不得从销售额中减除。②折扣销售不同于销售折让。销售折让是指由于货物的品种或质量等原因引起销售额的减少,即销货方给予购货方未予退货状况下的价格折让,销售折让可以从销售额中减除。③折扣销售仅限于货物价格的折扣,如果销售者将自产、委托加工和购买的货物用于实物折扣的,则该实物款额不能从货物销售额中减除,且该实物应按增值税条例"视同销售货物"中的"赠送他人"计算征收增值税。

(2) 采取以旧换新方式销售。以旧换新销售是指纳税人在销售货物时,有偿收回旧货物并以折价部分冲减货物价款的一种销售方式。税法规定,采取以旧换新方式销售货物,应按新货物的同期销售价格确定销售额,不得扣减旧货物的收购价格。另外,考虑到金银首饰以旧换新业务的特殊情况,对金银首饰以旧换新业务,可以按销售方实际收取的不含增值税的全部价款征收增值税。

(3) 采取还本销售方式销售。还本销售是指纳税人在销售出货物后,按约定的期限由销售方一次或分次将购货款全部或部分退还给购货方的一种销售方式。税法规定,纳税人采取还本销售方式销售货物,其销售额就是货物的销售价格,不得从销售额中减除还本支出。

(4) 采取以物易物的方式销售。以物易物销售是指购销双方不是以货币结算,而是以同等价款的货物相互结算,实现货物购销的一种销售方式。税法规定,以物易物双方都应作购销处理,以各自发出的货物核算销售额并计算销项税额,以各自收到的货物按规定核算购货额并计算进项税额。税法的上述规定,是为了保证增值税税款抵扣的链条不中断,在以物易物的销售方式下,购销双方均应开具合法的票据计算销项税额,同时以各自取得的增值税专用发票或者其他合法发票抵扣进项税额,但如果收到货物不能取得相应的增值税专用发票或者其他合法发票的,不得抵扣进项税额。

(5) 包装物押金的计税问题。税法规定,纳税人为销售货物而出租出借包装物收取的押金,单独记账核算的,时间在1年以内又未过期的,不并入销售额征税;但对因逾期未收回包装物不退还的押金,应按所包装货物的适用税率计算销项税额。需要注意的几个问题:①"逾期"是指按合同约定实际期限逾期或以1年为期限,对收取1年以上的押金,无论是否退还均应并入销售额征税。②包装物押金并入销售额征税时,要先将该押金换算为不含税价,再并入销售额征税。③包装物的适用税率,按所包装货物的适用税率。

从1995年6月1日起,对销售除啤酒、黄酒外的其他酒类产品而收取的包装物押金,无论是否返还以及会计上如何核算,均应并入销售额征税。

(6) 对纳税人价格明显偏低并无正当理由或者视同销售货物行为销售额的确定。纳税人价格明显偏低并无正当理由或者视同销售货物行为而无销售额者，按下列顺序确定销售额：

①按纳税人最近时期同类货物的平均销售价格确定；

②按其他纳税人最近时期同类货物的平均销售价格确定；

③按组成计税价格确定。

组成计税价格的公式为　组成计税价格 = 成本 × （1 + 成本利润率）

征收增值税的货物，同时又征收消费税的，其组成计税价格的公式为

$$组成计税价格 = 成本 × （1 + 成本利润率） + 消费税$$

或

$$组成计税价格 = \frac{成本 × （1 + 成本利润率）}{1 - 消费税税率}$$

其中，公式中的成本是指销售自产货物的为实际生产成本，销售外购货物的为实际采购成本。公式中的成本利润率为10%，但属于应按从价定率征收消费税的货物，其组成计税价格公式中的成本利润率，为《消费税若干具体问题的规定》中规定的成本利润率。

3. 含税销售额的换算。由于增值税是价外税，计税销售额是不含税销售额。但在现实生活中，有些一般纳税人，如商品零售企业或其他企业将货物或应税劳务出售给消费者、使用单位或小规模纳税人，只能开具普通发票，而不开具增值税专用发票。这样，一部分纳税人（包括一般纳税人和小规模纳税人）在销售货物或提供应税劳务时，就会将价款和税款合并定价，发生销售额和增值税额合并收取的情况。

在这种情况下，就必须将开具在普通发票上的含税销售额换算成不含税销售额，作为增值税的税基。其换算公式为

$$不含税销售额 = \frac{含税销售额}{1 + 增值税税率}$$

（二）进项税额的计算

纳税人购进货物或者接受应税劳务，所支付或者负担的增值税额为进项税额。进项税额与销项税额是相互对应的两个概念，在购销业务中，对于销货方而言，在收回货款的同时，收回销项税额；对于购货方而言，在支付货款的同时，支付进项税额。也就是说，销货方收取的销项税额就是购货方支付的进项税额。增值税一般纳税人当期应纳增值税额采用购进抵扣法计算，需要注意的是，并不是购进货物或者接受应税劳务所支付或者负担的增值税都可以在销项税额中抵扣，税法对哪些进项税额可以抵扣、哪些进项税额不能抵扣做了严格的规定。

1. 准予从销项税额中抵扣的进项税额。按照《增值税暂行条例》的规定，允许从销项税额中抵扣的进项税额只有两种情况。

（1）从销售方取得的增值税专用发票上注明的增值税额。

（2）从海关取得的海关进口增值税专用缴款书上注明的增值税额。

我国现行增值税采用的是发票扣税法，增值税专用发票既是纳税人从事经营活动的商事凭证，也是增值税扣税的依据。纳税人只有向税务机关提供增值税专用发票或海关进口增值税专用缴款书，才能据以抵扣增值税进项税额。

在实际经济活动中，有些购销活动不能取得增值税专用发票。因此，对于纳税人在实际经营和计算增值税中的一些特殊情况，税法规定了允许计算进项税额，并相应从销项税额中抵扣的方法。

（3）购进农产品，除取得增值税专用发票和海关进口增值税专用缴款书外，按照农产品收购发票或销售发票上注明的农产品的买价和13%的扣除率计算进项税额，从当期销项税额中扣除，即

准予抵扣的进项税额＝买价×扣除率

对这项规定的解释是："农业产品"是指直接从事植物的种植、收割和动物的饲养、捕捞的单位和个人销售的自产而且免征增值税的农业产品。购买农业产品的买价，包括纳税人购进农产品在收购发票或销售发票上注明的价款和按规定缴纳的烟叶税。对烟叶税纳税人按规定缴纳的烟叶税准予并入烟叶的买价计算增值税的进项税额，并在计算缴纳增值税时扣除。扣除额依规定的烟叶收购金额和烟叶税及法定扣除率计算。烟叶收购金额包括纳税人支付给烟叶销售者的烟叶收购价款和价外补贴，价外补贴统一暂按烟叶收购价款的10%计算。

收购烟叶准予抵扣的进项税额＝（烟叶收购金额＋烟叶税应纳税额）×13%

其中，烟叶收购金额＝烟叶收购价款×（1＋10%）；烟叶税应纳税额＝烟叶收购金额×税率（20%）。

（4）购进或销售货物以及在生产经营过程中所支付的运费，根据运费结算单据上所列运费金额和7%的扣除率计算进项税额，公式为

准予抵扣的进项税额＝运费×扣除率

对这项规定的解释是：购进或销售免税货物（购进免税农产品除外）所发生的运费，不得计算抵扣进项税。允许作为抵扣凭证的运费结算单据（普通发票）是指国营铁路、民用航空、公路和水上运输单位开具的发货票以及从事货物运输的非国有运输单位开具的套印全国统一发票监制章的发货票。准予计算进项税额抵扣的货物运费金额是指运输单位开具的发货票上注明的运费和建设基金，不包括装卸费和保险费等其他杂费。

2. 不得从销项税额中抵扣的进项税额。按照《增值税暂行条例》的规定，下列项目的进项税额不得从销项税额中抵扣：

（1）用于非应税项目、免征增值税项目、集体福利或个人消费的购进货物或者应税劳务。非应税项目是指提供非应税劳务、转让无形资产、销售不动产和固定资产在建工程等。

（2）非正常损失的购进货物及相关的应税劳务。

（3）非正常损失的在产品、产成品所耗用的购进货物或者应税劳务。

（4）国务院财政、税务部门规定的纳税人自用的消费品。

（5）上述四项规定的货物的运费和销售免税货物的运费。

（6）兼营免税或非增值税应税劳务而无法划分不得抵扣的进项税额，按下列公式计算不得抵扣的进项税额：

不得抵扣进项税额＝当月无法划分的全部进项税额×（当月免税项目销售额、非增值税应税劳务营业额合计÷当月全部销售额、营业额合计）

上述所称非正常损失是指生产经营过程中正常损耗外的损失，包括自然灾害损失，因管理不善造成货物被盗窃、发生霉烂变质等损失，其他非正常损失。已抵扣进项税额的购进货物或者应税劳务，发生条例规定的不得从销项税额中抵扣的（免税项目、非增值税应税劳务除外），应当将该项购进货物或者应税劳务的进项税额从当期的进项税额中扣减；无法确定该项进项税额的，按当期实际成本计算应扣减的进项税额。

（三）应纳税额的计算

在计算出销项税额和进项税额后就可以得出实际的应纳税额，其计算的基本公式为

$$应纳税额 = 当期销项税额 - 当期进项税额$$

为了正确地运用这个公式，需要了解以下几个规定。

1. 计算销项税额的时间限定。对于什么时间计算销项税额，税法作了严格的规定。例如，采取直接收款方式销售货物，不论货物是否发出，均为收到销售额或取得索取销售额的凭据，并将提货单交给买方的当天；采取托收承付和委托银行收款方式销售货物，为发出货物并办妥托收手续的当天；纳税人发生视同销售货物行为第③至第⑧项的，为货物移送的当天等，以保证准时、准确地记录和核算当期销项税额，此部分详见本章第三节征收管理中的纳税义务发生时间的内容。

2. 计算进项税额的时间限定。关于进项税额的抵扣时间，总的原则是：进项税额的抵扣不得提前。税法对不同扣税凭证的抵扣时间作了详细的规定。

（1）防伪税控系统开具的专用发票进项税额抵扣的时间限定。增值税一般纳税人取得自 2010 年 1 月 1 日以后开具的增值税专用发票、公路内河货物运输业统一发票和机动车销售统一发票，应在开具之日起 180 日内到税务机关办理认证，增值税一般纳税人在 2009 年 12 月 31 日以前开具申请抵扣的防伪税控系统开具的增值税专用发票，必须自该专用发票开具之日起 90 日内到税务机关认证，否则不予抵扣进项税额。

增值税一般纳税人认证通过的防伪税控系统开具的增值税专用发票，应在认证通过的当月按照增值税有关规定核算当期进项税额并申报抵扣，否则不予抵扣进项税额。

（2）海关完税凭证进项税额抵扣的时间限定。纳税人进口货物取得的自 2004 年 2 月 1 日以后开具的完税凭证，应当在开具之日起 90 日之后的第一个纳税申报期结束以前向主管税务机关申报抵扣，逾期不得抵扣进项税额。

（3）运输发票进项税额的抵扣时限。增值税一般纳税人取得的自 2003 年 10 月 31 日以后 2009 年 12 月 31 日以前开具的运费发票，应当在开票之日起 90 天内向主管税务机关申报抵扣，超过 90 天的不予抵扣。在办理运费进项税额抵扣时，应附抵扣发票清单。

（4）一般纳税人因销售货物退回或者折让而退还给购买方的增值税额，应从发生销售货物退回或者折让当期的销项税额中扣减；因购进货物退出或者折让而收回的增值税税额，应从发生购进货物退出或者折让当期的进项税额中扣减。

3. 计算应纳税额时进项税额不足抵扣的处理。在计算应纳税额时，会出现当期销项税额小于当期进项税额不足抵扣的情况，根据《税法》规定，当期进项税额不足抵扣的部分可以结转下期继续抵扣。

4. 扣减发生期进项税额的规定。根据《税法》规定，纳税人发生规定不允许抵扣而已经抵扣进项税额的行为，应将该项购进货物或应税劳务的进项税额从当期发生的进项税额中扣减，无法确定该项进项税额的，按当期实际成本计算应扣减的进项税额，也就是按照当期该项购进货物或应税劳务的实际成本，即进价＋运费＋保险费＋其他有关费用，按征税时该项购进货物或应税劳务适用的税率计算应扣减的进项税额。

【案例1】 某企业为增值税一般纳税人，采用直接收款结算方式销售货物，购销货物的增值税税率均为17%。8月发生下列经济业务：

（1）开出增值税专用发票销售甲产品50台，单价8 000元，并交与购货方。

（2）将20台乙产品分配给投资者，单位成本6 000元，无同类产品的销售价格。

（3）基本建设工程领用材料1 000公斤，不含税单价50元，计50 000元。

（4）改扩建职工食堂领用材料200公斤，不含税单价50元，计10 000元，改、扩建领用乙产品1台。

（5）本月丢失钢材8吨，不含税单价2 000元，作待处理财产损益处理。

（6）本月外购货物取得防伪税控系统开具的增值税专用发票上注明的增值税为70 000元，支付运输费用120万元，取得经税务机关认定的运输公司开具的普通发票。

要求： 计算该企业8月的销项税额、进项税额转出额以及本月应缴纳的增值税税额。

案例分析：

第1笔经济业务的销项税额为：8 000×50×17 %＝68 000（元）

第2笔经济业务中的20台乙产品分配给投资者应视同销售，由于没有同类产品的销售价格，其销项税额为：6 000×20×（1＋10%）×17 %＝22 440（元）。

第3笔经济业务中基本建设工程领用价值50 000元的1 000公斤材料，属于不得抵扣进项税应作进项税转出。进项税额转出额＝50 000×17%＝8 500（元）

第4笔经济业务中改扩建职工食堂领用价值10 000元的材料，属于不得抵扣进项税范围，应作进项税转出。进项税额转出额＝10 000×17%＝1 700（元）

改扩建领用乙产品1台应视同销售计销项税。销项税额＝6 000×（1＋10%）×17%＝1 122（元）

第5笔经济业务中本月丢失钢材8吨，属于不得抵扣进项税范围，由于上期已抵扣了进项税应作进项税转出。进项转出额＝2 000×8×17%＝2 720（元）

第6笔经济业务为本期发生的进项税额＝70 000＋120×7%＝70 008.4（元）

本月销项税额＝68 000＋22 440＋1122＝91 562（元）

本月进项税额转出＝8 500＋1 700＋2 720＝12 920（元）

本月应纳增值税＝91 562－70 008.4＋12 920＝34 473.60（元）

【案例2】某电视机厂生产出最新型号的彩色电视机，每台不含税销售单价5 000元。9月发生如下经济业务：

（1）向各大商场销售电视机2 000台，对这些大商场在当月20天内付清2 000台电视机购货款均给予了5%的销售折扣。

（2）发货给外省分支机构200台用于销售，并支付发货运费等费用1 000元，其中取得运输单位开具的货票上注明的运费600元，建设基金100元，装卸费100元，保险费100元，保管费100元。

（3）采取以旧换新方式，从消费者个人手中收购旧型号电视机，销售新型号电视机100台，每台旧型号电视机折价为500元。

（4）购进生产电视机用原材料一批，取得增值税专用发票上注明的价款为2 000 000元，增值税税额为340 000元，专用发票已认证。

（5）向全国第九届冬季运动会赠送电视机20台。

（6）从国外购进两台电视机检测设备，取得的海关开具的完税凭证上注明的增值税税额为180 000元。

请计算该电视机厂9月应纳增值税税额。

案例分析：

第1笔经济业务的销项税额为：$2\ 000 \times 5\ 000 \times 17\% = 1\ 700\ 000$（元）。其中，销售2 000台电视机给予5%的销售折扣，不应减少销售额和销项税额，而应作为财务费用处理，不应当以牺牲国家税款为代价。

第2笔经济业务中发货给外省分支机构的200台电视机用于销售，应视同销售计算销项税额：$200 \times 5\ 000 \times 17\% = 170\ 000$（元），同时，所支付的运费允许计算进项税额进行抵扣。但需要特别注意的是，这里允许计算进项税额抵扣的项目只能是运费600元和建设基金100元，其他费用不允许计算进项税额进行扣除，且抵扣率为7%。因此该笔业务允许抵扣的进项税额为：$(600 + 100) \times 7\% = 49$（元）。

第3笔经济业务的销项税额为：$100 \times 5\ 000 \times 17\% = 85\ 000$（元）。需要特别注意的是，采取以旧换新方式销售货物，应以新货物的同期销售价格确定销售额计算销项税额，不得扣减旧货物的收购价格。同时还应注意，收购的旧电视机不能计算进项税额进行抵扣，原因在于：旧电视机是从消费者手中直接收购的，不可能取得增值税专用发票。

第4笔经济业务的进项税额为340 000元，专用发票已认证，允许在当期全部抵扣。

第5笔经济业务的销项税额为：$20 \times 5\ 000 \times 17\% = 17\ 000$（元），赠送的20台电视机应视同销售，按售价计算销项税额。

第6笔经济业务，取得海关开具的进口增值税完税证明，进口的两台检测设备已纳进口环节增值税可以从当月销项税额中抵扣。

综上所述，该企业9月应纳增值税税额为：$1\ 700\ 000 + 170\ 000 + 85\ 000 + 17\ 000 - 49 - 340\ 000 - 180\ 000 = 1\ 451\ 951$（元）。

二、小规模纳税人应纳税额的计算

(一) 应纳税额的计算公式

小规模纳税人销售货物或提供应税劳务，按简易方法计算，即按销售额和规定征收率计算应纳税额，不得抵扣进项税额，同时，销售货物也不得自行开具增值税专用发票。其应纳税额的计算公式为

$$应纳税额 = 销售额 \times 征收率$$

公式中销售额与增值税一般纳税人计算应纳增值税的销售额规定内容一致，是销售货物或提供应税劳务向购买方收取的全部价款和价外费用。但不包括按征收率（2008 年12 月31 日前为6%或4%，2009 年1 月1 日起为3%）收取的增值税税额。

(二) 含税销售额的换算

由于小规模纳税人销售货物自行开具的发票是普通发票，发票上列示的是含税销售额，因此，在计税时需要将其换算为不含税销售额。换算公式为

$$不含税销售额 = \frac{含税销售额}{1 + 征收率}$$

(三) 主管税务机关为小规模纳税人代开增值税专用发票应纳税额的计算

小规模纳税人销售货物或提供应税劳务，可以申请由主管税务机关代开增值税专用发票。主管税务机关为小规模纳税人（包括小规模纳税人中的企业、企业性单位及其他小规模纳税人，下同）代开增值税专用发票，应在专用发票"单价"栏和"金额"栏分别填写不含增值税税额的单价和销售额，因此，其应纳税额按销售额依照征收率计算。

(四) 小规模纳税人购进税控收款机的进项税额抵扣

自2004 年12 月1 日起，增值税小规模纳税人购置税控收款机，经主管税务机关审核批准后，可凭购进税控收款机取得的增值税专用发票，按照发票上注明的增值税额，抵免当期应纳增值税，或者按照购进税控收款机取得的普通发票上注明的价款，依下列公式计算可抵免的税额：

$$可抵免的税额 = 价款 \div (1 + 17\%) \times 17\%$$

当期应纳税额不足抵免的，未抵免的部分可在下期继续抵免。

【案例3】 某企业为增值税小规模纳税人，主要从事汽车修理和装潢业务。2011年9 月提供汽车修理业务取得收入21 万元，销售汽车装饰用品取得收入15 万元；购进的修理用配件被盗，账面成本0.6 万元。计算该企业应纳增值税。

案例分析：

该企业是从事修理修配劳务的企业，其计税销售额包括提供劳务和销售饰品的收入，由于是小规模纳税人其进项税不得抵扣。故该企业的应纳税额为

$$应纳增值税 = (21 + 15) \div (1 + 3\%) \times 3\% = 1.05 （万元）$$

三、进口货物应纳税额的计算

对进口货物征税是国际惯例。根据《增值税暂行条例》的规定，中华人民共和国境

内进口货物的单位和个人均应按规定缴纳增值税。纳税人进口货物，按照组成计税价格和增值税税率计算应纳税额。进口货物增值税税率与增值税一般纳税人在国内销售同类货物的税率相同。

（一）组成计税价格的确定

按照《海关法》和《进出口关税条例》的规定，一般贸易项下进口货物的关税完税价格是指以海关审定的成交价格为基础的到岸价格。所称成交价格是指一般贸易项下进口货物的买方为购买该项货物向卖方实际支付或应当支付的价格。到岸价格是指货物价格加上货物运抵我国关境内输入地点起卸前的包装费、运费、保险费和其他劳务费用的价格。特殊贸易下进口的货物，由于进口时没有"成交价格"可作依据，为此，《进出口关税条例》对这些进口货物制定了确定其完税价格的具体办法。

进口货物增值税的组成计税价格中包括已纳关税税额，如果进口货物属于消费税条例规定的应税消费品，该进口货物的组成计税价格中还要包括进口环节已纳的消费税税额。组成计税价格的计算公式为

$$组成计税价格 = 关税完税价格 + 关税$$

如果进口货物属于消费税条例规定的应税消费品，该进口货物的组成计税价格中还要包括进口环节已纳的消费税税额。则组成计税价格的计算公式为

$$组成计税价格 = 关税完税价格 + 关税 + 消费税$$

或：
$$组成计税价格 = \frac{关税完税价格 + 关税}{1 - 消费税税率}$$

（二）应纳税额的计算

纳税人进口货物，按照组成计税价格和条例规定的税率计算应纳税额，不得抵扣任何税额，即不得抵扣发生在我国境外的各种税金。

$$应纳税额 = 组成计税价格 \times 税率$$

> **【案例4】** 某贸易公司2011年10月进口办公设备1 000台，每台进口完税价格为1万元，海关于10月15日开具了进口增值税专用缴款书。该公司委托运输公司将进口办公用品从海关运回本单位，支付运输公司运输费用10万元，取得了运输公司开具的货运发票。当月以每台2.34万元的含税价格售出800台，另支付销货运输费1.5万元（有运输发票）。
>
> **要求：** 计算该企业当月应纳增值税（假设进口关税税率为15%）。
>
> **案例分析：**
>
> （1）进口环节应纳增值税 = 1 × （1 + 15%）× 1 000 × 17% = 195.5（万元）
>
> （2）设备进口后又销售应在销售环节纳增值税，且销售是含税价需做不含税换算。进口环节已纳的增值税和境内发生的10万元运费可做进项税抵扣。故：
>
> 当月销项税额 = 800 × 2.34 ÷ （1 + 17%）× 17% = 272（万元）
>
> 当月可以抵扣的进项税额 = 195.5 + 10 × 7% + 1.5 × 7% = 196.305（万元）
>
> 当月应纳增值税 = 272 - 196.305 = 75.695（万元）

四、出口货物退（免）税

出口货物退（免）税是国际贸易中通常采用并为世界各国普遍接受的、目的在于鼓励各国出口货物公平竞争的一种退还或免征间接税（目前我国主要包括增值税、消费税）的税收措施。由于这项制度比较公平合理，因此它已成为国际社会通行的惯例。出口退税应该在遵循"征多少，退多少"、"未征不退和彻底退税"的基本原则基础上，制定不同的税务处理方法。

（一）出口货物退（免）税基本政策

目前，我国出口货物税收政策分为以下三种形式。

1. 出口免税并退税。出口免税是指对货物在出口销售环节不征增值税、消费税，这是把出口环节与出口前的销售环节都同样视为一个征税环节；出口退税是指对货物在出口前实际承担的税收负担，按规定的退税率计算后予以退还。

2. 出口免税不退税。出口免税与上述第1项含义相同。出口不退税是指适用这个政策的出口货物因在前一道生产、销售环节或进口环节是免税的，因此，出口时该货物的价格本身就不含税，也就无须退税。

3. 出口不免税也不退税。出口不免税是指对国家限制或禁止出口的某些货物的出口环节视同内销环节，照常征税；出口不退税是指对这些货物出口不退还出口前其所负担的税款。适用这个政策的主要是税法列举限制或禁止出口的货物，如天然牛黄、麝香等。

（二）出口货物退（免）税的适用范围及退税率

一般来说，可以退（免）税的出口货物一般应具备以下四个条件。

1. 必须是属于增值税、消费税征税范围的货物。

2. 必须是报关离境的货物。所谓报关离境即出口，就是货物输出海关，这是区别货物是否应退（免）税的主要标准之一。

3. 必须是在财务上作销售处理的货物。

4. 必须是出口收汇并已核销的货物。

下列企业出口满足上述四个条件的货物，除另有规定外，给予免税并退税。（1）生产企业自营出口或委托外贸企业代理出口的自产货物。（2）有出口经营权的外贸企业收购后直接出口或委托其他外贸企业代理出口的货物。

下列企业出口的货物，除另有规定外给予免税，但不予退税。

（1）属于生产企业的小规模纳税人自营出口或委托外贸企业代理出口的自产货物。

（2）外贸企业从小规模纳税人处购进并持普通发票的货物出口，免税但不予退税。但对规定列举的12类出口货物考虑其占出口比重较大及其生产、采购的特殊因素，特准退税。

（3）外贸企业直接购进国家规定的免税货物（包括免税农产品）出口的，免税但不予退税。

除经批准属于进料加工复出口贸易以外，下列出口货物不免税也不退税。

（1）国家计划外出口的原油。

（2）援外出口货物。

（3）国家禁止出口的货物，包括天然牛黄、麝香、铜及铜基合金、白银等。

（三）出口货物应退税率

出口货物退（免）税的税率，即出口退税率，是指出口货物的应退税额与计税依据的比例。我国出口货物增值税的退税率会随着国家经济形势变化和国家宏观调控的需要作出相应的调整，现行增值税出口退税率主要有17%、16%、15%、13%、9%、5%、3%等几档。

（四）出口货物退（免）税的方式

按照现行规定，出口货物退（免）税的方式主要有免、退税，免、抵、退税，免税三种。

免、退税是指免征最后环节增值部分应纳税款，按购进金额计算退还应退税款。免、退税方式主要适用于外贸出口企业。

免、抵、退税办法的"免"税，是指对生产企业出口的自产货物和视同自产货物，免征本企业生产销售环节增值税；"抵"税，是指生产企业出口自产货物和视同自产货物所耗用的原材料、零部件、燃料、动力等所含应予退还的进项税额，抵顶内销货物的应纳税额；"退"税，是指生产企业出口的自产货物和视同自产货物，在当月内应抵顶的进项税额大于应纳税额时，对未抵顶完的税额部分按规定予以退税。自2002年1月1日起对生产企业自营或委托出口货物全面实行免、抵、退税办法。另外，对列名生产企业出口外购产品也试行免、抵、退税办法，列名试点的生产企业实施免、抵、退税时，需将自产出口货物与外购出口货物分别做账，办理免、抵、退税申报时，对外购的产品出口须凭购进货物地增值税专用发票及规定的相关凭证，单独申报办理免、抵、退税。列名试点的生产企业从农业生产者处直接收购的农副产品未经加工出口的，不予退税。

免税，是指对货物在出口环节不征收增值税、消费税，但也不退还增值税、消费税。这主要适用于出口免税货物，通常情况下，这类货物在前一生产、销售环节或进口环节是免税的，出口时该货物价格中本身不含税，也无须退税。此外，小规模纳税人出口货物的增值税和生产企业自营出口生产应税消费品的消费税，也采取免税办法。

第三节
增值税征收管理

一、纳税义务发生时间、纳税期限、纳税地点

（一）增值税纳税义务发生时间

增值税纳税义务发生时间，是指增值税纳税义务人、扣缴义务人发生应税、扣缴税款行为应承担纳税义务、扣缴义务的起始时间。目前实行的增值税纳税义务发生时间基本上是根据权责发生制的原则，以销售实现时间来确定的。增值税纳税义务发生时间的

具体规定为：

1. 销售货物或者应税劳务，为收讫销售款或者取得索取销售款凭据的当天；先开具发票的为开具发票的当天。

具体又按销售结算方式的不同规定为：

（1）采取直接收款方式销售货物，不论货物是否发出，均为收到销售款或取得索取销售款凭据的当天。

（2）采取托收承付和委托银行收款方式销售货物，为发出货物并办妥托收手续的当天。

（3）采取赊销和分期收款方式销售货物，为书面合同约定收款日期的当天。无书面合同或者书面合同没有约定收款日期的，为货物发出的当天。

（4）采取预收货款方式销售货物，为货物发出的当天。但生产销售、生产工期超过 12 个月的大型机械设备、船舶、飞机等货物，为收到预收款或者书面合同约定的收款日期的当天。

（5）委托其他纳税人代销货物，为收到代销单位销售的代销清单或者收到全部或者部分货款的当天；未收到代销清单及货款的，其纳税义务发生时间为发出代销货物满 180 天的当天。

（6）销售应税劳务，为提供劳务同时收讫销售款或取得索取销售款的凭据的当天。

（7）纳税人发生视同销售货物行为的 2 ~ 8 项，为货物移送的当天。

2. 进口货物，为报关进口的当天。

（二）增值税纳税期限

1. 增值税纳税期限的规定。增值税的纳税期限规定为 1 日、3 日、5 日、10 日、15 日、1 个月或者 1 个季度，以 1 个季度为纳税期限的规定仅适用于小规模纳税人。纳税人的具体纳税期限，由主管税务机关根据纳税人应纳税额的大小分别核定；不能按照固定期限纳税的，可以按次纳税。

2. 增值税报缴税款期限的规定。

（1）纳税人以 1 个月或者 1 个季度为纳税期的，自期满之日起 15 日内申报纳税；以 1 日、3 日、5 日、10 日或者 15 日为一期纳税的，自期满之日起 5 日内预缴税款，于次月 1 日起 15 日内申报纳税并结清上月应纳税款。

（2）纳税人进口货物，应当自海关填发海关进口增值税专用缴款书之日起 15 日内缴纳税款。

（三）增值税纳税地点

1. 固定业户的纳税地点。

（1）固定业户应当向其机构所在地主管税务机关申报纳税。总机构和分支机构不在同一县（市）的，应当分别向各自所在地主管税务机关申报纳税；经国务院财政、税务主管部门或者其授权的财政、税务机关批准，可以由总机构汇总向总机构所在地主管税务机关申报纳税。

（2）固定业户到外县（市）销售货物或者提供应税劳务的，应当向其机构所在地主管税务机关申请开具外出经营活动税收管理证明，向其机构所在地主管税务机关申报纳税。未开具证明的，应当向销售地或者劳务发生地主管税务机关申报纳税；未向销售地或者劳务发生地主管税务机关申报纳税的，由其机构所在地主管税务机关补征税款。

（3）固定业户（指增值税一般纳税人）临时到外省、市销售货物的，必须向经营地税务机关出示《外出经营活动税收管理证明》回原地纳税，需要向购货方开具专用发票的，也回原地补开。

2. 非固定业户增值税纳税地点。非固定业户销售货物或者提供应税劳务，应当向销售地或者劳务发生地主管税务机关申报纳税。未向销售地或者劳务发生地主管税务机关申报纳税的，由其机构所在地或居住地主管税务机关补征税款。

3. 进口货物增值税纳税地点。进口货物，应当由进口人或其代理人向报关地海关申报纳税。扣缴义务人应当向其机构所在地或者居住地的主管税务机关申报缴纳其扣缴的税款。

二、增值税纳税申报办税流程

（一）一般纳税人的增值税纳税申报流程

1. 认证。纳税人取得防伪税控系统开具的增值税专用发票抵扣联，必须在纳税申报之前到主管税务机关"认证窗口"认证金税工程数据。税务机关认证后，向纳税人下达"认证结果通知书"和"认证结果清单"。对于认证不符及密文有误的抵扣联，税务机关暂不予抵扣，并当场扣留作调查处理。未经认证的，不得申报抵扣。

2. 填写"增值税纳税申报表"（见表2-1）。一般纳税人在网上申报，输入增值税纳税申报表数据，并填全增值税纳税申报附列表。

表2-1　　　　增值税纳税申报表（适用于增值税一般纳税人）

根据《中华人民共和国增值税暂行条例》第二十二条和第二十三条的规定制定本表。纳税人不论有无销售额，均应按主管税务机关核定的纳税期限按期填报本表，并于次月1日起15日内，向当地税务机关申报。

税款所属时间：　　　　　　填表日期：　　　　　　金额单位：元至角分

纳税人识别号		所属行业：		
纳税人名称	法定代表人姓名	注册地址	营业地址	
开户银行及账号	企业登记注册类型	电话号码		

项目		栏次	一般货物及劳务		即征即退货物及劳务	
			本月数	本年累计	本月数	本年累计
销售额	（一）按适用税率征税货物及劳务销售额	1				
	其中：应税货物销售额	2				
	应税劳务销售额	3				
	纳税检查调整的销售额	4				
	（二）按简易征收办法征税货物销售额	5				
	其中：纳税检查调整的销售额	6				
	（三）免、抵、退办法出口货物销售额	7				
	（四）免税货物及劳务销售额	8				
	其中：免税货物销售额	9				
	免税劳务销售额	10				

续表

税款计算	销项税额	11				
	进项税额	12				
	上期留抵税额	13				
	进项税额转出	14				
	免抵退货物应退税额	15				
	按适用税率计算的纳税检查应补缴税额	16				
	应抵扣税额合计	$17 = 12 + 13 - 14 - 15 + 16$				
	实际抵扣税额	18（如 $17 < 11$，则为 17，否则为 11）				
	应纳税额	$19 = 11 - 18$				
	期末留抵税额	$20 = 17 - 18$				
税款缴纳	简易征收办法计算的应纳税额	21				
	按简易征收办法计算的纳税检查应补缴税额	22				
	应纳税额减征额	23				
	应纳税额合计	$24 = 19 + 21 - 23$				
	期初未缴税额（多缴为负数）	25				
	实收出口开具专用缴款书退税额	26				
	本期已缴税额	$27 = 28 + 29 + 30 + 31$				
	①分次预缴税额	28				
	②出口开具专用缴款书预缴税额	29				
	③本期缴纳上期应纳税额	30				
	④本期缴纳欠缴税额	31				
	期末未缴税额（多缴为负数）	$32 = 24 + 25 + 26 - 27$				
	其中：欠缴税额（≥ 0）	$33 = 25 + 26 - 27$				
	本期应补（退）税额	$34 = 24 - 28 - 29$				
	即征即退实际退税额	35				
	期初未缴查补税额	36				
	本期入库查补税额	37				
	期末未缴查补税额	$38 = 16 + 22 + 36 - 37$				

授权声明	如果你已委托代理人申报，请填写下列资料：为代理一切税务事宜，现授权（地址）　　　　为本纳税人的代理申报人，任何与本申报表有关的往来文件，都可寄与此人。 授权人签字：	申报人声明	此纳税申报表是根据《中华人民共和国增值税暂行条例》的规定填报的，我相信它是真实的、可靠的、完整的。 声明人签字：

以下由税务机关填写：

收到日期：　　　　　　　　　接收人：　　　　　　　主管税务机关盖章：

3. 抄税。纳税人每月将防伪税控开票系统中的数据抄至"税控 IC 卡"上,在办理完纳税申报手续的同时报给主管税务机关"抄税窗口"。"抄税窗口"抄税后,将"税控 IC 卡"退给纳税人。纳税人抄税数据大于申报表数据的,税务机关将暂扣"税控 IC 卡",核实处理以后再退还给纳税人。纳税人必须在纳税申报的同时进行抄税,逾期抄税的,税务机关将暂停供应发票。

4. 缴纳税款。经税务机关审核,纳税人提供的资料完整、填写内容准确、各项手续齐全、无违章问题,符合条件的,当场办结,并在"增值税纳税申报表(适用于增值税一般纳税人)"上签章,返还一份给纳税人。当期申报有税款的,纳税人需缴纳税款,税务机关确认税款缴纳后开具完税凭证予以办结。

(二)增值税小规模纳税人申报办理流程

1. 填写申报表。纳税人到办税服务大厅申报纳税窗口请购或到国税局网站下载、打印"增值税纳税申报表(适用于小规模纳税人)"。依填报说明,填写一式两份纸质报表,或在税务局网站上直接填写申报表(见表2-2)。

表2-2　　　　　　　　增值税纳税申报表(适用于小规模纳税人)

纳税人识别号:□□□□□□□□□□□□□□□□□□□□

纳税人名称(公章):　　　　　　　　　　　　　　金额单位:　　元(至角分)

税款所属期:　　年　月　日至　　年　月　日　　　　填表日期:　　年　月　日

	项目	栏次	本期数	本年累计
一、计税依据	(一)应征增值税货物及劳务不含税销售额	1		
	其中:税务机关代开的增值税专用发票不含税销售额	2		
	税控器具开具的普通发票不含税销售额	3		
	(二)销售使用过的应税固定资产不含税销售额	4		
	其中:税控器具开具的普通发票不含税销售额	5		
	(三)免税货物及劳务销售额	6		
	其中:税控器具开具的普通发票销售额	7		
	(四)出口免税货物销售额	8		
	其中:税控器具开具的普通发票销售额	9		
二、税款计算	本期应纳税额	10		
	本期应纳税额减征额	11		
	应纳税额合计	12 = 10 - 11		
	本期预缴税额	13		
	本期应补(退)税额	14 = 12 - 13		

纳税人或代理人声明: 　此纳税申报表是根据国家税收法律的规定填报的,我确定它是真实的、可靠的、完整的。	如纳税人填报,由纳税人填写以下各栏:
	办税人员(签章):　　　　　财务负责人(签章):
	法定代表人(签章):　　　　　联系电话:
	如委托代理人填报,由代理人填写以下各栏:
	代理人名称:　　　　经办人(签章):　　　　联系电话:
	代理人(公章):

受理人:　　　　　　　　受理日期:　　年　月　日　　受理税务机关(签章):

本表为竖式一式三份,一份纳税人留存,一份主管税务机关留存,一份征收部门留存。

2. 办理申报。纳税人持填写好的《增值税纳税申报表（适用于小规模纳税人）》和以下资料到办税服务大厅申报纳税窗口进行申报；或通过网络远程申报。

纳税人到办税服务大厅申报纳税窗口申报还需持以下资料。

（1）使用税控收款机的纳税人需报送税控收款机 IC 卡。

（2）按要求报送的相关财务会计报表。

通过网络远程申报的还需提供以下资料。

（1）在规定的时限内向主管税务局办税服务大厅打印、报送在网络申报提交成功的纸质申报表。

（2）使用税控收款机的纳税人需报送税控收款机 IC 卡。

（3）查账征收的纳税人还需通过网络远程报送财务会计报表，并在规定的时限内向主管税务局办税服务大厅打印、报送在网络申报提交成功的纸质财务会计报表；或按要求报送的相关财务会计报表。

3. 缴纳税款。经税务机关审核，纳税人提供的资料完整、填写内容准确、各项手续齐全、无违章问题，符合条件的，当场办结，并在《增值税纳税申报表（适用于小规模纳税人）》上签章返还一份给纳税人。当期申报有税款的，纳税人需缴纳税款，税务机关确认税款缴纳后开具完税凭证予以办结。

第四节
增值税税收筹划

一、税收优惠的筹划

（一）《增值税暂行条例》规定的免税项目

1. 农业生产者销售的自产农产品：农业指种植业、养殖业、林业、牧业、水产业。农业生产者指从事农业生产的单位和个人。农产品是指初级农产品。

2. 避孕药品和用具。

3. 古旧图书：古旧图书是指向社会收购的古书和旧书。

4. 直接用于科学研究、科学实验和教学的进口仪器和设备。

5. 外国政府、国际组织无偿援助的进口物资和设备。

6. 由残疾人组织直接进口供残疾人专用的物品。

7. 销售的自己使用过的物品。

（二）财政部、国家税务总局规定的其他免税项目

财政部、国家税务总局根据具体情况对粮食和食用植物油、农业生产资料、军队军工系统、公安司法部门、资源综合利用产品、电力、医疗卫生、修理修配、煤层气抽

采、进口免税品销售业务、金融资产管理公司、软件产品、债转股企业、供热企业、节能服务产业等方面作出了减免的具体规定。

纳税人兼营免税、减税项目的，应当分别核算减税、免税项目的销售额，未分别核算的，不得减税、免税；纳税人销售货物或应税劳务适用免税规定的，可以放弃免税，依照《增值税暂行条例》规定缴纳增值税。放弃免税后，36 个月内不得再申请免税。

（三）增值税起征点的规定

为了贯彻合理负担的政策，照顾低收入的个人，增值税规定了起征点政策。现行增值税起征点的幅度为：

1. 销售货物的起征点为月销售额 5 000 ~ 20 000 元；
2. 销售应税劳务的起征点为月销售额 5 000 ~ 20 000 元；
3. 按次纳税的起征点为每次（日）销售额 300 ~ 500 元。

省、自治区、直辖市财政厅和国家税务局应在规定的幅度内，根据实际情况确定本地区适用的起征点，并报财政部和国家税务总局备案。

其具体起征点由省级国家税务局在规定幅度内确定。个人销售额没有达到起征点的，免征增值税；超过起征点的，应按其全部销售额依法计算缴纳增值税。

纳税人要充分利用增值税的税收优惠政策，以达到节税的目的。但在实际经营业务中还要根据具体情况作出选择。①明确自己在纳税链条中所处的位置。如果纳税人购进免税产品，则除了按照专用收购凭证收购免税农产品以 13% 抵扣进项税外，其余均不得抵扣；如果是生产免税产品，则产品销售时免缴增值税，但不能开专用发票，可能影响产品销售，而进项税不能抵扣。因此，如果企业处于中间环节，不如放弃免税。②纳税人兼营减免税项目时，应该分别设置销售账簿，单独核算，否则，不得减免。③农业生产者销售自产农业产品要免缴增值税，必须到工商局变更营业执照，办理兼营生产基地的手续，并提供相应的资料和单独核算自产自销的项目，以证明企业兼营农业项目才可享受减免待遇。

二、纳税人的税收筹划

由于不同类别的纳税人的适用税率、计税方法和征管要求是不同的，因此我们就可以根据企业的实际情况，在一般纳税人和小规模纳税人以及增值税纳税人和营业税纳税人之间进行选择，即通过纳税人身份的选择进行税收筹划，以降低企业的税负。企业选择哪种身份对纳税人有利呢？我们介绍两种判别纳税人税负无差别平衡点的方法。

（一）增值率判别法

1. 一般纳税人和小规模纳税人的筹划。一般纳税人以增值额为计税基础，小规模纳税人以全部收入（不含税）为计税基础。那么，在销售价格相同时，税负的高低主要取决于增值率的大小。一般来说，增值率越高，越适合小规模纳税人；增值率越低，越适合一般纳税人。在增值率达到某一点时，一般纳税人和小规模纳税人的税负相等。这一点我们称为无差别平衡点增值率。

假定：销售额与购进项目金额均为不含税金额；购进货物与销售货物的税率不一定相等。计算公式推导过程如下：

因为，购进项目金额＝销售额－销售额×增值率＝销售额×（1－增值率）

所以，   进项税额＝可抵扣购进项目金额×进货增值税税率

＝销售额×（1－增值率）×进货增值税税率

所以，一般纳税人应交增值税＝销项税额－进项税额

＝销售额×销货增值税税率－销售额×

（1－增值率）×进货增值税税率

＝销售额×［销货增值税税率－

（1－增值率）×进货增值税税率］

小规模纳税人应交增值税＝销售额×征收率

无差别平衡点要求一般纳税人和小规模纳税人的税负相等，于是有：

销售额×［销货增值税税率－（1－增值率）×进货增值税税率］＝销售额×征收率

所以，

无差别平衡点增值率＝［1－（销货增值税税率－征收率）/进货增值税税率］×100%

把一般纳税人税率17%和13%、小规模纳税人税率3%代入上述公式，可得无差别平衡点增值率表（见表2－3）。

表2－3   无差别平衡点增值率表

一般纳税人销货税率	一般纳税人进货税率	小规模纳税人征收率	无差别平衡点增值率
17%	17%	3%	17.65%
17%	13%	3%	69.23%
13%	13%	3%	23.08%
13%	17%	3%	41.18%

总之，增值率高于平衡点的增值率时，一般纳税人的应纳税额大于小规模纳税人的应纳税额；增值率低于平衡点时，小规模纳税人的应纳税额高于一般纳税人的应纳税额。也就是说，增值率越高，一般纳税人的负担就越大；增值率越低，小规模纳税人的负担就越小。所以，纳税人可以采用联合或分立的方式通过销售额的转变，进而获得节税利益。

当然，纳税人身份的选择会受到我国税法政策相关规定和纳税人具体情况的制约。筹划的空间也主要集中在销售额在标准附近上下浮动的一些企业。

2. 增值税纳税人和营业税纳税人的筹划。纳税人在经营活动中经常会同时涉及增值税和营业税的征税范围，如税法上确定的兼营和混合销售这两种经营行为。尽管税法对这两种经营行为的概念及如何征税都做了比较明确的界定，但仍有很大的筹划空间。这时的税收筹划主要是比较增值税和营业税税负的高低，选择税负低的税种交税。这里同样可使用无差别平衡点增值率判别法。

一般纳税人以增值额为计税基础，营业税纳税人以含税全部收入为计税基础。那么，在销售价格相同时，税负的高低主要取决于增值率的大小。一般来说，增值率越高，增值额越大，增值税纳税人的税负越大；增值率越低，增值额越小，营业税纳税人的税负越大。在增值率达到某一点时，一般纳税人和小规模纳税人的税负相等。这一点我们称为无差别平衡点增值率。

假定：销售额与购进项目金额均为不含税金额，计算公式推导过程如下：

因为， 一般纳税人应交增值税 = 销项税额 − 进项税额

购进项目金额 = 销售额 − 销售额 × 增值率 = 销售额 × （1 − 增值率）

所以，进项税额 = 可抵扣购进项目金额 × 进货增值税税率

= 销售额 × （1 − 增值率）× 进货增值税税率

所以，一般纳税人应交增值税 = 销项税额 − 进项税额

= 销售额 × 销货增值税税率 − 销售额 ×

（1 − 增值率）× 进货增值税税率

= 销售额 × ［销货增值税税率 −

（1 − 增值率）× 进货增值税税率］

营业税纳税人应交营业税 = 含税销售额 × 营业税税率

= 销售额 × （1 + 销货增值税税率）× 营业税税率

无差别平衡点要求增值税纳税人和营业税纳税人的税负相等，于是有：

销售额 × ［销货增值税税率 − （1 − 增值率）× 进货增值税税率］

= 销售额 × （1 + 销货增值税税率）× 营业税税率

所以，无差别平衡点增值率 = ［1 − ［销货增值税税率 − （1 + 销货增值税税率）×

营业税税率］/进货增值税税率］× 100%

把一般纳税人税率 17% 和 13%，营业税税率 3% 和 5% 代入上述公式，可得无差别平衡点增值率表（见表 2 − 4）。

表 2 − 4 无差别平衡点增值率表

一般纳税人销货税率	一般纳税人进货税率	营业税纳税人税率	无差别平衡点增值率
17%	17%	5%	34.41%
17%	17%	3%	20.65%
17%	13%	5%	14.23%
17%	13%	3%	− 3.77%
13%	13%	5%	43.46%
13%	13%	3%	26.08%
13%	17%	5%	56.76%
13%	17%	3%	43.47%

总之，增值率高于平衡点时，增值税一般纳税人应纳税额大于营业税纳税人应纳税额；增值率低于平衡点时，营业税纳税人的负担会重于一般纳税人的负担。也就是说，增值率越高，作为增值税一般纳税人的负担就越大；增值率越低，作为营业税纳税人的负担就越大。所以，当纳税人的经营项目增值率很低时，应该选择增值税一般纳税人身份；反之，应选择营业税纳税人身份。

因此，对于混合销售而言，企业可以根据以上的分析，通过自身经营的实际增值率的状况来选择哪种税收负担更轻一些。当然，企业在税收筹划时，对于增值税和营业税

经营项目的兼营行为，必须得到税务机关的确认。依然可以通过上述结论来判断是否应该选择分开核算。倘若增值率很低，选择增值税一般纳税人身份有利，则不分开核算；反之，则分开核算。对于混合销售行为可以采取以下两种筹划思路：(1) 变更经营主业 纳税人可以通过控制应税货物和应税劳务所占的比例来达到选择缴纳低税负税种的目的。因为在实际经营活动中，纳税人的兼营和混合销售往往同时进行，纳税人只要使应税货物的销售额占到总销售额的50%以上，则缴纳增值税；反之，若应税劳务占到总销售额的50%以上，则缴纳营业税。(2) 调整经营范围或核算方式 通过变更"经营主业"可以选择税负较轻的税种，但在实际业务中，有些企业却不能轻易地变更经营主业，这就要根据企业的实际情况采取灵活多样的方法，规避增值税的缴纳。

【案例 5】 某有限责任公司（甲公司）下设两个非独立核算的业务经营部门：供电器材加工厂和工程安装施工队。供电器材加工厂主要生产和销售货物，工程安装施工队主要对外承接输电设备的安装等工程。某年，公司销售收入为 2 800 万元，安装收入为 2 574 万元，购买生产用原材料 2 000 万元，可抵扣的进项税额为 340 万元。公司为一般纳税人，税务部门对其发生的混合销售行为一并征收增值税。该公司属于生产性企业，并且兼营的非应税劳务销售额未达到总销售额的 50%。

案例分析：

该公司的业务如全部纳增值税，

$$增值税销项税额 = \left(2\ 800 + \frac{2\ 574}{1 + 17\%}\right) \times 17\% = (2\ 800 + 2\ 200) \times 17\%$$
$$= 850（万元）$$

增值税进项税额 = 340（万元）

增值税应纳税额 = 850 - 340 = 510（万元）

$$税收负担率 = \frac{510}{2\ 800 + 2\ 200} \times 100\% = 10.2\%$$

经过分析，该公司的实际增值率为 28.57%（$\frac{2\ 800 - 2\ 000}{2\ 800} \times 100\%$），增值率高于表中当增值税税率为 17%、营业税税率为 3% 时的 20.65% 无差别平衡点，即增值税负担较高。进一步分析发现，公司的安装收入比例较高，但没有相应的进项扣除额。进行税收筹划后，该公司将工程安装施工队单独组建成一个乙公司，独立核算，自行缴纳税款。工程安装收入适用税率为 3%。税收筹划后，纳税情况如下：

甲公司应缴纳增值税 = 2 800 × 17% - 340 = 136（万元）

乙公司应缴纳营业税 = 2 574 × 3% = 77.22（万元）

合计应纳税额 = 136 + 77.22 = 213.22（万元）

$$税收负担率 = \frac{136 + 77.2}{2\ 800 + 2\ 574} = \times 100\% = 3.97\%$$

与税收筹划前相比，公司的税收负担率降低了 6.23 个百分点。

（二）抵扣率判别法

除了一定的增值率水平可以使两种纳税人的增值税税负相等以外，当增值税抵扣额占销售额的比重（抵扣率）达到某一个数值时，两种纳税人的增值税税负也会相等，我们称为无差别平衡点抵扣率。

设：增值率为 V，不含税销售额为 X，不含税购进额（可抵扣购进项目金额）为 Y

$$V = \frac{X - Y}{X} = 1 - \frac{Y}{X}$$

其中，$\frac{Y}{X}$ 为抵扣率。

因为：一般纳税人应纳增值税额 $= X \times 17\% - Y \times 17\% = V \times X \times 17\%$

$$= \left(1 - \frac{Y}{X}\right) \times X \times 17\%$$

小规模纳税人应纳税额 $= X \times 3\%$

设：一般纳税人应纳增值税额 $=$ 小规模纳税人应纳税额，则

$$\left(1 - \frac{Y}{X}\right) \times X \times 17\% = X \times 3\%$$

所以，抵扣率 $= 1 - \frac{3\%}{17\%} = 82.35\%$

当抵扣率为 82.35% 时，两种纳税人的税负相同；当抵扣率 < 82.35% 时，一般纳税人的税负 > 小规模纳税人的税负；当抵扣率 > 82.35% 时，一般纳税人的税负 < 小规模纳税人的税负。

【案例6】 某商业批发企业，年应纳增值税销售额为 130 万元，该企业目前为一般纳税人，增值税税率符合 17% 的税率，可抵扣购进金额为 80 万元，该企业应纳增值税 8.5 万元。管理层估计，在未来的一段时间里，企业规模、经营项目不会有太大变化。问：该企业以目前的状况应如何进行税收筹划以降低企业的税负？

筹划分析：

由于抵扣率 $= 80 \div 130 = 61.54\%$ < 税负平衡点抵扣率 82.35%

则一般纳税人的税负 > 小规模纳税人的税负

所以，该企业应选择做小规模纳税人。

企业应根据业务特点分设为两个商业批发企业，各自作为独立核算单位，销售额分别为 50 万元和 80 万元，成为小规模纳税批发企业，税率为 3%，企业分设后，应纳增值税额为

$$应纳增值税额 = 50 \times 3\% + 80 \times 3\% = 3.9（万元）$$

筹划结果：

企业分设以前应纳增值税额为 $130 \times 17\% - 80 \times 17\% = 8.5$ 万元，企业分设后应纳增值税额为 3.9 万元，应纳增值税额节约 4.6 万元。

三、计税依据的税收筹划

（一）销售方式的税收筹划

在销售活动中为了达到促销的目的，有多种销售方式。不同的销售方式下，销售者取得的销售额有所不同，且适用的税收政策也不同，因此存在着税收筹划的空间。纳税人应该熟练掌握这些销售方式及其税务处理，在选择时考虑相关的税收成本，为企业进行税收筹划。一般情况下，促销方式主要有：以旧换新、折扣销售、还本销售和购买商品赠送礼品销售等，下面通过实例进行说明。

【案例7】某大型商场是增值税一般纳税人，购货均取得增值税专用发票，为促销欲采用三种方式：一是商品七折销售；二是购物满 200 元赠送含税价为 60 元的商品（成本为 40 元）；三是购物满 200 元，返还 60 元现金。假定商场销售利润率为 40%，销售额为 200 元的商品，其成本为 120 元，消费者同样购买 200 元的商品。请问该商场选择哪种方式最为有利？

筹划分析：

1. 商品七折销售，价值 200 元的商品售价 140 元

应交增值税 = $140 \div (1 + 17\%) \times 17\% - 120 \div (1 + 17\%) \times 17\% = 2.9$（元）

2. 购物满 200 元，赠送 60 元的商品。

$200 \div (1 + 17\%) \times 17\% - 120 \div (1 + 17\%) \times 17\% = 11.62$（元）

$60 \div (1 + 17\%) \times 17\% - 40 \div (1 + 17\%) \times 17\% = 2.9$（元）

应交增值税 = $11.62 + 2.9 = 14.52$（元）

3. 购物满 200 元，返还 60 元的现金。

销售 200 元的商品，应纳增值税为 11.62 元。

筹划结果：

上述三种方案中，方案 1 最优，企业上缴的增值税额最少。企业在选择方案时，除了考虑增值税的税负外，还应考虑其他各税的负担情况，如赠送实物或现金，还要由商家代缴个人所得税等。只有进行综合全面的筹划，才能使企业降低税收成本，获得最大的经济利益。

（二）结算方式的税收筹划

销售的结算方式常有直接收款、委托收款、托收承付、赊销或分期收款、预收款销售、委托代销等方式。不同的销售方式，其纳税义务发生的时间是不相同的，增值税销售的结算方式的筹划就是在税法允许的范围内，尽量推迟纳税，获得纳税递延。纳税期的递延也称延期纳税，即允许企业在规定的期限内，分期或延迟缴纳税款，获得货币的时间价值。在销售结算方式的筹划过程中，有以下一些做法：

1. 未收到货款不开发票。

2. 尽量避免采用托收承付与委托收款的结算方式，防止垫付税款。

3. 当企业的产品销售对象是商业企业，并且是在商业企业销售后付款，则可采用委

托他人代销方式结算。因为委托他人代销货物的纳税义务发生时间为收到代销单位销售的代销清单当天。这样可以根据实际收到的货款分期计算销项税额，有效延缓纳税时间，或者减少纳税风险。

4. 当企业的销售额不能及时全额收回时，应采取赊销和分期收款方式，但要避免垫付税款。因为这种方式以合同约定日期为纳税义务发生时间，纳税人可以通过合同约定时间来安排纳税义务实现的时间。这样，可以在一定程度上取得税款的时间价值，或者减少纳税风险。

【案例8】 某电缆厂（增值税一般纳税人），当月发生销售电缆业务5笔，共计应收货款1 800万元（含税价）。其中，3笔共计1 000万元，货款两清；1笔300万元，两年后1次付清；另1笔1年后付250万元，1年半后付150万元，余款100万元两年后结清。

筹划分析：

企业若全部采取直接收款方式，则应在当月全部计算销售，计提销项税额261.54万元（1 800万元÷1.17×17%）；若对未收到款项业务不记账，则违反了税收规定，少计销项税额：800万元÷1.17×17% = 116.24万元，属于偷税行为；若对未收到的300万元和500万元应收账款分别在货款结算中采用赊销和分期收款结算方式，就可以延缓纳税。具体销项税额及天数为（假设以月底发货计算）：

（300万元 + 100万元）÷1.17×17% = 58.12万元　　天数为730天

150万元÷（1 + 17%）×17% = 21.79万元　　　　天数为548天

250万元÷（1 + 17%）×17% = 36.32万元　　　　天数为365天

毫无疑问，采用赊销和分期收款方式，可以为企业节约大量的流动资金，而又不违背税法的规定。

（三）销售价格和运费的税收筹划

1. 销售价格的税收筹划。产品的销售价格包括销售方实际收到的价款和价外费用，因此，纳税人应该合理地制定价格，并尽可能将价外收费从销售收入中剔除，以减少计税收入。合理的做法主要有以下五种：

（1）随同货物销售的包装物，单独处理，不要汇入销售收入；

（2）销售货物后价外补贴收入，采取措施不要汇入销售收入；

（3）设法将销售过程中的回扣冲减销售收入；

（4）尽量采用用于本企业继续生产加工的方式，避免作为对外销售处理；

（5）纳税人因销货退回或折让而退还购买方的增值税额，应从销货退回或者在发生的当期的销项税额中扣除。

另外，实际操作中，有些企业还会采用下列方式来减少纳税，但这些做法我们并不提倡，需要企业以遵守税法为前提。

（1）采取某种方式支取收入，少汇销售收入；

（2）商品性货物用于本企业专项工程或福利设施，本应视同对外销售，但采取低估价、次品折扣方式降低销售额；

（3）为职工搞福利或发放奖励性纪念品，低价出售，或分配商品性货物；

（4）为公关需要将合格品降低为残次品，降价销售给对方或送给对方。

2. 运费的税收筹划。企业的运费收支跟税收有着密切的联系，增值税一般纳税人支付运费可抵扣进项税，收取运费应缴纳增值税，但如果是单独核算的运输部门，则应该缴纳营业税。运费收支状况发生变化时，对企业纳税情况会产生一定的影响。当这种影响可以人为调控，并可以合理合法地计算和安排之时，运费的税收筹划便产生了。

（1）自营车辆运输。企业发生的运费对于一般纳税人自营车辆来说，运输工具耗用的油料、配件及正常修理费支出等项目，如果索取了专用发票可以抵扣 17% 的增值税，假设运费价格中的可扣税物耗金额占运费金额的比率为 GT（不含税价，下同），则相应的增值税抵扣率就等于 $17\% \times GT$。

（2）外购运输。如果企业不自营车辆，而是外购运输，按现行政策规定，可按运费金额的 7% 抵扣进项税。

（3）独立运输公司运输。独立运输公司运输在抵扣 17% 进项税的同时，还要对收取的运费缴纳 3% 的营业税，也就是相当于扣税 4%。

比较（1）和（2）两种情况，令其抵扣率相等，则可以求出 GT 值。即

$17\% \times GT = 7\%$，则 $GT = 7\% \div 17\% = 41.18\%$

比较（1）和（3）两种情况，令其抵扣率相等，则可以求出 GT 值，即

$17\% \times GT = 4\%$，则 $GT = 4\% \div 17\% = 23.53\%$

GT 这个数值说明，当运费结构中可抵扣增值税的物耗比率达到 41.18% 时，按运费金额 7% 抵扣与按运费中物耗部分的 17% 抵扣，二者所抵扣的税额相等；当运费结构中可抵扣增值税的物耗比率达到 23.53% 时，按运费金额 4% 抵扣与按运费中物耗部分的 17% 抵扣，二者所抵扣的税额相等。此时，我们把 GT 这个数值称为"运费扣税平衡点"。具体来说，如果 GT > 41.18%，表示自营运输中可抵扣的物耗金额较大，可抵扣的较多，可选择自营运输；如果 GT < 41.18%，表示自营运输中可抵扣的物耗金额较小，可抵扣的较少，还不如选择外购运输。另一种情况下，如果 GT > 23.53%，表示自营运输中可抵扣的物耗金额较大，可抵扣的较多，可选择自营运输；如果 GT < 23.53%，表示自营运输中可抵扣的物耗金额较小，可抵扣的较少，还不如选择独立运输公司运输。

总之，企业在对运费进行税收筹划时，不仅要考虑运费支出的税负，还要考虑运费收入的税负。另外，不同情况的转换还有相当的转换成本，都应该一并考虑进去。

四、纳税期限的税收筹划

纳税期限税收筹划基于货币的时间价值观念，企业应该在税法允许的限度内最大限度地延期纳税，以降低财务成本，提高经营效益。

1. 采取赊销和分期收款的销售方式。税法规定，采取赊销和分期收款的销售方式销售产品，按照合同约定的收款日期当天，做销售收入，计算缴纳增值税。这样就不必在销售当时缴纳增值税了，延缓了纳税时间。

2. 充分利用认证期限。税法规定，增值税一般纳税人申请抵扣的防伪税控系统开具的增值税专用发票，必须自该专用发票开具之日起 90 日内到税务机关认证，否则不予抵扣进项税额。这样可以充分利用 90 天的时间，及时尽早地到税务机关认证，争取尽早抵扣进项税。

【本章小结】

增值税是一个重要的流转税，本章的内容是围绕增值税计算与确定进行设计的，希望同学们在学习以后能够掌握一般纳税人和小规模纳税人的标准、增值税征税范围的一般规定，并在此基础上较准确地计算出增值税的销项税额、进项税额及应纳税额。本章主要介绍了增值税的几种主要筹划方法：主要掌握两种纳税人税负平衡点——增长率判别法和两种纳税人税负平衡点——抵扣率判别法；增值税计税依据的税收筹划方法；增值税减免税的税收筹划方法，应特别注意减免税条件和范围的认定，从而进行正确的减免税的税收筹划。

【操作训练】

1. 某市大型电器专卖公司为增值税一般纳税人，2008 年 11 月发生下列购销业务：

（1）销售给某宾馆 300 台空调机，开具的增值税专用发票上注明每台不含税价格为 3 400 元，商场派人负责安装，每台另外收取安装费 200 元；

（2）采取买一送一方式销售电视机 100 台，每台电视机零售价格 3 800 元，赠品为某品牌加湿器，市场零售价格 200 元；

（3）购进空调 400 台，取得增值税专用发票注明价款 720 000 元，已通过认证，货款已支付；另支付运输费 30 000 元，运输企业开具的货票上注明运费 21 000 元，建设基金 2 000 元，装卸费 4 000 元，保险费 3 000 元；

（4）从国外进口原装液晶电视 50 台，关税完税价格为 6 200 元每台，关税税率为 20%；

（5）因质量问题，退回从某冰箱厂上期购进电冰箱 20 台，每台出厂单价价税合计 2 340 元，并取得厂家开具的红字发票和税务机关的证明单；

（6）经主管税务机关核准购进税控收款机一台，取得增值税专用发票注明金额 5 000 元，税额 850 元。要求：根据上述资料逐项计算该商场 2008 年 11 月各项业务所涉及的税额，并计算当月应纳的增值税税额。

2. 某印刷厂为增值税一般纳税人，2008 年 12 月发生如下业务：

（1）接受某出版社委托，印刷图书 5 000 册，每册不含税的印刷价格 12 元，另收运输费 1 000 元。

（2）印刷挂历 1 400 本，每本售价 23.4 元（含税价），零售 50 本，批发给某图书城 800 本，实行七折优惠，开票时将销售额与折扣额开在了同一张发票上，并规定 5 天之内付款再给 5% 折扣，购货方如期付款；发给本企业职工 300 本，赠送客户 200 本。

（3）为免税产品印刷说明书收取加工费 5 000 元（不含税价）。本月购进原材料取得防伪税控系统增值税专用发票上注明增值税 13 600 元，购买一台设备取得增值税专用发票上注明税金 3 400 元，上月购进价值 30 000 元（不含税价）的纸张因管理不善浸水，无法使用。要求：根据上述资料，计算该企业当月应纳增值税税额。

3. 某厨房设备生产企业既销售产品又负责安装，年产品销售收入为 180 万元，其中安装收入、调试收入为 30 万元，该公司可取得的进项税额为 20 万元。该企业主管税务机关认定为增值税一般纳税人，对其发生的混合销售行为一并征收增值税，这是因为该企业属于生产性企业，并且兼营非应税劳务销售额未达到总销售额的 50%。该公司应纳增值税为 $180 \times 17\% - 20 = 10.6$（万元）。请问：如何进行纳税筹划？

第三章

消费税

XIAOFEISHUI

【本章学习目标】

    知识目标：了解消费税基本法律规定，掌握消费税应纳税额的计算，熟悉消费税的纳税申报及纳税筹划的方法。

    能力目标：使学生能够运用消费税的基本规定，正确计算应纳消费税税额，掌握消费税纳税申报的方法，具备消费税纳税筹划的操作能力。

 【导入案例】

丽人化妆品有限公司 2010 年和 2011 年有以下几笔经济业务：

1. 2010 年 8 月，与本市甲商城签订一笔化妆品销售合同，销售金额为 300 万元，货物于 2010 年 8 月 28 日、2011 年 2 月 28 日、2011 年 6 月 28 日分三批发给商场（每批 100 万元），货款于每批货物发出后两个月支付。公司会计在 2010 年 8 月底将 300 万元销售额计算缴纳了消费税。

2. 2010 年 8 月 20 日，与上海乙商场签订一笔化妆品销售合同，货物价值 180 万元，货物于 8 月 26 日发出，购货方货款于 2011 年 6 月 30 日支付。公司会计在 2010 年 8 月底将 180 万元销售额计算缴纳了消费税。

3. 2010 年 11 月 8 日，与北京丙商场签订一笔化妆品销售合同，合同价款为 100 万元，货物于 2011 年 4 月 30 日前发出。考虑到支持丽人化妆品有限公司的生产，丙商场将货款在 11 月 8 日签订合同时支付。公司会计在 2011 年 11 月底将 100 万元销售额计算缴纳了消费税。

经分析可见，由于公司销售人员不熟悉签订合同对税收的影响，财务人员对税收问题又比较谨慎，因而在业务并没有完全结束时就已经缴纳了消费税，使企业资金占压比较严重。具体分析如下：

对于第一笔业务，由于合同没有明确销售方式，公司会计人员依法对其按直接销售处理，于业务发生当月月底计算缴纳消费税 90 万元（300×30%）。如果公司的销售人员在与甲商场签订合同时，将这业务明确为"分期收款结算方式销售"业务，那么该笔业务一部分销售收入的纳税义务发生时间就可以向后推迟，即 2010 年 8 月底、2011 年 2 月底和 2011 年 6 月底分别收取三笔货款时计算缴纳消费税。

对于第二笔业务，如果公司的销售人员在与乙商场签订合同时，将这笔业务明确为"赊销"业务，那么该笔业务的纳税义务 54 万元（180×30%）可以向后递延 10 个月。

对于第三笔业务，从销售合同的性质上看，显然属于"预收货款结算方式销售业务"，如果公司财务人员认识到这一点，那么该笔业务的纳税义务 30 万元（100×30%）可以向后推延 6 个月。

企业在销售中采用不同的销售方式，纳税义务发生时间是不同的。从税收筹划的角度看，选择恰当的销售方式可以使企业合理地推迟纳税义务的发生时间、递延税款缴纳。

【关键词】

消费税　计算　纳税筹划

第一节
消费税概述

消费税是对在我国境内从事生产、委托加工和进口《中华人民共和国消费税暂行条例》（简称《消费税暂行条例》）规定的消费品的单位和个人，以及国务院确定的销售《消费税暂行条例》规定的消费品的其他单位和个人，就其销售额或销售数量，在特定环节征收的一种流转税。目前，世界已有 120 多个国家或地区征收消费税。

消费税与增值税相比，具有以下主要特点：第一，征收对象的选择性。消费税是在对货物普遍征收增值税的基础上，选择了一部分特殊消费品、奢侈品、高能耗消费品和不可再生资源消费品征收消费税。第二，征收环节的单一性。除卷烟的消费税在生产和批发两个环节征收外，其余应税消费品应纳的消费税均为一次性征收。第三，征收方法的灵活性。目前消费税的计征方法有三种：从价定率、从量定额和从价定率从量定额复合计征。第四，税率税额的差别性。消费税对不同税目的应税消费品，税率税额差异较大，即根据国家政策，设计高低不等的消费税税率税额。第五，税收负担的转嫁性。消费税作为一种价内税，无论是在哪一环节征收，消费品售价中所含有的消费税税款最终都要转嫁到消费者身上，由消费者负担。

一、消费税纳税人、征税范围

（一）消费税纳税人

消费税纳税人是指在中华人民共和国境内生产、委托加工和进口《消费税暂行条例》规定的消费品（以下简称应税消费品）的单位和个人，以及国务院确定的销售应税消费品的其他单位和个人。这里所说的"中华人民共和国境内"是指生产、委托加工和进口应税消费品的起运地或者所在地在中国境内；"单位"是指是指企业、行政单位、事业单位、军事单位、社会团体及其他单位；"个人"是指个体工商户及其他个人。

消费税的纳税人具体分为：生产销售（包括自用）应税消费品的，生产销售的单位和个人是消费税的纳税人，税款由生产者直接缴纳；委托加工应税消费品的，委托方为纳税人，受托方是代收代缴义务人，受托方是个人的除外；进口应税消费品的，进口消费品的单位和个人或进口消费品的代理人是纳税人，由海关代征；在我国境内从事金银首饰、钻石及钻石饰品商业零售业务的单位和个人，为金银首饰、钻石及钻石饰品消费税的纳税人。

（二）消费税征税范围

消费税的征税范围为在我国境内生产、委托加工以及进口的应税消费品。

我国消费税征税范围包括五个方面：

1. 过度消费会对人类健康、社会秩序、生态环境等方面造成危害的特殊消费品。如烟、酒、鞭炮、焰火等。

2. 奢侈品和非生活必需品，如贵重首饰、化妆品、高尔夫球及球具、高档手表等。

3. 高能耗及高档消费品，如小汽车、摩托车等。

4. 不可再生和替代的石油类消费品，如汽油、柴油等。

5. 有一定财政意义的产品，如汽车轮胎、摩托车等。

消费税的征税范围，国家会根据经济发展、消费水平和消费结构等变化情况作适当调整。

二、消费税税目与税率

（一）税目

目前，我国实行的是有选择性的限制型消费税，应税消费品包括用于生活消费和生产消费的商品。我国现行的消费税税目共 14 个，其具体征税范围如下。

1. 烟。凡是以烟叶为原料加工生产的产品，不论使用何种辅料，均属本税目的征收范围。本税目包括卷烟、雪茄烟和烟丝。

2. 酒及酒精。本税目包括粮食白酒、薯类白酒、黄酒、啤酒、其他酒、酒精。其中，酒是指酒精度在 1 度以上的各种酒类饮料；酒精是指用蒸馏或合成方法生产的各种工业酒精、医用酒精和食用酒精。

对饮食业、商业、娱乐业举办的啤酒屋（啤酒坊）利用啤酒生产设备生产的啤酒，应当征收消费税。

3. 化妆品。化妆品的征收范围包括各类美容、修饰类化妆品，高档护肤类化妆品和成套化妆品。美容、修饰类化妆品是指香水、香水精、香粉、口红、指甲油、胭脂、眉笔、唇笔、蓝眼油、眼睫毛及成套化妆品。

4. 贵重首饰及珠宝玉石。本税目征收范围包括以金、银、白金、宝石、珍珠、钻石、翡翠、珊瑚、玛瑙等高贵稀有物质及其他金属、人造宝石等制作的各种纯金银首饰及镶嵌首饰；经采掘、打磨、加工的各种珠宝玉石。

5. 鞭炮、焰火。本税目包括各类鞭炮、焰火。体育用的发令纸、鞭炮药引线不按本税目征收。

6. 成品油。本税目包括汽油、柴油、石脑油、溶剂油、航空煤油、润滑油、燃料油7个子目。

7. 汽车轮胎。本税目征收范围包括用于各种汽车、挂车、专用车和其他机动车上的内、外轮胎，不包括农用拖拉机、收割机、手扶拖拉机的专用轮胎。

8. 摩托车。本税目征收范围包括轻便摩托车和摩托车两种。

9. 小汽车。本税目征收范围包括乘用车和中轻型商用车，电动汽车不属于本税目征税范围。

（1）乘用车即合驾驶员座位在内最多不超过9个座位（含）的，在设计和技术特性上用于载运乘客和货物的各类乘用车。用排气量小于1.5升（含）的乘用车底盘（车架）改装、改制的车辆属于乘用车征收范围。

（2）中轻型商用客车即合驾驶员座位在内的座位数在10至23座（含）的，在设计和技术特性上用于载运乘客和货物的各类中轻型商用客车。用排气量大于1.5升的乘用车底盘（车架）或用中轻型商用客车底盘（车架）改装、改制的车辆属于中轻型商用客车征收范围。

10. 高尔夫球及球具。高尔夫球及球具是指从事高尔夫球运动所需的各种专用装备，包括高尔夫球、高尔夫球杆及高尔夫球包（袋）等。本税目征收范围包括高尔夫球、高尔夫球杆、高尔夫球包（袋）及高尔夫球杆的杆头、杆身和握把。

11. 高档手表。高档手表是指销售价格（不含增值税）每只在10 000元（含）以上的各类手表。

12. 游艇。游艇是指长度大于8米小于90米，船体由玻璃钢、钢、铝合金、塑料等多种材料制作，可以在水上移动的水上浮载体。按照动力划分，游艇分为无动力艇、帆艇和机动艇。本税目征收范围包括艇身长度大于8米（含）小于90米（含），内置发动机，可以在水上移动，一般为私人或团体购置，主要用于水上运动和休闲娱乐等非谋利活动的各类机动艇。

13. 木制一次性筷子。木制一次性筷子，又称卫生筷子，是指以木材为原料，经过锯段、浸泡、旋切、刨切、烘干、筛选、打磨、倒角、包装等环节加工而成的各类一次性使用的筷子。

14. 实木地板。实木地板是指以木材为原料，经锯割、干燥、刨光、截断、开榫、涂漆等工序加工而成的块状或条状的地面装饰材料。本税目征收范围包括各类规格的实木地板，实木指接地板，实木复合地板及用于装饰墙壁，天棚的侧端面为榫、槽的实木装饰板。未经涂饰的素板属于本税目征税范围。

（二）税率

我国现行消费税税率分别采用比例税率、定额税率和复合税率三种税率形式。多数消费品采用比例税率；黄酒、啤酒、成品油等实行定额税率；卷烟和白酒实行从价比例和从量定额的复合税率。消费税税目税率（税额）如表 3 - 1 所示。

表 3 - 1   消费税税目税率（税额）表

税目			计税单位	税率（税额）
一、烟	1. 卷烟	（1）工业	1）甲类卷烟	每标准条（200 支，下同）调拨价格在 70 元（含 70 元，不含增值税，下同）以上	56%
					0.003 元/支
			2）乙类卷烟	每标准条（200 支，下同）调拨价格在 70 元（含 70 元，不含增值税，下同）以下	36%
					0.003 元/支
		（2）卷烟批发环节			5%
	2. 雪茄烟				36%
	3. 烟丝				30%
二、酒及酒精	1. 白酒		包括粮食白酒和薯类白酒		20%
					0.5 元/斤
	2. 啤酒		每吨出厂价（含包装物及押金）3 000 元（含 3 000 元，不含增值税，下同）以上；娱乐业和饮食业自制的啤酒		250 元/吨
			每吨出厂价 3 000 元以下		220 元/吨
	3. 黄酒				240 元/吨
	4. 其他酒				10%
	5. 酒精				5%
三、化妆品			包括成套化妆品、高档护肤类化妆品		30%
四、贵重首饰及珠宝玉石			包括各种金、银、铂金首饰和钻石、钻石饰品		5%
			其他贵重首饰和珠宝玉石		10%
五、鞭炮、烟火					15%

续表

税目		计税单位	税率（税额）
六、成品油	1. 柴油		0.8 元/升
	2. 汽油	含铅汽油	1.4 元/升
		不含铅汽油	1.0 元/升
	3. 石脑油		1.0 元/升
	4. 溶剂油		1.0 元/升
	5. 润滑油		1.0 元/升
	6. 燃料油		0.8 元/升
	7. 航空煤油		0.8 元/升
七、汽车轮胎			3%
八、摩托车		汽缸容量（排气量，下同）在 250 毫升（含）以下	3%
		汽缸容量在 250 毫升以上	10%
九、小汽车	1. 乘用车	汽缸容量在 1.0 升（含）以下	1%
		汽缸容量在 1.0 升以上至 1.5 升（含）	3%
		汽缸容量在 1.5 升以上至 2.0 升（含）	5%
		汽缸容量在 2.0 升以上至 2.5 升（含）	9%
		汽缸容量在 2.5 升以上至 3.0 升（含）	12%
		汽缸容量在 3.0 升以上至 4.0 升（含）	25%
		汽缸容量在 3.0 升以上至 4.0 升（含）	40%
	2. 中轻型商用客车		5%
十、高尔夫球及球具			10%
十一、高档手表（价额≥1 万元）			20%
十二、游艇			10%
十三、木制一次性筷子			5%
十四、实木地板			5%

　　纳税人兼营（生产销售）两种税率以上的应税消费品，应当分别核算不同税率应税消费品的销售额、销售数量；未分别核算销售额、销售数量，或者将不同税率的应税消费品组成成套消费品销售的，从高适用税率。

第二节
消费税应纳税额的计算

一、消费税计税销售额及销售数量的确定

现行消费税从应税消费品的价格变化情况和便于征纳等角度出发，分别采用从价和从量两种计税办法。

（一）实行从价定率的计税依据

实行从价定率办法征税的应税消费品，计税依据为应税消费品的销售额。除实行定额税率的黄酒、啤酒、成品油及卷烟、粮食白酒、薯类白酒外，其余应税消费品均实行从价定率。由于消费税和增值税实行交叉征收，消费税实行价内税，增值税实行价外税。这种情况决定了实行从价定率征收的消费品，其消费税税基和增值税税基是一致的，即都是以含消费税而不含增值税的销售额作为计税基数。

1. 应税销售行为的确定。根据我国现行消费税法有关规定，下列情况均应做销售或视同销售，确定销售额（也包括销售数量），并按规定缴纳消费税。

（1）有偿转让应税消费品所有权行为，即应税消费品的销售数量。

（2）纳税人自产自用的应税消费品用于其他方面的，即应税消费品移送使用数量。

（3）委托加工的应税消费品，即纳税人收回的应税消费品数量。

2. 销售额的确定。

（1）销售额的一般规定。应税消费品的销售额包括销售应税消费品从购买方收取的全部价款和价外费用。所谓"价外费用"是指：价外收取的基金、集资款、返还利润、补贴、违约金（延期付款利息）和手续费、包装费、储备费、优质费、运输装卸费、品牌使用费、代收款项、代垫款项以及其他各种性质的价外收费。但下列款项不属于价外费用：①同时符合以下条件的代垫运输费用：承运部门开具给购货方的运费发票；纳税人将该项发票转交给购货方的。②同时符合以下条件代为收取的政府性基金或者行政事业性收费：由国务院或者财政部批准设立的政府性基金，由国务院或者省级人民政府及其财政、价格主管部门批准设立的行政事业性收费；收取时开具省级以上财政部门印制的财政票据；所收款项全额上缴财政。除此之外，其他价外费用，无论是否属于纳税人的收入，均应并入销售额计算纳税。

（2）包装物及包装物押金销售额的确定。应税消费品连同包装物销售的，无论包装物是否单独计价，也不论在会计上如何核算，均应并入应税消费品的销售额中征收消费税。如果包装物不作价随同产品销售，而是收取押金，此项押金则不应并入应税消费品销售额中征税。但对逾期未收回的包装物不再退还的和已收取一年以上的押金，应并入

应税消费品的销售额，按照应税消费品的适用税率征收消费税。

对既作价随同应税消费品销售，又另外收取押金的包装物的押金，凡纳税人在规定的期限内不予退还的，均应并入应税消费品的销售额，按照应税消费品的适用税率征收消费税。

从1995年6月1日起，对酒类产品生产企业销售酒类产品而收取的包装物押金，无论押金是否返还及会计上如何核算，均应并入酒类产品销售额中征收消费税。根据财税〔2006〕20号文件规定，啤酒的包装物押金不包括供重复使用的塑料周转箱的押金。

另外，白酒生产企业向商业销售单位收取的"品牌使用费"是随着应税白酒的销售而向购货方收取的，属于应税白酒销售价款的组成部分，因此，不论企业采取何种方式以何种名义收取价款，均应并入白酒的销售额中缴纳消费税。

（3）自产自用和委托加工的应税消费品销售额的确定。自产自用和委托加工的应税消费品，按照本企业同类消费品的销售价格计算应纳税款。同类产品的销售价格是指纳税人或代收代缴义务人当月销售的同类消费品的销售价格。如果当月各期销售价格高低不同，则应按销售数量加权平均计算。但销售的应税消费品有下列情况之一者，不得列入加权平均数据：一是销售价格明显偏低又无正当理由的；二是无销售价格的。如果当月没有发生销售或当月未完结，应按照同类消费品上月或最近月份的销售价格计算纳税。如果上述办法均无法确定销售额的，可以按组成计税价格计算。

（4）进口的应税消费品销售额的确定。进口的应税消费品，按照组成计税价格计算纳税，组成计税价格计算公式为

$$组成计税价格 = （关税完税价格 + 关税） ÷ （1 - 消费税税率）$$

3. 含增值税销售额的换算。

如果纳税人应税消费品的销售额中未扣除增值税税款或者因不得开具增值税专用发票而发生价款和增值税税款合并收取的，在计算消费税时，应将含增值税的销售额换算为不含增值税税款的销售额。其换算公式为

$$应税消费品的销售额 = 含增值税的销售额 ÷ （1 + 增值税税率或征收率）$$

（二）实行从量定额的计税依据

1. 销售数量的确定。实行从量定额法征税的消费品，其计税依据为应税消费品的销售数量。销售数量是指应税消费品的数量。具体为：销售应税消费品的，为应税消费品的销售数量；自产自用应税消费品的，为应税消费品的移送使用数量；委托加工应税消费品的，为纳税人收回的应税消费品数量；进口应税消费品的，为海关核定的应税消费品进口征税数量。

2. 计量单位的换算。黄酒、啤酒以吨为税额单位，成品油以升为税额单位。为了规范不同产品的计量单位，准确计算应纳税额，消费税法对吨与升这两个计量单位的换算标准规定为

黄酒　1吨 = 962升　　啤酒　1吨 = 988升　　汽油　1吨 = 1 388升

柴油　1吨 = 1 176升　　航空煤油1吨 = 1 246升　　石脑油1吨 = 1 385升

溶剂油1吨 = 1 282升　　润滑油1吨 = 1 126升　　燃料油1吨 = 1 015升

卷烟 1 标准箱 = 50 000 支 1 标准条 = 200 标准支

（三）从价从量复合计税

复合计税方法是从价定率与从量定额相结合，计算应纳税额的一种计税方法。白酒和卷烟产品实施复合计税方法。其计算公式如下：

$$应纳消费税税额 = 销售数量 \times 定额税率 + 销售额 \times 比例税率$$

注意事项：纳税人自产自用白酒和卷烟产品时，应按照纳税人生产的同类消费品的销售价格计算纳税：

$$应纳消费税税额 = 销售数量 \times 定额税率 + 销售额（组成计税价格）\times 比例税率$$

$$组成计税价格 = （成本 + 利润 + 自产自用数量 \times 定额税率）\div （1 - 比例税率）$$

当纳税人委托加工白酒和卷烟产品时，应按照受托方的同类消费品的销售价格计算纳税；没有同类消费品销售价格的，按照组成计税价格计算纳税。实行复合计税办法计算纳税的组成计税价格计算公式：

$$组成计税价格 = （材料成本 + 加工费 + 委托加工数量 \times 定额税率）\div （1 - 比例税率）$$

当纳税人进口白酒和卷烟产品时，按照组成计税价格计算纳税。实行复合计税办法计算纳税的组成计税价格计算公式：

$$组成计税价格 = （关税完税价格 + 关税 + 进口数量 \times 消费税定额税率）\div$$
$$（1 - 消费税比例税率）$$

（四）计税依据的特殊规定

1. 卷烟最低计税价格的核定。卷烟从价定率计税办法的计税依据为调拨价格或核定价格。调拨价格是指卷烟生产企业通过卷烟交易市场与购货方签订的卷烟交易价格。核定价格是指当卷烟消费品计税价格明显偏低又无正当理由，由税务机关按其零售价倒算一定比例的办法核定的计税价格。核定价格的计算公式为

$$某牌号规格卷烟消费税计税价格 = 该牌号规格卷烟市场零售价格 \div （1 + 45\%）$$

其中，45% 是卷烟流通环节的平均的费用率和利润率。

不进入省和省以上烟草交易市场所交易、没有调拨价格的卷烟，消费税计税价格由省国家税务局按照以下公式核定：

$$没有调拨价格的某牌号规格卷烟计税价格 = 该牌号规格卷烟市场零售价格 \div （1 + 35\%）$$

实际销售价格高于计税价格和核定价格的卷烟，按实际销售价格征收消费税；实际销售价格低于计税价格和核定价格的卷烟，按计税价格或核定价格征收消费税。

2. 白酒最低计税价格的核定。自 2009 年 8 月 1 日起，对白酒消费税实行最低计税价格的核定管理办法，具体核定标准是：

（1）白酒生产企业销售给销售单位的白酒，生产企业消费税计税价格高于销售单位对外销售价格 70%（含 70%）以上的，税务机关暂不核定消费税最低计税价格。

（2）白酒生产企业销售给销售单位的白酒，生产企业消费税计税价格低于销售单位对外销售价格 70% 以下的，消费税最低计税价格由税务机关根据生产规模、白酒品牌、利润水平等情况在销售单位对外销售价格 50% 至 70% 范围内自行核定。其中生产规模较大、利润水平较高的企业生产的需要核定消费税最低计税价格的白酒，税务机关核价幅

度原则上应选择在销售单位对外销售价格60%至70%范围内。

3. 纳税人通过自设非独立核算门市部销售的自产应税消费品，应当按照门市部对外销售额或者销售数量征收消费税。

4. 纳税人用于换取生产资料和消费资料、投资入股和抵偿债务等方面的应税消费品，应当以纳税人同类应税消费品的最高销售价格作为计税依据计算消费税。

二、应纳税额的计算

（一）生产销售环节应纳消费税的计算

1. 直接对外销售应纳消费税的计算。直接对外销售应税消费品，其消费税应纳消费税税额涉及三种方法，分别为从价定率、从量定额、从价定率和从量定额复合计算。

（1）从价定率计算基本计算公式为

$$应纳消费税税额 = 应税消费品的销售额 × 适用税率$$

（2）从量定额计算基本计算公式为

$$应纳消费税税额 = 销售数量 × 定额税率$$

（3）复合计税方法计算。白酒和卷烟产品实施复合计税方法。其计算公式如下：

$$应纳消费税税额 = 销售数量 × 定额税率 + 销售额 × 比例税率$$

2. 自产自用应纳消费税的计算。"自产自用"是指纳税人生产应税消费品后，不是用于直接对外销售，而是用于连续生产应税消费品，或用于其他方面。纳税人若是用于连续生产应税消费品的（作为生产最终应税消费品的直接材料，并构成最终产品实体的应税消费品，如卷烟厂生产的烟丝，再用于本厂连续生产卷烟），根据税不重征的原则，不纳消费税。纳税人若是用于其他方面，应视同销售，于移送时缴纳消费税。

"用于其他方面"是指纳税人用于生产非应税消费品和在建工程，以及用于馈赠、赞助、集资、广告、样品、职工福利、奖励等方面的应税消费品。此时，纳税人应以同类消费品的销售价格为计税依据。"同类消费品的销售价格"是指纳税人当月销售的同类消费品的销售价格。如果当月同类消费品各期销售价格不同，应按销售数量加权平均计算。销售价格明显偏低又无正当理由或无销售价格的，不得进行加权平均计算。如果当月无销售或者当月未完结，应按照同类消费品上月或最近月份的销售价格计算纳税。

若没有同类消费品的销售价格，则按组成计税价格计算纳税。

组成计税价格计算公式如下：

$$组成计税价格 = （成本 + 利润） ÷ （1 - 比例税率）$$
$$= 成本 × （1 + 成本利润率） ÷ （1 - 比例税率）$$

采用复合计税办法计算纳税的组成计税价格为

$$组成计税价格 = （成本 + 利润 + 自产自用数量 × 定额税率） ÷ （1 - 比例税率）$$

其中，"成本"指消费品的生产成本；"利润"指根据应税消费品的全国成本利润率计算出来的利润。应税消费品的全国平均成本利润率如表3 - 2所示。

表 3－2　　　　　　　　应税消费品的全国平均成本利润率表

项目	成本利润率（%）	项目	成本利润率（%）
甲类卷烟	10	贵重首饰及珠宝玉石	6
乙类卷烟	5	汽车轮胎	5
雪茄烟	5	摩托车	6
烟丝	5	高尔夫球及球具	10
粮食白酒	10	高档手表	20
薯类白酒	5	游艇	10
其他酒	5	木制一次性筷子	5
酒精	5	实木地板	5
化妆品	5	乘用车	8
鞭炮、焰火	5	中轻型商用客车	5

自产自用应税消费品应纳消费税税额的有关计算公式如下：

$$应纳消费税税额 = 纳税人生产的同类消费品销售额 \times 比例税率$$

或

$$应纳消费税税额 = 组成计税价格 \times 比例税率$$

【案例1】甲化妆品有限公司为增值税一般纳税人，2010 年 5 月发生如下经济业务：

（1）某月向某大型商场销售化妆品一批，开具增值税专用发票，取得不含税销售额 600 000 元；向某单位销售化妆品，开具普通发票取得销售额 70 200 元。

（2）公司将其生产的一种新产品作为礼物发放给职工，市场上无同类消费品的销售价格。该化妆品生产成本为 24 000 元。化妆品成本利润率为 5%。

化妆品适用的消费税税率为 30%。计算该化妆品企业本月应纳消费税税额。

案例分析：

（1）税法规定，计算消费税的销售额，不包括应向购货方收取的增值税税款。如果纳税人应税消费品的销售额中未扣除增值税税款或者因不得开具增值税专用发票而发生价款和增值税税款合并收取的，在计算消费税时，应当换算为不含增值税税款的销售额。其换算公式为

$$应税消费品的销售额 = 含增值税的销售额 \div （1 + 增值税税率或者征收率）$$

化妆品应税销售额 = 600 000 + 70 200 ÷（1 + 17%）= 660 000（元）

应纳消费税税额 = 660 000 × 30% = 198 000（元）

（2）纳税人用于生产非应税消费品和在建工程，以及用于馈赠、赞助、集资、广告、样品、职工福利、奖励等方面的应税消费品。此时，纳税人应以同类消费品的销售价格为计税依据。若没有同类消费品的销售价格，则按组成计税价格计算纳税。

组成计税价格 =（24 000 + 24 000 × 5%）÷（1 － 30%）= 36 000（元）

应纳消费税税额 = 36 000 × 30% = 10 800（元）

甲化妆品有限公司本月应纳的消费税 = 198 000 + 10 800 = 208 800（元）

（二）委托加工环节应纳消费税的计算

1. 委托加工应税消费品的确定。委托加工应税消费品是指由委托方提供原料和主要材料，受托方只收取加工费和代垫部分辅助材料加工的应税消费品。它必须同时符合两个条件：一是委托方提供原料和主要材料；二是受托方只收取加工费和代垫部分辅助材料。对于由受托方提供原材料生产的应税消费品，或者受托方先将原材料卖给委托方，然后再接受加工的应税消费品，以及由受托方以委托方名义购进原材料生产的应税消费品，不论纳税人在财务上是否作销售处理，都不得作为委托加工应税消费品，而应当按照销售自制应税消费品缴纳消费税。

2. 代收代缴税款的确定。按照税法规定，委托加工应税消费品由受托方在向委托方交货时代收代缴税款。但纳税人委托个人加工应税消费品，一律于委托方收回后在委托方所在地缴纳消费税。委托加工的应税消费品，受托方在交货时已代收代缴消费税，委托方收回后直接出售的，不再征收消费税。

3. 组成计税价格的计算。委托加工的应税消费品，按照受托方的同类消费品的销售价格计算纳税。所谓"同类消费品的销售价格"，是指受托方（代收代缴义务人）当月销售的同类消费品的销售价格。如果当月同类消费品各期销售价格高低不同，应按销售数量加权平均计算。但销售的应税消费品有下列情况之一的，不得列入加权平均计算：

（1）销售价格明显偏低又无正当理由的。

（2）无销售价格的。如果当月无销售或者当月未完结，应按照同类消费品上月或最近月份的销售价格计算纳税。

如果没有同类消费品销售价格的，按照组成计税价格计算纳税。

应纳消费税税额的计算：

（1）受托方有同类消费品的销售价格的，计算公式为

　　应纳消费税税额＝同类消费品销售价格×委托加工数量×比例税率

（2）受托方没有同类消费品的销售价格的，计算公式为

　　应纳消费税税额＝组成计税价格×比例税率

　　消费税组成计税价格＝（材料成本＋加工费）÷（1－比例税率）

公式中，"材料成本"是指委托方所提供加工材料的实际成本，即委托加工合同上如实注明（或以其他方式提供）的材料成本，凡未提供材料成本的，税务机关有权重新核定材料成本。"加工费"是受托方加工应税消费品向委托方所收取的全部费用（包括代垫辅助材料的实际成本）。

【案例2】 乙酒业有限公司 2011 年 6 月发生如下经济业务：

（1）将自制的散装药酒加工成成瓶药酒 1 800 瓶，以每瓶不含税售价 100 元通过自设的非独立核算门市部对外销售。

（2）将 100 公斤散装药酒作为福利分给职工，同类药酒的不含增值税销售价格为 150 元。

（3）提供 10 万元的原材料委托丙公司加工一批酒精，提供的材料成本为 10 万元，支付乙公司加工费 1 万元，当月收回该批委托加工的酒精，乙公司没有同类消费品销售价格。

（4）5月21日销售粮食白酒5吨，不含增值税的销售价格为60元/斤，另外向购货方收取包装物租金23 400元，款项已收讫。

药酒的消费税税率为10%，白酒的消费税税率为20%加0.5元/500克。

要求：计算该公司6月各笔业务应纳的消费税。

案例分析：

（1）纳税人通过自设非独立核算门市部销售的自产应税消费品，应当按照门市部对外销售额或者销售数量征收消费税。

销售成瓶药酒应纳的消费税税额 = 1 800 × 100 ÷ 10 000 × 10% = 1.8（万元）

（2）作为职工福利发放的散装药酒在计算消费税时首先选用同类消费品的售价，应缴纳的消费税 = 150 × 100 × 2 × 10% ÷ 10 000 = 0.3（万元）

（3）在委托加工业务中，受托方丙公司没有同类消费品销售价格，丙公司在代收代缴消费税时应以组成计税价格作为扣缴消费税的计税依据。

丙公司应代收代缴的消费税 = （10 + 1）÷（1 - 5%）× 5% = 0.58（万元）

（4）粮食白酒采用复合计税方法计算消费税。在从价计征部分中，计税销售额包括销售应税消费品从购买方收取的全部价款和价外费用。向购货方收取的包装物租金就是价外费用，应并入销售额计算纳税。并且，收取的包装物租金是含有增值税的，在计算消费税时，应将含增值税的销售额换算为不含增值税税款的销售额。

应缴纳的消费税 = 5 × 2 000 × 0.5 ÷ 10 000 + [60 × 5 × 2 000 + 23 400 ÷

（1 + 17%）] ÷ 10 000 × 20% = 12.9（万元）

（三）进口环节应纳消费税的计算

1. 实行从价定率计征应纳税额的计算。对于实行从价定率征收的进口应税消费品，其消费税的计税依据同增值税，即为进口时所支付的不含增值税税额的金额，该金额按组成计税价格确定。其计算公式为

消费税组成计税价格 = （关税完税价格 + 关税）÷（1 - 消费税比例税率）

应纳消费税税额 = 消费税组成计税价格 × 适用税率

2. 实行从量定额计征应纳税额的计算。

应纳税额 = 应税消费品数量 × 消费税单位税额

3. 实行复合计税应纳税额的计算。

组成计税价格 = （关税完税价格 + 关税 + 进口数量 × 消费税定额税率）÷

（1 - 消费税比例税率）

应纳税额 = 组成计税价格 × 消费税税率 + 应税消费品数量 × 消费税单位税额

（四）已纳消费税扣除的计算

1. 外购应税消费品已纳税款的扣除。为了避免重复征税，现行消费税税法规定，将外购的应税消费品用于连续生产应税消费品销售的，可以将外购的应税消费品已缴纳的消费税给予扣除。其扣除范围包括：

（1）外购已税烟丝为原料生产的卷烟。

（2）外购已税化妆品为原料生产的化妆品。

（3）外购已税护肤护发品为原料生产的护肤护发品。

（4）外购已税珠宝玉石为原料生产的贵重首饰及珠宝玉石。

（5）外购已税鞭炮、焰火为原料生产的鞭炮、焰火。

（6）外购已税汽车轮胎（内胎和外胎）为原料生产的汽车轮胎。

（7）外购已税摩托车为原料生产的摩托车。

（8）外购已税高尔夫球杆部件为原料生产的高尔夫球杆。

（9）外购已税木制一次性筷子为原料生产的木制一次性筷子。

（10）外购已税实木地板为原料生产的实木地板。

（11）外购已税润滑油为原料生产的润滑油。

对纳税人用外购已税消费品连续生产的应税消费品，应按当期生产领用数量计算准予扣除外购的应税消费品已纳的消费税税额。

当期准予扣除外购应税消费品已纳消费税税额的计算公式为

$$当期准予扣除的外购应税消费品已纳税额$$
$$=当期准予扣除的外购应税消费品买价 \times 外购应税消费品适用税率$$
$$当期准予扣除的外购应税消费品买价$$
$$=期初库存的外购应税消费品的买价 + 当期购进的应税消费品的买价$$
$$-期末库存的外购应税消费品的买价$$

外购应税消费品的买价是指购货发票上注明的销售额（不包括增值税税款）。

注意事项：从境内商业企业购进应税消费品的连续生产应税消费品已纳税款，符合抵扣条件的，允许扣除已纳的消费税税款。纳税人外购已税珠宝改在零售环节征收消费税的金银首饰（镶嵌首饰）、钻石首饰，在计税时，一律不得扣除外购珠宝玉石已纳税款。

2. 委托加工收回的应纳消费品已纳税款的扣除。委托加工收回的应税消费品直接出售的，不再缴纳消费税；用于连续生产应税消费品的，其已纳消费税税额准予按当期生产领用的数量从连续生产的应税消费品应纳消费税税额中抵扣。其扣除范围包括：

（1）委托加工收回的已税烟丝生产的卷烟。

（2）委托加工收回的已税化妆品生产的化妆品。

（3）委托加工收回的已税珠宝玉石生产的贵重首饰及珠宝玉石。

（4）委托加工收回的已税鞭炮、焰火生产的鞭炮、焰火。

（5）委托加工收回的已税汽车轮胎（内胎和外胎）生产的汽车轮胎。

（6）委托加工收回的已税摩托车生产的摩托车。

（7）委托加工收回的已税杆头、杆身和握把为原料生产的高尔夫球杆。

（8）委托加工收回的已税木制一次性筷子为原料生产的木制一次性筷子。

（9）委托加工收回的已税实木地板为原料生产的实木地板。

（10）委托加工收回的已税石脑油为原料生产的应税消费品。

（11）委托加工收回的已税润滑油为原料生产的润滑油。

当期准予扣除委托加工收回应税消费品已纳消费税税额的计算公式为

当期准予扣除委托加工收回应税消费品已纳税额 = 期初库存委托加工收回应税消费品已纳税额 + 当期收回的委托加工应税消费品已纳税额 - 期末库存的委托加工收回应税消费品已纳税额。

注意事项：纳税人用委托加工收回的已税珠宝玉石生产的改在零售环节征收消费税的金银首饰，在计税时一律不得扣除委托加工收回的珠宝玉石已纳消费税税款。

【案例3】 某鞭炮厂委托某加工厂加工一批焰火，鞭炮厂提供原材料成本为12万元，收回产品后，支付加工费3万元。加工厂没有同类消费品销售价格。鞭炮厂收回委托加工焰火后，将其中的70%用于生产新的焰火礼炮并销售，取得不含增值税销售额15万元。剩下的30%焰火直接用于销售，取得不含增值税销售额6万元。

要求：试计算加工厂和鞭炮厂的应纳税额。

案例分析：

1. 加工厂的税务处理。

加工厂本身应按加工费缴纳增值税。

加工厂应纳增值税 = 3 × 17% = 0.51（万元）

加工厂应代扣代缴鞭炮厂委托加工环节应纳的消费税，因受托方没有同类消费品的销售价格的，按照组成计税价格计算纳税。

组成计税价格 = $\frac{（材料成本 + 加工费）}{（1 - 消费税税率）}$ = （12 + 3）÷（1 - 15%）= 17.65（万元）

代扣代缴消费税额 = 组成计税价格 × 适用税率 = 17.65 × 15% = 2.65（万元）

2. 鞭炮厂的税务处理。

鞭炮厂收回委托加工焰火后，直接用于销售的30%焰火，不再缴纳消费税，但还需要缴纳增值税；其中的70%用于生产新的焰火并销售应纳消费税和增值税，在委托加工焰火环节已纳的消费税计算应纳消费税时允许扣除。计算应增值税时加工厂缴纳增值税可作进项税扣除。

应纳消费税 = 15 × 15% - 2.65 × 70% = 0.395（万元）

应纳增值税 = （15 + 6）× 17% - 0.51万 = 3.06（万元）

三、出口应税消费品退（免）税

（一）出口退税率的规定

计算出口应税消费品应退消费税的税率或单位税额，应按照《消费税暂行条例》所附《消费税税目税率（税额）表》及《关于调整和完善消费税政策的通知》财税〔2006〕33号文件执行。企业应将不同消费税税率的出口应税消费品分开核算和申报，凡划分不清适用税率时，一律从低适用税率计算应退消费税。

（二）出口应税消费品退（免）税政策

1. 出口免税并退税。有出口经营权的外贸企业购进应税消费品直接出口以及外贸企业受其他外贸企业委托代理出口应税消费品的适用这一政策。但是，外贸企业只有受其他外贸企业委托，代理应税消费品才可以办理退税，外贸企业受其他企业委托代理出口应税消费品是不予退（免）税的。

2. 出口免税不退税。适用这一政策的包括：有出口经营权的生产型企业自营出口或生产企业委托外贸企业代理出口自产的应税消费品，依据其实际出口数量免征消费税，不予办理退税。这里免征消费税是指对生产性企业按其实际出口数量免征生产环节的消费税。不予办理退税的原因是已经免征生产环节的消费税，该商品在出口环节并没有负担该税种，也就无须办理退税了。

3. 出口不免税也不退税。这个政策主要适用于除生产企业、外贸企业以外的其他企业，这类企业委托外贸代理出口应税消费品一律不予退（免）税。

（三）出口应税消费品退税额的计算

1. 从价征收计算退税额。从价定率计征消费税的应税消费品，应依照外贸企业委托从工厂购进货物时，计算征收消费税的价格。对含增值税的购进金额应换算成不含增值税的金额，作为计算退税的依据，其计算公式为

不含增值税的购进金额＝含增值税的购进金额／（1＋增值税税率或征收率）

应退消费税税款＝出口货物的工厂销售额（出口数额）×税率

2. 从量征收计算退税额。从量定额计征消费税的应税消费品，应按货物购进和报关出口的数量计算应退消费税税款，其计算公式为

应退消费税税款＝出口数量×单位税额

3. 复合征收计算退税额。复合计征消费税的应税消费品，应按货物购进和报关出口的数量以及外贸企业从工厂购进货物时征收消费税的价格计算应退消费税税款，其计算公式为

应退消费税税额＝出口货物的工厂销售额×税率＋出口数量×单位税额

【案例4】 某外贸企业从国外进口 10 000 套化妆品，关税完税价格为 160 万元，关税为 160 万元，当月售出 3 000 套，每套售价 298 元。又从国内一生产厂家（增值税一般纳税人）购进化妆品 5 000 套全部出口，每套工厂销售价 60 元（含增值税），出口离岸价格为 168 元。请计算该外贸企业当月应缴、应退的消费税。

案例分析：

（1）纳税人进口应税消费品应缴纳消费税：

组成计税价格＝（160＋160）÷（1－30%）＝457.14（万元）

应纳消费税＝457.14×30%＝137.14（万元）

（2）外贸企业出口化妆品应退消费税：

应退消费税税款＝出口货物的工厂销售额×税率

＝60÷（1＋17%）×5 000×30%＝76 923.08（元）

（四）出口应税消费品办理退（免）税后的管理

出口应税消费品办理退税后，发生退关或者国外退货进口时予以免税的，报关出口者必须及时向其所在地主管税务机关申报补缴已退的消费税税款。

纳税人直接出口的应税消费品办理免税后发生退关或国外退货进口时予以免税的，经所在地税务机关批准，可以暂不办理补税，待其转为国内销售时，再向其主管税务机

关申报缴纳消费税。

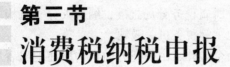

第三节
消费税纳税申报

一、纳税义务发生时间

消费税纳税义务发生的时间，根据货款结算方式或行为发生时间分别确定。

（一）纳税人销售应税消费品纳税义务的发生时间

纳税人采取赊销和分期收款结算方式的，其纳税义务的发生时间为销售合同规定的收款日期当天。

纳税人采取预收货款结算方式的，其纳税义务的发生时间为发出应税消费品当天。

纳税人采取托收承付和委托银行收款方式销售的应税消费品，其纳税义务的发生时间为发出应税消费品并办妥托收手续当天。

纳税人采取其他结算方式的，其纳税义务的发生时间为收讫销售款或者取得索取销售款凭据当天。

（二）自产自用应税消费品纳税义务的发生时间

纳税人自产自用的应税消费品，其纳税义务的发生时间为移送使用当天。

（三）委托加工应税消费品纳税义务的发生时间

纳税人委托加工的应税消费品，其纳税义务的发生时间为纳税人提货当天。

（四）进口应税消费品纳税义务的发生时间

纳税人进口的应税消费品，其纳税义务的发生时间为报关进口当天。

二、纳税期限

消费税的纳税期限分别为 1 日、3 日、5 日、10 日、15 日、1 个月或者 1 个季度。纳税人的具体纳税期限由主管税务机关根据纳税人应纳税额的大小分别核定；不能按照固定期限纳税的，可以按次纳税。

纳税人以 1 个月或者 1 个季度为 1 个纳税期的，自期满之日起 15 日内申报纳税；以 1 日、3 日、5 日、10 日或者 15 日为 1 个纳税期的，自期满之日起 5 日内预缴税款，于次月 1 日起 15 日内申报纳税并结清上月应纳税款。

纳税人进口应税消费品，应当自海关填发海关进口消费税专用缴款书之日起 15 日内缴纳税款。

三、纳税地点、纳税申报（表）

（一）纳税地点

纳税人销售的应税消费品，以及自产自用的应税消费品，除国务院财政、税务主管部门另有规定外，应当向纳税人机构所在地或者居住地的主管税务机关申报纳税。纳税人到外县（市）销售或委托外县（市）代销自产应税消费品的，于应税消费品销售后，回纳税人核算地或所在地缴纳消费税。

纳税人的总机构与分支机构不在同一县（市）的，应在生产应税消费品的分支机构所在地缴纳消费税。但经国家税务总局及所属税务分局批准，纳税人分支机构应纳消费税税款也可由总机构汇总向总机构所在地主管税务机关缴纳。

委托加工的应税消费品，除受托方为个人外，由受托方向机构所在地或者居住地的主管税务机关解缴消费税税款。

进口的应税消费品，应当向报关地海关申报纳税。

（二）消费税纳税申报表填报要求及格式

纳税人应如实填写消费税纳税申报表，并在规定的时间申报缴纳税款。为了在全国范围内统一、规范消费税纳税申报资料，加强消费税管理的基础工作，国家税务总局制定了新的消费税纳税申报表，纳税人无论当期有无销售或是否盈利，均应在次月1日至15日根据应税消费品分别填写"烟类应税消费品消费税纳税申报表"、"酒及酒精消费税纳税申报表"、"成品油消费税纳税申报表"、"小汽车消费税纳税申报表"、"其他应税消费品消费税纳税申报表"。除了纳税申报表以外，每类申报表都有附表。

1. 烟类应税消费品消费税纳税申报表（见表3-3）。

表3-3　　　　　　　　　烟类应税消费品消费税纳税申报表

税款所属期：　　年　月　日至　　年　月　日

纳税人名称（公章）：　　　　　　　纳税人识别号：

填表日期：　　年　月　日

单位：卷烟万支、雪茄烟支、烟丝千克；　　金额单位：元（列至角分）

项目 应税 消费品名称	适用税率		销售数量	销售额	应纳税额
	定额税率	比例税率			
卷烟	30元/万支	56%			
卷烟	30元/万支	36%			
雪茄烟	—	36%			
烟丝	—	30%			
合计	—	—			

本期准予扣除税额：	声明： 此纳税申报表是根据国家税收法律的规定填报的，我确定它是真实的、可靠的、完整的。 经办人（签章）：　财务负责人（签章）： 联系电话：
本期减（免）税额：	
期初未缴税额：	
本期缴纳前期应纳税额：	（如果你已委托代理人申报，请填写） 授权声明 为代理一切税务事宜，现授权_____ （地址）_____为本纳税人的代理申报人，任何与本申报表有关的往来文件，都可寄与此人。 授权人签章：
本期预缴税额：	
本期应补（退）税额：	
期末未缴税额：	

以下由税务机关填写

受理人（签章）：　　　　受理日期：　　年　月　日　　　受理税务机关（章）：

2. 酒及酒精消费税纳税申报表（见表3-4）。

表3-4　　　　　　　　　　　　酒及酒精消费税纳税申报表

税款所属期：　　年　月　日至　　年　月　日

纳税人名称（公章）：　　　　　　　　纳税人识别号：

填表日期：　年　月　日　　　　　　　　　　　　　金额单位：元（列至角分）

项目 应税 消费品名称	适用税率		销售数量	销售额	应纳税额
	定额税率	比例税率			
粮食白酒	0.5 元/斤	20%			
薯类白酒	0.5 元/斤	20%			
啤酒	250 元/吨	—			
啤酒	220 元/吨	—			
黄酒	240 元/吨	—			
其他酒	—	10%			
酒精	—	5%			
合计	—	—	—	—	

本期准予抵减税额：	
本期减（免）税额：	
期初未缴税额：	声明： 此纳税申报表是根据国家税收法律的规定填报的，我确定它是真实的、可靠的、完整的。 经办人（签章）：　财务负责人（签章）： 联系电话：
本期缴纳前期应纳税额：	
本期预缴税额：	
本期应补（退）税额：	（如果你已委托代理人申报，请填写） 授权声明： 为代理一切税务事宜，现授权＿＿＿＿＿＿ （地址）＿＿＿＿＿＿＿为本纳税人的代理申报人，任何与本申报表有关的往来文件，都可寄与此人。
期末未缴税额：	授权人签章：

以下由税务机关填写

受理人（签章）：　　　　　受理日期：　年　月　日　　受理税务机关（章）：

3. 成品油消费税纳税申报表（见表3-5）。

表3-5 　　　　　　　　　　　**成品油消费税纳税申报表**

税款所属期：　　年　月　日至　　年　月　日

纳税人名称（公章）：　　　　　　　　纳税人识别号：

填表日期：　　年　月　日　　　　　　　计量单位：升；金额单位：元（列至角分）

项目 应税 消费品名称	适用税率 （元/升）	销售数量	应纳税额
含铅汽油	1.40		
不含铅汽油	1.00		
柴油	0.80		
石脑油	1.00		
溶剂油	1.00		
润滑油	1.00		
燃料油	0.80		
航空煤油	0.80		
合计	—		
本期准予扣除税额：			
本期减（免）税额：			
期初未缴税额：			声明： 此纳税申报表是根据国家税收法律的规定填报的，我确定它是真实的、可靠的、完整的。 经办人（签章）：　　　　　　　财务负责人（签章）： 　联系电话：
本期缴纳前期应纳税额：			
本期预缴税额：			
本期应补（退）税额：			（如果你已委托代理人申报，请填写） 授权声明： 为代理一切税务事宜，现授权＿＿＿＿＿＿（地址） ＿＿＿＿＿＿＿＿为本纳税人的代理申报人，任何与本申报表有关的往来文件，都可寄与此人。
期末未缴税额：			授权人签章：

以下由税务机关填写

受理人（签章）：　　　　　　受理日期：　　年　月　日　　　受理税务机关（章）：

4. 小汽车消费税纳税申报表（见表 3-6）。

表 3-6 小汽车消费税纳税申报表

税款所属期： 年 月 日至 年 月 日

纳税人名称（公章）： 纳税人识别号：

填表日期： 年 月 日 单位：辆、元（列至角分）

项目 应税消费品名称	适用税率	销售数量	销售额	应纳税额
乘用车 汽缸容量≤1.0 升	1%			
1.0 升＜汽缸容量≤1.5 升	3%			
1.5 升＜汽缸容量≤2.0 升	5%			
2.0 升＜汽缸容量≤2.5 升	9%			
2.5 升＜汽缸容量≤3.0 升	12%			
3.0 升＜汽缸容量≤4.0 升	25%			
汽缸容量＞4.0 升	40%			
中轻型商用客车	5%			
合计	—	—	—	—

本期准予扣除税额：

本期减（免）税额：

期初未缴税额：

声明：

此纳税申报表是根据国家税收法律的规定填报的，我确定它是真实的、可靠的、完整的。

经办人（签章）：

财务负责人（签章）：

联系电话：

本期缴纳前期应纳税额：

本期预缴税额：

本期应补（退）税额：

（如果你已委托代理人申报，请填写）

授权声明：

为代理一切税务事宜，现授权_____（地址）_____为本纳税人的代理申报人，任何与本申报表有关的往来文件，都可寄与此人。

期末未缴税额：

授权人签章：

以下由税务机关填写

受理人（签章）： 受理日期： 年 月 日 受理税务机关（章）：

5. 其他应税消费品消费税纳税申报表（见表3－7）。

表3－7 　　　　　　　　　　其他应税消费品消费税纳税申报表

税款所属期：　　年　月　日至　　年　月　日

纳税人名称（公章）：　　　　　　　　纳税人识别号：

填表日期：　　年　月　日　　　　　　　　　　　　金额单位：元（列至角分）

项目 应税消费品名称	适用税率	销售数量	销售额	应纳税额
合　计	—	—	—	

本期准予抵减税额：	
本期减（免）税额：	
期初未缴税额：	声明： 此纳税申报表是根据国家税收法律的规定填报的，我确定它是真实的、可靠的、完整的。 　经办人（签章）： 　财务负责人（签章）： 　联系电话：
本期缴纳前期应纳税额：	
本期预缴税额：	
本期应补（退）税额：	
期末未缴税额：	授权声明： 为代理一切税务事宜，现授权＿＿＿＿＿＿（地址）＿＿＿＿＿＿为本纳税人的代理申报人，任何与本申报表有关的往来文件，都可寄与此人。 　授权人签章：

以下由税务机关填写

受理人（签章）：　　　　　　受理日期：　　年　月　日　　　　　受理税务机关（章）：

第四节
消费税税收筹划

一、纳税人的税收筹划

（一）是否设立独立核算部门的税收筹划

由于消费税是按不同产品设计高低不同的税率，税率档次较多。当企业为一个大的联合企业或企业集团时，其内部各分厂所属的商店、劳务服务公司等，在彼此间购销销售商品、进行连续加工或销售时，通过内部定价，可达到整个联合企业合理避税。即当适用高税率的分厂将其产品卖给适用低税率的分厂时，通过制定较低的内部价，把商品原有的一部分价值由高税率的部门转到低税率的部门，适用高税率的企业销售收入减少，应纳税额减少；而适用低税率的企业，产品销售收入不变，应纳税额不变，但由于它得到了低价的原材料，成本降低，利润增加。至于内部各分厂之间的"苦乐不均"问题，公司可以通过其他方式，如把一些开支放在获利较多的企业等方法进行调剂。

（二）企业合并与分离的税收筹划

工业企业销售自产应税消费品时需要缴纳消费税，而购买方如果将该项应税消费品用于连续生产应税消费品还需再缴纳一次消费税。为了避免重复征税，我国税法规定了外购或委托加工应税消费品用于连续生产应税消费品允许抵扣已纳税额的优惠政策。但税法规定，对外购或委托加工已税酒和酒精生产的酒，其外购酒及酒精已纳税款或受托方代收代缴税款不再予以抵扣。

如果白酒生产企业能将提供白酒或酒精的生产企业"合二为一"，则由原来的"外购或委托加工应税消费品"就变成了"自产应税消费品"。税法规定，自产应税消费品用于连续生产应税消费品的不征税，用于连续生产非应税消费品的应当视同销售。

> **【案例5】** 某粮食白酒生产企业，委托贸业酒厂为其加工酒精6吨，原材料粮食由委托方提供，发出粮食成本255 000元，支付加工费30 000元，增值税5 100元，用银行存款支付。受托方无同类酒精销售价。收回的酒精全部用于连续生产套装礼品白酒100吨，每吨不含税售价30 000元，当月全部销售，消费税税率为5%。
>
> **案例分析：**
>
> 税法规定，纳税人通过自设非独立核算门市部销售的自产应税消费品，应当按门市部门销售额或者销售数量计算征收消费税。税法对独立核算的门市部则没有限制，消费税的纳税行为发生在生产领域（包括生产、委托加工和进口），而非流通

领域或终极消费环节（金银首饰、钻石及钻石饰品除外）。因而，关联企业中生产（委托加工、进口）应税消费品的企业，在零售等特殊情况下，如果以较低但不违反公平交易的销售价格将应税消费品销售给其独立核算的销售部门，则可以降低销售额，从而减少应纳消费税税额。而独立核算的销售部门，由于处在销售环节，只缴纳增值税，不缴纳消费税，可使集团的整体消费税税负下降，但增值税税负不变。

受托方应代收代缴消费税 =（255 000 + 30 000）÷（1 - 5%）× 5%
= 15 000（元）

由于委托加工已税酒精不得予以抵扣，委托方支付的 15 000 元消费税将计入原材料成本。

销售套装礼品白酒应纳消费税 = 100 × 30 000 × 20% + 100 × 2 000 × 0.5
= 700 000（元）

应纳城建税及教育费附加 = 700 000 ×（7% + 3%）= 70 000（元）

若不考虑销售费用，该笔业务盈利为

盈利 = 销售收入 - 销售成本 - 销售税金：

100 × 30 000 -（255 000 + 30 000 + 15 000）-（700 000 + 70 000）
= 1 930 000（元）

合并前公司利润 = 1 930 000 ×（1 - 25%）= 1 447 500（元）

如果改变方案，该企业将贸业酒厂企业吸收合并，该企业在委托加工环节支付的 15 000 元消费税因已合并为一家企业了，连续用来生产应税产品白酒故不需纳消费税，节省的消费税、城建税和教育费附加将转化公司利润。

注意事项：由于独立核算的经销部与生产企业之间存在关联关系，按照《税收征管法》第三十六条的规定，"企业或者外国企业在中国境内设立的从事生产、经营的机构、场所与其关联企业之间的业务往来，应当按照独立企业之间的业务往来收取或者支付价款、费用；不按照独立企业之间的业务往来收取或者支付价款、费用，而减少其应纳税的收入或者所得额的，税务机关有权进行合理调整。"因此，企业销售给下属经销部的白酒按照销售给其他商家当期的平均价格确定，如果销售价格"明显偏低"，主管税务机关将会对价格重新进行调整。

二、销售额的税收筹划

（一）自产自销业务的税收筹划

1. 将不同税负应税产品的销售额和销售数量分别核算。由于应税消费品所适用的税率是固定的，只有在出现兼营不同税率应税消费品的情况下，纳税人才可以选择合适的销售方式和核算方式，达到适用较低消费品税率的目的，从而降低税负。消费税的兼营行为，主要是指消费税纳税人同时经营两种以上税率的应税消费品的行为。

对于这种兼营行为，税法明确规定：纳税人兼营多种不同税率的应税消费品的企业分别核算不同税率应税消费品的销售额、销售数；未分别核算销售额、销售数，或者将不同税率的应税消费品组成成套消费品销售的，应从高适用税率。这一规定要求企业在会计核算过程中做到账目清楚，以免蒙受不必要的损失。

这就要求企业健全会计核算，按不同税率将应税消费品分开核算。如果为达到促销效果，采用成套销售方式，可以考虑将税率相同或相近的消费品组成成套销售。如可以将不同品牌的化妆品套装销售，就会大大增加企业应纳的消费税额。除非企业成套销售所带来的收益远远大于因此而增加的消费税及其他成本，或者企业是为了达到占领市场、宣传新产品等战略目的，否则单纯从税收角度看，企业应将不同税率应税消费品分开核算，分开销售。

对消费品组合销售问题，必须先进行应纳税额测算，再确定有无必须组成成套消费品销售，避免给企业造成不必要的税收负担。

> **【案例6】** 2011 年，某酒厂既生产税率为 20% 加 0.5 元/500 克的白酒，还生产税率为 10% 的药酒（其他酒），还生产上述两类酒的小瓶装礼品套装酒。2011 年 8 月，该厂对外销售 24 000 瓶白酒，每瓶 1 斤装，单价为 60 元/瓶；销售 8 000 瓶药酒，单价为 100 元/瓶，每瓶酒均为 500 克；销售 700 套套装酒，单价为 120 元/套，其中白酒 3 瓶、药酒 3 瓶，均为半斤装。对该酒厂进行税收筹划，现拟出两个方案进行比较。
>
> **案例分析：**
> 方案一：如果三类药酒单独核算，应纳消费税税额为
> 白酒应纳消费税税额 $= 60 \times 24\,000 \times 20\% + 24\,000 \times 0.5 = 300\,000$（元）
> 药酒应纳消费税税额 $= 100 \times 8\,000 \times 10\% = 80\,000$（元）
> 套装酒应纳消费税税额 $= 120 \times 700 \times 20\% + 700 \times 6 \times 0.5 \times 0.5 = 17\,850$（元）
> 应纳消费税税额合计 $= 300\,000 + 80\,000 + 17\,850 = 397\,850$（元）
> 方案二：如果三类酒未单独核算，则应采用税率从高的原则，应纳消费税税额为
> $(60 \times 24\,000 + 100 \times 8\,000 + 120 \times 700) \times 20\% + (24\,000 + 8\,000 + 700 \times 6 \times 0.5) \times 0.5 = 481\,850$（元）
> 由此可见，如果该粮酒厂将三种酒单独核算，可节税：
> $481\,850 - 397\,850 = 84\,000$（元）
> 因此，企业兼营不同税率应税消费品时，能单独核算最好单独核算，没有必要成套销售的最好单独销售，尽量降低企业的税收负担。

2. 包装物的税收筹划。由于企业购进或自制包装物的目的不是为了出售包装物赚钱，因此，企业要在包装物节税的方法有两种：一是除了酒类产品（黄酒、啤酒除外），企业应该将包装物与产品分开核算；二是包装物不作价随同产品销售，而应采取出借包装物、收取押金的方式，这样"押金"就不入销售额计算消费税了，企业在归还押金之前，可以占有这部分押金的利息。即使在经过 1 年后需要将押金入应税消费品的销售额

征税，也使企业获得了该笔消费税金额的 1 年资金免费使用权，推迟了消费税、增值税以及所得税等税的纳税时间。以下将通过案例介绍采取收取包装物押金的方式进行纳税筹划的具体方法。

【案例 7】某化妆品企业 2011 年 7 月销售化妆品 5 000 套，每套价值 100 元，其中含包装物价值 20 元。化妆品的消费税税率为 30%。对该企业进行税收筹划，现拟出两个方案进行比较。

案例分析：

方案一：包装物随同化妆品一道销售。

方案二：每套收取 20 元包装物押金方式销售化妆品。

两方案的计算结果如下：

方案一：化妆品销售额 = 5 000 × 100 = 500 000（元）

消费税额 = 500 000 × 30% = 150 000（元）

方案二：采取收取押金的方式销售化妆品，则此押金就不需计入应税消费品销售额中征税。应纳消费税 = 5 000 ×（100 − 20）× 30% = 120 000（元）

后如包装物押金未退回，则：

2012 年 7 月应补交消费税 = 5 000 × 20 × 30% = 30 000（元）

对于企业来说，2011 年少交消费税 30 000 元，相当于获得了 30 000 元的 1 年期无息贷款。如果都能这样，其 1 年的无息贷款数额是相当大的，其中获得的利益就不言而喻了。

此外，包装物采取收取押金方式对购货方也有一定的好处：一是购货方只是为了使用包装物，因而能否拥有包装物的所有权对其意义不大，包装物使用后及时归还即可取回包装物押金，这样可以减少资金支出；二是包装物支付押金的方式可以降低所购货物的采购成本，增强企业竞争力。

---

3. 利用先销售后入股等方式进行税收筹划。税法规定，纳税人自产的应税消费品用于换取生产资料和消费资料、投资入股或抵偿债务等方面，应当按照纳税人同类应税消费品的最高销售价作为计税依据。在实际操作中，当纳税人用应税消费品换取货物或者投资入股时，一般是按照双方的协议价或评估价确定的，而协议价往往是市场的平均价。如果按照同类应税消费品的最高销售价作为计税依据，显然会加重纳税人的负担。由此，我们不难看出，如果采取先销售后入股（换货、抵债）的方式，会达到减轻税负的目的。

（二）自产自用业务的税收筹划

自产自用应税消费品应视同销售，缴纳消费税，其计税依据是同类商品的销售价格，没有同类商品销售价格的，按照组成计税价格。在组成计税价格中，成本是重要的组成部分，成本的高低直接影响着组成计税价格，进而影响组成计税价格与适用税率计算的应纳税额的大小。因此，企业可以在不违反会计制度规定的前提下，将自产自用成品、半成品应负担的间接费用少摊入一部分，而将更多的费用分摊给其他产成品、半成品，这样就会降低组成计税价格中的成本，使自产自用产品应负担的消费税相应减少，从而实现节税的目的。

【案例8】 某摩托车生产企业只生产一种品牌的摩托车，本月该企业按照7 000元的价格销售了400辆，按照7 500元的价格销售了400辆，生产摩托车的成本为7 500元/辆，成本利润率为6%，消费税税率为10%，本月该企业将100辆摩托车作为职工年终奖发放给职工，请计算100辆摩托车应当缴纳多少消费税，并给出纳税筹划方案。

案例分析：

如果该企业能够精准提供该批摩托车的销售价格为7 000元，则按照销售价格确定消费税的税基。应纳消费税为：$7\ 000 \times 100 \times 10\% = 70\ 000$（元）。

如果不能准确提供该批摩托车的销售价格，即该批摩托车有两种销售价格，则应按销售数量加权平均计算。应纳消费税为：$(400 \times 7\ 000 + 400 \times 7\ 500) \div 800 \times 100 \times 10\% = 72\ 500$（元）。

如果没有"同类消费税的销售价格"，则应当按照组成计税价格计算纳税。应纳消费税为：$7\ 500 \times (1 + 6\%) \div (1 - 10\%) \times 100 \times 10\% = 88\ 333$（元）。

由此可以看出，按照同类商品的销售价格计算税负最轻，这就要求该企业健全会计核算制度，可以准确计算该批摩托车的销售价格。

三、税率的税收筹划

消费税的税率由《中华人民共和国消费税暂行条例》所附的《中华人民共和国消费税税目税率表》规定，每种应税消费品所适用的税率都有明确的界定，而且是固定的。消费税按不同的消费品划分税目，税率在税目的基础上，采用"一目一率"的方法，每种应税消费品的消费税税率各不相同，这种差别为税收筹划提供了客观条件。消费税的税率分为比例税率、定额税率和复合税率。现行消费税的比例税率最低为1%，最高为56%；定额税率最低为每征税单位0.5元，最高为每征税单位250元。

消费税税率的税收筹划方法包括：

1. 利用子目转换的方法。消费税在一些税目下设置了多个子目，不同的子目适用不同的税率，而同一税目不同子目的项目具有很多的共性，纳税人可以创造条件将某项子目转为另一项子目，在不同的税率之间进行选择，择取较低的税率纳税。

有些子目之间由于价格的变化而导致税率跳档，应在税率的相邻等级合理定价。应税消费品的等级不同，消费税的税率不同。税法以单位定价为标准确定等级，即单位定价越高，等级就越高，税率也越高。例如，我国现行税法规定，对卷烟在首先征收一道从量税的基础上，再按价格不同征收不同的比例税率。对于每条卷烟调拨价格在70元以上（含70元）的，比例税率为56%；对于每条卷烟调拨价格在70元以下（不含70元）的，比例税率为36%。这两类卷烟的税率差别很大，而适用哪一档税率取决于卷烟的价格。卷烟价格的分界点成了税率变化的临界点，如果卷烟价格在临界点附近；纳税人可以主动降低价格，使卷烟类别发生变化，从而适用较低税率。

【案例9】某卷烟厂 2011 年 5 月生产某种卷烟，每标准条生产成本为 38 元，该厂财务部门建议调拨价格定为 69 元，而销售部门提议调拨价格还是定为 70 元，城市维护建设税税率为 7%，教育费附加率为 3%。选择哪种方案更优呢？

案例分析：

（1）按财务部门提议调价：

每标准条卷烟应纳消费税 = 69 × 36% = 24.84（元）

应纳城市维护建设税和教育费附加 = 24.84 × （7% + 3%）、= 2.484（元）

合计应纳税额 = 24.84 + 2.484 = 27.324（元）

税后利润 = 69 − 38 − 27.324 = 3.676（元）

（2）按销售部门提议调价：

每标准条卷烟应纳消费税 = 70 × 56% = 39.2（元）

应纳城市维护建设税和教育费附加 = 39.2 × （7% + 3%）= 3.92（元）

应纳税额合计 = 39.2 + 3.92 = 43.12（元）

税后利润 = 70 − 38 − 43.12 = − 11.12（元）

经过比较可得出如下结论：财务部门提出的方案更优，卷烟调拨价虽只低 1 元，每条烟能赚 3.676 元，可节税 15.796（43.12 − 27.324）元；销售部门提出的方案不可取，卷烟调拨价虽提高 1 元，每条卷烟却亏 11.12 元。由此可见，价格提高在临界点内，即定为 69 元，既可增加企业利润，又能增强该产品在价格上的竞争力。

由上例，可进一步引出卷烟定价的纳税筹划如下：根据税法规定，现行卷烟采用从价定率和从量定额相结合的复合计税法。由于卷烟在临界点处，其消费税税率跳跃性很大，卷烟调拨价仅 1 元之差，税率却相差 20%（56% − 36%），故卷烟存在着一个不合理的定价区间，其下限为 70 元（适合的定价区间上限为 69.99 元）。设 X 为不适合定价区间的上限，当不适合定价区间的上限和下限的税后收入相等时就可以求得 X 值。

假定城市维护建设税税率为 7%，教育费附加率为 3%，可列示方程如下：

$$X − X × 56\% − X × 56\% × （7\% + 3\%） = 69.99 − 69.99 × 36\% − 69.99 × 36\% × （7\% + 3\%）$$

$$X − X × 56\% × （1 + 7\% + 3\%） = 69.99 − 69.99 × 36\% × （1 + 7\% + 3\%）$$

求得：X = 110.088（元）

也就是说，当企业将卷烟的调拨价定为 110.088 元时，其税后收入与定价为 69.99 元的税后收入一致，均为 42.27396 元。卷烟不适宜的价格区间在 70 ~ 110.088 元。如此，企业为了薄利多销，抢占市场，扩大销量，应当把卷烟调拨价定得低一些。当然，如果企业认为其卷烟属于高档消费品，级别很高，也可以采取高价策略，以满足那些高消费人群的需要，而高高的定价已经足以弥补税负增加的损失，并给企业创造了高额利润。

消费税同一税目下不同子目的区别有应税消费品品质的原因，如小汽车，按汽缸容量划分子目，适用不同的消费税税率，在能保证该车速度、安全性、舒适性等方面的前提下，也可尽量降低排气量，以便降低消费税税率，达到节税和低碳经济的目的。还有按应税消费品不同的成分划分不同税率，如消费税中酒及酒精税目下粮食白酒、薯类白酒子目的税率为20%，其他酒类子目的税率为10%。如果纳税人生产的是粮食白酒，在保持其口味不变的情况下，加入少量香料、药材、果汁等，粮食白酒便可转换为配制酒或滋补酒，其税率也能从20%降到10%。

2. 兼营和成套销售的问题。消费税的兼营行为是指消费税纳税人同时经营两种以上税率的应税消费品的行为。现行消费税政策规定，纳税人兼营不同税率的应税消费品，应当分别核算不同税率应税消费品的销售额和销售数量；未分别核算不同税率的，从高适用税率。这一规定要求企业在兼营不同税率应税消费品的情况下，一方面要健全财务核算，做到账目清楚并分别核算各种应税消费品的销售情况；另一方面，要选择合适的销售方式和核算方式，达到适用较低消费税税率的目的，从而降低税负。纳税人应针对消费税税率多档次的特点，根据税法的规定，正确进行必要的合并核算和分开核算，以达到节税目的。

为促进产品销售、提高产品档次、增加产品的美观性，很多企业选择将产品搭配成礼品套装成套销售。现行消费税政策规定，纳税人将应税消费品和非应税消费品以及适用税率不同的应税消费品组成成套消费品销售的，从高适用税率。企业对于成套销售的收益与税负应全面进行权衡，看有无必要搭配成成套商品，以免造成不必要的税收负担。如果成套销售的收益大于由此增加的税负，可以选择成套销售，否则不能实行此办法。

【本章小结】

通过本章学习，了解消费税的纳税人、征税范围、税目、应纳税额的计算，纳税义务发生时间，纳税期限；掌握消费税筹划的思路，消费税筹划技术及应特别注意的问题，并能作出既定条件的筹划方案和评价筹划方案的合理性。

【操作训练】

1. 某汽车轮胎厂属增值税一般纳税人，某月销售汽车轮胎500个，每个轮胎售价为500元（不含增值税），这批轮胎耗用包装盒500只，每只包装盒售价20元（不含增值税），轮胎的消费税税率为10%。

要求：该汽车轮胎厂对包装盒如何处理才能最大限度地节税？

2. 某企业按统一的材料、费用分配标准计算自制自用产成品成本为150 000元，假设利润率为10%，消费税税率为25%，其组成计税价格和应纳消费税计算如下：

组成计税价格 =（150 000 + 150 000 × 10%）÷（1 − 25%）= 220 000（元）

应纳消费税 = 220 000 × 25% = 55 000（元）

要求：如果将产品成本降低至130 000元，会降低应纳消费税吗？

3. 某酒厂主要生产粮食白酒，产品销售至全国各地的批发商。同时，本地的一些小批发商、商业零售户、酒店、消费者每年也会直接到工厂购买白酒，根据历年的数据，这类销售每年大约 7 000 箱（每箱 10 瓶，每瓶 500 克）。为了方便消费者，也为了提高企业的盈利水平，该厂在市区设立了非独立核算的门市部，酒厂按同类批发价 800 元/箱与门市部结算。门市部按 880 元/箱对外销售。粮食白酒适用消费税比例税率为 20%，定额税率每斤（500 克）0.5 元。

要求：对于酒厂的销售状况你有什么好的筹划方案？

第四章

营业税

YINGYESHUI

【本章学习目标】

知识目标：了解营业税基本法律规定，掌握营业税应纳税额的计算，熟悉营业税的纳税申报及纳税筹划的方法。

能力目标：使学生能够运用营业税的基本规定，正确计算应纳营业税税额，掌握营业税纳税申报的方法，具备营业税纳税筹划的操作能力。

 【导入案例】

某展览公司在某展览馆举办展览会，参展客户达 150 家，该展览公司向每家参展客户收取 20 000 元的参展费，其中 8 000 元为支付给展览馆的租用费。该展览公司直接向客户收取 20 000 元费用，然后自己负担 8 000 元的租用费。该展览公司需缴纳营业税：20 000 × 150 × 5% = 150 000 （元）。

如果该展览公司事先进行纳税筹划，自己向每家参展客户收取 12 000 元费用，参展客户直接向展览馆支付 8 000 元租用费。则该展览公司只需要缴纳营业税：12 000 × 150 × 5% = 90 000 （元）。

通过以上操作，展览公司实际减少税收负担 60 000 元 （150 000 - 90 000）。

如果展览公司从税收筹划的角度出发，在一定的条件下，可将营业额进行分解，从而缩小自身的营业额，达到节省营业税的目的。对于展览馆来讲，仅仅增加了一些收取租用费的手续，并不影响其税收负担。而展览公司只需要给展览馆相应补偿，展览馆也会乐意接受这种支付方式。

【关键词】

营业税　税额计算　申报　筹划

第一节
营业税概述

营业税是对在我国境内提供应税劳务、转让无形资产和销售不动产的行为为征税对象所征收的一种流转税。提供的应税劳务，是指交通运输业、建筑业、金融保险业、邮电通信业、文化体育业、娱乐业、服务业。在我国对商品销售普遍征收增值税的前提下，对暂时还不适宜征收增值税的服务行业征收营业税是一种必要的过渡。现行营业税的基本规范，是从 2009 年 1 月 1 日起施行的《中华人民共和国营业税暂行条例》（以下简称《营业税暂行条例》）和《中华人民共和国营业税暂行条例实施细则》（以下简称《营业税暂行条例实施细则》）。

同增值税、消费税相比，营业税也是流转税，而且是价内税，因而也具有转嫁性，税额是由支付劳务额的单位或个人负担。但和以商品货物为对象的流转税不同，营业税具有以下特点：

第一，征收范围广泛。营业税征收范围以劳务为主，涉及整个第三产业，特别是对增值税还不能涉及的各个领域（如交通运输、建筑业、销售不动产等），通过征收营业税能有效地弥补增值税的不足。

第二，按行业设计税目税率，且税率较低。营业税根据不同行业盈利水平差异，按行业设计税目税率。同一行业同一税率，不同行业不同税率，且税率设计的总体水平较低。

第三，一般以营业额全额为计税依据，计征简便。营业税属传统的商品劳务税，一般以营业收入全额为计税依据，税额不受成本、费用高低影响，税款随营业收入额的实现而实现，征税对象易于控制和掌握，便于计算和征收管理。

注意事项： 应税行为必须发生在中华人民共和国境内；必须是有偿提供应税劳务、转让无形资产或销售不动产。

一、营业税纳税人

（一）纳税义务人的一般规定

营业税的纳税人为在中华人民共和国境内提供应税劳务、转让无形资产或销售不动产的单位和个人。

1. 在中华人民共和国境内是指在税收行政管辖权区域内，具体包括：提供或者接受应税劳务的单位或者个人在境内；所转让的无形资产（不含土地使用权）的接受单位或者个人在境内；所转让或者出租土地使用权的土地在境内；所销售或者出租的不动产在境内。

2. "单位"是指企业、行政单位、事业单位、军事单位和社会团体等。负有营业税纳税义务的单位在发生应税行为并收取货币、货物或者其他经济利益时，构成营业税纳税人，但不包括单位依法不需要办理税务登记的内设机构。"个人"是指个体工商户及其他个人。单位和个体经营者的员工、雇工在为本单位或雇主提供劳务时，不承担纳税义务，不是纳税人。

以上是营业税纳税人的一般性规定，法律对纳税人还有特殊和具体的规定。

1. 单位以承包、承租、挂靠方式经营的，承包人、承租人、挂靠人（以下统称承包人）发生应税行为，承包人以发包人、出租人、被挂靠人（以下统称发包人）名义对外经营并由发包人承担相关法律责任的，以发包人为纳税人；否则以承包人为纳税人。

2. 中央铁路运营业务的纳税人为铁道部，合资铁路运营业务的纳税人为合资铁路公司，地方铁路运营业务的纳税人为地方铁路管理机构，基建临管线运营业务的纳税人为基建临管线管理机构。

3. 建筑安装业务实行分包或转包的，分包或转包者为纳税人。

（二）扣缴义务人

为加强税收的源泉控制，减少税款流失，《营业税暂行条例》及《营业税暂行条例实施细则》规定了扣缴义务人，扣缴义务人负有代扣代缴税款的义务。

营业税的扣缴义务人主要包括以下两类：

1. 境外的单位或个人在境内提供应税劳务、转让无形资产或者销售不动产，在境内未设有经营机构的，以其境内代理人为扣缴义务人；在境内没有代理人的，以受让方或者购买方为扣缴义务人。

2. 非居民在中国境内发生营业税应税行为而在境内未设立经营机构的，以代理人为营业税的扣缴义务人；没有代理人的，以发包方、劳务受让方为扣缴义务人。

3. 国务院财政、税务主管部门规定的其他扣缴义务人。

二、营业税税目

营业税的税目按照行业、类别的不同设置，现行营业税共设置了九个税目，主要包括交通运输业、建筑业、金融保险业、邮电通信业、文化体育业、娱乐业、服务业七个行业和转让无形资产、销售不动产两个行为。

（一）交通运输业

交通运输业包括陆路运输、水路运输、航空运输、管道运输和装卸搬运，以及与营运有关的各项劳务活动，如通用航空业务、航空地面服务、打捞、理货、引航、系解缆、停泊、移泊等。对于远洋运输企业将配备有操作人员的船舶承租给他人使用，航空运输企业将配备有机组人员的飞机承租给他人使用的期租和湿租业务按交通运输业征税。

自2005年6月1日起，对公路经营企业收取的高速公路车辆通行费收入统一减按3%的税率征收营业税。

财税〔2010〕8号明确：自2010年1月1日起，对中华人民共和国境内单位或者个人提供的国际运输劳务免征营业税。国际运输劳务是指在境内载运旅客或者货物出境；

在境外载运旅客或者货物入境；在境外发生载运旅客或者货物的行为。

（二）建筑业

建筑业包括建筑、安装、修缮、装饰及其他工程作业。其他工程作业是指除建筑、安装、修缮、装饰工程作业以外的各种工程作业，如代办电信工程、水利工程、道路修缮、疏通、打（钻）井、拆除建筑物、平整土地、搭脚手架、爆破等工程作业。

自建自用房屋，不征收营业税；将自建的房屋对外销售，涉及建筑业与销售不动产两个应税行为，所以应按建筑业缴纳营业税，再按销售不动产缴纳营业税。

对中国境内单位或个人在中国境外提供建筑业劳务暂免征收营业税。

（三）金融保险业

金融保险业指经营金融、保险业务。其中，金融业是指经营货币资金融通活动的业务，包括贷款、融资租赁、金融商品买卖、金融经纪业和其他金融业务；保险业是指将通过契约形式集中起来的资金，用于补偿被保险人的经济利益的业务。但对保险企业取得的追偿款不征收营业税。追偿款是指发生保险事故后，保险公司按照保险合同的约定向被保险人支付赔款，并从被保险人处取得对保险标的价款进行追偿的权利而追回的价款。

（四）邮电通信业

邮电通信业是指专门办理信息传递的业务，包括邮政、电信。邮政是指传递实物信息的业务，包括传递函件或包件（含快递业务）、邮汇、报刊发行、邮务物品销售、邮政储蓄及其他邮政业务；电信是指用各种电传设备传输电信号而传递信息的业务，包括电报、电传、电话、电话机安装、电信物品销售及其他电信业务。

（五）文化体育业

文化体育业指经营文化、体育活动的业务，包括文化业和体育业。其中，文化业是指经营文化活动的业务，它具体包括表演、播映、经营游览场所和各种展览、培训活动，举办文学艺术、科技讲座、讲演、报告会，图书馆的图书和资料的借阅业务等。但出租文化场所属于"服务业——租赁业"税目的征税范围；广告的播映属于"服务业——广告业"税目的征税范围。

体育业是指举办各种体育比赛和为体育比赛或体育活动提供场所的业务等。以租赁方式为体育比赛提供场所的业务，属于"服务业——租赁业"税目的征税范围。

（六）娱乐业

娱乐业指为娱乐活动提供场所和服务的业务，包括经营歌厅、舞厅、卡拉 OK 歌舞厅、音乐茶座、台球、高尔夫球、保龄球场、网吧、游艺场等娱乐场所，以及娱乐场所为顾客进行娱乐活动提供服务的业务。

对中国境外单位或个人在境外向境内单位或者个人提供的娱乐业劳务，不征收营业税。

（七）服务业

服务业指利用设备、工具、场所、信息或技能为社会提供服务的业务，包括代理业、旅店业、饮食业、旅游业、仓储业、租赁业、广告业和其他服务业。

对于远洋运输企业将不配有操作人员的船舶承租给他人使用，航空运输企业将不配有机组人员的飞机承租给他人使用的光租和干租业务按"租赁业"征税。

对于福利彩票机构以外的代销单位销售福利彩票取得的手续费收入，以及社保基金托管人从事社保基金管理活动取得的手续费收入，按"服务业"征收营业税。

单位或个人受托种植植物、饲养动物的行为，应按照"服务业"税目征收营业税。

交通部门有偿转让高速公路收费权的行为，按服务业中的"租赁业"税目征收营业税。

单位和个人在旅游景点经营索道取得的收入，按服务业中的"旅游业"征收营业税。

（八）转让无形资产

转让无形资产指转让无形资产的所有权或使用权的行为，包括转让土地使用权、商标权、专利权、非专利技术、著作权、商誉、出租电影拷贝、转让自然资源使用权等。

转让土地使用权指土地使用者转让土地使用权的行为。土地所有者出让土地使用权和土地使用者将土地使用权还给土地所有者的行为，不征收营业税。

土地租赁不按转让无形资产税目征税，属于"服务业——租赁业"。

对提供无所有权技术的行为，不按转让无形资产税目征税，而应视为一般性的技术服务。

（九）销售不动产

销售不动产指有偿转让不动产所有权的行为，包括销售建筑物或构筑物和销售其他土地附着物。在销售不动产时连同不动产所占土地的使用权一并转让的行为，比照"销售不动产"征收营业税。

在建项目进入施工阶段前转让的，按转让土地使用权征税；进入施工阶段后转让的，按"销售不动产"征税。

财税〔2002〕91号文中明确：以无形资产、不动产投资入股，参与接受投资方利润分配，共同承担风险的行为，不征收营业税；对股权转让也不征收营业税。

三、营业税税率

营业税按照行业、类别的不同分别采用了不同的比例税率，具体见表4-1。

表4-1 营业税税率表

税目	税率
交通运输业	3%
建筑业	3%
金融保险业	5%
邮电通信业	3%
文化体育业	3%
娱乐业	5%~20%
服务业	5%
转让无形资产	5%
销售不动产	5%

从 2001 年 5 月 1 日起，歌厅、舞厅、卡拉 OK 歌舞厅（包括夜总会、练歌房）、音乐茶座（包括酒吧）、台球、高尔夫球、保龄球、游艺（如射击、狩猎、跑马、游戏机、蹦极、卡丁车、热气球、动力伞、射箭、飞镖）等娱乐行为的营业税统一按 20% 的税率执行。自 2004 年 7 月 1 日起，对台球、保龄球减按 5% 的税率征收营业税，税目仍属于娱乐业。

纳税人兼营税率不同的应税业务，应分别核算营业收入，根据各自适用税率分别计算应纳税额。不能分别核算的，一律按最高的税率计征营业税。

第二节
营业税应纳税额的计算

纳税人提供应税劳务、转让无形资产或者销售不动产，按照营业额和规定的税率计算应纳税额。

一、计税依据

（一）一般规定

营业税的计税依据又称营业税的计税营业额。营业额为纳税人提供应税劳务、转让无形资产或者销售不动产向对方收取的全部价款和价外费用。

1. 价外费用包括收取的手续费、补贴、基金、集资费、返还利润、奖励费、违约金、滞纳金、延期付款利息、赔偿金、代收款项、代垫款项、罚息及其他各种性质的价外收费，但不包括同时符合以下条件代为收取的政府性基金或者行政事业性收费：

（1）由国务院或者财政部批准设立的政府性基金，由国务院或者省级人民政府及其财政、价格主管部门批准设立的行政事业性收费。

（2）收取时开具省级以上财政部门印制的财政票据。

（3）所收款项全额上缴财政。

2. 营业额的基本规定。

（1）纳税人的营业额在计算缴纳营业税后因发生退款而减除营业额的，应当退还已缴纳营业税税款或者从纳税人以后的应缴纳营业税税额中减除。

（2）纳税人发生应税行为，如果将价款与折扣额在同一张发票上注明的，以折扣后的价款为营业额；如果将折扣额另开发票的，不论其在财务上如何处理，均不得从营业额中扣除。

（3）纳税人提供应税劳务、转让无形资产或者销售不动产的价格明显偏低并无正当理由或者视同发生应税行为而无营业额的，由主管税务机关按下列顺序确定其营业额：

①按纳税人最近时期发生同类应税行为的平均价格核定。

②按其他纳税人最近时期发生同类应税行为的平均价格核定。

③按下列公式核定：

营业额＝营业成本或工程成本×（1＋成本利润率）÷（1－营业税税率）

公式中的成本利润率由省、自治区、直辖市税务局确定。

（二）具体规定

1. 交通运输业。交通运输业的营业额为从事交通运输纳税人提供交通劳务所取得的全部运营价款和价外费用。

纳税人将承揽的运输业务分给其他单位或者个人的，以其取得的全部价款和价外费用扣除其支付给其他单位或者个人的运输费用后的余额为营业额。

运输企业从事联运业务的，以实际取得的营业额为计税依据，即以收到的收入扣除支付给后续承运者的运费、装卸费、换装费等费用后的余额为计税营业额。代开发票纳税人从事联运业务的，其计征营业税的计税依据为代开的货物运输业发票注明营业税应税收入，不得减除支付给其他联运合作方的各种费用。

2. 建筑业。建筑业的营业额为承接建筑、安装、修缮、装饰和其他工程作业向建设单位收取的工程价款及价外费用。

纳税人提供建筑业劳务（不含装饰劳务）的，其营业额应当包括工程所用原材料、设备及其他物资和动力价款在内，但不包括建设方提供的设备的价款。

纳税人将建筑工程分包给其他单位的，以其取得的全部价款和价外费用扣除其支付给其他单位的分包款后的余额为营业额。

纳税人提供装饰劳务的，按照其向客户实际收取的人工费、管理费和辅助材料费等收入（不含客户自行采购的材料价款和设备价款）确认营业额。

通信线路工程和输送管道工程所使用的电缆、光缆和构成管道工程主体的防腐管段、管件等物品均属于设备，其价值不包括在工程的营业额中。其他建筑安装工程的营业额也不应包括设备价值，具体设备名单可由省级地方税务机关根据各自实际情况列举。

3. 金融保险业。金融业的应税营业额为贷款利息、融资租赁收益、金融商品买卖收益以及从事金融经纪业和其他金融业务的手续费收入。保险业的应税营业额为保险机构经营保险业务所取得的保费收入。由于金融保险业务复杂，税法上对各类业务的营业额做了如下规定：

（1）贷款业务。一律以纳税人发放贷款所取得的利息收入全额为应税营业额。

（2）外汇、有价证券、非货物期货和其他金融商品买卖业务，以卖出价减去买入价后的余额为营业额。货物期货不缴纳营业税。

（3）金融机构当期实际收到的结算罚款、罚息、加息等收入，应并入营业额计征营业税。

（4）融资租赁业务。金融业的融资租赁业务以纳税人向承租人收取的全部价格和价外费用减去出租方承担的出租货物的实际成本后的余额为应税营业额，并以直线法计算出本期的应税营业额。其中，出租货物的实际成本包括由出租方承担的货物购入价、关税、增值税、消费税、运杂费、安装费、保险费以及纳税人为购买出租货物而发生的境外汇借款利息支出等费用。本期应税营业额的计算公式如下：

本期应税营业额 =（应收取的全部价格和价外费用 – 实际成本）×（本期天数÷总天数）

经过中国人民银行和外经贸部门批准的融资租赁业务，按"金融保险业——金融业"税目征税。没经过批准的不属于金融保险业的融资租赁业务，应按"服务业——租赁业"税目以租赁费全额为营业额征税。

（5）金融经纪业和其金融业务以金融服务手续费等收入为营业额。包括价外收取的代垫、代收代付费用（如邮电费、工本费）加价，从中不得做任何扣除。

（6）保险业务。保险业的营业额是纳税人向被保险人收取的全部保险费；保险企业开展无赔偿奖励业务的，以向投保人实际收取的保费为营业额；储金业务的营业额，以纳税人在纳税期内的储金平均余额乘以人民银行公布的一年期存款利率折算的月利率计算；保险业务分初保、分保业务，保险业办理初保业务的，应税营业额为纳税人经营保险业务向对方收取的全部价款；保险业办理分保业务的，按初保人向投保人收取的保费收入（不扣除分保费支出）为应税营业额，分保人取得的分保费收入不再计缴营业税。

4. 邮电通信业。确定邮电通信业的应税营业额有两种方法，第一，以取得收入全额确定营业额，如传递函件或包件、邮汇业务等业务的营业额；第二，以取得的收入额扣除某些项目的差额确定营业额，如报刊发行、邮政储蓄等业务的营业额。

邮政业务以传递函件或包件（含快递业务）、邮汇、报刊发行、邮务物品销售、邮政储蓄及其他邮政业务的收入为应税营业额；电信业务以提供电报、电传、电话、电话机安装、电信物品销售及其他电信业务的收入为应税营业额。

电信部门以集中受理方式为集团客户提供跨省的出租电路业务，由受理地区的电信部门按取得的全部价款减除分割给参与提供跨省电信业务的电信部门的价款后的差额为应税营业额；对参与提供跨省电信业务的电信部门，按各自取得的全部价款为应税营业额。

5. 文化体育业。文化体育业的营业额为从事文化体育业的单位和个人所取得的营业收入额，包括演出收入、播映收入、其他文化收入、经营游乐场所收入和体育收入。

广播电视有线数字付费频道业务应由直接向用户收取数字付费频道收视费的单位，按其向用户收取的收视费全额，向所在地主管税务机关缴纳营业税。对各合作单位分得的收视费收入，不再征收营业税。

6. 娱乐业。娱乐业的营业额为经营娱乐业收取的全部价款和价外费用，包括门票收费、台位费、点歌费、烟酒、饮料、茶水、鲜花、小吃等收费及经营娱乐业的其他各项收费。

7. 服务业。服务业的应税营业额是纳税人提供各项服务业劳务向对方收取的全部价款和价外费用。

代理业以纳税人从事代理业务向委托方实际收取的报酬为应税营业额。

广告代理业以代理者向委托方收取的全部价款和价外费用减去付给广告发布者的广告发布费后的余额为应税营业额。

从事旅游业务的单位，以其取得的全部价款和价外费用扣除替旅游者支付给其他单位或者个人的住宿费、餐费、交通费、旅游景点门票和支付给其他接团旅游企业的旅游费后的余额为应税营业额。

租赁业按租金收入全额计税，不得扣除任何费用。

从事物业管理的单位，以与物业管理有关的全部收入减去代业主支付的水、电、燃气以及代承租者支付的水、电、燃气、房屋租金款后的余额为应税营业额。

拍卖业以纳税人向委托方收取的手续费为应税营业额。

福利彩票机构取得的发行收入不征营业税，福利彩票机构以外的代销单位取得的手续费收入，应征收营业税。

8. 转让无形资产。转让无形资产的营业额为转让无形资产所取得的转让额，包括受让方支付给转让方的全部货币、实物和其他经济利益。

单位和个人销售或转让其购置或受让的土地使用权，以全部收入减去土地使用权的购置或受让原价后的余额为营业额。单位和个人转让其抵债所得的土地使用权，以全部收入减去抵债时该项土地使用权作价后的余额为营业额。

9. 销售不动产。销售不动产的营业额为纳税人销售不动产而向不动产购买者收取的全部价款和价外费用。

单位和个人销售或转让其购置的不动产或受让的土地使用权，以全部收入减去不动产的购置或受让原价后的余额为应税营业额。单位和个人销售或转让抵债所得的不动产，以全部收入减去抵债时该项不动产作价后的余额为应税营业额。

二、应纳税额的计算

营业税应纳税额的计算公式为

营业税应纳税额 = 营业额（或销售额、转让额）×适用税率

应纳税额以人民币为计算单位。纳税人按人民币以外货币结算营业收入的，应当按规定先折算成人民币后，再计算应纳税额。

纳税人以人民币以外的货币结算营业额的，其营业额的人民币折合率可以选择营业额发生的当天或者当月 1 日的人民币汇率中间价。纳税人应当事先确定采用何种折合率，确定后 1 年内不得变更。

【案例1】甲运输公司是小规模纳税人，2011 年 8 月取得全部收入 461 万元，具体经济业务如下：

1. 国内运输收入 280 万元，支付联运企业运费 50 万元；

2. 北京至英国货运收入 120 万元，在境外转运，支付境外企业运费 40 万元；

3. 在境外接受运至北京的运单，取得收入 10 万元；

4. 销售货物取得支票 20 万元并开具普通发票，并取得运送该批货物的运费收入 1 万元；

5. 派遣公司司机赴境外提供运输服务，取得收入 20 万元；

6. 设有非独立核算的搬家公司，取得搬家收入 10 万元。

要求：计算该公司当月实际应纳营业税税额。

案例分析：

1. 支付联运企业运费和支付境外企业运费，不应计算营业额，要从收入中扣除；

2. 在境外接受运单取得的收入，不在境内交营业税；

3. 销售货物并取得运送该批货物的运费收入，应该缴纳增值税，不应缴纳营业税；

4. 组织员工赴境外提供劳务，不缴纳营业税；

5. 搬家公司的收入应该按照交通运输业缴纳营业税。

甲运输公司应纳营业税 = （461 − 50 − 40 − 10 − 20 − 1 − 20）×3% = 9.6（万元）

【案例2】甲建筑公司2010年5月承包一项厂房扩建项目，收取工程款150万元，临时设施费10万元，另外由建设单位提供建筑材料90万元。甲公司又将其中的一部分工程分包给乙公司，分包款为20万元。甲公司将自建的一座住宅出售，其建筑成本为1 500万元，取得销售收入2 000万元，其建筑成本利润率为15%。建筑业适用的营业税税率为3%，销售不动产适用的营业税税率为5%。计算甲公司2010年5月应纳的营业税税额。

案例分析：

1. 在此业务中，甲公司和乙公司都是营业税纳税人，而且甲公司按规定是乙公司应纳营业税的扣缴义务人。

$$甲公司承包厂房扩建项目应纳的营业税税额 = （150 + 10 + 90 − 20）×3\% = 6.9（万元）$$

甲公司应代扣代缴乙公司应纳的营业税税额 = 20×3% = 0.6（万元）

2. 按照税法规定，单位或个人销售自建建筑物分别按照"建筑业"和"销售不动产"两个税目缴纳营业税。

$$甲公司销售自建住宅应纳营业税税额 = 1 500×（1 + 15\%）÷（1 − 3\%）× 3\% + 2 000×5\% = 153.35（万元）$$

甲公司2010年5月应纳营业税税额 = 6.9 + 153.35 = 160.25（万元）

【案例3】某旅游公司4月收到境内旅行团的旅游费40万元，旅游过程中为游客支付交通费10万元，住宿费6万元，就餐费3万元，旅游景点第一道门票费2万元，随团导游劳务费0.1万元，后为应对其他旅行社的竞争，该旅行社同意给予游客5%的折扣，并将价款与折扣额在一张发票上注明。还收到境外旅行团的旅游费20万元，出境后改由外国旅游公司接待，向境外接团公司转付旅游费12万元。另外为散客代购火车票、机票、船票取得手续费收入2万元，为游客提供打字、复印、洗相服务收入1.5万元。服务业适用营业税税率为5%。计算该旅游公司4月应纳的营业税。

案例分析：

旅游业务以全部的收费减去替旅游者付给其他单位的餐费、住宿费、交通费、门票和支付给其他接团旅游企业的旅游费后的余额为应税营业额。但是，支付的随团导游劳务费不能在营业税税前扣除；将价款与折扣额在同一张发票上注明的，以折扣后的价款为营业额；旅游企业组团境外旅游，在境外由其他旅游企业接团的，以全程旅游费减去接团企业的旅游费的余额为营业额；其他业务按"服务业——代理业"和"服务业——其他代理业"征收营业税。

境内旅游应纳营业税税额 = [40×（1-5%）-10-6-3-2)]×5%
= 0.85（万元）

出境旅游应纳营业税税额 =（20-12）×5% = 0.4（万元）

其他业务取得的收入应纳营业税税额 =（2+1.5）×5% = 0.175（万元）

该旅游公司4月应纳营业税税额 = 0.85+0.4+0.175 = 1.425（万元）

【案例4】 佳美广告公司2010年6月账面记载的广告业务收入为120万元，营业成本为90万元，支付给某电视台的广告发布费为20万元，支付给某报社的广告发布费为15万元。该广告公司当月以价值400万元的不动产、100万元的无形资产投资入股企业。另外，参与主办服装表演取得收入20万元。转让广告案例的编辑、制作权取得收入10万元。已知：服务业适用的营业税税率为5%，文化体育业适用的营业税税率为3%，转让无形资产适用的营业税税率为5%。计算该广告公司6月应缴纳的营业税税额。

案例分析：

1. 广告代理业以代理者向委托方收取的全部价款和价外费用减去付给广告发布者的广告发布费后的余额为应税营业额。

广告代理业务应纳的营业税税额 =（120-20-15）×5% = 4.25（万元）

2. 对以不动产、无形资产投资入股的行为不征收营业税。

3. 主办服装表演应按"文化体育业"税目征收营业税。

应纳营业税税额 = 20×3% = 0.6（万元）

4. 转让广告案例的编辑、制作权应按"转让无形资产——转让著作权"税目征收营业税。

应纳营业税税额 = 10×5% = 0.5（元）

该公司6月应缴纳的营业税税额 = 4.25+0.6+0.5 = 5.35（万元）

三、几种特殊经营行为的税务处理

（一）兼营不同税目、税率应税劳务或应税行为

纳税人兼营不同税目应税行为的，能分别核算不同税目的营业额、转让额、销售额的，可按各自的适用税率计算应纳税额；未能分别核算的，将从高适用税率计算应纳税额。

纳税人兼营免税、减税项目的，应当单独核算免税、减税项目的营业额；未单独核算营业额的，不得免税、减税。

（二）混合销售行为

一项销售行为如果既涉及应税劳务又涉及货物的，为混合销售行为。从事货物的生产、批发或零售的企业、企业性单位及个体工商户的混合销售行为征收增值税，其他单位和个人的混合销售行为征收营业税。此处所称货物是指有形动产，包括电力、热力、气体在内；此处所称从事货物的生产、批发或者零售的企业、企业性单位和个体工商户，包括以从事货物的生产、批发或者零售为主，并兼营非增值税应税劳务的单位和个体工商户在内。以从事货物的生产、批发或者零售为主，并兼营非增值税应税劳务，是指纳税人年货物销售额与非增值税劳务营业额的合计数中，年货物销售额超过50%，非增值税应税劳务额不到50%。

混合销售行为应当征收营业税的，营业额为应税劳务营业额与货物销售额的合计。纳税人的下列混合销售行为，应当分别核算应税劳务的营业额和货物的销售额，其应税劳务的营业额缴纳营业税，货物销售额不缴纳营业税；未能分别核算的，由主管税务机关核定其应税劳务的营业额：

1. 提供建筑业劳务的同时销售自产货物的行为。

2. 财政部、国家税务总局规定的其他情形。

纳税人的销售行为是否属于混合销售行为，由国家税务总局所属征收机关确定。

（三）兼营应税劳务与货物或非应税劳务行为

1. 纳税人提供营业税应税劳务的同时，还经营非应税（增值税征税范围）货物与劳务的，应分别核算应税劳务的营业额和货物或非应税劳务的销售额，分别申报纳税。未分别核算或者未准确核算的，由主管税务机关核定其营业额。例如，某宾馆从事住宿、餐饮服务，还附设购物超市销售日常生活用品，属于营业税纳税人的兼营行为。如果分别核算营业额和销售额，其住宿、饮料收入应按规定缴纳营业税，而超市销售货物的收入应缴纳增值税；如果未分别核算，则由主管税务机关核定其货物的销售额和服务业劳务的营业额。

2. 建筑业中的兼营行为。基本建设单位和从事建筑安装业务的企业附设的工厂、车间生产的水泥预制构件、其他构件或建筑材料，用于本单位或本企业的建筑工程的，应在移送使用时征收增值税。但对其在建筑现场制造的预制构件，凡直接用于本单位或本企业建筑工程的，征收营业税，不征收增值税。

【案例5】甲建筑工程公司（具备建筑行政部门批准的建筑业施工资质）下辖非独立核算单位包括三个施工队、一个金属结构件工厂（增值税一般纳税人）、一个招待所。2011年经营业务如下：

（1）承包某建筑工程项目，并与建设方签订建筑工程施工总包合同，总包合同明确工程总造价3 500万元，其中：建筑业劳务费价款1 000万元；由甲建筑工程公司提供，并按市场价确定的金属结构件金额585万元（购进金属结构件时取得相关的增值税专用发票，支付价款 300 万元）；建设方采购建筑材料等 1 915 万元。工程当年完工并进行了价款结算。

（2）甲建筑工程公司向乙建筑工程公司转让闲置办公用房一幢（购置原价 800 万元），取得转让收入 1 300 万元。

（3）甲建筑工程公司招待所取得客房收入 30 万元，餐厅、歌厅、舞厅收入共 50 万元。

要求：

（1）甲建筑工程公司承包建筑工程应缴纳的营业税。

（2）甲建筑工程公司转让办公用房应缴纳的营业税。

（3）甲建筑工程公司招待所收入应缴纳的营业税（当地娱乐业营业税税率为 20%）。

（4）甲建筑工程公司应缴纳的增值税。

案例分析：

纳税人（具备建筑行政部门批准的建筑业施工资质，并且合同中单独注明了建筑业劳务收入），以签订建设工程施工合同方式开展经营活动时，销售自产货物、提供增值税应税劳务并同时提供建筑业劳务，应对销售自产货物和提供增值税劳务取得的收入征收增值税，提供建筑业劳务取得的收入征收营业税。此时计税营业额中应扣除缴纳增值税的货物价值。

（1）甲公司承包建筑工程应缴纳的营业税 = （35 000 000 − 5 850 000）×3%
$$= 874\ 500\ （元）$$

（2）甲公司转让办公用房应缴纳的营业税 = （13 000 000 − 8 000 000）×5%
$$= 250\ 000\ （元）$$

（3）甲公司招待所收入应缴纳的营业税 = 300 000×5% + 500 00×20%
$$= 115\ 000\ （元）$$

（4）甲公司应缴纳增值税 = 5 850 000 ÷（1 + 17%）×17% − 3 000 000×17%
$$= 340\ 000\ （元）$$

第三节
营业税纳税申报

（一）纳税义务发生时间

营业税的纳税义务发生时间一般规定为纳税人提供应税劳务、转让无形资产或者销售不动产并收讫营业收入款项或者取得索取营业收入款项凭据的当天（书面合同确定的付款日期的当天；未签订书面合同或者书面合同未确定付款日期的，为应税行为完成的当天）。具体规定如下：

1. 纳税人转让土地使用权或者销售不动产，采用预收款方式的，其纳税义务发生时间为收到预收款的当天。纳税人提供建筑业或者租赁业劳务，采用预收款方式的，其纳税义务发生时间为收到预收款的当天。

2. 单位或者个人自己新建建筑物后销售，其自建行为的纳税义务发生时间，为其销售自建建筑物并收讫营业额或者取得索取营业额的凭据的当天。

3. 单位将不动产或土地使用权无偿赠与其他单位或个人的，其纳税义务发生时间为不动产所有权、土地使用权转移的当天。

4. 自建行为纳税义务发生时间为销售自建建筑物的纳税义务发生时间。

5. 扣缴税款义务发生时间为扣缴义务人代纳税人收讫营业收入款项或者取得索取营业收入款项凭据的当天。

（二）纳税期限

营业税的纳税期限分别为 5 日、10 日、15 日、1 个月或者 1 个季度。纳税人的具体纳税期限，由主管税务机关根据纳税人应纳税额的大小分别核定；不能按照固定期限纳税的，可以按次纳税。

纳税人以 1 个月或者 1 个季度为一个纳税期的，自期满之日起 15 日内申报纳税；以 5 日、10 日或者 15 日为一个纳税期的，自期满之日起 5 日内预缴税款，于次月 1 日起 15 日内申报纳税并结清上月应纳税款。

扣缴义务人解缴税款的期限，依照上述规定执行。

银行、财务公司、信托投资公司、信用社、外国企业常驻代表机构的纳税期限为 1 个季度，自纳税期满之日起 15 日内申报纳税。保险业的纳税期限为一个月。

（三）纳税地点

营业税的纳税地点原则上按机构所在地或者居住地原则确定，具体规定如下：纳税人提供应税劳务应当向其机构所在地或者居住地的主管税务机关申报纳税。但是，纳税人提供的建筑业劳务以及国务院财政、税务主管部门规定的其他应税劳务，应当向应税劳务发生地的主管税务机关申报纳税。

针对某些行业或特殊业务，营业税税法还具体规定了其纳税地点。

1. 交通运输业。

（1）中央铁路运营业务由铁道部汇总在北京申报缴纳；合资铁路运营业务，由合资铁路公司在其所在地申报缴纳；地方铁路运营业务，由地方铁路管理机构在其所在地申报缴纳；基建临管线运营业务，由基建临管线管理机构在其所在地申报缴纳。

（2）各航空公司所属分公司，无论是否单独计算盈亏，均应作为纳税人向分公司所在地主管税务机关缴纳营业税。

（3）单位从事运输业务的应当向其机构所在地主管税务机关申报纳税。

（4）个人从事运营业务在税务登记证发放地申报缴纳，无证经营者则在居住地申报缴纳。

2. 建筑业。

（1）纳税人提供建筑业应税劳务，其营业税纳税地点为建筑业应税劳务的发生地。

（2）纳税人从事跨省工程的，应向其机构所在地主管地方税务机关申报纳税。

（3）纳税人在本省、自治区、直辖市和计划单列市范围内提供建筑业应税劳务的，其营业税纳税地点需要调整的，由省、自治区、直辖市和计划单列市税务机关确定。

（4）扣缴义务人代扣代缴的建筑业营业税税款的解缴地点为该工程建筑业应税劳务发生地。

（5）扣缴义务人代扣代缴跨省工程的，其建筑业营业税税款的解缴地点为被扣缴纳税人的机构所在地。

（6）纳税人提供建筑业劳务，应按月就其本地和异地提供建筑业应税劳务取得的全部收入向其机构所在地主管税务机关进行纳税申报，就其本地提供建筑业应税劳务取得的收入缴纳营业税；同时，自应申报之月（含当月）起6个月内向机构所在地主管税务机关提供其异地建筑业应税劳务收入的完税凭证，否则，应就其异地提供建筑业应税劳务取得的收入向其机构所在地主管税务机关缴纳营业税。

（7）上述本地提供的建筑业应税劳务是指独立核算纳税人在其机构所在地主管税务机关税收管辖范围内提供的建筑业应税劳务；上述异地提供的建筑业应税劳务是指独立核算纳税人在其机构所在地主管税务机关税收管辖范围以外提供的建筑业应税劳务。

3. 服务业。

（1）单位和个人出租土地使用权、不动产的营业税纳税地点为土地、不动产所在地；单位和个人出租物品、设备等动产的营业税纳税地点为出租单位机构所在地或个人居住地。

（2）在中华人民共和国境内的单位提供的设计（包括在开展设计时进行的勘探、测量等业务，下同）、工程监理、调试和咨询等应税劳务，其营业税纳税地点为单位机构所在地。

（3）在中华人民共和国境内的单位通过网络为其他单位和个人提供培训、信息和远程调试、检测等服务的，其营业税纳税地点为单位机构所在地。

4. 转让无形资产。纳税转让土地使用权，应当向土地所在地主管税务机关申报纳税。纳税人转让除土地使用权以外的其他无形资产，应当向其机构所在地主管税务机关申报纳税。

5. 销售不动产。纳税人销售不动产，应当向不动产所在地的主管税务机关申报纳税。扣缴义务人，应当向其机构所在地主管税务机关申报纳税。

（四）纳税申报

凡按全国统一的《营业税纳税人纳税申报方法》进行纳税申报的营业税纳税人在进行纳税申报时应提交"营业税纳税申报表"、附表和主管税务机关规定的其他申报资料。凡使用税控收款机的纳税人应同时报送税控收款机IC卡。"营业税纳税申报表"及附表样式如表4-2至表4-8所示。

表4－2

营业税纳税申报表

(适用于查账征收的营业税纳税人)

纳税人识别号：

纳税人名称（公章）：

税款所属时间：自 年 月 日至 年 月 日　　填表日期 年 月 日　　金额单位：元（列至角分）

税目	营业额				税率(%)	本期税款计算			期初欠缴税额	期初前期多缴税额	税款缴纳					本期应缴税额计算		
	应税收入	应税减除项目金额	应税营业额	免税收入		小计	本期应纳税额	免(减)税额			本期已缴税额							
											小计	已缴本期应纳税额	本期已被扣缴税额	本期已缴欠缴税额	小计	本期应缴未缴税额	本期应缴未缴欠缴税额
1	2	3	4=2-3	5	6	7=8+9	8=(4-5)×6	9=5×6	10	11	12=13+14+15	13	14	15	16=17+18	17=8-13-14	18=10-11-15
交通运输业																	
建筑业																	
邮电通信业																	
服务业																	
娱乐业																	
金融保险业																	
文化体育业																	
销售不动产																	
转让无形资产																	

续表

税目	营业额					本期税款计算					税款缴纳							
	应税收入	应税减除项目金额	应税营业额	免税收入	税率(%)	小计	本期应纳税额	免(减)税额	期初欠缴税额	前期多缴税额	本期已缴税额				本期应缴税额计算			
											小计	已缴本期应纳税额	本期已被扣缴税额	本期已缴欠缴税额	小计	本期应缴未缴税额	本期未缴欠缴税额	
合计																		
代扣代缴项目																		
总计																		

纳税人或代理人声明：
此纳税申报表是根据国家税收法律的规定填报的，我确定它是真实的、可靠的、完整的。

如纳税人填报，由纳税人填写以下各栏：

办税人员(鉴章)	财务负责人(鉴章)	法定代表人(鉴章)	联系电话

如委托代理人填报，由代理人填写以下各栏：

代理人名称	经办人(鉴章)	代理人(公章)	联系电话

以下由税务机关填写：

受理人：　　　　　　　　　　受理日期：　　年　月　日　　　受理税务机关（鉴章）：

本表为 A3 横式一式三份，一份纳税人留存，一份主管税务机关留存，一份征收部门留存。

表4-3

交通运输营业税纳税申报表
（适用于交通运输业营业税纳税人）

纳税人识别号：

纳税人名称（公章）：

税款所属时间：自 年 月 日至 年 月 日　填表日期 年 月 日

金额单位：元（列至角分）

应税税目	营业额					免税收入	税率(%)	本期税款计算			期初欠缴税额	前期多缴税额	本期已缴税额			税款缴纳 本期应缴税额计算		
	应税收入	应税减除项目金额			应税营业额			小计	本期应纳税额	免（减）税额			小计	已缴本期应纳税额	本期已缴欠缴税额	小计	本期期末应缴税额	本期期末欠缴税额
		小计	支付给合作运输方运费金额	其他减除项目金额														
1	2	3=4+5	4	5	6=2-3	7	8	9=10+11	10=(6-7)×8	11=7×8	12	13	14=15+16	15	16	17=18+19	18=10-15	19=12-13-16
铁路运输																		
其中：货运																		
客运																		
公路运输																		
其中：货运																		
客运																		
水路运输																		
其中：货运																		
客运																		
航空运输																		

续表

应税税目	营业额							本期税款计算				税款缴纳					
	应税收入	应税减除项目金额			应税营业额	免税收入	税率(%)	本期应纳税额	免(减)税额	期初欠缴税额	前期多缴税额	本期已缴税额			本期应缴税额计算		
		小计	支付给合作运输方运费金额	其他减除项目金额				小计				小计	已缴本期应纳税额	本期已缴欠缴税额	小计	本期未应缴税额	本期未缴欠缴税额
其中：货运																	
客运																	
管道运输																	
装卸搬运																	
合计																	

以下由税务机关填写：

受理人：　　　　　　　　　　受理日期：　年　月　日　　　受理税务机关（签章）：

本表为A3横式一式三份，一份纳税人留存，一份主管税务机关留存，一份征收部门留存。

表 4 - 4

娱乐业营业税纳税申报表
（适用于娱乐业营业税纳税人）

纳税人识别号：
纳税人名称（公章）：
税款所属时间：自 年 月 日至 年 月 日 填表日期 年 月 日

金额单位：元（列至角分）

税目	营业额			免税收入	税率(%)	本期税款计算			期初欠缴税额	前期多缴税额	本期已缴税额			税款缴纳	本期应缴税额计算	
	应税收入	应税减除项目金额	应税营业额	免税收入	税率(%)	小计	本期应纳税额	免(减)税额	期初欠缴税额	前期多缴税额	小计	已缴本期应纳税额	本期已缴欠缴税额	小计	本期未应缴税额	本期未应缴欠缴税额
1	2	3	4＝2－3	5	6	7＝8＋9	8＝(4－5)×6	9＝5×6	10	11	12＝13＋14	13	14	15＝16＋17	16＝8－13	17＝10－11－14
歌厅																
舞厅																
卡拉 OK 歌舞厅 夜总会																
卡拉 OK 歌舞厅 练歌房																
音乐茶座																
酒吧																

续表

税目	营业额				税率（%）	本期税款计算				税款缴纳					
	应税收入	应税减除项目金额	应税营业额	免税收入		本期应纳税额（小计）	免（减）税额	期初欠缴税额	前期多缴税额	本期已缴税额			本期应缴税额计算		
										小计	已缴本期应纳税额	本期已缴欠缴税额	本期应缴未缴税额（小计）	本期应缴未缴税额	本期应缴未缴欠缴税额
高尔夫球															
保龄球															
台球															
游艺场															
网吧															
其他															
合计															

以下由税务机关填写：

受理人：　　　　　受理日期：　　年　月　日　　　受理税务机关（鉴章）：

本表为 A3 黄式一式三份，一份纳税人留存，一份主管税务机关留存，一份征收部门留存。

表4-5

服务业营业税纳税申报表
（适用于服务业营业税纳税人）

纳税人识别号：

纳税人名称（公章）：

税款所属时间：自 年 月 日 至 年 月 日　　填表日期：年 月 日　　金额单位：元（列至角分）

税目	营业额			免税收入	税率(%)	本期税款计算			期初欠缴税额	前期多缴税额	本期已缴税额			税款缴纳	本期应缴税额计算	
	应税收入额	应税减除项目金额	应税营业额			小计	本期应纳税额	免(减)税额			小计	已缴本期应纳税额	本期已缴欠缴税额	小计	本期应缴未缴税额	本期应缴未缴欠缴税额
1	2	3	4=2-3	5	6	7=8+9	8=(4-5)×6	9=5×6	10	11	12=13+14	13	14	15=16+17	16=8-13	17=10-11-14
旅店业																
饮食业																
旅游业																
仓储业																
租赁业																
广告业																
代理业																
其他服务业																
合计																

以下由税务机关填写：

受理人：　　　　　　　受理日期：　　　年 月 日　　受理税务机关（签章）：

本表为A3横式一式三份，一份纳税人留存，一份主管税务机关留存，一份征收部门留存。

表 4-6

服务业减除项目金额明细申报表

纳税人识别号：

纳税人名称（公章）：

税款所属时间：自 年 月 日至 年 月 日 填表日期 年 月 日

金额单位：元（列至角分）

应税项目	项目	减除项目名称及金额						金额小计
旅游业	减除项目							
	金额							
广告业	减除项目							
	金额							
代理业	减除项目							
	金额							
	减除项目							
	金额							
	减除项目							
	金额							
	减除项目							
	金额							
合计	金额	—	—	—	—	—	—	—

填表说明：1. 该表填列服务业应税收入中按照营业税有关规定允许减除的项目名称及金额；2. 每个应税项目按照减除项目名称分别填列允许减除的金额，"小计"金额为该应税项目所有减除项目金额的合计数；3. 代理业应区分不同代理事项允许减除的项目填写"减除项目名称"、"金额"和"小计金额"；4. 本表"合计"行的"金额小计"数应与附4《服务业营业税纳税申报表》第3栏"应税减除项目金额"的"合计"数相等。

以下由税务机关填写：

受理人：　　　　　受理日期：　　年 月 日　　　　受理税务机关（签章）：

本表为 A3 横式一式三份，一份纳税人留存，一份主管税务机关留存，一份征收部门留存。

表4-7

建筑业营业税纳税申报表
（适用于建筑业营业税纳税人）

纳税人识别号：
纳税人名称（公章）：
税款所属时间：自 年 月 日至 年 月 日　填表日期 年 月 日　　　　金额单位：元（列至角分）

申报项目	应税税目	营业额 应税收入	营业额 应税减除项目金额 小计	营业额 应税减除项目金额 支付给分(转)包人工程价款	营业额 应税减除项目金额 减除设备价款	营业额 应税减除项目金额 其他减除项目金额	营业额 应税营业额	营业额 免税收入	营业额 税率(%)	本期税款计算 小计	本期税款计算 本期应纳税额	本期税款计算 免(减)税额	本期税款计算 期初欠缴税额	本期税款计算 前期多缴税额	本期已缴税额 小计	本期已缴税额 已缴本期应纳税额	本期已缴税额 本期已被扣缴税额	本期已缴税额 本期已缴欠缴税额	税款缴纳 本期应缴税额计算 小计	税款缴纳 本期应缴税额计算 本期期末应缴税额	税款缴纳 本期应缴税额计算 本期期末应缴欠缴税额
1	2	3	4=5+6+7	5	6	7	8=3-4	9	10	11=12+13	12=(8-9)×10	13=9×10	14	15	16=17+18+19	17	18	19	20=21+22	21=12-17-18	22=14-15-19
本地提供建筑业申报事项 建筑																					
安装																					
修缮																					
装饰																					
其他工程作业																					
自建行为																					
合计																					
代扣代缴项目																					
总计																					

续表

申报项目	营业额								本期税款计算			税款缴纳						
应税项目	应税收入	应税减除项目金额				应税营业额	免税收入	税率(%)	本期应纳税额	免(减)税额	期初前期多缴税额/欠缴税额	本期已缴税额				本期应缴税额计算		
		小计	支付给分包人价款(转包工程价表)	减除设备价款	其他减除项目金额				小计			小计	已缴本期应纳税额	本期已被扣缴税额	本期已缴欠缴税额	小计	本期期末应缴税额	本期期末应缴欠缴税额
建筑																		
安装																		
修缮																		
装饰																		
其他工程作业																		
异地提供建筑业应税劳务申报事项 自建行为																		
代扣代缴项目 合计																		
总计																		

以下由税务机关填写：

受理人： 受理日期： 年 月 日 受理税务机关（鉴章）：

本表为A3横式一式三份，一份纳税人留存，一份主管税务机关留存，一份征收部门留存。

表 4－8

异地提供建筑业劳务税务税款缴纳情况申报表

纳税人识别号：

纳税人名称（公章）：

税款所属时间：自 年 月 日至 年 月 日 填表日期 年 月 日

金额单位：元（列至角分）

应税项目	本期应纳税额情况		本期已代（被）扣代缴税额	本期收到（开具）扣缴税款通知书情况				本期收到税收缴款情况				本期收到减免税批准文书情况			
	应缴纳税款金额	税收缴款凭证号		税收缴款凭证号	税款所属时间		扣缴单位纳税人识别号	已入库税收缴款书列	已入库税收缴款凭证号	税款所属时间		核准减免税税款	税务减免批准文书号	批准文书有效时间	
					起始月份	终止月份				起始时间	终止时间			起始时间	终止时间
1	2	3	4	5	6	7	8	9	10	11	12	13	14	15	16
合计															

续表

应税项目	本期应纳税额情况	本期收到（开具）扣缴税款通知书情况					本期收到税收缴款书情况				本期收到减免税批准文书情况			
	应缴纳税款金额	本期已（被）代扣代缴税额	税收缴款凭证号	税款所属时间 起始月份	税款所属时间 终止月份	扣缴单位纳税人识别号	已入库税收缴款书列号	已入库税收缴款款凭证号	税款所属时间 起始时间	税款所属时间 终止时间	核准减免税税款	税务减免批准文书号	批准文书有效时间 起始时间	批准文书有效时间 终止时间
代扣代缴项目														
总计														

以下由税务机关填写：

受理人：

本表为A3横式一式三份，一份纳税人留存，一份主管税务机关留存，一份征收部门留存。

受理日期： 年 月 日

受理税务机关（签章）：

第四节
营业税税收筹划

一、税收优惠的筹划

（一）营业税的起征点

财税〔2011〕65 号文件修改了营业税的起征点，明确规定从 2011 年 11 月 1 日起执行新的营业税起征点。

营业税起征点的幅度规定如下：

1. 按期纳税的，为月营业额 5 000 ~ 20 000 元。

2. 按次纳税的，为每次（日）营业额 300 ~ 500 元。

（二）营业税的税收优惠规定

1. 根据《营业税暂行条例》的规定，下列项目免征营业税：

（1）托儿所、幼儿园、养老院、残疾人福利机构提供的育养服务，婚姻介绍，殡葬服务。

（2）残疾人员个人提供的劳务。

（3）医院、诊所和其他医疗机构提供的医疗服务。

（4）学校和其他教育机构提供的教育劳务，学生勤工俭学提供的劳务。

（5）农业机耕、排灌、病虫害防治、植物保护、农牧保险以及相关技术培训业务，家禽、牲畜、水生动物的配种和疾病防治。

（6）纪念馆、博物馆、文化馆、文物保护单位管理机构、美术馆、展览馆、书画院、图书馆举办文化活动的门票收入，宗教场所举办文化、宗教活动的门票收入。

（7）境内保险机构为出口货物提供的保险产品。

除上述规定外，营业税的免税、减税项目由国务院规定。任何地区、部门均不得规定免税、减税项目。

2. 根据国家税务总局、财政部或国务院的其他规定，下列项目减征或免征营业税：

（1）金融保险类。

①保险公司开展的一年期以上返还性人身保险业务的保费收入免征营业税。

②对保险公司开办的个人投资分红保险业务取得的保费收入免征营业税。

③对外汇管理部门在从事国家外汇储备经营过程中，委托金融机构发放的外汇贷款利息收入免征营业税。

④国有独资商业银行、国家开发银行购买金融资产管理公司发行的专项债券利息收入免征营业税。

⑤对社保基金理事会、社保基金投资管理人运用社保基金买卖证券投资基金、股票、债券的差价收入，暂免征收营业税。

⑥对住房公积金管理中心用住房公积金在指定的委托银行发放个人住房贷款取得的利息收入，免征营业税。

⑦对 QFII 委托境内公司在我国从事证券买卖业务取得的差价收入，免征营业税。

⑧公司从事金融资产处置业务时，出售、转让股权不征收营业税；出售、转让债权或将其持有的债权转为股权不征收营业税；销售、转让不动产或土地使用权，征收营业税。

⑨外商投资企业和外国企业从事金融资产处置业务，按以下规定免征营业税：企业处置债权重置资产，不予征收营业税；企业处置股权重置资产（包括债转股方式处置）所取得的收入，不予征收营业税；企业处置其所拥有的实物重置资产所取得的收入，该项资产属于不动产的，征收营业税；属于货物的，应当按照增值税条例及有关规定征收增值税。

（2）科技信息类。

①对单位和个人（包括外商投资企业、外商投资设立的研究开发中心、外国企业和外籍个人）从事技术转让、技术开发业务和与之相关的技术咨询、技术服务业务取得的收入，免征营业税。技术转让是指转让者将其拥有的专利和非专利技术的所有权或使用权有偿转让他人的行为；技术开发是指开发者接受他人委托，就新技术、新产品、新工艺或者新材料及其系统进行研究开发的行为；技术咨询是指就特定技术项目提供可行性论证、技术预测、专题技术调查、分析评价报告等。与技术转让、技术开发相关的技术咨询、技术服务业务是指转让方根据技术转让或开发合同的规定，为帮助受让方掌握所转让的技术，而提供的技术咨询、技术服务业务。且这部分技术咨询、服务的价款与技术转让的价款是开在同一张发票上的。

②科研单位承担以国家财政资金设立的科技项目而取得的收入（包括科研经费），属于技术开发而取得的收入，免征营业税。

③对科普单位的门票收入，以及县及县以上（包括县级市、区、旗）党政部门和科协开展科普活动的门票收入免征营业税。对科普单位进口自用科普影视作品播映权，免征其应为境外转让播映权单位代扣（缴）的营业税。

这里所称的科普单位，是指科技馆，自然博物馆，对公众开放的天文馆（站、台）、气象台（站）、地震台（站），以及高等院校、科研机构对公众开放的科普基地。

（3）文化体育类。

①从事学历教育的学校提供教育劳务取得的收入，免征营业税。

②对学生勤工俭学提供劳务取得的收入，免征营业税。

③对学校从事技术开发、技术转让业务和与之相关的技术咨询、技术服务业务取得的收入，免征营业税。

④对托儿所、幼儿园提供养育服务取得的收入，免征营业税。

⑤对政府举办的高等、中等和初等学校（不含下属单位）举办进修班、培训班取得收入，收入全部归该学校所有的，免征营业税和企业所得税。对政府举办的职业学校设

立的主要为在校学生提供实习场所，并由学校出资自办、由学校负责经营管理、经营收入归学校所有的企业，对其从事营业税暂行条例"服务业"税目规定的服务项目（广告业、桑拿、按摩、氧吧等除外）取得的收入，免征营业税。

⑥文化企业在境外演出从境外取得的收入免征营业税。

⑦个人转让著作权，免征营业税。

（4）医疗卫生类。对疾病控制机构和妇幼保健机构等卫生机构按照国家规定的价格取得的卫生服务收入，免征营业税。

（5）其他业务类。

①房地产主管部门或其指定机构、公积金管理中心、开发企业以及物业管理单位代收的住房专项维修基金，不计征营业税。

②单位和个人提供的垃圾处置劳务不属于营业税应税劳务，对其处置垃圾取得的垃圾处置费，不征收营业税。

③同时满足以下条件的行政事业性收费和政府性基金暂免征收营业税：由国务院或者财政部批准设立的政府性基金，由国务院或者省级人民政府及其财政、价格主管部门批准设立的行政事业性收费和政府性基金；收取时开具省级以上（含省级）财政部门统一印制或监制的财政票据；所收款项全额上缴财政。

④社会团体按财政部门或民政部门规定标准收取的会费，不征收营业税。

⑤将土地使用权转让给农业生产者用于农业生产，免征营业税。

⑥自 2010 年 1 月 1 日起，个人将购买不足 5 年的住房对外销售的，全额征收营业税；个人将购买超过 5 年（含 5 年）的非普通住房对外销售的，按照其销售收入减去购买房屋的价款后的差额征收营业税；个人将购买超过 5 年（含 5 年）的普通住房对外销售的，免征营业税。

⑦对按政府规定价格出租的公有住房和廉租住房暂免征收营业税。

⑧个人无偿赠与不动产、土地使用权，属于下列情形之一的，暂免征收营业税：离婚财产分割；无偿赠与配偶、父母、子女、祖父母、外祖父母、孙子女、外孙子女、兄弟姐妹；无偿赠与对其承担直接抚养或者赡养义务的抚养人或者赡养人；房屋产权所有人死亡，依法取得房屋产权的法定继承人、遗嘱继承人或者受遗赠人。

⑨对公路经营企业收取的高速公路车辆通行费收入统一减按 3% 的税率征收营业税。

总之，纳税人要充分利用营业税的税收优惠政策，积极创造条件，尽量减免税。比如，兼营减免税项目时，应该单独核算营业额，未分别核算的，不得减免税。

二、分行业的营业税税收筹划

（一）建筑业的税收筹划

建筑业的营业额为承包建筑、修缮、安装、装饰和其他工程作业取得的营业收入额，即建筑安装企业向建设单位收取的工程价款及工程价款之外收取的各种费用，如向建设单位收取的临时设施费、劳动保护费和施工机构迁移费，以及施工企业收取的材料差价款、抢工费、全优工程奖和提前竣工奖，都应并入营业额征收营业税。因此，纳税人进行税收筹划时，不能简单地从直接减少价外收取的费用或者将价外费用不入账等手法降低计税营业额，而应当从利用工程承包合同、降低建筑材料买件、合作建房等方面寻求节税途径，以最大限度地降低计税营业额，从而减少应纳营业税税额。

1. 利用工程承包合同的税收筹划。工程承包合同对工程的承包形式有两种：第一种形式是由工程承包公司与建设单位签订承包合同，然后将设计、采购、施工等工作转包给其他单位。对于这种形式的承包，工程承包公司作为工程总承包人同建设单位签订合同，无论其是否具备施工资质、是否参与工程施工业务，对其取得的全部收入，按建筑业税目征收营业税，税率为3%。第二种形式是工程承包公司只负责设计及对建设单位承担保证，并向施工单位按工程总额的一定比例收取管理费，工程合同由施工单位同建设单位签订。对这种形式的承包，工程承包公司不作为工程总承包人，不与建设单位签订工程承包合同，而仅作为建设单位与施工单位的中介，对其取得的收入应按服务业税目中的代理服务征收营业税，税率为5%。

由于税率的差异，就为建筑工程承包公司利用工程承包合同进行纳税筹划提供了机会。如果施工企业以其资质和实力获取工程承包资格，再部分转包给其他施工单位，具有中介性质。如果中介方也具有施工能力和施工资质，就应该尽量避免中介收入，或者将中介收入转化为承包收入。因此，纳税筹划的思路就是将中介收入转化为承包收入，避免获取中介收入，从而达到少纳税的目的。

【案例6】甲房地产开发集团公司发包一项建筑工程，在工程承包公司乙公司的协助下，施工单位丙公司最后中标，于是甲房地产开发集团公司与丙公司签订了工程承包合同，合同金额为3 000万元。乙公司未与甲房地产开发集团公司签订承包建筑工程合同，而只是负责设计、组织协调及对建设单位承担保证的业务，丙公司支付乙公司中介费300万元。此项业务对乙公司来说属于中介业务，应按照服务业缴纳营业税。乙公司应缴纳的营业税为15万元（300×5%）。

案例分析：

如果进行纳税筹划，则由乙公司直接和甲房地产开发集团公司签订合同，合同金额为3 000万元，然后乙公司再把工程分包给丙公司，分包款为2 700万元，则乙公司应按建筑业缴纳营业税。乙公司应纳的营业税税额为9万元［（3 000-2 700）×3%］。

通过纳税筹划，乙公司可少缴纳营业税6万元（15-9）。

因此，在进行工程承包合同纳税筹划时应注意的问题是：

（1）尽量避免单独签订与工程相关的服务合同，同时，还要保持总包与分包合同条款的完整性。

（2）由于营业税是价内税，营业额包括所收取的全部价款和价外费用，但对建筑业规定了分包扣除，所以，在签订分包合同时要注意此条款的应用。

（3）如果签订工程承包合同增加了印花税比减少的营业税税额大，则不宜签订承包合同。

（4）承包收入虽然比中介收入税负低，但承包比中介承担的风险更大。

总之，公司在选择方式时要全面衡量，不能仅考虑某一税负，这样做筹划才有意义。

2. 建筑公司所用材料的税收筹划。《营业税暂行条例》规定，纳税人从事建筑作业，无论与对方如何结算，其应纳税营业额均应包括工程所用原材料及其他物资和动力的价款。也就是说，无论是"包工包料"还是"包工不包料"工程，计税营业额均要包括工程所使用的原料及其物资材料的支出。

"包工包料"工程是建设单位不负责供应材料，而是由施工单位自行采购并进行施工的工程；"包工不包料"工程就是建筑材料由建设单位提供，施工企业负责施工的工程。"包工包料"工程和"包工不包料"工程最大的区别在于是否将材料的供应纳入施工企业的施工过程中。一项工程使用同样的原材料，由于材料的供应渠道不同，买价自然也就不同。建设单位一般是直接从市场上购买，价格较高，这样会导致施工企业的计税依据较高。而施工企业一方面可以与材料供应商建立长期合作关系，由于利益上的原因，供应商往往可以给予比较优惠的价格，这样就可以降低计入营业税计税依据的原材料的价值，从而达到少纳税的目的；另一方面，由于施工企业作业具有一定的相似性，除了构成工程的建筑材料外，其他消耗性材料部分具有一定重复使用的可能，如果企业通过精打细算提高材料的使用效率，做到一物多用或者在多项工程中重复使用，也可以降低工程材料、物资等价款。

所以，纳税人从事建筑作业的，其纳税筹划的基本方法就是尽量降低工程所用原材料及其他物资和动力的价款。一方面可以通过改变建筑材料购买方来降低购买价格；另一方面可以通过一物多用、严格控制材料的使用效率，尽可能降低工程材料、物资等的总价款，达到减少应税营业额、少缴纳营业税的目的。

【案例7】 甲建筑工程公司为乙公司建造一栋办公楼，工程采用"包工不包料"的方式，所需建筑材料由乙公司来购买，材料价款为 2 200 万元。工程完工后，乙公司支付给甲公司工程款 1 800 万元。则

甲公司应纳营业税税额 = （2 200 + 1 800）×3% = 120（万元）

案例分析：

如果事先进行税收筹划，双方协商好采用"包工包料"的方式，由甲公司购买建筑材料。由于熟悉建材市场，在经营中与材料供应商建立了长期的合作关系，世纪公司就可以利用自己在建材市场上的优势，购买到价低质优的建筑材料。假设，同样的材料只需要 2 000 万元，此时，工程总价款就成了 3 800 万元。则

甲公司应纳营业税税额 = 3 800 × 3% = 114（万元）

筹划后，甲公司可以少缴纳营业税 6 万元（120 – 114）。可见，包工包料对双方都有利。对甲公司来说，由于计税营业额的降低，其应缴纳的营业税减少；对乙公司来说，一是甲公司购料省去了本单位采购材料所花费的人力、物力、财力；二是建筑材料购进价格降低节省了建设费。需要注意的是：建设单位选择的施工企业必须信誉度高，技术力量雄厚，"包工包料"工程中监管得力，不会出现偷工减料、以次充好的现象。

---

3. 合作建房的税收筹划。合作建房是指由一方（以下简称甲方）提供土地使用权，

另一方（以下简称乙方）提供资金合作建房。合作建房的方式一般有两种：第一种方式是纯粹的"以物易物"；第二种方式是甲方以土地使用权，乙方以货币资金合股，成立合营企业，合作建房。

对于第一种形式，甲方以转让部分土地使用权为代价，换取部分房屋的所有权，发生了转让土地使用权的行为；乙方以转让部分房屋的所有权为代价，换取部分土地使用权，发生了销售不动产的行为。双方都发生了营业税应税行为。对甲方应按"转让无形资产——转让土地使用权"征收营业税，对乙方应按"销售不动产"征收营业税。

对于第二种形式，当房屋建成后，双方采取风险共担、利润共享的分配方式时，甲方向合营企业提供的土地使用权视为投资入股，对其不征收营业税，只对合营企业销售房屋取得的收入按"销售不动产"征收营业税，双方分得的利润不征营业税。房屋建成后，如双方不是采取风险共担、利润共享的分配方式，而甲方采取的是按销售收入一定比例提成参与分配或提取固定利润的方式，属于甲方将场地、房屋等转让他人使用的业务，应按"服务业"税目中"租赁业"项目征收营业税；对合营企业销售的房屋按"销售不动产"征收营业税。如房屋建成后，双方按一定比例分配房屋，不属于营业税所称投资入股不征营业税的行为，对甲方将土地使用权转让给合营企业的行为，按"转让无形资产——转让土地使用权"征收营业税，对合营企业的房屋，在分配给双方后，各自销售时，按"销售不动产"征收营业税。

合作建房的合作方式与分配方式不同，其计税营业额的确定方法也不相同。进行税收筹划的基本思路就是选择整体计税营业额较低的方式，以降低税收负担。

筹划时需要注意的是，现行营业税法规定：以无形资产投资入股，参与接受投资方的利润分配、共同承担投资风险的行为，不征收营业税。为此，纳税人应充分利用这一特殊规定进行税收筹划，以减轻税负。另外，还应考虑作为出资方如果出资建房，可能承担的经营风险更大些，因被投资方不负责还本，因此在实际操作中应持谨慎态度。

（二）金融保险业的税收筹划

金融保险业营业税的计税依据为其取得的营业额，适用税率为5%。由于税率为法定税率，不易筹划，所以对金融保险业营业税筹划的着眼点应放在营业额上。

1. 金融业务的税收筹划。

（1）应收未收利息的筹划。金融企业发放贷款后，凡在规定的应收未收利息核算期内发生的应收利息，均应按规定申报缴纳营业税。贷款应收利息自结息之日起，超过应收未收利息核算期限或贷款本金到期（含展期）后尚未收回的，按照实际收到的利息申报纳税。对金融企业2001年1月1日以后发生的已缴纳营业税的应收未收利息，若超过应收未收利息核算期限后仍未收回或其贷款本金到期（含展期）后尚未收回的，可从以后年度的营业额中加以扣除。金融企业从营业额中减除的应收未收利息的额度和年限以该金融企业确定的额度和年限加以确定，各级政府及其财政、税务机关不得规定金融企业应收未收利息从营业额中减除的年限与比例。如果此后收回的，在收回的当期并入其营业额中。

贷款业务的利率执行的是国家法定利率，故难以通过降低利率来减少营业额，只得从贷款规模上考虑如何减少营业额，以减轻营业税负担。名义上降低贷款规模，再通过其他形式从借款企业取得补偿，以减少贷款利息，达到节税的目的。

（2）其他业务营业税的税收筹划。对于融资租赁业务，一方面可以将融资租赁业务转换为投资业务，收取看起来不固定的投资收益，从而避免缴纳营业税。该项筹划要注意：虽然按规定投资收益不缴纳营业税，但是如果收取的是固定的投资收益，则该项投资业务会被税务机关认定为经营性租赁业务，按"服务业——租赁业"税目征收营业税。另一方面可以在名义上延长融资租赁期限，以减少直线法折算出的每一季度营业额，从而得到延期纳税的好处。

对于金融商品转让、金融经纪业务和其他金融业务，关键在于减少卖出价或者手续费收入，然后通过其他途径求得交换补偿。补偿的方式有：以其他名义直接从对方取得资金补偿；在对方直接或者间接列支或者报销有关费用等。

2. 保险企业的税收筹划。保险企业税收筹划不仅应注意营业额的控制，还应考虑支出的应用筹划。保险支出是非常重要的一项支出，如果保险公司能够减少保险理赔，其纳税筹划也应该认为是成功的。保险企业纳税筹划可以利用以下思路：降低保险营业额，减少应纳营业税，其减少的营业税用于防止保险理赔；对于规定有"如果没有发生赔偿而返还部分保费"的保险业务，从节税的角度考虑应修改为根据返还比例降低该类保险业务保费。

（三）服务业的税收筹划

1. 代理业的税收筹划。代理业所收取的手续费及价外费用中，有一部分是代收代付费用，这部分是不需要缴纳营业税的，所以只要按收取的手续费缴纳营业税。在纳税筹划时，只要将代收的费用单独核算，就可以达到减轻税负的目的。

【案例8】甲房地产开发公司2011年营业收入为3 000万元，各项代收款项500万元，手续费收入25万元（按代收款项的5%计算），适用营业税税率为5%，则该企业应纳税额计算如下：

应纳营业税 =（3 000 + 500 + 25）× 5% = 176.25（万元）

案例分析：

按照现行税法规定，对房屋开发企业代收项目应并入营业额计算缴纳营业税，但是作为服务性企业则没有这样的规定。若该公司将代收款项由房地产开发公司下属的物业公司收取，由物业公司对各种代收代缴的费用分别核算，并按规定支付给有关部门，则物业公司仅就代收代缴款项所收取的手续费缴纳相关税费。

（1）房地产开发公司应纳税额计算如下：

应纳营业税 = 3 000 × 5% = 150（万元）

（2）物业公司应纳税额计算如下：

应纳营业税 = 25 × 5% = 1.25（万元）

税收筹划后该企业少缴纳税费 = 176.25 - 150 - 1.25 = 25（万元）

由于物业公司员工工资等支出原本就是房地产开发公司的成本费用。因此，将代收项目改为物业公司代收后，只要将有关人员作适当调整，作为公司的整体而言，并没有增加支出，但房地产开发公司降低税收成本支出25万元。

2. 旅游业的税收筹划。旅游业是指为旅游者安排食宿、交通工具和提供导游等旅游服务的业务，其计税营业额规定为：旅游企业组团到境外或境内旅游，无论在境外或境内改由其他旅游企业接团，应以全程旅费扣除接团费用和替旅游者付给其他单位的餐费、住宿费、交通费、门票费等代付费用后的余额为营业额。对于境外旅游可利用税法的规定，尽量加大境外的支出项目及金额，缩小计税营业额，进而减轻营业税税负。

> **【案例9】** 甲国际旅行社主要从事组团出境游，其出境线路有10条，每条线路有10位导游，每位导游每年的境外花费平均为15万元。为方便业务开展，该旅行社每年都要与国外旅行社签订合作协议，规定出境后的接团事宜及支付费用等问题，其中有一条规定随团导游在境外期间的所有费用由甲国际旅行社直接支付。2010年甲旅行社组团出境旅游共收取游客旅游费5 600万元，其中支付境外接团旅行社的旅游费共计2 600万元，导游报销境外花费1 500万元。2011年正值签订协议之机，试分析该旅行社如何签订协议会比较有利于节税。
>
> **案例分析：**
>
> 按照2010年的业务，该旅行社应缴纳营业税为150万元［（5 600万 - 2 600万）× 5%］。如果协议规定先由国外旅行社支付导游的相关费用，再由甲国际旅行社将导游相关费用并入旅客的旅游费支付给国外旅行社，这样1 500万元的导游费就可以作为支付给国外接团旅行社的旅游费从计税营业额中扣除。因此，2011年签订协议时，甲国际旅行社应与国外接团旅行社协商，将原来由本旅行社支付导游境外的费用改为由境外旅行社支付，然后由本旅行社在支付境外旅行社接团等费用时一并支付。则
>
> 旅行社应纳的营业税 =（5 600 - 2 600 - 1 500）×5% = 75（万元）
>
> 经过税收筹划，旅行社可少纳营业税75万元（150 - 75）。

（四）转让无形资产、销售不动产的税收筹划

营业税的特点是在流转环节就营业额的全额征收营业税。企业经营对象流转的环节越多，营业额的征收次数也就越多，纳税人的税收负担也就越重。因此，纳税人对需转让的无形资产和不动产，应尽可能减少经营对象的流转次数，减少应纳税额。

> **【案例10】** 甲服装实业公司（简称甲公司）应收乙集团公司（简称乙公司）的销货款500万元，由于乙公司资金运作困难，应收账款已逾期两年未收回。2011年10月甲公司领导班子做了调整，现任经理王力十分重视应收账款的回收。经过反复协商，双方同意债务重组。乙公司将自己的一个著名服装商标以450万元的价格转让给甲公司，另外的50万元以现金支付。该方案于2011年12月6日达成协议，于5日内办理商标权转让手续。
>
> 但是甲公司的董事会对该重组提出质疑，认为本公司已经拥有全国著名商标，不需要再增加新的商标。当月8日，董事会决定将该商标出让。消息传出，丙服装有限公司就找上了门，有意以500万元的价格购买此商标。

案例分析：

甲公司将乙公司的商标过户到本企业的名下，然后再转让。在这种情况下，甲公司应交营业税计算如下：

应纳营业税 $= 500 \times 5\% = 25$（万元）

若甲公司不将乙公司的商标转到自己的名下，而是作为中介人的身份，将乙公司的商标以 450 万元的价格卖给丙公司，同时收取 50 万元的中介费用。在这种情况下，甲公司的应交营业税为计算如下：

应纳营业税 $= 50 \times 5\% = 2.5$（万元）

通过减少商标的流转次数，可以使甲公司降低税负 22.5 万元（$25 - 2.5$）。

所以，从税收筹划的角度考虑，应根据营业税的特点，尽可能地减少经营对象的流转次数。对需要转让的不动产和无形资产等，如抵债不动产，在办理所有权变更手续前出手，可省一道流转税。对需要装修或装饰的不动产进行出让，如果装修或装饰后该不动产的价值增值较大的，在施工前办理变更手续也可以节约税费支出。

【案例 11】 甲房地产开发公司于 2011 年 10 月开发了一幢写字楼。公司售楼部与该市乙商业大厦签订了一份购房合同，合同规定，甲公司将写字楼的第一至第二层共 5 000 平方米的营业用房，按照乙商业大厦的要求进行装修后再销售给乙商业大厦，每平方米售价 6 000 元，合计 3 000 万元。甲公司将装修工程承包给了丙装修公司，承包总额 1 200 万元。

案例分析：

甲公司应纳税额计算如下：

应纳营业税 $= 3\,000 \times 5\% = 150$（万元）

丙公司应纳税额计算如下：

应纳营业税 $= 1\,200 \times 3\% = 36$（万元）

如果由丙公司与乙商业大厦直接签订装修合同，丙公司按 1 200 万元的价格将建筑安装发票直接开给乙商业大厦，甲公司再按售价 1 800 万元给乙商业大厦开具房屋发票。这样，丙公司的税收负担及收益情况均不变，而甲公司的应税税额将发生变化。

甲公司应纳税额计算如下：

应纳营业税 $= 1\,800 \times 5\% = 90$（万元）

因此，采取第二种方案，甲公司可节约税费 60 万元（$150 - 90$），而乙商业大厦仍然是支付 3 000 万元购买办公用房。

三、纳税义务发生时间的税收筹划

纳税义务发生时间，是指纳税人发生纳税行为应履行纳税义务的时间。营业税的纳税义务发生时间为纳税人收讫营业收入款项或者取得索取营业收入款项凭据的当天。即纳税人只要具备收讫营业收入款项或取得索取营业收入款项的凭据两个条件的一个，纳税义务即告发生，纳税人就应该按照规定缴纳营业税。根据实际工作的需要，营业税还制定了一些特殊规定，如纳税人转让土地使用权或者销售不动产采取预收款方式的，其纳税义务发生时间为收到预收款的当天。通过推迟纳税义务发生时间，可以使企业获得资金的时间价值，相当于企业从国家取得了一笔无息贷款，从而降低税收负担。

【本章小结】

　　营业税是对在我国境内提供应税劳务、转让无形资产或销售不动产的单位和个人所取得的营业额征收的流转税。一般营业税是以营业额全额计征，分行业和不同的征收对象设定不同的税率。营业税筹划的基本思路是合法地降低营业额，减少计税金额，减少流转环节的次数，降低应税税额，利用税法的减免税优惠规定，通过筹划使营业项目符合税收优惠政策的规定，通过选择合理的结算方式、推迟纳税义务发生时间，获得资金的时间价值，降低税收负担。

　【操作训练】

　　1. 某市商业银行 2010 年第三季度发生以下经济业务：

　　（1）取得一般贷款业务利息收入 600 万元；支付单位、个人存款利息 100 万元。

　　（2）取得转让公司债券收入 1 100 万元，债券的买入价为 900 万元。

　　（3）取得金融服务手续费收入 15 万元。

　　（4）吸收居民存款 500 万元。

　　要求：计算该银行第三季度应缴纳的营业税税额。

　　2. 甲集团公司主要经营客房、舞厅、餐饮、旅游等服务业务，会计核算制度健全，各种业务分开核算，责任明确。2010 年 3 月主要业务如下：

　　（1）2 日收取西部十日游旅客旅游费 80 000 元，旅游期间支付旅客旅馆费 16 000元，餐费 10 000 元，交通费 20 000 元，门票费 4 000 元，本月 12 日旅游团返回。

　　（2）25 日出售一栋办公楼，金额为 300 万元，开具普通发票一张。

　　（3）26 日在某剧场包场放映电影收入 320 万元，其中广告播映收入 40 万元，支付场地租金 30 万元。

　　（4）本月附属招待所对外经营业务业收入 6 万元；出租礼堂收入 3 万元；与个体录像厅联营取得联营利润 5 万元（公司以房屋投资入股，每月取得固定利润）。

　　（5）本月客房、舞厅、餐厅等业务收入如下：客房收入 140 万元；餐厅收入 300 万元；舞厅门票收入 30 万元，饮料收入 15 万元，点歌收入 20 万元。

　　（6）本月预交营业税 7 万元。

　　要求：计算该公司 2010 年 3 月缴纳的营业税。

　　3. 美食乡餐饮集团下设多家连锁餐馆，餐馆年营业额约 300 万元。2010 年它组织举办了一个"美食文化节"，包括与美食有关的各种知识讲座、技术交流会、展览等，取得收入约 100 万元。

要求：计算 2010 年应纳营业税并提出 2011 年纳税筹划方案。

4. 某超市销售空调器 1 000 台，不含税销售额 240 万元，当月可抵扣进项税 40 万元；同时为客户提供上门安装业务，收取安装费 23.4 万元。由于该连锁超市是从事货物的批发、零售的企业，故该连锁超市取得的安装费收入应并入空调器的价款一并缴纳增值税，不再缴纳营业税。

应纳税额 = $[240 + 23.4 \div (1 + 17\%)] \times 17\% - 40 = 4.2$（万元）

要求：请帮助该连锁超市降低税负。

第五章
行为税
XINGWEISHUI

【本章学习目标】

　　知识目标：了解城市维护建设税、印花税这两个行为税基本法律规定，掌握应纳税额的计算，熟悉征收管理及其纳税筹划的方法。

　　能力目标：使学生能够运用行为税的基本规定，正确计算行为税应纳税额，掌握行为税的征收管理，具备行为税纳税筹划的操作能力。

 【导入案例】

　　甲公司和乙公司签订购销合同，合同金额为1 000万元，而最终结算时发现实际只履行了800万元，则实际上甲乙双方都会多缴纳200万元所负担的印花税。印花税是一种行为税，只要有签订合同的行为发生，双方或多方经济当事人的纳税义务便已产生，就应该计算应纳税额并贴花，并不考虑合同是否兑现或是否按期兑现。

　　甲乙双方各自缴纳印花税税额 = 10 000 000 × 0.3‰ = 3 000（元）

　　对已履行并贴花的合同，即使所载金额与合同履行实际结算金额不一致，只要双方未修改合同金额，一般也不再办理完税手续。假设甲乙双方经过协商，认为很有可能不能足额履行合同，而将合同金额写为500万元，则在签订合同时：

　　甲乙双方各自应缴纳印花税税额 = 5 000 000 × 0.3‰ = 1 500（元）

　　后来，双方履行了购销合同，发现实际购销金额为1 000万元，则需要补缴印花税：

　　甲乙双方各自补缴印花税税额 = 5 000 000 × 0.3‰ = 1 500（元）

　　所以，在签订合同时尽量利用比较保守的金额，减少印花税的负担。如果合同金额过分保守，也就是说履行金额较大时，也只是补缴印花税，从而避免了可能出现的印花税不必要的支出。

【关键词】
城市维护建设税　印花税　税额计算

第一节
城市维护建设税（含教育费附加）

一、城市维护建设税概述

城市维护建设税（简称城建税），是国家对缴纳增值税、消费税、营业税（简称三税）的单位和个人就其实际缴纳的"三税"税额为计税依据而征收的一种税。它属于特定目的税，是国家为加强城市的维护建设、扩大和稳定城市维护建设资金的来源而采取的一项税收措施。

城建税具有以下两个显著特点：

第一，具有附加税性质。它以纳税人实际缴纳的"三税"税额为计税依据，附加于"三税"税额，本身并没有特定的、独立的征税对象，其征管方法也完全比照"三税"的有关规定办理。

第二，具有特定目的。城市维护建设税税款专门用于城市的公用事业和公共设施的维护建设，税款要专款专用，因而城建税属于特定目的税。

（一）城市维护建设税纳税人、征税范围、税率

1. 纳税人。城建税的纳税人是缴纳增值税、消费税、营业税的单位和个人，包括国有企业、集体企业、私营企业、股份制企业、其他企业和行政事业单位、军事单位、社会团体、其他单位，以及个体工商户及其他个人。

个体商贩及个人在集市上出售商品。对其征收临时经营的增值税，是否同时按其实缴税额征收城市维护建设税，由各省、自治区、直辖市人民政府根据实际情况确定。

自 2010 年 12 月 1 日起，对外商投资企业、外国企业及外籍个人征收城市维护建设税。对外资企业 2010 年 12 月 1 日（含）之后发生纳税义务的增值税、消费税、营业税征收城市维护建设税和教育费附加；对外资企业 2010 年 12 月 1 日之前发生纳税义务的增值税、消费税、营业税，不征收城市维护建设税和教育费附加。

2. 征税范围。城建税的征税范围包括城市、县城、建制镇以及税法规定征收"三税"的其他地区。

3. 税率。城建税按纳税人所在地的不同，设置了以下三档地区差别比例税率：

（1）纳税人所在地在市区的，税率为 7%。

（2）纳税人所在地在县城、建制镇的，税率为 5%。

（3）纳税人所在地为其他地区的，税率为 1%。

纳税单位和个人缴纳城市维护建设税的适用税率，一律按其纳税所在地的规定税率执行。县政府设在城市市区，其在市区办的企业，按照市区的规定税率计算纳税。纳税人所在地为工矿区的，应根据行政区划分别按照7%、5%、1%的税率缴纳城市维护建设税。

另外，货物运输企业按代开发票纳税人管理的所有单位和个人（包括外商投资企业、特区企业和其他单位、个人），凡按规定应当征收营业税的，在代开货物运输发票时一律按开票金额3%征收营业税，按营业税税款7%预征城市维护建设税。在代开发票时已征收的属于法律、法规规定的减征或者免征的城市维护建设税及高于法律、法规规定的城市维护建设税税率征收的税款，在下一征期退税。

城建税的适用税率，应当按纳税人所在地的规定税率执行。但是，对下列两种情况，可按缴纳"三税"所在地的规定税率就地缴纳城建税：

（1）由受托方代扣代缴、代收代缴"三税"的单位和个人。其代扣代缴、代收代缴的城建税按受托方所在地适用税率执行。

（2）流动经营等无固定纳税地点的单位和个人，在经营地缴纳"三税"的，其城建税的缴纳按经营地适用税率执行。

对铁道部应纳城市维护建设税的税率，鉴于其计税依据为铁道部实际集中缴纳的营业税税额，难以适用地区差别税率，因此，税率统一规定为5%。

（二）城市维护建设税的计税依据及减免规定

1. 计税依据。城市维护建设税的计税依据，是指纳税人实际缴纳的"三税"税额。当"三税"得到减免或受到处罚时，必然会影响到城建税的计税依据，对此税法作出如下具体规定：

（1）城建税计税依据只是实际缴纳的"三税"税额，不包括非税款项。

（2）纳税人违反"三税"有关税法而加收的滞纳金和罚款，是税务机关对纳税人违法行为的经济制裁，不作为城建税的计税依据。

（3）纳税人在被查补"三税"和被处以罚款时，应同时对其偷漏的城建税进行补税、征收滞纳金和罚款。

（4）因减免"三税"而需要退库的，城市维护建设税也可以同时退库。

（5）对出口产品退还增值税和消费税，不退还已纳的城市维护建设税。海关对进口产品代征的增值税、消费税，不作为城建税的计税依据，不征城建税。

（6）自2005年1月1日起，经国家税务总局正式审核批准的当期免抵的增值税税额应纳入城建税和教育费附加的计征范围，分别按规定的税（费）率征收城建税和教育费附加。

2. 减免税。城市维护建设税是一种从属于流转税的附加税，当主税（增值税、消费税和营业税）有减免时，附加税也会随之减免。因此，税法规定对纳税人减免"三税"时，相应也减免了城市维护建设税。城市维护建设税减免税主要有以下几种情况：

（1）城市维护建设税按实际缴纳的"三税"税额计征，"三税"减免，城市维护建设税也随之减免。

（2）海关对进口产品代征增值税、消费税的，不征收城市维护建设税。

（3）对出口产品退还增值税、消费税的，不退还已缴纳的城市维护建设税；生产企业出口货物实行免、抵、退税办法后，经国家税务局正式审核批准的当期免抵的增值税税额应纳入城市维护建设税和教育费附加的计征范围，分别按规定的税（费）率征收城市维护建设税和教育费附加。

（4）对国家石油储备基地第一期项目建设过程中涉及的营业税、城市维护建设税、教育费附加予以免征。

（5）对商贸企业、服务型企业（除广告业、房屋中介、典当、桑拿、按摩、氧吧外）、劳动就业服务企业中的加工型企业和街道社区具有加工性质的小型企业实体，在新增加的岗位中，当年新招用持《再就业优惠证》人员，与其签订1年以上期限劳动合同并依法缴纳社会保险费的，按实际招用人数予以定额依次扣减营业税、城市维护建设税、教育费附加和企业所得税优惠。此外，对增值税、消费税、营业税"三税"实行先征后返、先征后退、即征即退办法的，除另有规定外，对随"三税"附征的城市维护建设税和教育费附加，一律不予退（返）还。

（三）城市维护建设税应纳税额的计算

城市维护建设税的计算公式是

应纳城市维护建设税税额＝（实际缴纳的增值税＋实际缴纳的消费税＋实际缴纳的营业税）×适用税率

（四）城市维护建设税的征收管理

1. 纳税环节。城建税缴纳环节实际就是纳税人缴纳增值税、消费税、营业税的环节。纳税人只要发生增值税、消费税、营业税的纳税义务，就要在同样的环节，分别计算缴纳城建税。

2. 纳税期限。城建税的纳税期分别与增值税、消费税、营业税的纳税期限一致。增值税、消费税的纳税期限分别为1日、3日、5日、10日、15日、1个月或1个季度；营业税的纳税期限分别为1日、5日、15日、1个月或1个季度。增值税、消费税、营业税纳税人的具体纳税期限，由主管机关根据应纳税额大小分别核定；不能按照固定期限纳税的，可以按次纳税。

3. 纳税地点。城市维护建设税是"三税"的附加税，因此"三税"纳税地点就是城市维护建设税的纳税地点。但如果属于下列情况，纳税地点为：

（1）代扣代缴的纳税地点。代征、代扣、代缴增值税、消费税、营业税的企业单位，同时也要代征、代扣、代缴城市维护建设税。如果没有代扣城市维护建设税，应由纳税单位或个人回到其所在地申报纳税。

（2）银行的纳税地点。各银行缴纳的营业税，均由取得业务收入的核算单位在当地缴纳。即县以上各级银行直接经营业务取得的收入，由各级银行分别在所在地纳税。县和设区的市，由县支行或区办事处在其所在地纳税，而不能分别按所属营业所在地计算纳税。

（3）对管道局输油部分的收入，其应纳城市维护建设税，也应由取得收入的各管道局于所在地缴纳营业税时一并缴纳。

（4）对流动经营等无固定纳税地点的单位和个人，应随同"三税"在经营地按适用税率缴纳。

4. 纳税申报表。城建税纳税人无论当期有无销售额、营业额，均应按规定填写"城建税纳税申报表"，并于次月1日至15日向主管税务机关进行纳税申报。该纳税申报表一式两联，第一联为申报联，第二联为收款联（由税务机关签章后收回作申报凭证）。

纳税申报表如表5-1所示。

表5-1　　　　　　　城市维护建设税纳税申报表

填表日期：　　年　月　日

纳税人识别号：□□□□□□□□□□□□□□□　　　　　金额单位：元（列至角分）

纳税人名称				税款所属时期	
计税依据	计税金额	税率	应纳税额	已纳税额	应补（退）税额
1	2	3	4＝2×3	5	6＝4-5
增值税					
消费税					
营业税					
合计					
如纳税人填报，由纳税人填写以下各栏		如委托代理人填报，由代理人填写以下各栏		备注	
会计主管（签章）	纳税人（公章）	代理人名称		代理人（公章）	
		代理人地址			
		经办人		电话	
以下由税务机关填写					
收到申报表日期			接收人		

二、教育费附加概述

（一）教育费附加的概念

教育费附加，是对缴纳增值税、消费税、营业税的单位和个人，就其实际缴纳的税额为计算依据征收的一项附加费用，是为加快地方教育事业、扩大地方教育经费的资金而征收的一项专用基金。国家为充分调动企、事业单位和其他各种社会力量办学的积极性，开辟多种渠道筹措经费，国务院于1986年4月28日颁布了《征收教育费附加的暂行规定》，于同年7月1日开始在全国范围内征收教育费附加。自2010年12月1日起，对外商投资企业、外国企业及外籍个人征收教育费附加。

（二）教育费附加的征收范围及计征依据

教育费附加对缴纳增值税、消费税、营业税的单位和个人征收，以其实际缴纳的增值税、消费税、营业税为计税依据，分别与增值税、消费税、营业税同时缴纳。

（三）教育费附加的计征比率

教育费附加的计征比率是以其实际缴纳的增值税、消费税和营业税为计征依据，分别与增值税、消费税和营业税同时缴纳。教育费附加的计征比例为3%。

另外，货物运输企业按代开发票纳税人管理的所有单位和个人（包括外商投资企业、特区企业和其他单位、个人），凡按规定应当征收营业税的，在代开货物运输发票时一律按开票金额3%征收营业税，按营业税税款3%征收教育费附加。在代开发票时已征收的属于法律、法规规定的减征或者免征的教育费附加，在下一征税期退税。

（四）教育费附加的计算及减免

1. 教育费附加的计算。教育费附加的计算公式为

应缴纳的教育费附加 = （实际缴纳的增值税 + 实际缴纳的消费税 + 实际缴纳的营业税）× 3%

2. 减免税规定。

（1）教育费附加按实际缴纳的"三税"税额计征，"三税"减免，教育费附加也随之减免。

（2）海关对进口产品代征的增值税、消费税，不征收教育费附加。

（3）对由于减免增值税、消费税、营业税而发生退税的，可以同时退还已征收的教育费附加。但对出口产品退还增值税、消费税的，不退还已征收的教育费附加。

（4）对出口产品退还增值税、消费税的，不退还已缴纳的城市维护建设税；生产企业出口货物实行免、抵、退税办法后，经国家税务局正式审核批准的当期免抵的增值税税额应纳入城市维护建设税和教育费附加的计征范围，分别按规定的税（费）率征收城市维护建设税和教育费附加。

（5）城市维护建设税减免税规定的几种情况，教育费附加同样适用，此处不再赘述。

【案例1】 某市一外贸公司为增值税一般纳税人。2010年4月进口一批货物，向海关缴纳进口环节增值税20 000元，在国内销售货物一批，缴纳增值税150 000元，因超过纳税期限5天，被税务机关加收滞纳金100元，本期收到以前出口货物的出口货物的出口退税款40 000元。计算该企业4月应缴纳的城建税和教育费附加。

案例分析：

海关对进口产品代征的增值税、消费税，不征收城建税和教育费附加，出口产品退还增值税、消费税的，不退还已缴纳的城建税和教育费附加。进口环节缴纳的增值税20 000元不需计算城建税和教育费附加，因迟交增值税而发生的滞纳金不作为城建税和教育费附加的计税依据。所以，本例中能作为城建税和教育费附加的计税依据是在国内销售货物而缴纳的增值税150 000元。

应纳的城建税税额 = 150 000 × 7% = 10 500（元）

应纳的教育费附加 = 150 000 × 3% = 4 500（元）

第二节
印花税

印花税是对经济活动和经济交往中书立、领受具有法律效力凭证的单位和个人征收的一种税。印花税属于行为税，凡发生、使用、领受应税凭证的行为，就必须依照印花税法的有关规定，履行纳税义务。

印花税的特点：

第一，兼有凭证税和行为税的性质。印花税是对纳税人发生书立、领受应税凭证的行为征税，属于行为税类。各类应税合同在书立签订时发生纳税行为，在今后的使用中不需缴纳印花税。

第二，征税范围广泛。无论是内资企业、外商投资企业，还是非营利单位、个人，书立、领受的各类经济合同、营业账簿、权利许可证照等，均应缴纳印花税。这些凭证在经济生活中被广泛地使用，随着经济的发展和法制的完善，印花税的征税范围也会越来越大。

第三，纳税人自行完成纳税义务。印花税的纳税方法完全不同于其他税种，主要采取纳税人自行计算应纳税额、自行购买印花税票、自行贴花、自行在每枚税票的骑缝处盖戳注销或画销的纳税方法，通常称为"自行贴花纳税"办法。

第四，税率低，税负从轻。印花税的税率及单位税额明显低于其他税种，最低的一档比例税率仅为应税凭证所载金额的万分之零点五，一般都为万分之几或千分之几；定额税率是每件应税凭证5元。税负均较轻，具有广聚资金、积少成多的财政效应。

一、印花税纳税人

印花税的纳税人是指在我国境内书立、使用、领受印花税征税范围所列凭证的单位和个人。单位和个人，是指国内各类企业、事业、机关、团体、部队，以及中外合资企业、合作企业、外资企业、外国公司企业和其他经济组织及其在华机构等单位和个人。按照书立、使用、领受应税凭证的不同，可以分别确定为立合同人、立据人、立账簿人、领受人和使用人五种。各类电子应税凭证的签订人也是印花税的纳税人。

（一）立合同人

指合同的当事人。所谓当事人，是指对凭证有直接权利义务关系的单位和个人，但不包括合同的担保人、证人、鉴定人。代理人有代理纳税的义务，他与纳税人负有同等的税收法律义务和责任。各类经济合同的纳税人是立合同人。

（二）立据人

产权转移书据的纳税人是立据人，是指土地、房屋权属转移过程中买卖双方的当事人。

（三）立账簿人

营业账簿的纳税人是立账簿人。所谓立账簿人，是指设立并使用营业账簿的单位和个人。

（四）领受人

权利、许可证照的纳税人是领受人。领受人，是指领取或接受并持有该项凭证的单位和个人。

（五）使用人

在国外书立、领受，但在国内使用的应税凭证，其纳税人是使用人。

值得注意的是，对应税凭证，凡由两方或两方以上当事人共同书立的，其当事人各方都是印花税的纳税人，应各就其所持凭证的计税金额履行纳税义务。

（六）各类电子应税凭证的签订人

各类电子应税凭证的签订人，是指以电子形式签订的各类应税凭证的单位和个人。

二、印花税征税范围、税目和税率

（一）征税范围

现行印花税只对《印花税暂行条例》列举的凭证征税，没有列举的凭证不征税。列举征税的凭证分为五类，即经济合同、产权转移书据、营业账簿、权利、许可证照和经财政部门确认征税的其他凭证，具体征税范围如下：

1. 经济合同。合同是指当事人之间为实现一定目的，经协商一致，明确当事人各方权利、义务关系，以经济业务活动作为内容的合同，通常称为经济合同，主要包括 10 个类别。这 10 个经济合同包括购销合同、加工承揽合同、建设工程勘察设计合同、建筑安装工程承包合同、财产租赁合同、货物运输合同、仓储保管合同、借款合同（包括融资租赁合同）、财产保险合同、技术合同或具有合同性质的凭证。

（1）购销合同，包括供应、预购、采购、购销结合及协作、调剂、补偿、贸易等合同；还包括各出版单位与发行单位（不包括订购单位和个人）之间订立的图书、报刊、音像征订凭证。

对于工业、商业、物资、外贸等部门经销和调拨商品、物资供应的调拨单（或其他名称的单、卡、书、表等），应当区分其性质和用途，即看其是作为部门内执行计划使用的，还是代替合同使用的，以确定是否贴花。凡属于明确双方供需关系，据以供货和结算，具有合同性质的凭证，应按规定缴纳印花税。

对纳税人以电子形式签订的各类应税凭证按规定征收印花税。

对发电厂与电网之间、电网与电网之间（国家电网公司系统、南方电网公司系统内部各级电网互供电量除外）签订的购售电合同，按购销合同征收印花税。电网与用户之间签订的供用电合同不征印花税。

（2）加工承揽合同，包括加工、定做、修缮、修理、印刷、广告、测绘、测试等合同。

（3）建设工程勘察设计合同，包括勘察、设计合同。

（4）建筑安装工程承包合同，包括建筑、安装工程承包合同。承包合同，包括总承包合同、分包合同和转包合同。

（5）财产租赁合同，包括租赁房屋、船舶、飞机、机动车辆、机械、器具、设备等合同，还包括企业、个人出租门店、柜台等签订的合同，但不包括企业主管部门签订的经营性门店出租合同。

（6）货物运输合同，包括民用航空、铁路运输、海上运输、公路运输和联运合同，以及作为合同使用的单据。

（7）仓储保管合同，包括仓储、保管合同，以及作为合同使用的仓单、栈单等。对某些使用不规范的凭证不便计税的，可就其结算单据作为计税贴花的凭证。

（8）借款合同，银行及其他金融组织与借款人（不包括银行同业拆借）所签订的合同，以及只填开借据并作为合同使用、取得银行借款的借据。融资租赁合同也属于借款合同。

（9）财产保险合同，包括财产、责任、保证、信用保险合同，以及作为合同使用的单据。财产保险合同，分为企业财产保险、机动车辆保险、货物运输保险、家庭财产保险和农牧业保险五大类。

（10）技术合同，包括技术开发、转让、咨询、服务等合同，以及作为合同使用的单据。技术转让合同，包括专利申请权转让、非专利技术转让所书立的合同，但不包括专利权转让、专利实施许可所书立的合同，后者属于"产权转移书据"；技术咨询合同，是当事人就有关项目的分析、论证、预测和调查订立的技术合同，一般的法律、会计、审计等方面的咨询不属于技术咨询，其所立合同不贴印花；技术服务合同，是当事人一方委托另一方就解决有关特定技术问题，如为改进产品结构、改良工艺流程、提高产品质量、降低产品成本、保护资源环境、实现安全操作、提高经济效益等提出实施方案，实施指导所订立的技术合同，包括技术服务合同、技术培训合同和技术中介合同，但不包括以常规手段或者为生产经营目的进行一般加工、修理、修缮、广告、印刷、测绘、标准化测试，以及 勘察、设计等所书立的合同。

在确定应税经济合同的范围时，需要注意以下三个问题：

（1）具有合同性质的凭证，是指具有合同效力的协议、契约、合约、单据、确认书及其他各种凭证。

（2）未按期兑现合同也应贴花。

（3）同时书立合同和开立单据的贴花方法。办理一项业务（如货物运输、仓储保管、财产保险、银行借款等），如果既书立合同，又开立单据，只就合同贴花；凡不书立合同，只开立单据，以单据作为合同使用的，其他使用的单据应按规定贴花。

2. 产权转移书据。产权转移即财产权利关系的变更行为，所称产权转移书据，是指单位和个人产权的买卖、继承、赠与、交换、分割等所立的书据。产权转移书据，包括财产所有权和版权、商标专用权、专利权、专有技术使用权等转移书据和土地使用权出让合同、土地使用权转让合同、商品房销售合同等权力转移合同。"财产所有权"转换书据的征税范围，是指经政府管理机关登记注册的动产、不动产的所有权转移所立的书据，以及企业股权转让所立的书据，并包括个人无偿赠送不动产所签订的"个人无偿赠与不动产登记表"。

3. 营业账簿。营业账簿，指单位或者个人记载生产经营活动的财务会计核算账簿。营业账簿按其反映内容的不同，可分为记载资金的账簿和其他账簿。

（1）资金账簿，是反映生产经营单位"实收资本"和"资本公积"金额增减变化的账簿。

（2）其他营业账簿，是反映除资金资产以外的其他生产经营活动内容的账簿，即除资金账簿以外的，归属于财务会计体系的生产经营用账册。

（3）有关"营业账簿"征免范围应明确的若干个问题：

①其他营业账簿包括日记账簿和各明细分类账簿。

②对采用一级核算形式的单位，只就财会部门设置的账簿贴花；采用分级核算形式的，除财会部门的账簿应贴花之外，财会部门设置在其他部门和车间的明细分类账，也应按规定贴花。

③车间、门市部、仓库设置的不属于会计核算范围或虽属会计核算范围，但不记载金额的登记簿、统计簿、台账等，不贴印花。

④对会计核算采用单页表式记载资金活动情况，以表代账的，在未形成账簿（账册）前，暂不贴花，待装订成册时，按册贴花。

⑤对有经营收入的事业单位，凡属由国家财政部门拨付事业经费，实行差额预算管理的单位，其记载经营业务的账簿，按其他账簿定额贴花，不记载经营业务的账簿不贴花；凡属经费来源实行自收自支的单位，对其营业账簿，应就记载资金的账簿和其他账簿分别按规定贴花。

⑥跨地区经营的分支机构使用的营业账簿，应由各分支机构在其所在地缴纳印花税。对上级单位核拨资金的分支机构，其记载资金的账簿按核拨的账面资金数额计税贴花；对上级单位不核拨资金的分支机构，只就其他账簿按定额贴花。

⑦实行公司制改造并经县级以上政府和有关部门批准的企业在改制过程中成立的新企业（重新办理法人登记的），其新启用的资金账簿记载的资金或因企业建立资本纽带关系而增加的资金，凡原已贴花的部分可不再贴花，未贴花的部分和以后新增加的资金按规定贴花。

公司制改造包括国有企业依《公司法》整体改造成国有独资有限责任公司；企业通过增资扩股或者转让部分产权，实现他人对企业的参股，将企业改造成有限责任公司或股份有限公司；企业以其部分财产和相应债务与他人组建新公司；企业将债务留在原企业，而以其优质财产与他人组建的新公司。

⑧以合并或分立方式成立的新企业，其新启用的资金账簿记载的资金，凡原已贴花的部分可不再贴花，未贴花的部分和以后新增加的资金按规定贴花。合并包括吸收合并和新设合并，分立包括存续分立和新设分立。

⑨企业债权转股权新增加的资金按规定贴花。

⑩企业改制中经评估增加的资金按规定贴花。

企业其他会计科目记载的资金转为实收资本或资本公积的资金按规定贴花。

4. 权利、许可证照。权利、许可证照是政府授予单位、个人某种法定权利和准予从事特定经济活动的各种证照的统称，包括政府部门发给的房屋产权证、工商营业执照、商标注册证、专利证、土地使用证等。

5. 经财政部确认征税的其他凭证。

例如，证券交易中的股权转移书据。

（二）税目和税率

1. 税目。印花税的税目，指税法明确规定的应当纳税的项目，它具体划定了印花税的征税范围。一般地说，列入税目的就要征税，未列入税目的就不征税。印花税共有 13 个税目。

2. 税率。印花税的税率有两种形式，比例税率和定额税率。

（1）比例税率。印花税的比例税率共有四个档次，即 1‰、0.5‰、0.3‰、0.05‰。按比例税率征税的有：各类经济合同及合同性质的凭证，记载有金额的账簿，产权转移书据等。

①借款合同，适用税率为 0.5‰。

②购销合同、建筑安装工程承包合同、技术合同，适用税率 3‰。

③加工承揽合同、建设工程勘察设计合同、货物运输合同、产权转移书据合同、记载资金数额的营业账簿等，适用税率为 5‰。

④财产租赁合同、仓储保管合同、财产保险合同，适用税率为 1‰。

⑤从 2008 年 9 月 19 日起，对买卖、继承、赠与所书立的 A 股、B 股股权转让书据的出让方按 1‰的税率征收证券（股票）交易税，对受让方不再征税。

（2）定额税率。印花税的定额税率是按件定额贴花，每件 5 元。它主要适用于其他账簿、权利许可证照等。这些凭证不属资金账簿或没有记载金额，规定按件定额纳税，可以方便纳税和简化征管。

"印花税税目税率表"见表 5 - 2。

表 5 - 2　　　　　　　　　　　印花税税目税率表

税目	范围	税率	纳税义务人	说明
购销合同	包括供应、预购、采购、购销结合及协作、调剂、补偿、易货等合同	按购销金额 0.3‰贴花	立合同人	
加工承揽合同	包括加工、定做、修缮、修理、印刷、广告、测绘、测试等合同	按加工或承揽收入 0.5‰贴花	立合同人	
建设工程勘察设计合同	包括勘察、设计合同	按收取费用 0.5‰贴花	立合同人	
建筑安装工程承包合同	包括建筑、安装工程承包合同	按承包金额 0.3‰贴花	立合同人	
财产租赁合同	包括租赁房屋、船舶、飞机、机动车辆、机械、器具、设备等	按租赁金额 1‰贴花。税额不足一元的按一元贴花	立合同人	

续表

税目	范围	税率	纳税义务人	说明
货物运输合同	包括民用航空、铁路运输、海上运输、内河运输、公路运输和联运合同	按运输费用 0.5‰贴花	立合同人	单据作为合同使用的，按合同贴花
仓储保管合同	包括仓储、保管合同	按仓储保管费用1‰贴花	立合同人	仓单或栈单作为合同使用的，按合同贴花
借款合同	银行及其他金融组织和借款人（不包括银行同业拆借）所签订的借款合同	按借款金额 0.05‰贴花	立合同人	单据作为合同使用的，按合同贴花
财产保险合同	包括财产、责任、保证、信用等保险合同	按保费金额1‰贴花	立合同人	单据作为合同使用的，按合同贴花
技术合同	包括技术开发、转让、咨询、服务等合同	按所载金额 0.3‰贴花	立合同人	
产权转移书据	包括财产所有权和版权、商标专用权、专利权、专有技术使用权等转移书据	按所载金额 0.5‰贴花	立据人	
营业账簿	生产经营用账册	记载资金的账簿，按固定资产原值与自有流动资金总额0.5‰贴花。其他账簿按件贴花5元	立账簿人	以后年度资金总额比已贴花资金总额增加的，增加部分应按规定贴花
权利、许可证照	包括政府部门发给的房屋产权证、工商营业执照、商标注册证、专利证、土地使用证	按件贴花5元	领受人	

三、印花税应纳税额的计算

（一）计税依据

1. 经济合同。经济合同或具有合同性质的凭证，以凭证所记载的金额、收入或费用为计税依据。

（1）购销合同的计税依据为购销金额。在商品购销活动中，采用以货换货方式进行商品交易签订的合同，是反映既购又销双重经济行为的合同，应看成签订了两份合同。

（2）加工承揽合同的计税依据为加工或承揽收入。又区分两种情况：

①受托方提供原材料的，原材料金额与加工费在合同中分别列明的，原材料和辅料按购销合同计税，加工费按加工承揽合同计税，二者合计为应纳税额；合同中未分别列明的，原料及加工费合并按加工承揽合同税率计算纳税。

②委托方提供原材料的，按加工费和辅料金额依加工承揽合同计税，原材料不交印花税。

（3）建设工程勘察设计合同的计税依据为收取的费用。

（4）建筑安装工程承包合同的计税依据为承包金额，不得剔除任何费用。施工单位将自己承包的建设项目分包或转包给其他施工单位所签订的分包合同或转包合同，应以新的分包合同或转包合同所载金额为依据计算应纳税额。

（5）财产租赁合同的计税依据为租赁金额（租金收入）。

（6）货物运输合同的计税依据为运输费金额（运费收入），但不包括所运货物的金额、装卸费、保险费用。对于联运业务的运输合同，还有如下规定：

①对国内各种货物联运，凡在起运地统一结算全程运费的，以全程运费作为计税依据，由起运地运费结算双方缴纳印花税；凡分程结算运费的，以分程运费作为计税依据，分别由办理运费结算的各方缴纳印花税。

②对国际货运，凡由我国运输企业运输的，不论在我国境内、境外起运或中途分程转运，我国运输企业所持的一份运费结算凭证，均以本程运费为计税依据；托运方所持的一份运输结算凭证，以全程运费为计税依据。由外国运输企业运输进出口的货物，外国运输企业所持的运费结算凭证免纳印花税；托运方所持的运费结算凭证照章纳税。国际货运运费结算凭证在国外办理的，应在凭证转回我国境内时缴纳印花税。

（7）仓储保管合同的计税依据为仓储保管费用（保管费收入）。

（8）借款合同的计税依据为借款金额（借款本金），不包括按照合同规定计算的利息。对借款方以财产作抵押，从贷款方取得一定数量抵押贷款的合同，应按借款合同贴花；在借款方因无力偿还借款而将抵押财产转移给贷款方时，应再就双方书立的产权书据，按产权转移书据的有关规定计税贴花；银行及其他金融组织的融资租赁业务签订的融资租赁合同，应按合同所载租金总额，暂按借款合同计税。

（9）财产保险合同的计税依据为支付（收取）的保险费金额，不包括所保财产的金额。

（10）技术合同的计税依据为合同所载的价款、报酬或使用费。为了鼓励技术研究开发，对技术开发合同，只就合同所载的报酬金额计税，研究开发经费不作为计税依据。单对合同约定按研究开发经费一定比例作为报酬的，应按一定比例的报酬金额贴花。

载有两个或两个以上应适用不同税目税率经济事项的同一凭证，分别记载金额的，应分别计算应纳税额，相加后按合计税额贴花；未分别记载金额的，按税率高的计算贴花。

2. 营业账簿。营业账簿税目中记载资金的账簿的计税依据为"实收资本"与"资本公积"两项的合计金额。凡资金账簿在次年度的"实收资本"和"资本公积"未增加的，对其不再计算贴花。其他日记账簿和各种明细分类账簿等辅助性账簿的计税依据为应税凭证件数。

3. 权利、许可证照。权利、许可证照的计税依据为应税凭证件数。

（二）应纳税额计算

印花税的应纳税额，根据应税凭证的性质，分别按比例税率或者定额税率计算，其计算公式如下。

1. 适用比例税率的应税凭证，计税公式为

$$应纳税额 = 计税金额 \times 适用税率$$

2. 适用定额税率的应税凭证，计税公式为

$$应纳税额 = 凭证数量 \times 单位税额$$

3. 营业账簿中记载资金的账簿，计税公式为

$$应纳税额 = （实收资本 + 资本公积） \times 0.5‰$$

4. 其他账簿，按件贴花，每件5元。

【案例2】 某房地产开发公司2011年1月开业，领受房产证、工商执照、商标注册证、土地使用证各一件，企业营业账簿中，实收资本20 000 000元，其他账簿38本。当月企业与其他单位签订购销合同两份，合同金额分别为200 000元和500 000元；签订建筑工程勘探、设计合同一份，应支付勘探、设计费800 000元；建筑工程承包合同一份，工程承包合同金额为62 000 000元。12月末，企业经批准增加投资，实收资本增加30 000 000元，资本公积增加5 000 000元。要求：计算该企业1月和12月应纳的印花税。

案例分析：

（1）1月应纳印花税税额计算如下：

领取权利许可证应纳印花税税额 $= 5 \times 4 = 20$（元）

资金账簿应纳印花税税额 $= 20\,000\,000 \times 0.5‰ = 10\,000$（元）

营业账簿中的其他账簿应纳印花税税额 $= 38 \times 5 = 190$（元）

购销合同应纳印花税税额 $= （200\,000 + 500\,000）\times 0.3‰ = 210$（元）

建设工程勘探、设计合同应纳印花税税额 $= 800\,000 \times 0.5‰ = 400$（元）

工程承包合同应纳印花税税额 $= 62\,000\,000 \times 0.3‰ = 18\,600$（元）

1月应纳印花税税额 $= 20 + 10\,000 + 190 + 210 + 400 + 18\,600 = 29\,420$（元）

（2）12月应纳印花税税额计算如下：

12月资金账簿增加金额，增加部分应按规定贴花。

12月应纳印花税税额 $= （30\,000\,000 + 5\,000\,000）\times 0.5‰ = 17\,500$（元）

四、印花税的征收管理

（一）纳税方法

根据印花税税额大小、贴花次数以及税收征收管理的需要，其缴纳方法可以分为三种：

1. 自行贴花办法。自行贴花办法是指纳税人在发生纳税义务时，应当根据应税凭证的性质和适用税目、税率，自行计算应纳税额，自行购买印花税票，自行一次贴足印花税票并加以注销或划销。该办法概括为：自行计算、自行购花、自行贴花。这种办法，一般适用于应税凭证较少或者贴花次数较少的纳税人。

值得注意的是，纳税人购买了印花税票，支付了税款，国家就取得了财政收入。但就印花税来说，纳税人支付了税款并不等于已履行了纳税义务。纳税人必须自行贴花并注销或划销，这样才算完整地完成了纳税义务。

2. 汇贴或汇缴办法。"汇贴"办法是指一份凭证应纳税额超过500元的，应当向当地税务机关申请填写缴款书或者完税证，将其中一联粘贴在凭证上或者由税务机关在凭证上加注完税标记，代替贴花。

"汇缴"办法是指同一类应纳税凭证，需频繁贴花的，应当向当地税务机关申请按期汇总缴纳印花税。经税务机关核准发给许可证后，按税务机关确定的期限汇总计算纳税，但最长期限不得超过一个月。

汇贴或汇缴办法一般适用于应纳税额较大或者贴花次数频繁的纳税人。

采用按期汇总缴纳方式的纳税人需要注意以下事项：

（1）应事先告知主管税务机关，缴纳方式一经选定，1年内不得改变。

（2）对征税凭证和免税凭证汇总时，凡分别汇总的，按本期征税凭证的汇总金额计算缴纳印花税，凡确属不能分别汇总的，应按本期全部凭证的实际汇总金额计算缴纳印花税。

凡汇总缴纳印花税的凭证，应加注税务机关指定的汇缴戳记、编号并装订成册后，将已贴印花或者缴款书的一联粘附册后，盖章注销，保存备查。

3. 委托代征办法。代扣代缴办法亦称委托代征办法，是指税务机关委托某些代理填开应税凭证的单位（如代办运输、联运的单位）代扣凭证的当事人应纳的印花税，并按期汇总缴纳。所谓发放或者办理应纳税凭证的单位，是指发放权利、许可证照的单位和办理凭证的鉴证、公证及其他有关事项的单位。在委托代征税款中，税务机关应与代征单位签订代征委托书。如按照印花税法规定，工商行政管理机关核发各类营业执照和商标注册证的同时，负责代售印花税票，征收印花税税款，并监督领受单位或个人负责贴花。税务机关委托工商行政管理机关代售印花税票，按代售金额5%的比例支付代售手续费。

纳税人不论采用哪一种方法，均应妥善保管纳税凭证，保存期限除国家另有规定外，其余凭证均应在履行完毕后保存1年。

（二）纳税环节

印花税应当在书立或领受时贴花。具体是指，在合同签订时、账簿启用时和证照领受时贴花。如果合同是在国外签订，并且不便在国外贴花的，应在将合同带入境时办理贴花纳税手续。

（三）纳税期限

税法规定，印花税应税凭证应在书立、领受时即行贴花完税，不得延至凭证生效日期贴花。

（四）纳税地点

印花税一般实行就地纳税。对于全国性商品物资订货会（包括展销会、交易会等）上所签订合同应纳的印花税，由纳税人回其所在地后及时办理贴花完税手续；对地方主办、不涉及省际关系的订货会、展销会上所签合同的印花税其纳税地点由各省、自治区、直辖市人民政府自行确定。

"印花税纳税申报表"见表 5 – 3。

表 5 – 3 印花税纳税申报表

填表日期： 年 月 日

纳税人识别号： 税款所属期 年 月 日至 年 月 日

税务计算机代码： 金额单位：元（列至角分）

单位名称					
	税目	份数	计税金额	税率	已纳税额
购销合同					
加工承揽合同					
建设工程勘察设计合同					
建筑安装工程承包合同					
财产租赁合同					
货物运输合同					
仓储保管合同					
借款合同					
财产保险和合同					
技术合同					
产权转移书据					
账簿	资金账簿				
	其他账簿				
权利许可证照					
其他					
合计		—	—	—	

　　根据印花税暂行条例规定应缴纳印花税的凭证在书立和领受时贴花完税，我单位应纳税凭证均已按规定缴纳，本报表中已纳税额栏填写数字与应纳税额是一致的。

经办人（章）：

登记申报单位 （盖章）	企业财务负责人 （盖章）	税务机关受理申报日期： 受理人（章）： 年 月 日

（五）印花税的违章处理

印花税以纳税人自行缴纳为主要纳税方式，因而印花税法律制度单独规定了违章处理。自 2004 年 1 月 29 日起，印花税的具体处罚规定按以下办法执行。

1. 在应纳税凭证上未贴或少贴印花税票的或者已粘贴在应税凭证上的印花税票未注销或者未划销的，由税务机关追缴其不缴或者少缴的税款、滞纳金，并处不缴或者少缴的税款50%以上、5倍以下罚款。

2. 已粘贴的印花税票揭下重用造成未缴或少缴印花税的，由税务机关追缴其不缴或者少缴的税款、滞纳金，并处不缴或者少缴税款50%以上、5倍以下的罚款。构成犯罪的，依法追究刑事责任。

3. 伪造印花税票的，由税务机关责令改正，处以2 000元以上1万元以下的罚款。情节严重的，处以1万元以上、5万元以下的罚款。构成犯罪的，依法追究刑事责任。

4. 按期汇总缴纳印花税的纳税人，超过税务机关核定的纳税期限，未缴或少缴印花税款的，由税务机关追缴其不缴或少缴的税款、滞纳金，并处不缴或者少缴的税款50%以上、5倍以下的罚款。情节严重的，同时撤销其汇缴许可证。构成犯罪的，依法追究刑事责任。

5. 纳税人违反以下规定的，由税务机关责令限期改正，可处以2 000元以下的罚款。情节严重的，处以2 000元以上、1万元以下的罚款。

（1）凡汇总缴纳印花税的凭证，应加注税务机关指定的汇缴戳记，编号并装订成册后，将已贴印花或者缴款书的一联粘附册后，盖章注销，保存备查。

（2）纳税人对纳税凭证应要善保存。凭证的保存期限凡国家已有明确规定的，按规定保存，没有明确规定的其余凭证均应在履行完毕后保存1年。

6. 代售户对取得的税款逾期不缴或者挪作他用，或者违反合同将所领印花税票转托他人代售或者转至其他地区销售，或者未按规定详细提供领、售印花税票情况的，税务机关可视其情节轻重，给予警告或者取消其代售资格的处罚。

第三节
印花税的税收筹划

印花税虽然是个小税种，税率也非常低，但我们不能忽视它，因为经济活动中充满了各种应税合同、产权转移书据和营业账簿，有的金额非常大，需要我们通过适当调整合同记载金额、重新明确合同性质、适用更低税率、利用减免税等方法进行税收筹划，另外也可以通过延后纳税义务的方法，取得税款的时间价值。

一、分项核算筹划法
印花税规定，同一凭证有两个或两个以上经济事项而适用不同税目税率时，如果分别记载金额的，应分别计算应纳税额，然后按合计税额贴花；若未分别记载金额的，按税率高的计税贴花。实际经济活动中，经常是一个合同中规定若干项目，例如，加工承揽合同中规定受托方要收取的加工费和代垫辅料外，有时还会由受托方提供原材料和主要材料的金额。因此纳税人应分别记载各项内容的金额，以保证准确缴纳印花税。

【案例3】甲公司和乙公司是长年业务合作单位，2010年2月，甲公司的一批货物租用乙公司的仓库保管一年，约定仓储保管费为120万元；另约定甲公司购买乙公司的包装箱1 000个，每个0.1万元，合计100万元。在签订合同时，甲公司和乙公司签署了一份保管合同，其中约定了上述保管和购买包装箱的事项，但未分别记载相应金额，仅规定甲公司向乙公司支付款项220万元。请计算甲公司和乙公司应当缴纳的印花税，并提出纳税筹划方案。

案例分析：

由于上述两项交易没有分别记载金额，应当按照较高的税率合并缴纳印花税。购销合同的印花税税率为0.3‰，仓储保管合同的印花税税率为1‰。甲公司和乙公司应当分别按照1‰的税率缴纳印花税，分别缴纳印花税：2 200 000 ×1‰ = 2 200（元），合计缴纳印花税4 400元。

根据税法的规定，如果上述两项交易分别记载金额或者签订两个合同，则可以分别适用各自税率计算印花税。两个公司分别缴纳印花税：1 200 000 × 1‰ + 1 000 000 × 0.3‰ = 1 500（元），合计缴纳印花税3 000（1 500 × 2）元。

减轻税收负担：4 400 - 3 000 = 1 400（元）

显而易见，由于两种合同的具体表述不同，在纳税上存在较大的差异，不同税率项目合并为一笔金额签订合同时，会给纳税人带来不应有的损失。因此，纳税人在书立此种应税凭证时，应当分别记载适用不同税目、税率的经济事项的金额，并在总金额既定的前提下，在合理的限度内尽量减少适用高税率经济事项的金额，降低双方印花税负担。

加工承揽合同如果采用受托方提供原材料和主要材料，应分别记载原材料、主要材料金额及加工费金额，否则全部金额都按照加工承揽合同税率0.5‰计税，而原材料金额适用印花税税率为0.3‰，这会造成虚增一部分印花税。另外，受托方在签订合同时，可与对方商议，在合同总金额不变的情况下，适当降低加工承揽金额，把其中按加工费计税的辅料款项加入到原材料金额中，或另签一份购销合同，以缩减相对高税率的加工费金额，减少印花税。

二、利用税收优惠进行的筹划

在进行印花税的税收筹划时，应注意利用相关的税收优惠政策。

（一）免征印花税的一般凭证

1. 对已缴纳印花税凭证的副本或抄本。凭证的正式签署本已按规定缴纳了印花税，其副本或者抄本对外不发生权利义务关系，只是留存备查。但以副本或者抄本视同正本使用的，则应另贴印花。

2. 对财产所有人将财产赠给政府、社会福利单位、学校所立的书据。

3. 对国家指定的收购部门与村委会、农民个人书立的农副产品收购合同。

4. 对无息、贴息贷款合同。

5. 对外国政府或国际金融组织向我国政府及国家金融机构提供优惠贷款所书立的合同。

6. 对房产管理部门与个人签订的用于生活居住的租赁合同。

7. 对农牧业保险合同。

8. 对军事物资运输、抢险物资运输、新建铁路的工程临管线运输等的特殊货运凭证。

（二）企业改制过程中有关印花税征免规定

1. 关于资金账簿的印花税。此类账簿印花税的征免规定具体有：

实行公司制的企业在改制过程中成立的新企业（重新办理法人登记的），其新启用的资金账簿记载的资金或因企业建立资金纽带关系而增加的资金，凡原已贴花的部分可不再贴花，未贴花的部分和以后新增加的资金按规定贴花。

以合并或分立方式成立的新企业，其新启用的资金账簿记载的资金，凡原已贴花的部分可不再贴花，未贴花的部分和以后新增加的资金按规定贴花。

企业债权转股权新增加的资金按规定贴花。

企业改制中经评估增加的资金按规定贴花。

企业其他会计科目记载的资金转为实收资本或资本公积的资金按规定贴花。

2. 各类应税合同的印花税。企业改制前签订但尚未履行完的各类应税合同，改制后需要变更执行主体的，对仅改变执行主体、其余条款未作变动且改制前已贴花的，不再贴花。

3. 产权转移书据的印花税。企业因改制签订的产权转移书据免予贴花。

4. 股权分置改革过程中因非流通股股东向流通股股东支付对价而发生的股权转让，暂免征收印花税。

印花税的优惠政策都有特定限制，能广泛应用的很少，所以，纳税人的经济业务若涉及以上相关方面的，应充分利用免税条款。

三、模糊、压缩金额筹划法

（一）利用模糊金额方法进行印花税的筹划

模糊金额筹划法又称为金额暂不确定筹划法。具体来说，是指签订合同的当事人在签订数额较大的合同时，无法确定准确的计税金额，或有意地使合同上所载金额在能够明确的条件下不最终确定，以达到少缴印花税税款目的的一种行为。

> 【案例4】某设备租赁公司欲和某生产企业签订一租赁合同，由于租赁设备较多，而且设备本身比较昂贵，因为租金每年500万元，则两企业均应缴纳印花税，其计算如下：
>
> $$各自应纳税额 = 5\,000\,000 \times 1‰ = 5\,000（元）$$

案例分析：

如果两企业在签订合同时仅规定每天的租金数，而不具体确定租赁合同的执行时限，则根据税法规定，两企业只需各自先缴纳 5 元的印花税，余下部分等到最终结算时才缴纳，从而达到了节省税款的目的。

当然，在这种筹划方法下，税收负担的减轻只是暂时的，这笔钱在以后还是要缴上去的，但现在不用缴纳便获得了货币的时间价值，对企业来说是有利无弊的，而且这种筹划方法极其简单易行。

利用模糊金额筹划方法，纳税人延缓缴纳印花税。从长期来看，并没有减轻税收负担，但是获得了资金的时间价值。

（二）利用压缩金额方法进行印花税的筹划

这种方法又称为金额压缩筹划法。由于各种经济合同的纳税人是订立合同的双方或多方当事人，其计税依据是合同所载的金额，因而出于共同利益，双方或多方当事人可以经过合理筹划，使各项费用及原材料等的金额通过合法的途径从合同所载金额中得以减除，从而压缩合同的表面金额，达到少缴纳税款的目的。

在日常生活中，如果经济交易活动能当面解决，一般是不用签订合同的。比如加工承揽合同中，辅助材料的购销不用订立购销合同，这也能省去部分税款。当然，如果经济当事人双方信誉较好，不签加工承揽合同当然更能节省税款，但这样可能会带来一些不必要的经济纠纷。

【案例 5】 甲公司和乙公司欲签订一份加工承揽合同，数额较大。根据税法规定，加工承揽合同的计税依据是加工承揽收入（承揽收入是指合同中规定的受托方的加工费收入和提供的辅助材料金额之和）。如果双方当事人能想办法将辅助材料金额压缩，双方就能够少缴纳印花税。

具体做法是由委托方自己提供辅助材料。如果委托方自己无法提供或是无法完全提供，也可以由受托方提供全部或部分辅助材料。此时对印花税进行筹划，分为以下两个步骤：

1. 双方签订一份购销合同，先将辅助材料的所有权进行转移。购销合同的适用税率为 0.3‰，而加工承揽合同适用税率为 0.5‰。很明显，购销合同的税率比较低。因此，只要合同双方将部分或全部辅助材料的所有权进行转移，加工承揽合同和购销合同所缴纳的印花税之和就能够减少。

2. 双方签订加工承揽合同，其合同金额仅包括加工承揽收入，而不包括辅助材料金额。

筹划分析：

购销合同的税率比较低。双方签订经济合同，出于共同利益，进行合理的合同设计，将一部分金额从加工承揽合同转移到购销合同。虽然购销合同也要缴纳印花税，但两个合同所负担的印花税之和低于筹划前的印花税金额。如果 A、B 双方的合同金额比较大，进行这样的筹划就可以收到比较明显的效果。

四、减少书立使用凭证人数的筹划

这种筹划方法极其简单，其思路就是尽量减少书立使用各种凭证的人数，使更少的人缴纳印花税，使当事人总体税负下降，从而达到少缴纳税款的目的。

根据印花税相关法规，对于应税凭证，凡是由两方或两方以上当事人共同书立的，其当事人各方都是印花税的纳税人。如果几方当事人在书立合同时，使能够不在合同上出现的当事人不以当事人身份出现在合同上，效果就达到了。

五、纳税人相互拆借资金进行印花税的筹划

根据印花税的规定，银行及其他金融机构与借款人（不包括银行同业拆借）所签订的合同，以及只填开借据并作为合同使用，取得银行借款的借据应按照"借款合同"税目缴纳印花税。而企业之间的借款合同则不用贴花。因而对企业来说，和金融机构签订借款合同，其效果与和企业（其他企业）签订借款合同在抵扣利息支出上是一样的，而前者要缴纳印花税，后者不用缴纳印花税。如果两者的借款利率是相同的，则向企业借款效果会更好。

上述两种筹划方法都有一个必要的前提，就是当事人之间必须要有足够的信任。只有这样，才能使当事人认为不存在信用风险，从而愿意利用这两种方法达到少负担印花税的目的。

【本章小结】

城市维护建设税（简称城建税），是国家对缴纳增值税、消费税、营业税（简称三税）的单位和个人就其实际缴纳的"三税"税额为计税依据而征收的一种税。城建税的纳税人是缴纳增值税、消费税、营业税的单位和个人。自 2010 年 12 月 1 日起，对外商投资企业、外国企业及外籍个人征收城市维护建设税。城建税的征税范围包括城市、县城、建制镇以及税法规定征收"三税"的其他地区。城建税按纳税人所在地的不同，设置三档地区差别比例税率：7%、5% 和 1%。

印花税是对经济活动和经济交往中书立、领受具有法律效力的凭证的单位和个人征收的一种税。印花税的纳税人是指在我国境内书立、使用、领受印花税征税范围所列凭证的单位和个人。按照书立、使用、领受应税凭证的不同，可以分别确定为立合同人、立据人、立账簿人、领受人和使用人五种。各类电子应税凭证的签订人也是印花税的纳税人。其筹划的主要渠道是分项目核算方法、利用税收优惠政策、模糊、压缩金额筹划法和减少书立使用凭证人数进行税收筹划，降低纳税人税收负担。

✍ 【操作训练】

1. 某市一企业 5 月应纳增值税 52 万元，被税务机关查出 5 月为他人代开增值税专用发票 5 份，价款 20 万元。此行为被当地税务机关处 1 倍罚款，并加征了滞纳金（滞纳天数为 123 天）。

要求：请根据上述资料，计算该企业本月应纳的城市维护建设税、应补缴的增值税及各项税的罚款、滞纳金。

2. 某地下列纳税人发生如下业务：

（1）甲签订运输合同 1 份，总金额 100 万元（含装卸费 5 万元），进行货物国际联运。

（2）乙出租居住用房一间给某单位，月租金 500 元，租期不定。

（3）丙签订销售合同，数量 5 000 件，无金额，当期市价 50 元/件。

（4）房管部门与个人签订房租合同，其中一部分出租，月租金 600 元/月，租期 2 年。

（5）企业与他人签订一份仓储合同，保管费 50 000 元，但未履行，企业将贴用的印花税票揭下留用。

要求：计算各纳税人应纳的印花税，并说明是否有违章行为，如有应如何处理。

3. 2010 年底，甲物流公司准备与乙超市连锁集团签订一份 2011 年运输仓储合同。合同记载运输费和保管费共计 600 万元，其中运输费用 350 万元，保管费用 250 万元。税法规定，运输合同印花税税率为 0.5‰，保管合同印花税税率为 1‰，请问纳税人应怎样签订这份合同呢？

4. 某工厂接受当地一家商场委托，负责加工一批商品，总价值为 500 万元，由该工厂提供所需原材料共 400 万元。有两个方案可能选择：

方案 1：按照总价值签订合同。

方案 2：按照材料和加工费分开签订合同。

要求：请对这两种方案涉及的印花税进行计算并分析。

第六章

关　税

GUANSHUI

【本章学习目标】

知识目标：了解关税基本法律规定，掌握应纳税额的计算，熟悉纳税申报及其纳税筹划的方法。

能力目标：使学生能够运用关税的基本规定，正确计算进口、出口应纳关税税额，掌握关税纳税申报的方法，具备关税纳税筹划的操作能力。

 【导入案例】

国内某科技研究所甲单位经批准投资3亿元建立一个新能源实验室，其中的核算设备只有西欧某国乙公司才能制造，这是一种高新技术产品。由于这种新产品刚刚走出实验室，其确切的市场价格尚未形成，甲单位已确认其未来的市场价格将远远高于目前市场上的类似产品。乙公司预计此种产品进口到中国市场上售价将达到2 000万美元，经过多次友好协商，甲单位以1 800万美元的价格作为该国技术援助项目购得该设备，而其类似产品的市场价格仅为1 000万美元，关税税率为25%，外汇汇率为1:6.8。

甲单位不符合关税的优惠条件，在报关环节应该照章缴纳关税。如果按照交易的实际情况进行申报，则该设备应缴纳的关税为3 060万元（1 800×6.8×25%）。

请税务专家筹划，税务专家对业务情况进行了全面调研后，提出了一个申报方案：以900万美元的价格向海关申报。

当甲单位向当地海关进行申报进口时，海关认为其资料不真实，于是立案调查。经过调查，海关当局发现与该设备相近的产品的市场价格为1 000万美元。而该设备是一种刚刚研制开发出来的新产品，其价格应当高于1 000万美元。于是，海关对该进口新产品比照类似货物成交价格进行估价，确定其价格为1 000万美元。于是，甲单位应当缴纳关税为1 700万元（1 000×6.8×25%）。

通过税收筹划，甲单位节约关税 1 360 万元（3 060 – 1 700）。

本案例是针对稀有产品的税收筹划。稀有产品指的是目前市场上还没有或很少出现的产品，如高新技术、特种资源、新产品等。由于这些产品进口没有确定的市场价格，而且其预期市场价格一般要远远高于通常市场类似产品的价格，这就为进口完税价格的申报留下了较大的空间。由于有关税则的刚性比较强，进行类似的筹划存在较大的政策风险和技术风险。因此，税收筹划时应注意化解企业的相关风险。

【关键词】

关税　完税价格　滑准税　保税制度

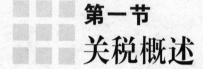

第一节
关税概述

一、关税的概念及分类

（一）关税的概念

关税是海关根据国家制定的有关法律，对进出关境的货物、物品征收的一种商品税。

关税作为单独的税种，除具有一般税收的特点之外，还具有以下特点：

第一，关税的征收对象是进出关境的货物和物品。关税的计税环节在关境，其对象是进出境的货物。物品只有在进境时才被征关税。物品在境内流转时是不需要纳税的。

第二，关税是单一环节的价外税。关税的计税依据是海关以实际成交价格为基础审查确定的完税价格，不包括关税。但海关代为征收增值税、消费税时，其计税依据包括关税在内。

第三，有较强的涉外政策性。关税只对进出境的货物和物品征收。关税税则的制定、税率的高低，直接会影响到国际贸易的开展。随着世界经济一体化的发展，世界各国的经济联系越来越密切，贸易关系不仅反映简单经济关系，而且成为一种政治关系。这样，关税政策、关税措施也往往和经济政策、外交政策紧密相关，具有涉外性。

（二）关税的分类

依据不同的标准，关税可以划分为不同的种类。

1. 按征税对象分类。关税按征收对象分为进口关税、出口关税。

（1）进口关税是指海关对外国输入本国关境的货物、物品征收的一种关税，它是主要征收的一种关税。

（2）出口关税是对输出本国关境的货物征收的一种关税。目前主要是一些发展中国家征收出口关税，我国仅对少数货物征收出口关税。

2. 按征税标准分类。关税按征收标准分为从量税、从价税、复合税和滑准税。

（1）从量税与进口商品价值无关，以进出口商品的重量、长度、容量、面积等计量单位为计税依据征税。从量税计算简便，通关手续快捷，能抑制质次价廉商品或故意压低价格商品的进口。目前，我国对原油、部分鸡产品、啤酒、胶卷等实行从量税。

（2）从价税以进口商品的价值为计税依据，按照进口商品价值的一个百分比征税。从价计税税负比较公平、明确。

（3）复合税是对进口商品同时使用从价和从量计征进口关税。目前我国对录像机、放像机、摄像机、数字照相机、摄录一体机实行复合税。

（4）滑准税是一种关税税率随进口商品价格由高到低而由低到高设置税率计征的关税。滑准税可以保持实行滑准税商品的国内市场价格相对稳定，尽可能减少国际市场价格波动的影响。目前，我国对新闻纸实行滑准税。

3. 按征税性质分类。关税按征税性质分为普通关税、优惠关税和差别关税。

（1）普通关税适用于与本国没有签税收协定的国家的进口货物征税。

（2）优惠关税是按协议规定的优惠税率征收，包括特定优惠关税（特惠税）、发达国家给予发展中国家的普遍优惠制（普惠制）、最惠国待遇（现在和将来给予第三国的优惠，同样适于对方）。

（3）差别关税是对来自不同国家和地区的货物给予差别对待，包括反补贴关税、反倾销关税、报复关税、保障性关税（某类商品进口量剧增，对相关产业带来巨大影响或损害时，按照 WTO 规则，启动一般保障措施，磋商、提高进口关税或数量限制）等。

二、关税的征税对象和纳税人

（一）征税对象

关税征税对象是指国家准许进出口的货物、进境物品，但法律、行政法规另有规定的除外。货物是指贸易性商品；物品是指入境旅客随身携带的行李物品、个人邮递物品、各种运输工具上的服务人员携带进口的自用物品、馈赠物品以及其他方式进境的个人物品。

（二）纳税人

关税对进口货物的收货人、出口货物的发货人和进出境物品的所有人征收。进出口货物的收、发货人是指依法取得对外贸易经营权并进口或出口货物的法人或其他社会团体。进出境物品的所有人包括该货物的所有人和推定为所有人的人。一般情况下，对于携带进境的物品，推定其携带人为所有人；对分离运输的行李，推定相应的进出境旅客为所有人；对以邮递方式进境的物品，推定其收件人为所有人；以邮递或其他运输方式出境的物品，推定其寄件人或托运人为所有人。

三、关税的税率

（一）关税税则制度

关税税则是一国对进出口商品计征关税的规章和对进出口的应税与免税商品加以系统分类的一览表。海关凭以征收关税，是关税政策的具体体现。《中华人民共和国海关进出口税则》（简称《关税税则》），是确定商品归类、适用税率的法律文件。现行关税税则包括两个部分：一部分是海关计征关税的规章条例及说明；另一部分是关税税目、税则列号和税率。

《关税税则》是以《商品名称及编码协调制度》为基础，结合我国进出口商品的实际而编排的。全部应税商品共分为21大类。

在21类商品之下，分为97章，每章商品又被细分为若干商品项数。这些商品项数分别被8位数字组成的代码表示，或称为税则号列。每个税则号列后还要对商品进行基本描述，以及该税则号列商品适用的税率。我国2011年版进出口税则税目总数为7 977个。

（二）进口关税税率

我国加入WTO之后，为履行我国在加入WTO关税减让谈判中承诺的有关义务，享受WTO成员应有的权利，自2002年1月1日起，我国进口关税税率设有最惠国税率、协定税率、特惠税率、普通税率、关税配额税率。对进口货物在一定期限内可以实行暂定税率。

1. 最惠国税率。最惠国税率适用于原产于与我国共同适用最惠国待遇条款的WTO成员国或地区的进口货物，或原产于与我国签订有相互给予最惠国待遇条款的双边贸易协定的国家或地区进口的货物，以及原产于我国境内的进口货物。

2. 协定税率。协定税率适用于原产于我国参加的含有关税优惠条款的区域性贸易协定有关缔约方的进口货物。

3. 特惠税率。特惠税率适用于原产于与我国签订有特殊优惠关税协定的国家或地区的进口货物。

4. 普通税率。普通税率适用于原产于上述国家或地区以外的其他国家或地区的进口货物以及原产地不明的进口货物。

5. 暂定税率。暂定税率优先适用于优惠税率或最惠国税率。适用最惠国税率的进口货物有暂定税率的，应当适用暂定税率；适用协定税率、特惠税率的进口货物有暂定税率的，应当从低适用税率；适用普通税率的进口货物，不适用暂定税率。

6. 配额税率。我国部分进口农产品等实行关税配额，配额内的进口商品税率较低，配额外的进口商品税率较高。按照国家规定实行关税配额管理的货物，在关税配额以内的，适用关税配额税率；在关税配额以外的，其税率的适用按照上述最惠国税率、协定税率、特惠税率、普通税率和暂定税率的规定执行。

7. 进境物品税率。我国自2011年1月27日起调整进境物品税，调整后的《中华人民共和国进境物品进口税率表》见表6-1。

表 6 – 1　　　　　　　　　　中华人民共和国进境物品进口税率表

税号	税率（%）	物品名称
1	10	书报，刊物，教育专用电影片，幻灯片，原版录音带、录像带，金、银及其制品，计算机，视频摄录一体机，数字照相机等信息技术产品，照相机，食品，饮料，本表税号 2、3、4 及备注不包含的其他商品
2	20	纺织品及其制成品、电视摄像机及其他电器用具、自行车、手表、钟表（含配件、附件）
3	30	高尔夫球及球具、高档手表
4	50	烟、酒、化妆品

（三）出口关税税率

我国出口税则为一栏税率，即出口税率。国家仅对少数资源性产品及易于竞相杀价、盲目进口、需要规范出口秩序的半制成品征收出口关税。现行税则主要是对鳗鱼苗等 36 种商品计征出口关税，其中 23 种商品实行 0 ~ 20% 的暂定税率，其中 16 种商品为零关税，6 种商品为 1% 及以下。与进口暂定税率一样，出口暂定税率优先适用于出口税则中规定的出口税率。因此，我国真正征收出口关税的商品只是 20 种，税率也较低。

（四）税率运用中的具体要求

我国《进出口关税条例》规定，进出口货物应当依照税则规定的归类原则归入合适的税号，并按照适用的税率征税。其中：

1. 进出口货物应当按照纳税义务人申报进口或者出口之日实施的税率征税。

2. 进口货物到达前，经海关核准先行申报的，应当按照装载此货物的运输工具申报进境之日实施的税率征税。

3. 进出口货物的补税和退税，适用该进出口货物原申报进口或者出口之日所实施的税率，但下列情况除外：

（1）按照特定减免税办法批准予以减免税的进口货物，后因情况改变经海关批准转让或出售或移作他用需予补税的，适用海关接受纳税人再次填写报关单申报办理纳税及有关手续之日实施的税率征税。

（2）加工贸易进口料、件等属于保税性质的进口货物，如经批准转为内销，应按向海关申报转为内销之日实施的税率征税；如未经批准擅自转为内销的，按海关查获日期所施行的税率征税。

（3）暂时进口货物转为正式进口需予补税时，应按其申报正式进口之日实施的税率征税。

（4）分期支付租金的租赁进口货物，分期付税时，适用海关接受纳税人再次填写报关单申报办理纳税及有关手续之日实施的税率征税。

（5）溢卸、误卸货物事后确定需征税时，应按其原运输工具申报进口日期所实施的税率征税。如原进口日期无法查明的，可按确定补税当天实施的税率征税。

（6）对由于税则归类的改变、完税价格的审定或其他工作差错而需补税的，应按原征税日期实施的税率征税。

（7）对经批准缓税进口的货物以后交税时，不论是分期或下次交清税款，都应按货物原进口之日实施的税率征税。

（8）查获的走私进口货物需补税时，应按查获日期实施的税率征税。

四、原产地规定

原产地原则是确定进口货物唯一产地的规定，包括原产地标准和直接运输规定。确定进口货物原产地的主要原因是为了便于正确运用进口税则的各栏税率，对产自不同国家或地区的进口货物适用不同的关税税率。

对只有一个国家可供审定的进口货物，采用"完全在一国生产"标准确定原产地；如果有两个及两个以上国家参与生产的进口货物，采用"实质性改变"准则。我国原产地规定采用了国际上通用的"全部产地生产标准"和"实质性加工标准"，具体规定如下：对于完全在一个国家内生产或制造的进口货物，生产国或制造国即视为该货物的原产国；对经过几个国家加工、制造的货物，以最后一个对货物进行经济上可以视为实质性加工的国家作为货物的原产国。我国税则中对归类改变，或虽然归类没有改变但加工增值部分所占比例超过30%的，作为实质加工对待；零件、部件、备件及工具，如与主件同时进口且数量合理，按主件原产地确定；如分别进口，按各自原产国确定。

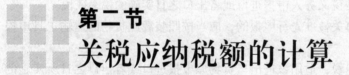

第二节
关税应纳税额的计算

一、关税完税价格

我国对进出口货物征收关税，主要采取从价计征的方法，以货物的完税价格为计税依据征收关税。完税价格是指海关对进出口货物或物品征税时，计算应纳关税税额的依据。它分为进口货物的完税价格和出口货物的完税价格。

（一）进口货物完税价格的确定

1. 成交价为基础的完税价格的确定。进口货物的完税价格由海关以进口应税货物的成交价格以及该货物运抵中国境内输入地点起卸前的运输及其相关费用、保险费为基础（到岸价格）审查确定。

进口货物的成交价格，是指卖方向中国境内销售该货物时，买方为进口该货物向卖方实付、应付的价款总额，包括直接支付的价款和间接支付的价款。

到岸价格包括货价，加上货物运抵我国关境输入地点起卸前的包装费、运费、保险费和其他劳务费等费用。因此，以我国到岸价格成交，或者到岸价格加佣金成交，或者到岸价格加保险费成交的，都应当换算成到岸价格作为完税价格。

进口货物的下列费用应当计入完税价格：

（1）由买方负担的购货佣金以外的佣金和经纪费。"购货佣金"指买方为购买进口货物向自己的采购代理人支付的劳务费用。"经纪费"指买方为购买进口货物向代表买卖双方利益的经纪人支付的劳务费用。

（2）由买方负担的与该货物视为一体的容器的费用。

（3）由买方负担的包装材料费用和包装劳务费用。

（4）与该货物的生产和向我国境内销售有关的，由买方以免费或者以低于成本的方式提供并可以按适当比例分摊的料件、工具、模具、消耗材料及类似货物的价款，以及在境外开发、设计等相关服务的费用。

（5）作为该货物向中国境内销售的条件，买方必须支付的、与该货物有关的特许权使用费。

（6）卖方直接或者间接从买方获得的该货物进口后转售、处置或者使用的收益。

在货物的价款中单独列明的下列税收、费用，不得计入该货物的完税价格：

（1）厂房、机械、设备等货物进口后进行建设、安装、装配、维修和技术服务的费用。

（2）进口货物运抵境内输入地点起卸后的运输及其相关费用、保险费。

（3）进口关税及国内税收。

（4）为在境内复制进口货物而支付的费用。

（5）境内外技术培训及境外考察费用。

同时符合下列条件的利息费用不计入完税价格：利息费用是买方为购买进口货物而融资所产生的；有书面融资协议的，利息费用单独列明的，纳税人可以证明有关利率不高于在融资当时当地此类交易通常应当具有的利率水平，且没有融资安排的相同或者类似进口货物的价格与进口货物的实付、应付价格非常接近的。

2. 海关估价确定的完税价格。海关认为所报货物价格显然偏低时，海关有权按照合理的方法估定其价格。如有以下情况之一的由海关确定完税价格：

（1）申报价格明显低于境内其他单位进口大量成交的相同或类似货物的价格，而不能提供证据和正当理由的。

（2）申报价格明显低于海关掌握的相同或类似货物的价格，而不能提供证据和正当理由的。

（3）申报价格经海关调查认定买卖双方间存在的特殊经济关系影响成交价格，确定不能接受的。

进口货物的价格不符合成交价格条件或成交价格不能确定的，海关可依照以下方法及顺序估定完税价格：

（1）相同货物成交价格估价方法。指与该货物同时或者大约同时向中国境内销售的相同货物的成交价格。

（2）类似货物成交价格估价方法。指与该货物同时或者大约同时向中国境内销售的类似货物的成交价格。

（3）最大销售总量估价方法。指与该货物进口的同时或大约同时，将该进口货物、相同或类似进口货物在第一级销售环节销售给无特殊关系买方最大的销售总量的单位价格，但应当扣除规定的项目。

（4）计算估价方法。完税价格可按照下列各项总和计算：生产该货物所使用的料件成本和加工费用，向中国境内销售同等级或同种类货物通常的利润和一般费用，该货物运抵境内输入地点起卸前的运输及相关费用、保险费。

（5）合理估价方法。指上述方法无法确定海关估价时，海关可以采用的最便于计算的方法。

以上所列方法应依次使用。但纳税义务人向海关提供有关资料后，可以提出申请，颠倒前款第（3）项和第（4）项的适用次序。

3. 海关对特殊进口货物的完税价格规定。

（1）以租赁方式进口的货物，以海关审查确定的该货物的租金作为完税价格。

（2）运往境外加工的货物，出境时已经向海关报明并在海关规定的期限内复运进境的，应当以境外加工费、料件费、复运进境的运输及其相关费用和保险费审查确定完税价格。

（3）运往境外修理的机械器具、运输工具和其他货物，出境时已经向海关报明并在海关规定的期限内复运进境的，应当以境外修理费和料件费审查确定完税价格。

（4）留购的进口货样、展览品和广告陈列品，以海关审定的留购价格作为完税价格。

（5）减税或者免税进口的货物需补税时，应当以海关审定的该货物原进口时的价格扣除折旧部分作为完税价格，其计算公式如下：

$$完税价格 = \frac{海关审定的该货物}{原进口时的价格} \times \left[1 - \frac{补税时实际已}{进口的时间（月）} \div （监管年限 \times 12）\right]$$

上式中，补税时实际已进口的时间按月计算，不足1个月但是超过15日的，按照1个月计算，不超过15日的，不予计算。

（二）出口货物完税价格的确定

1. 成交价为基础的完税价格。出口货物的完税价格，由海关以该货物的向境外销售的成交价格为基础审查确定，并应包括该货物运至中国境内输出地点装载前的运输及其相关费用、保险费（离岸价格）。其计算公式为

$$关税完税价格 = 离岸价格 \div （1 + 出口关税税率）$$

下列税收、费用不计入出口货物的完税价格：

（1）出口关税。

（2）在货物价款中单独列明的货物运至中国境内输出地点装卸后的运输及其相关费用、保险费。

（3）在货物价款中单独列明由卖方承担的佣金。

2. 出口货物海关估价法。出口货物的成交价格不能确定的，海关经了解有关情况，并与纳税义务人进行价格磋商后，依次以下列价格估定该货物的完税价格：

（1）与该货物同时或者大约同时向同一国家或者地区出口的相同货物的成交价格。

（2）与该货物同时或者大约同时向同一国家或者地区出口的类似货物的成交价格。

（3）按照下列各项总和计算的价格：境内生产相同或者类似货物的料件成本、加工费用，通常的利润和一般费用，境内发生的运输及其相关费用、保险费。

（4）以合理方法估定的价格。

（三）进出口货物的完税价格中的运输及相关费用、保险费的计算

1. 进口货物的完税价格中运输及相关费用、保险费的计算。

（1）进口货物的运费应当按照实际支付的费用计算。如果进口货物的运费无法确定，海关应当按照该货物的实际运输成本或者该货物进口同期运输行业公布的运费率（额）计算运费。运输工具作为进口货物，利用自身动力进境的，海关在审查确定完税价格时，不再另行计入运费。

（2）进口货物的保险费应当按照实际支付的费用计算。如果进口货物的保险费无法确定或者未实际发生，海关应当按照"货价加运费"两者总额的3‰计算保险费，其计算公式如下：

$$保险费 =（货价 + 运费）× 3‰$$

邮运进口的货物应当以邮费作为运输及其相关费用、保险费。

（3）以境外边境口岸价格条件成交的铁路或者公路运输进口货物，海关应当按照境外边境口岸价格的1%计算运输及其相关费用、保险费。

2. 出口货物的完税价格中运输及相关费用、保险费的计算。出口货物以到岸价格成交的，即价格包括离境口岸到达境外口岸之间的运输费、保险费，则应扣除运输费、保险费。计算公式为

$$关税完税价格 =（到岸价格 - 运输费 - 保险费）÷（1 + 出口关税税率）$$

二、关税应纳税额的计算

1. 从价应纳税额的计算公式为

$$关税应纳税额 = 应税进口货物数量 × 单位完税价格 × 适用税率$$

【案例1】某进出口公司从美国进口硫酸镁5 000吨，进口申报价格为FOB（离岸价格）325 000美元，运费每吨40美元，保险费率为3‰，当日的外汇牌价（中间价）为1美元 = 7.00元人民币，进口关税税率为5.5%，计算该公司应纳进口关税税额。

案例分析：

先计算运费：

$5 000 × 40 × 7 = 1 400 000$（元）

再将进口申报价格由美元折成人民币：

$325 000 × 7 = 2 275 000$（元）

最后计算完税价格：

完税价格 $=（2 275 000 + 1 400 000）÷（1 - 3‰）= 3 686 058.2$（元）

计算该批进口硫酸镁的进口关税税额：

进口关税应纳税额 $= 3 686 058.2 × 5.5\% = 202 733.20$（元）

2. 从量应纳税额的计算公式为

$$关税应纳税额 = 应税进口货物数量 \times 单位货物税额$$

3. 复合税应纳税额的计算公式为

$$关税应纳税额 = 应税进口货物数量 \times 单位货物税额$$
$$+ 应税进口货物数量 \times 单位完税价格 \times 税率$$

【案例2】某企业进口广播级录像机5台，每台价格2 800美元，共支付运费、保险费等150美元，假定人民币汇价为1美元=7.35元人民币。（关税税率：当每台价格不高于2 000美元时，执行36%的单一从价税。当每台价格高于2 000美元时，每台征收5 480元的从量税，再加上3%的从价税。）计算该企业应缴纳的关税。

案例分析：

我国目前实行的复合计税先计征从量税，再计征从价税。

关税应纳税额 = 5 × 5 480 + （5 × 2 800 + 150）×7. 35 × 3% = 30 520. 08（元）

4. 滑准税应纳税额的计算公式为

$$关税应纳税额 = 应税进口货物数量 \times 单位完税价格 \times 滑准税税率$$

第三节
关税纳税申报

一、关税的申报制度与方式

进口货物的收货人、出口货物的发货人应当向海关如实申报，交验出口许可证和有关单证，国家限制进出口的货物，没有进出口许可证件的，不予放行。

关税的纳税人或其代理人应在规定报关期限内向货物或物品进出境的海关申报。进口货物自运输工具申报进境之日起14日内，由收货人或其代理人向海关报关；出口货物除海关特准外，应在出口货物运抵海关监管区后、装货的24小时以前，由发货人向货物海关申报。

办理进出口货物的海关申报手续，应当采用纸质报关单和电子数据报关单的形式。进口货物的收货人自运输工具申报进境之日起超过3个月未向海关申报的，其进口货物由海关提取依法变卖处理，所得价款在扣除运输、装卸、储存等费用和税款后，尚有余款的，自货物依法变卖之日起1年内，经收货人申请，准予发还（其中属于国家对进口有限制性规定，应当提交许可证件而不能提供的，不予发还）；逾期无人申请或者不予发还的，上缴国库。企业从事加工贸易，应当持有关批准文件和加工贸易合同向海关备案，加工贸易制成品单位耗料量由海关按照有关规定核定。

二、关税的纳税期限与纳税地点

海关根据税则归类和完税价格计算应缴纳的关税和进口环节代征税并填发税款缴款书。关税纳税人应当自海关填发税款缴款书之日起 15 日内，向指定银行缴纳税款。经过申请且海关同意，纳税人可以在设有海关的指运地（起运地）办理海关申报、纳税手续。因不可抗力或者国家税收政策调整而不能按期缴纳税款的，经海关总署批准，可以申请延期纳税，但最长不得超过 6 个月。

三、关税的强制执行、退还、补征和追征

（一）关税的强制执行

纳税人未按期缴纳关税，即构成关税滞纳。为保证海关征收关税决定的有效执行和国家财政收入的及时入库，《海关法》赋予海关对滞纳关税的纳税人强制执行的权力。强制措施主要有两类：

一是征收关税滞纳金。滞纳金自关税纳税期限届满之日起，至纳税人缴纳关税之日止，按日征收万分之五的滞纳金，遇节假日不扣除节假日天数。具体计算公式为

$$关税滞纳金金额 = 滞纳关税税额 \times 滞纳金征收比率 \times 滞纳天数$$

滞纳金的起征点为 50 元。

二是强制征收。如纳税人自海关填发缴款书之日起 3 个月未缴纳关税的，经海关关长批准，可采取强制扣缴、变价抵缴等强制执行措施。强制扣缴即海关从纳税人在开户银行或者其他金融机构的存款中直接扣缴税款。变价抵缴即海关将应税货物依法变卖，以变卖所得抵缴税款。

（二）关税退还

关税退还是关税纳税人按海关核定的税额缴纳关税后，因某种原因的出现，海关将实际征收多于应当征收的税额（称为溢征关税）退还给原纳税人的一种行政行为。根据《海关法》规定，海关多征的税款，海关发现后应当立即退还。具体规定是：海关发现多征税款的，应当立即通知纳税人办理退税手续。纳税人应当自收到海关通知之日起 3 个月内办理有关退关手续。

规定有下列情形之一的，进出口货物的纳税人可以自缴纳关税 1 年内，书面声明理由，持原纳税收据向海关申请退税。情况属实的，海关退还关税时要加算银行活期存款利息，逾期不予受理：

1. 海关误征，多纳税款的。

2. 免验进口货物，完税后发现短缺，情况属实的。

3. 已征收关税的出口货物，因故未运出口，发生退关的。

4. 溢征关税退还指因货物品种或规格原因（非其他原因）原状复运进境或出境的，经海关查验属实的，退还已征关税。海关应当自受理退税申请之日起 30 日内，作出书面答复并通知退税申请人。本规定强调的是：因货物品种或规格原因，原状复运进境或

出境的。如果属于其他原因且不能以原状复运进境或出境，不能退税。

（三）关税补征和追征

补征和追征是海关在关税纳税人按海关核定的税额缴纳关税后，发现实际征收税额少于应当征收的税额（称为短征关税）时，责令纳税人补缴税款的一种性质行为。《海关法》根据短征关税的原因，将海关征收原短征关税的行为分为补征和追征两种。由于纳税人违反海关规定造成短征关税的，称为追征；非因纳税人违反海关规定造成短征关税的，称为补征。区分关税追征和补征的目的是为了不同情况适用不同的征收时效，超过时效规定的期限，海关就丧失了追补关税的权力。根据《海关法》规定，进出境货物和物品放行后，海关发现少征或者漏征款的，应当自缴纳税款或者货物、物品放行之日起 1 年内，向纳税人补征；因纳税人违反规定而未交少交关税的，海关可以追征税款。追征税款自缴纳税款或货物放行之日起 3 年内，并按日加收追征税款万分之五的滞纳金。

四、海关企业分类管理

为了鼓励企业守法自律，提高海关管理效能，保障进出口贸易的安全与便利，根据《中华人民共和国海关法》及其他有关法律、行政法规的规定，海关总署署务会议于 2010 年 10 月 14 日审议通过《中华人民共和国海关企业分类管理办法》，该法自 2011 年 1 月 1 日起施行。

海关总署按照守法便利原则，对适用不同管理类别的企业，制定相应的差别管理措施。设置 AA、A、B、C、D 五个管理类别，对有关企业进行评估、分类，并对企业的管理类别予以公开。海关针对适用不同管理类别的企业，制定相应的差别管理措施，其中 AA 类和 A 类企业适用相应的通关便利措施，B 类企业适用常规管理措施，C 类和 D 类企业适用严密监管措施。全国海关实行统一的企业分类标准、程序和管理措施。

（一）进出口货物收发货人

1. AA 类进出口货物收发货人，应当同时符合下列条件：

（1）符合 A 类管理条件，已适用 A 类管理 1 年以上。

（2）上一年度进出口报关差错率 3% 以下。

（3）通过海关稽查验证，符合海关管理、企业经营管理和贸易安全的要求。

（4）每年报送《企业经营管理状况评估报告》和会计师事务所出具的上一年度审计报告；每半年报送"进出口业务情况表"。

2. A 类进出口货物收发货人，应当同时符合下列条件：

（1）已适用 B 类管理 1 年以上。

（2）连续 1 年无走私罪、走私行为、违反海关监管规定的行为。

（3）连续 1 年未因进出口侵犯知识产权货物而被海关行政处罚。

（4）连续 1 年无拖欠应纳税款、应缴罚没款项情事。

（5）上一年度进出口总值 50 万美元以上。

（6）上一年度进出口报关差错率 5% 以下。

（7）会计制度完善，业务记录真实、完整。

（8）主动配合海关管理，及时办理各项海关手续，向海关提供的单据、证件真实、齐全、有效。

（9）每年报送《企业经营管理状况评估报告》。

（10）按照规定办理《中华人民共和国海关进出口货物收发货人报关注册登记证书》的换证手续和相关变更手续。

（11）在商务、人民银行、工商、税务、质检、外汇、监察等行政管理部门和机构无不良记录。

3. 进出口货物收发货人有下列情形之一的，适用 C 类管理：

（1）有走私行为的。

（2）1 年内有 3 次以上违反海关监管规定行为，且违规次数超过上一年度报关单及进出境备案清单总票数 1‰的，或者 1 年内因违反海关监管规定被处罚款累计总额人民币 100 万元以上的。

（3）1 年内有 2 次因进出口侵犯知识产权货物而被海关行政处罚的。

（4）拖欠应纳税款、应缴罚没款项人民币 50 万元以下的。

4. 进出口货物收发货人有下列情形之一的，适用 D 类管理：

（1）有走私罪的。

（2）1 年内有 2 次以上走私行为的。

（3）1 年内有 3 次以上因进出口侵犯知识产权货物而被海关行政处罚的。

（4）拖欠应纳税款、应缴罚没款项超过人民币 50 万元的。

5. 进出口货物收发货人未发生上述 C 类、D 类管理所列情形并符合下列条件之一的，适用 B 类管理：

（1）首次注册登记的。

（2）首次注册登记后，管理类别未发生调整的。

（3）AA 类企业不符合原管理类别适用条件，并且不符合 A 类管理类别适用条件的。

（4）A 类企业不符合原管理类别适用条件的。

（5）在海关登记的加工企业，按照进出口货物收发货人实施分类管理。

（二）报关企业

1. AA 类报关企业，应当同时符合下列条件：

（1）符合 A 类管理条件，已适用 A 类管理 1 年以上。

（2）上一年度代理申报的进出口报关单及进出境备案清单总量在 2 万票（中西部 5 000 票）以上。

（3）上一年度进出口报关差错率在 3% 以下。

（4）通过海关稽查验证，符合海关管理、企业经营管理和贸易安全的要求。

（5）每年报送《企业经营管理状况评估报告》和会计师事务所出具的上一年度审计报告；每半年报送"报关代理业务情况表"。

2. A 类报关企业，应当同时符合下列条件：

（1）已适用 B 类管理 1 年以上。

（2）企业以及所属执业报关员连续 1 年无走私罪、走私行为、违反海关监管规定的行为。

(3) 连续 1 年代理报关的货物未因侵犯知识产权而被海关没收，或者虽被没收但对该货物的知识产权状况履行了合理审查义务。

(4) 连续 1 年无拖欠应纳税款、应缴罚没款项情事。

(5) 上一年度代理申报的进出口报关单及进出境备案清单等总量在 3 000 票以上。

(6) 上一年度代理申报的进出口报关差错率在 5% 以下。

(7) 依法建立账簿和营业记录，真实、正确、完整地记录受委托办理报关业务的所有活动。

(8) 每年报送《企业经营管理状况评估报告》。

(9) 按照规定办理注册登记许可延续及《中华人民共和国海关报关企业报关注册登记证书》的换证手续和相关变更手续。

(10) 连续 1 年在商务、人民银行、工商、税务、质检、外汇、监察等行政管理部门和机构无不良记录。

3. 报关企业有下列情形之一的，适用 C 类管理：

(1) 有走私行为的。

(2) 1 年内有 3 次以上违反海关监管规定的行为，或者 1 年内因违反海关监管规定被处罚款累计总额人民币 50 万元以上的。

(3) 1 年内代理报关的货物因侵犯知识产权而被海关没收达 2 次且未尽合理审查义务的。

(4) 上一年度代理申报的进出口报关差错率在 10% 以上的。

(5) 拖欠应纳税款、应缴罚没款项人民币 50 万元以下的。

(6) 代理报关的货物涉嫌走私、违反海关监管规定拒不接受或者拒不协助海关进行调查的。

(7) 被海关暂停从事报关业务的。

4. 报关企业有下列情形之一的，适用 D 类管理：

(1) 有走私罪的。

(2) 1 年内有 2 次以上走私行为的。

(3) 1 年内代理报关的货物因侵犯知识产权而被海关没收达 3 次以上且未尽合理审查义务的。

(4) 拖欠应纳税款、应缴罚没款项超过人民币 50 万元的。

5. 报关企业未发生 C 类、D 类管理所列情形，并符合下列条件之一的，适用 B 类管理：

(1) 首次注册登记的。

(2) 首次注册登记后，管理类别未发生调整的。

(3) AA 类企业不符合原管理类别适用条件，并且不符合 A 类管理类别适用条件的。

(4) A 类企业不符合原管理类别适用条件的。

第四节
关税税收筹划

关税税负弹性较小，因此关税的税收筹划主要是通过完税价格巧妙确定、进口货物原产地的认定、保税制度及税收优惠的利用，达到减少计税依据，降低税率达到节税的目的。

一、关税计税依据的税收筹划

进出口货物的计税依据就是完税价格。在税率固定的前提下，完税价格的高低直接关系到纳税人关税负担的多少，而且在许多情况下，完税价格的高低还会影响到关税的适用税率。所以，关税筹划最基本的切入点就是合理控制完税价格。对于进出口货物和物品，如果能在不违反法律规定的条件下，通过税收筹划方式制定或获取合理的、较低的完税价格，以达到不多缴税或少缴税的目的，这将直接影响到企业的投资决策和整体盈利效果。

（一）进口货物完税价格的税收筹划

进口货物的完税价格主要有两种：一是经海关审查以成交价格为基础的完税价格；二是海关估定完税价格。两种完税价格的筹划有相似之处，也有不同之点。

1. 经海关审定以成交价格为基础确定完税价格的方法，是世界各国在实际工作中最常用的海关估价方法。在实际业务中，要选择同类产品中成交价格比较低的、运保费用相对较小的货物进口，或将一批货物中适用低税率的货物先单独开发票，这样报关时就能降低完税价格，达到节税的目的。在此方法下，如何压低进口货物的申报价格而又能被海关审定认可为"正常成交价格"就成为税收筹划的关键所在。

> 【案例3】甲外贸公司准备于2011年5月进口2辆排气量为3升的小轿车自用。按照以往的报关方法，海关审定的完税价格为40万元/辆（含随同报关的工具和零部件5万元/辆），适用消费税税率20%。该外贸公司应如何筹划以减少纳税？
>
> **案例分析：**
>
> 依照现行关税的有关规定，进口小轿车整车的税率相对较高，而进口零部件的税率较低，进口小轿车整车的关税税率为25%，进口零部件的关税税率为8%。
>
> （1）未筹划前该公司在报关时应纳税额计算如下：
>
> 应纳关税 = 400 000 × 2 × 25% = 200 000（元）
>
> 应纳消费税 = （400 000 × 2 + 200 000） ÷ （1 - 20%） × 20% = 250 000（元）
>
> 应纳增值税 = （400 000 × 5 + 200 000） ÷ （1 - 20%） × 17% = 212 500（元）

购置 2 辆轿车实际支付款项 = 400 000 × 2 + 200 000 + 250 000 + 212 500 = 1 462 500（元）

（2）对进口小轿车的完税价格进行税收筹划。在该公司进口报关前，先将每部车的工具和零部件 5 万元另开发票，单独报关进口，这时纳税情况如下：

应纳关税 = 350 000 × 2 × 25% + 50 000 × 2 × 8% = 183 000（元）

应纳消费税 = 350 000 × 2 × (1 + 25%) ÷ (1 − 20%) × 20% = 218 750（元）

应纳增值税 = [350 000 × 2 × (1 + 25%) ÷ (1 − 20%) + 50 000 × 2 × (1 + 8%)] × 17% = 204 297.5（元）

购置 2 辆轿车实际支付款项 = 400 000 × 2 + 183 000 + 218 750 + 204 297.5 = 1 406 047.5（元）

少纳关税税额 = 200 000 − 183 000 = 17 000（元）

少纳消费税和增值税 = (250 000 + 212 500) − (218 750 + 204 297.5) = 39 452.5（元）

共计少缴税 = 17 000 + 39 452.5 = 56 452.5（元）

由此可见，进口汽车的综合税负高达 50% 以上，因而小轿车在进口报关时，将每部车的工具和零部件及一些装饰配件（高级音响、电动天窗等）单独报关进口，高税率货物的完税价格就会降低，不但关税减少，以关税完税价格为主要计税基数的消费税、增值税以及随后上牌照时应纳车辆购置税的实缴税额也将相应减少，从而取得不错的节税效果。

2. 当进口货物的价格不符合成交价格条件或成交价格不能确定的，海关可以按照进口货物的海关估价方法估定完税价格。这时利用完税价格进行关税筹划的关键在于怎样充分运用海关估定完税价格的有关规定。

我国《进出口关税条例》规定：进出口货物的收发货人或者他们的代理人，在向海关递交进出口货物的报关单证时，应当交验载明货物的真实价格、运费、保险费和其他费用的发票（如有厂家发票应附着在内）、包装清单和其他有关单证。未交验各项单证的，应当按照海关估定的完税价格完税，事后补交单证的，税款不予调整。也就是说，进出口商可以将其所有的单证全部交给海关进行查验，也可以少报或不报部分单证。这时，海关将对进出口货物的完税价格进行估定。

本章导入案例就用到这一筹划观点。

（二）出口货物完税价格的税收筹划

出口货物完税价格的确定方法也分为两种：以成交价格为基础的完税价格和海关估价方法。完税价格应由出口商品的境内生产成本，合理利润及外贸所需的储运、保险等费用组成，也就是扣除关税后的离岸价格。并且出口货物的离岸价格应以该项货物运离国境前的最后一个口岸的离岸价格为实际离岸价格。税收筹划中需注意的是，出口货物的成交价格如果为货价加运费价格，或为国外口岸的到岸价格，应先扣除运费和保险费后再计算完税价格。当运费成本在价格中所占比重较大时，扣除运费更显重要。另外，如果成交价格外还支付了与此项业务有关的佣金，应该在纳税申报表上单独列明。这样，该项佣金应予扣除。如未单独列明，则不予以扣除。

二、特别关税的税收筹划

（一）关税的税收优惠

税收优惠为企业展开税收筹划、调整经营战略提供了空间，是纳税人进行筹划的重点。世界上几百个经济性特区对关税的课征一般都实施大同小异的优惠待遇。根据我国《中华人民共和国进出口关税条例》和《中华人民共和国海关进出口税则》的规定，关税减免分为法定减免、特定减免和临时减免。其主要内容如下。

1. 法定减免税规定。法定减免税是税法中明确列出的减税或免税。符合税法规定可予减免税的进出口货物，纳税义务人无须提出申请，海关可按规定直接予以减免税。海关对法定减免税货物一般不进行后续管理。我国《海关法》和《中华人民共和国进出口条例》明确规定，下列货物、物品予以减免关税：

（1）关税税额在人民币 50 元以下的一票货物，可免征关税。

（2）无商业价值的广告品和货样，可免征关税。

（3）外国政府、国际组织无偿赠送的物资，可免征关税。

（4）进出境运输工具装载的途中必需的燃料、物料和饮食用品，可予免税。

（5）经海关核准暂时进境或者暂时出境，并在 6 个月内复运出境或者复运进境的货样、展览品、施工机械、工程车辆、工程船舶、供安装设备时使用的仪器和工具、电视或者电影摄制器械、盛装货物的容器以及剧团服装道具，在货物收发货人向海关缴纳相当于税款的保证金或者提供担保后，可予暂时免税。

（6）为境外厂商加工、装配成品和为制造外销产品而进口的原材料、辅料、零件、部件、配套件和包装物料，海关按照实际加工出口的成品数量免征进口关税；或者对进口料、件先征进口关税，再按照实际加工出口的成品数量予以退税。

（7）因故退还的中国出口货物，经海关审查属实，可予免征进口关税，但已征收的出口关税不予退还。

（8）进口货物如有以下情形，经海关查明属实，可酌情减免进口关税：

①在境外运输途中或者在起卸时，遭受损坏或者损失的。

②起卸后海关放行前，因不可抗力遭受损坏或者损失的。

③海关查验时已经破漏、损坏或者腐烂，经证明不是保管不慎造成的。

（9）无代价抵偿货物，即进口货物在征税放行后，发现货物残损、短少或品质不良，而由国外承运人、发货人或保险公司免费补偿或更换的同类货物，可以免税。但有残损或质量问题的原进口货物如未退运国外，其进口的无代价抵偿货物应照章征税。

（10）我国缔结或者参加的国际条约规定减征、免征关税的货物、物品，按照规定予以减免关税。

（11）法律规定减征、免征的其他货物。

2. 特定减免税规定。特定减免税也称政策性减免税。在法定减免税之外，国家按照国际通行规则和我国实际情况，制定发布的有关进出口货物减免关税的政策，称为特定或政策性减免税。

特定减免税主要有：

（1）科教用品。对科学研究机构和学校，不以营利为目的，在合理数量范围内进口国内不能生产的科学研究和教学用品，直接用于科学研究或者教学的，免征进口关税和进口环节增值税、消费税。

（2）残疾人专用品。对规定的残疾人个人专用品，免征进口关税和进口环节增值、消费税；对康复、福利机构，假肢厂和荣誉军人康复医院进口国内不能生产的、该规定明确的残疾人专用品，免征进口关税和进口环节增值税。

（3）扶贫、慈善性捐赠物资。对境外自然人、法人或者其他组织等境外捐赠人，无偿向经国务院主管部门依法批准成立的，以人道救助和发展扶贫、慈善事业为宗旨的社会团体以及国务院有关部门和各省、自治区、直辖市人民政府捐赠的，直接用于扶贫、慈善事业的物资，免征进口关税和进口环节增值税。

（4）加工贸易产品。对加工装配和补偿贸易，进境料件不予征税，准许在境内保税加工为成品后返销出口；进口外商的不作价设备和作价设备，分别比照外商投资项目和国内投资项目的免税规定执行；剩余料件或增产的产品，经批准转内销时，价值在进口料件总值2%以内，且总价值在3 000元以下的，可予免税。

对专为加工出口商品而进口的料件，海关按实际加工复出口的数量，免征进口税；加工的成品出口，免征出口税，但内销料件及成品照章征税；对加工过程中产生的副产品、次品、边角料，海关根据其使用价值分析估价征税或者酌情减免税；剩余料件或增产的产品，经批准转内销时，价值在进口料件总值2%以内，且总价值在5 000元以下的，可予免税。

除上述规定外，还对边境贸易进口物资、保税区进出口货物、出口加工区进出口货物、进口设备、特定行业或用途的减免税政策，如为支持我国海洋和陆上特定地区石油、天然气开采作业，对相关项目进口国内不能生产或性能不能满足要求的，直接用于开采作业的设备、仪器、零附件、专用工具，免征进口关税和进口环节增值税等。

3. 临时减免税规定。临时减免税是指以上法定和特定减免税以外的其他减免税，对某个单位、某类商品、某个项目或某批进出口货物的特殊情况，给予特别照顾，一案一批，专文下达的减免税。一般有单位、品种、期限、金额或数量等限制，不能比照执行。临时减免税筹划局限性大。

（二）利用原产地规定进行税收筹划

由于对产自不同国家或地区的进口货物适用不同的关税税率，因此，正确确定或选择货物原产地对于纳税人节约纳税支出具有重要意义。我国关于原产地的规定基本上采用了两种国际上通用的标准：一是全部产地标准，二是实质性加工标准。正确合理地选用原产地标准，选择合适的地点，就能达到税务筹划的效果。

另外，根据关税有关规定，对机器、仪器或车辆所用零件、部件、配件、备件以及工具，如与主件同时进口而且数量合理，其原产地按全件的原产地予以确定；如果是分别进口的，则应按其各自的原产地确定。

根据上述规定，进行税收筹划的思路应该是：首先，了解与该商品有关的主要出口国和该国商品的市场价格及运费情况；其次，系统考虑该国是否适用进口关税优惠税率，使进口商品尽量属于全部产自或实质加工于与我国定有互惠条款的国家，从而享受较低的关税税率；最后，综合比较分析，作出购买决策。

对于出口方来讲，要充分考虑主要进口客户所在国家关税的相关规定，筹划出口产品的原产地，使进口方得到优惠，自己也才能扩大销路。

【案例4】 瑞奇汽车股份有限公司是一家跨国经营的汽车生产商，由多个设在不同国家和地区的子公司提供生产零配件，并且其销售业务已遍布全球。该公司在东南亚等地设有较多子公司，新加坡的子公司生产仪表，中国台湾生产汽车轴承和发动机，菲律宾生产阀门，马来西亚生产轮胎，越南供应玻璃等。

中国内地日益扩大的汽车需求使得这家汽车生产商准备开拓中国内地市场，但要进入中国内地市场，就不得不面对高额的汽车进口关税，高额的关税会使瑞奇的汽车在质优价廉的丰田、大众汽车面前毫无竞争优势可言。

案例分析：

针对现实状况，该公司经详细分析后定出如下筹划方案：在新加坡组建一个总装配厂，由各子公司提供原配件，组装后的成品从新加坡销往中国。理由是中国和新加坡签有关税互惠协议，产品在新加坡经过实质性加工后可以在进口时享受优惠关税。

在本例中，瑞奇作为一个跨国公司，显然对全部产地标准不适合，只能采用实质性加工标准进行筹划。企业将总装配厂设在新加坡，其产品经加工后变为成品车，显然能符合实质性加工标准的第一个条件，表现为适用税目税率的改变，在进出口税则中不再按原有税目税率征税，这时无论增值额是否达到30%，都能节约关税。

如果不能满足第一个条件，企业还可考虑使用实质性加工标准的第二个条件。例如，企业选择一个非常有利于节税的国家或地区，在那里建立总装配厂，如果总装配厂的加工增值部分在技术和价值含量上占产品总值达不到30%的标准，这时企业可选择扩大生产规模、加大技术比重或运用转让定价，降低其他地区的零部件的生产价格等方式，使增值额达到或超过30%。

所以，运用原产地规定进行税收筹划时，首先要选择那些与中国签有关税互惠协定的国家或地区作为实质性加工所在地；其次要综合考虑装配国到中国口岸的运输条件、装配国的产品进口关税和出口关税等因素；最后还要考虑装配国的政治经济形势、外汇管制情况和出口配额控制情况等。在综合考虑上述因素的基础上，根据实际情况进行测算、比较，选择最经济的国家或地区作为原产地，才能取得节税效果。

三、利用保税制度进行税收筹划

保税制度是对保税货物加以监管的一种制度，可以简化手续、便利通关，有利于促进对外加工、装配贸易等外向型经济的发展。我国的保税制度包括保税货物、保税仓库、保税工厂和保税区等制度。

保税货物是指经过海关批准，未办理纳税手续，在境内储存、加工、装配后复运出境的货物。保税工厂是指经过海关批准，专为生产出口产品进行保税加工的企业。在海关批准进口货物为保税货物时，向进口公司收取相当于该公司应纳的进口税款，如进口货物最终实践诺言复运出口，海关则向进口公司按银行利率给付利息，并退还收取的保证金。如进口货物最终销往国内，海关则向进口公司按银行利率收取利息，并将保证金转化为税款缴入国库。

保税制度的运行是一个包含众多环节的过程。假设进口货物最终将复运出境，那么基本环节就是进口和出口。在这两个环节中，公司都必须向海关报关，在该公司填写的报关表中有单耗计量单位一栏，所谓单耗计量单位，即生产一个单位成品耗费几个单位原料，通常有以下几种形式：一种是度量衡单位/自然单位，如吨/块、米/套等；一种是自然单位/自然单位，如件/套、匹/件等；还有一种是度量衡单位/度量衡单位，如吨/立方米等。其中自然单位的具体测量比较困难，可以利用单位能耗来进行税收筹划。

> **【案例5】** 甲家具生产公司进口一批木材，向当地海关申请保税，该公司报关表上填写的单耗计量单位为200块/套，即做成成套家具需耗用200块木材。在加工过程中，该公司引进先进设备，做成一套家具只需耗用170块木材。家具生产出来以后，公司将成品复运出口，完成了一个保税过程。
>
> **案例分析：**
>
> 假设公司进口木材20万块，每块价格100元，海关关税税率为40%，则少缴的关税 = （200 000 - 200 000 ÷ 200 × 170）× 100 × 40% = 1 200 000（元）
>
> 该家具生产公司由于利用保税货物生产中单耗计量单位的差异性，成功节税1 200 000元，达到节税的目的。

【本章小结】

关税是指由海关对进出国境或关境的货物、物品征收的一种流转税。关税的纳税义务人是进口货物的收货人、出口货物的发货人、进出境物品的所有人。关税的征税对象是准许进出境的货物和物品。关税分为进口关税和出口关税两类，进口关税设置最惠国税率、协定税率、特惠税率和普通税率及关税配额税率等税率形式；出口关税设置出口税率，对出口货物在一定期限内可实行暂定税率。

关税的计算依据是关税完税价格，关税完税价格是以成交价格为基础审定的。进口货物的完税价格包括货价、货物运抵我国境内输入地点起卸前的运输及其相关费用。出口货物的完税价格，由海关以该货物向境外销售的成交价格为基础审查确定，并应包括该货物运至中国境内输出地点装载前的运输及其相关费用、保险费，但其中包含的出口关税税额应当扣除。

本章主要是针对进出口货物完税价格的筹划、利用税率差异进行的筹划、利用原产地规定的筹划和现行关税的税收优惠政策的筹划。

 【操作训练】

1. 某外贸公司 2011 年 1 月发生以下业务：

经有关部门批准从境外进口小汽车 20 辆，每辆货价 20 万元，运抵我国海关前的运输费、保险费为每辆 2 万元。公司向海关缴纳了相关税款，并取得了完税凭证。该公司委托运输公司将小汽车从海关运回本单位，支付运费 5 万元，取得了运输公司开具的普通发票。当月售出小汽车 16 辆，每辆含税销售额 58.5 万元。（小汽车关税税率为 20%，增值税税率为 17%，消费税税率为 5%）

要求：计算小汽车在进口环节应缴纳的关税、增值税和消费税。

2. 某进出口有限公司 2010 年 6 月 25 日为从美国进口的一批化妆品报关，这批化妆品的数量为 60 箱，成交价格（离岸价格）为 60 000 美元，其中包括向境外代购代理人支付的买方佣金 2 000 美元，卖方佣金 1 500 美元。另支付运费 500 美元，保险费 800 美元。外汇折算率为 1 美元 = 6.80 元人民币（假设化妆品适用的进口关税税率为 10%，增值税税率 17%，消费税税率 30%）。

要求：计算该公司 2010 年 6 月进口环节海关征收的进口关税、增值税和消费税。

3. 甲钢铁公司急需进口一批铁矿石，在可供选择的进货渠道中有两家：一家是澳大利亚，另一家是加拿大。如果进口需求为 20 万吨，从澳大利亚进口优质高品位铁矿石，其价格为 20 美元/吨，运费 30 万美元；若从加拿大进口较低品位的铁矿石，价格为 19 美元/吨，但由于其航程为从澳大利亚进口的两倍，又经过巴拿马运河，故运费及杂项费用高达 150 万美元，且其他费用比前者只高不低，进口税率均为 20%。在此种情况下，应选择何种进货渠道呢？

第七章
企业所得税

QIYE SUODESHUI

【本章学习目标】

知识目标： 了解企业所得税税制要素的内容。理解企业应纳税所得额的计算原理。理解并掌握企业所得税纳税筹划的基本内容和方法。学会企业经营过程中的主要税收筹划方法。

能力目标： 能够正确计算企业应纳所得税额，能正确填写企业所得税的申报表。能根据企业发生的业务合理进行企业所得税的纳税筹划。

【导入案例】

长力农业资料经营部是由三个种田大户和两名农技人员合作经营的一家合伙企业。主要销售合伙人生产的部分产品，同时还经营农膜、化肥、农药、农机等项目。2008年10月5日，税务机关对长力农业资料经营部进行了纳税检查，发现该企业偷税55万元。税务征管人员依照税收征管法的规定进行处理。而该企业的经营者感到十分委屈，认为他们的企业性质是农民专业合作社，并按有关规定进行管理和经营，经营的都是涉农服务产品，并没有赚到什么钱，符合企业所得税的减免税规定，不应该受处罚。税务征管人员给出的政策解释是国家对农民专业合作社是有税收优惠政策，但不是所有的业务和税种都优惠。按企业所得税法规定该公司的涉农项目如农作物种植、农产品初加工、农机维修等可免企业所得税，但运输、储藏、技术信息服务等不在免税之列，其收入应当按章缴纳所得税和相关的税种。销售的农膜、化肥、农药、农机等也只可免征增值税。由此可见，企业要想合理地利用税收优惠政策进行经营，规避涉税风险，还需要全面了解企业的涉税问题，正确解读税收优惠政策。①

---

① 庄粉荣：《纳税筹划实战精选百例》，264页，北京，机械工业出版社，2011。

【关键词】

企业所得税 居民企业 非居民企业 应纳税所得额

第一节
企业所得税概述

企业所得税是以企业或者组织为纳税义务人，对其一定期间内的所得额征收的一种税。它是国家参与企业利润分配，正确处理国家与企业分配关系的一个重要税种，体现了国家与企业的分配关系。我国现行的所得税制度，是随着改革开放和经济体制改革的不断推进而逐步完善的。从1984年开始，国家在第一步"利改税"的基础上，按企业所有制性质，分别设置了国营企业所得税、集体企业所得税和私营企业所得税。为了适应社会主义市场经济发展的要求，进一步理顺国家与企业的关系，在1994年税制改革中，原来的国营企业所得税、集体企业所得税和私营企业所得税的合并成为企业所得税，而外商投资企业和外国企业所得税没有并入企业所得税，1994年税制改革形成了企业所得税（内资）和外商投资企业、外国企业所得税并行的局面。为了公平税负、促进竞争，2007年3月16日第十届全国人民代表大会第五次全体会议通过的《中华人民共和国企业所得税法》将对内资企业和外资企业分别征收的企业所得税合并为统一的企业所得税，实行内外资企业统一的税收待遇。

一、企业所得税征税对象和纳税人

（一）征税对象

企业所得税的征税对象是指企业取得的生产经营所得、其他所得和清算所得。

1. 居民企业的征税对象。居民企业应将来源于中国境内、境外的所得作为征税对象。所得，包括销售货物所得、提供劳务所得、转让财产所得、股息红利等权益性投资所得、利息所得、租金所得、特许权使用费所得、接受捐赠所得和其他所得。

2. 非居民企业的征税对象。非居民企业在中国境内设立机构、场所的，应当就其所设机构、场所取得的来源于中国境内的所得，以及发生在中国境外但与其所设机构、场所有实际联系的所得缴纳企业所得税。非居民企业在中国境内未设立机构、场所的，或者虽设立机构、场所但取得的所得与其所设机构、场所没有实际联系的，应当就其来源于中国境内的所得缴纳企业所得税。实际联系是指非居民企业在中国境内设立的机构、场所拥有的据以取得所得的股权、债权，以及拥有、管理、控制据以取得所得的财产。

3. 所得来源的确定。

（1）销售货物所得，按照交易活动发生地确定。

（2）提供劳务所得，按照劳务发生地确定。

（3）转让财产所得。不动产转让所得按照不动产所在地确定，动产转让所得按照转让动产的企业或者机构、场所所在地确定，权益性投资资产转让所得按照被投资企业所在地确定。

（4）股息、红利等权益性投资所得，按照分配所得的企业所在地确定。

（5）利息所得、租金所得、特许权使用费所得，按照负担、支付所得的企业或者机构、场所所在地确定，或者按照负担、支付所得的个人的住所地确定。

（6）其他所得，由国务院财政、税务主管部门确定。

（二）纳税人

企业所得税的纳税义务人是指在中国境内的企业和其他取得收入的组织。除个人独资企业、合伙企业不适用企业所得税法外，凡在我国境内，企业和其他取得收入的组织（以下统称企业）为企业所得税的纳税人，依照《中华人民共和国企业所得税法实施条例》规定缴纳企业所得税。

企业所得税的纳税人分为居民企业和非居民企业，这是根据企业纳税义务范围进行的分类方法，不同的企业在向中国政府缴纳所得税时，纳税义务也各不同。把企业分为居民企业和非居民企业，是为了更好地保障我国税收管辖权的有效行使。税收管辖权是一国政府在征税方面的主权，是国家主权的重要组成部分。根据国际上的通行做法，我国选择了地域管辖权和居民管辖权标准，最大限度地维护我国的税收利益。

1. 居民企业。居民企业是指依法在中国境内成立，或者依照外国（地区）法律成立但实际管理机构在中国境内的企业。这里的企业包括国有企业，集体企业，私营企业，联营企业，股份制企业，外商投资企业，外国企业以及有生产、经营所得和其他所得的其他组织。其中，有生产、经营所得和其他组织，是指经国家有关部门批准，依法注册登记的事业单位、社会团体等组织。由于我国的一些社会团体组织、事业单位在完成国家事业计划的过程中，开展多种经营和有偿服务活动，取得除财政部门各项拨款、财政部和国家价格主管部门批准的各项规费收入以外的经营收入，具有了经营的特点，所以应当视同企业纳入征税范围。其中，实际管理机构是指对企业的生产经营、人员、账务、财产等实施实质性全面管理和控制机构。

2. 非居民企业。非居民企业是指依照外国（地区）法律成立且实际管理机构不在中国境内，但在中国境内设立机构、场所的，或者在中国境内未设立机构、场所，但有来源于中国境内所得的企业。

上述机构、场所是指在中国境内从事生产经营活动的机构、场所，包括：①管理机构、营业机构、办事机构；②工厂、农场、开采自然资源的场所；③提供劳务场所；④从事建筑、安装、装配、修理、勘探等工程作业的场所；⑤其他从事生产经营活动的机构、场所。

非居民企业委托营业代理人在中国境内从事生产经营活动的，包括委托单位或者个人经常代其签订合同，或者储存、交付货物等，该营业代理人视为非居民企业在中国境内设立的机构、场所。

二、企业所得税税率

企业所得税实行比例税率，现行规定是

1. 基本税率为25%。适用于居民企业和在中国境内设有机构、场所且所得与机构、场所有关联的非居民企业。

2. 低税率为20%。适用于在中国境内未设立机构、场所的，或者虽设立机构、场所但取得的所得与其所设机构、场所没有实际联系的非居民企业，但实际征税时适用10%的税率。

3. 优惠税率。除基本税率和低税率外，国家还对某些特定的企业实行优惠的征收办法，如对小型微利企业减按20%征收企业所得税，对国家需要重点扶持的高新技术企业减按15%征收企业所得税。

第二节
企业所得税计税依据的计算

应纳税所得额是企业所得税的计税依据，按照企业所得税法的规定，应纳税所得额为企业每一个纳税年度的收入总额，减除不征税收入、免税收入、各项扣除，以及允许弥补的以前年度亏损后的余额。

应纳税所得额 = 收入总额 − 不征税收入 − 免税收入 − 各项扣除 − 允许弥补以前年度亏损

企业应纳税所得额的计算以权责发生制为原则。属于当期的收入和费用，不论款项是否收付，均作为当期的收入和费用；不属于当期的收入和费用，即使款项已经在当期收付，均不作为当期的收入和费用。企业所得税法对应纳税所得额计算做了明确规定，主要内容包括收入总额、扣除范围标准、资产的税务处理、亏损弥补等。

一、收入总额

企业的收入总额包括以货币形式和非货币形式从各种来源取得的收入，具体有：销售货物收入、提供劳务收入、转让财产收入、股息、红利等权益性投资收益，以及利息收入、租金收入、特许权使用费收入、接受捐赠收入、其他收入。纳税人取得收入的货币形式，包括现金、存款、应收账款、应收票据、准备持有至到期的债券投资以及债务的豁免等；纳税人以非货币形式取得的收入，包括固定资产、生物资产、无形资产、股权投资、存货、不准备持有至到期的债券投资、劳务以及有关权益等，非货币资产应当按照公允价值确定收入额，公允价值是指按照市场价格确定的价值。

（一）一般收入的确认

1. 销售货物收入，是指企业销售商品、产品、原材料、包装物、低值易耗品以及其他存货取得的收入。

2. 劳务收入，是指企业从事建筑安装、修理修配、交通运输、仓储租赁、金融保险、邮电通信、咨询经纪、文化体育、科学研究、技术服务、教育培训、餐饮住宿、中介代理、卫生保健、社区服务、旅游、娱乐、加工以及其他劳务服务活动取得的收入。

3. 转让财产收入，是指企业转让固定资产、生物资产、无形资产、股权、债权等财产取得的收入。

4. 股息、红利等权益性投资收益，是指企业因权益性投资从被投资方取得的收入。股息、红利等权益性投资收益，除国务院财政、税务主管部门另有规定外，按照被投资方作出利润分配决定的日期确认收入的实现。

5. 利息收入，是指企业将资金提供他人使用但不构成权益性投资，或者因他人占用本企业资金取得的收入，包括存款利息、贷款利息、债券利息、欠款利息等收入。利息收入，按照合同约定的债务人应付利息的日期确认收入的实现。

6. 租金收入，是指企业提供固定资产、包装物或者其他有形资产的使用权取得的收入。租金收入，按照合同约定的承租人应付租金的日期确认收入的实现。

7. 特许权使用费收入，是指企业提供专利权、非专利技术、商标权、著作权以及其他特许权的使用权取得的收入。特许权使用费收入，按照合同约定的特许权使用人应付特许权使用费的日期确认收入的实现。

8. 接受捐赠收入，是指企业接受的来自其他企业、组织或者个人无偿给予的货币性资产、非货币性资产。接受捐赠收入，按照实际收到捐赠资产的日期确认收入的实现。

9. 其他收入，是指企业取得的除以上收入外的其他收入，包括企业资产溢余收入、逾期未退包装物押金收入、确实无法偿付的应付款项、已作坏账损失处理后又收回的应收款项、债务重组收入、补贴收入、违约金收入、汇兑收益等。

（二）特殊收入的确定

1. 以分期收款方式销售货物的，按照合同约定的收款日期确认收入的实现。

2. 企业受托加工制造大型机械设备、船舶、飞机，以及从事建筑、安装、装配工程业务或者提供其他劳务等，持续时间超过 12 个月的，按照纳税年度内完工进度或者完成的工作量确认收入的实现。

3. 采取产品分成方式取得收入的，按照企业分得产品的日期确认收入的实现，其收入额按照产品的公允价值确定。

4. 企业发生非货币性资产交换，以及将货物、财产、劳务用于捐赠、偿债、赞助、集资、广告、样品、职工福利或者利润分配等用途的，应当视同销售货物、转让财产或者提供劳务，但国务院财政、税务主管部门另有规定的除外。

（三）处置资产收入的确认

1. 内部处置资产（所有权在形式和内容上均不变），不视同销售确认收入，相关资产的计税基础延续计算。例如，将资产用于生产、制造、加工另一产品；改变资产形状、结构或性能；改变资产用途；将资产在总机构及分支机构之间转移；上述两种或两种以上情形的混合；其他不改变资产所有权属的用途等处置资产行为。

2. 资产移送他人（所有权属发生改变），视同销售确认收入。例如，用于市场推广或销售；用于交际应酬；用于职工奖励或福利；用于股息分配；用于对外捐赠；其他改变资产所有权属的用途等处置资产行为。属于企业自制的资产，按企业同类资产同期对外售价确定销售收入；属于外购的资产，可按购入时的价格确定销售收入。

（四）相关收入实现的确认

企业销售收入的确认，必须遵循权责发生制和实质重于形式原则。

1. 企业销售商品同时满足下列条件的，应确认收入的实现：已签订销售合同，企业已将商品所有权相关的主要风险和报酬转移给购货方；企业对所售出的商品既没有保留通常与所有权相联系的继续管理权，也没有实施有效控制；收入的金额能可靠地计量；已发生或将发生的销货方的成本能够可靠地计算。

2. 符合以上收入确认条件的，采取下列商品销售方式的，按照以下规定确定收入实现时间：托收承付方式的，办妥托收手续时确认收入；预收款方式的，发出商品时确认收入；需要安装和检验的，在购买方接受商品及安装检验完毕时确认收入；以支付手续费方式委托代销的，在收到代销清单时确认收入。

3. 采用售后回购方式销售商品的，销售的商品按照售价确认收入，回购的商品作为购进商品处理。

4. 销售商品以旧换新的，销售商品应该按照销售商品收入确认条件确认收入，回收的商品作为购进商品处理。

5. 企业为促进商品销售而在商品价格上给予的价格扣除属于商业折扣，应该按照扣除商业折扣后的金额确定销售商品收入金额。

6. 企业在各个纳税期末，提供劳务交易的结果能够可靠估计的，应采用完工进度（完工百分比）法确认提供劳务收入。具体规定如下：

安装费收入。如果安装费是与商品销售分开的，则应在年度终了时根据安装的完工程度确认收入；如果安装费是销售商品收入的一部分，则应与所销售的商品同时确认收入。

宣传媒介的收费。应在相关的广告或商业行为开始出现于公众面前时予以确认。广告的制作费，应根据制作广告的完工进度确认收入。

软件费。为特定客户开发软件的收费，应根据开发的完工进度确认收入。

服务费。含在商品售价内可区分的服务费，在提供服务的期间分期确认收入。

艺术表演、招待宴会和其他特殊活动的收费。在相关活动发生时确认收入。收费涉及几项活动的，预收的款项应合理分配给每项活动，分别确认收入。

会员费。申请入会或加入会员，只允许取得会籍，所有其他服务或商品都要另行收费的，在取得该会员费时确认收入。申请入会或加入会员后，会员在会员期内不再付费就可得到各种商品或服务，或者以低于非会员的价格销售商品或提供服务的，该会员费应在整个受益期内分期确认收入。

特许权费。属于提供设备和其他有形资产的特许权费，在交付资产或转移资产所有权时确认收入；属于提供初始及后续服务的特许权费，在提供服务时确认收入。

劳务费。长期为客户提供重复劳务收取的劳务费，在相关劳务活动发生时确认收入。

7. 企业以买一赠一等方式组合销售本企业产品的，不属于捐赠，应将总的销售金额按照各项商品公允价值的比例来分摊确认各项销售收入。

二、不征税收入和免税收入

（一）不征税收入

1. 财政拨款。是指各级人民政府对纳入预算管理的事业单位、社会团体等组织拨付的财政资金，但国务院和国务院财政、税务主管部门另有规定的除外。

2. 行政事业性收费、政府性基金。行政事业性收费是指依照法律法规等有关规定，按照国务院规定程序批准，在实施社会公共管理，以及在向公民、法人或者其他组织提供特定公共服务过程中，向特定对象收取并纳入财政管理的费用。政府性基金，是指企业依照法律、行政法规等有关规定，代政府收取的具有专项用途的财政资金。

3. 国务院规定的其他不征税收入，是指企业取得的，由国务院财政、税务主管部门规定专项用途并经国务院批准的财政性资金。财政性资金是指企业取得的来源于政府及其有关部门的财政补助、补贴、贷款贴息，以及其他各类财政专项资金。

企业的不征税收入用于支出所形成的费用，不得在计算应纳税所得额时扣除；企业的不征税收入用于支出所形成的资产，其计算的折旧、摊销不得在计算应纳税所得额时扣除。

（二）免税收入

1. 国债利息收入。国库券的兑付利息免征所得税，但是国库券在二级市场上的买卖收益要征税。

2. 符合条件的居民企业之间的股息、红利等权益性收益。

3. 在中国境内设立机构、场所的非居民企业从居民企业取得与该机构、场所有实际联系的股息、红利等权益性投资收益。该收益都不包括连续持有居民企业公开发行并上市流通的股票不足 12 个月取得的投资收益。

4. 符合条件的非营利组织的收入。

三、扣除项目的范围和标准

税前扣除一般应遵循以下原则：权责发生制原则、配比原则、相关性原则、确定性原则、合理性原则。

（一）扣除项目的范围

企业所得税法规定，企业实际发生的与取得收入有关的，合理的成本、费用、税金、损失和其他支出，准予在计算应纳税所得额时扣除。计算应纳税所得额时还应注意三方面的内容：一是企业发生的支出应当区分收益性支出和资本性支出。收益性支出在发生当期直接扣除；资本性支出应当分期扣除或者计入有关资产成本，不得在发生当期直接扣除。二是企业的不征税收入用于支出所形成的费用或者财产，不得扣除或者计算对应的折旧、摊销扣除。三是除企业所得税法及其实施条例另有规定外，企业实际发生的成本、费用、税金、损失和其他支出，不得重复扣除。

1. 成本。是指企业在生产经营活动中发生的销售成本、销货成本、业务支出，以及其他耗费，销售商品、提供劳务、转让固定资产、无形资产的成本。

2. 费用。指三项期间费用（销售费用、管理费用、财务费用）。

3. 税金。税金是指企业发生的除企业所得税和允许抵扣的增值税以外的企业缴纳的各项税金及其附加。消费税、营业税、城市维护建设税、关税、资源税、土地增值税、房产税、车船税、土地使用税、印花税和教育费附加。

4. 损失。是指企业在生产经营活动中发生的固定资产和存货的盘亏、毁损、报废损失，转让财产损失，呆账损失，坏账损失，自然灾害等不可抗力因素造成的损失以及其他损失。企业发生的损失减除责任人赔偿和保险赔款后的余额，依照国务院财政、税务主管部门的规定扣除。企业已经作为损失处理的资产，在以后纳税年度又全部收回或者部分收回时，应当计入当期收入。

5. 扣除的其他支出。是指除成本、费用、税金、损失外，企业在生产经营活动中发生的与生产经营活动有关的、合理的支出。

（二）扣除项目的具体范围和标准

在计算应纳税所得额时，下列项目可按照实际发生额和规定的标准扣除。

1. 工资、薪金支出。企业发生的合理的工资、薪金支出准予据实扣除。工资、薪金支出是企业每一纳税年度支付给本企业任职或与其有雇佣关系的员工的所有现金或非现金形式的劳动报酬，包括基本工资、资金、津贴、补贴、年终加薪、加班工资，以及与任职或者是受雇有关的其他支出。

2. 职工福利费、工会经费、职工教育经费。规定标准以内按实际数扣除，超过标准的只能按标准扣除。标准为：（1）企业发生的职工福利费支出，不超过工资薪金总额14%的部分准予扣除。（2）企业拨缴的工会经费，不超过工资薪金总额2%的部分准予扣除。（3）除国务院财政、税务主管部门另有规定外，企业发生的职工教育经费支出，不超过工资薪金总额2.5%的部分准予扣除，超过部分准予结转以后纳税年度扣除。

3. 社会保险费。企业依照国务院有关主管部门或者省级人民政府规定的范围和标准为职工缴纳的基本养老保险费、基本医疗保险费、失业保险费、工伤保险费、生育保险费等基本社会保险费和住房公积金，准予扣除。企业为投资者或者职工支付的补充养老保险费、补充医疗保险费，在国务院财政、税务主管部门规定的范围和标准内，准予扣除。

除企业依照国家有关规定为特殊工种职工支付的人身安全保险费和国务院财政、税务主管部门规定可以扣除的其他商业保险费外，企业为投资者或者职工支付的商业保险费，不得扣除。

4. 利息费用。

（1）非金融企业向金融企业借款的利息支出、金融企业的各项存款利息支出和同业拆借利息支出、企业经批准发行债券的利息支出，可据实扣除。

（2）非金融企业向非金融企业借款的利息支出，不超过按照金融企业同期同类贷款利率计算的数额部分可据实扣除，超过部分不许扣除。

5. 借款费用。

（1）企业在生产经营活动中发生的合理不需要资本化的借款费用，准予扣除。

（2）企业为购置、建造固定资产、无形资产和经过 12 个月以上的建造才能达到预定可销售状态的存货发生借款的，在有关资产购置、建造期间发生的合理的借款费用，应予以资本化，作为资本性支出计入有关资产的成本；有关资产交付使用后发生的借款利息，可在发生当期扣除。

6. 汇兑损失。企业在货币交易中，以及纳税年度终了时将人民币以外的货币性资产、负债按照期末即期人民币汇率中间价折算为人民币时产生的汇兑损失，除已经计入有关资产成本以及向所有者进行利润分配外，准予扣除。

7. 业务招待费。企业发生的与生产经营活动有关的业务招待费支出，按照发生额的 60% 扣除，但最高不得超过当年销售（营业）收入的 5‰。

8. 广告费和业务宣传费。除国务院财政、税务主管机关另有规定外，不超过当年销售（营业）收入 15% 的部分，准予扣除；超过部分，准予结转以后纳税年度扣除。

9. 环境保护专项资金。企业依照法律、行政法规有关规定提取的用于环境保护、生态恢复等方面的专项资金，准予扣除。上述专项资金提取后改变用途的，不得扣除。

10. 租赁费。企业根据生产经营活动的需要租入固定资产支付的租赁费，按照下列方法扣除：

（1）以经营租赁方式租入固定资产发生的租赁费支出，按照租赁期限均匀扣除。

（2）以融资租赁方式租入固定资产发生的租赁费支出，按照规定构成融资租入固定资产价值的部分提取折旧费用，分期扣除。

11. 劳动保护费。企业发生的合理的劳动保护支出，准予扣除。

12. 公益性捐赠支出。

（1）公益性捐赠的含义：指企业通过公益性社会团体或者县级以上人民政府及其部门，用于《中华人民共和国公益事业捐赠法》规定的公益事业的捐赠。

（2）公益性捐赠税前扣除标准：企业发生的公益性捐赠支出，不超过年度利润总额 12% 的部分，准予扣除。年度利润总额，是指企业依照国家统一会计制度的规定计算的年度会计利润。

13. 总机构分摊的费用。非居民企业在中国境内设立的机构、场所，就其中国境外总机构发生的与该机构、场所生产经营有关的费用，能够提供总机构出具的费用汇集范围、定额、分配依据和方法等证明文件，并合理分摊的，准予扣除。

14. 资产损失。企业当期发生的固定资产和流动资产盘亏、毁损净损失，由其提供清查盘存资料经主管税务机关审核后，准予扣除；企业因存货盘亏、毁损、报废等原因不得从销项税金中抵扣的进项税金，应视同企业财产损失，准予与存货损失一起在所得税前按规定扣除。

15. 其他项目。如会员费、合理的会议费、差旅费、违反合同的违约金、诉讼费用等，准予扣除。

四、不得扣除的项目

在计算应纳税所得额时，下列支出不得扣除。

1. 向投资者支付的股息、红利等权益性投资收益款项。

2. 企业所得税税款。

3. 税收滞纳金，是指纳税人违反税收被税务机关处以的滞纳金。

4. 罚金、罚款和被没收财物的损失，是指纳税人违反国家有关法律、法规规定，被有关部门处以的罚款，以及被司法机关处以的罚金和被没收财物。

5. 超过规定标准的捐赠支出。

6. 赞助支出。

7. 未经核定的准备金支出，是指不符合国务院财政、税务主管部门规定的各项资产减值准备、风险准备等准备金支出。

8. 企业之间支付的管理费、企业内营业机构之间支付的租金和特许权使用费，以及非银行企业内营业机构之间支付的利息，不得扣除。

9. 与取得收入无关的其他支出。

五、亏损弥补

企业某一纳税年度发生的亏损可以用下一年度的所得弥补，下一年度的所得不足以弥补的，可以逐年延续弥补，但最长不得超过 5 年。而且，企业在汇总计算缴纳企业所得税时，其境外营业机构的亏损不得抵减境内营业机构的盈利。

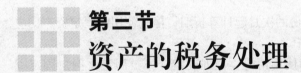

第三节
资产的税务处理

资产是指由于资本投资而形成的财产，对于资本性支出以及无形资产受让、开办、开发费用，不允许作为成本费用从纳税人的收入总额中一次性扣除，只能采取分次计提折旧或分次摊销的方式予以扣除。税法规定，纳入税务处理范围的资产形式主要有固定资产、生物资产、无形资产、长期待摊费用、投资资产、存货等，均以历史成本为计税基础。企业持有各项资产期间增值或者减值，除国务院财政、税务主管部门规定可以确认损益外，不得调整该资产的计税基础。

一、固定资产的税务处理

固定资产是指企业为生产产品、提供劳务、出租或者经营管理而持有的、使用时间超过 12 个月的非货币性资产，包括房屋、建筑物、机器、机械、运输工具，以及其他与生产经营活动有关的设备、器具、工具等。

（一）固定资产计税基础

1. 外购的固定资产，以购买价款和支付的相关税费以及直接归属于该资产达到预定用途发生的其他支出为计税基础。

2. 自行建造的固定资产，以竣工结算前发生的支出为计税基础。

3. 融资租入的固定资产，以租赁合同约定的付款总额和承租人在签订租赁合同过程中发生的相关费用为计税基础，租赁合同未约定付款总额的，以该资产的公允价值和承租人在签订租赁合同过程中发生的相关费用为计税基础。

4. 盘盈的固定资产，以同类固定资产的重置完全价值为计税基础。

5. 通过捐赠、投资、非货币性资产交换、债务重组等方式取得的固定资产，以该资产的公允价值和支付的相关税费为计税基础。

6. 改建的固定资产，除已足额提取折旧的固定资产和租入的固定资产以外的其他固定资产，以改建过程中发生的改建支出增加为计税基础。

（二）固定资产折旧的范围

下列固定资产不得计算折旧扣除：

1. 房屋、建筑物以外未投入使用的固定资产。

2. 以经营租赁方式租入的固定资产。

3. 以融资租赁方式租出的固定资产。

4. 已足额提取折旧仍继续使用的固定资产。

5. 与经营活动无关的固定资产。

6. 单独估价作为固定资产入账的土地。

7. 其他不得计算折旧扣除的固定资产

（三）固定资产折旧的计提方法

1. 企业应当自固定资产投入使用月份的次月起计算折旧；停止使用的固定资产，应当自停止使用月份的次月起停止计算折旧。

2. 企业应当根据固定资产的性质和使用情况，合理确定（不再固定比例）固定资产的预计净残值。固定资产的预计净残值一经确定，不得变更。

3. 固定资产按照直线法计算的折旧，准予扣除。

（四）固定资产折旧的计提年限

除国务院财政、税务主管部门另有规定外，固定资产计算折旧的最低年限如下：

1. 房屋、建筑物，为 20 年；

2. 飞机、火车、轮船、机器、机械和其他生产设备，为 10 年；

3. 与生产经营活动有关的器具、工具、家具等，为 5 年；

4. 飞机、火车、轮船以外的运输工具，为 4 年；

5. 电子设备，为 3 年。

二、生物资产的税务处理

生产性生物资产，是指企业为生产农产品、提供劳务或者出租等而持有的生物资产，包括经济林、薪炭林、产畜和役畜等。

（一）生产性生物资产的计税基础

1. 外购的生产性生物资产，以购买价款和支付的相关税费计税基础。

2. 通过捐赠、投资、非货币性资产交换、债务重组等方式取得的生产性生物资产，以该资产的公允价值和支付的相关税费为计税基础。

（二）生产性生物资产的折旧

1. 生产性生物资产按照直线法计算的折旧，准予扣除。

2. 企业应当自生产性生物资产投入使用月份的次月起计算折旧；停止使用的生产性生物资产，应当自停止使用月份的次月起停止计算折旧，企业应当根据生产性生物资产的性质和使用情况合理确定生产性生物资产的预计净残值。生产性生物资产的预计净残值一经确定，不得变更。

3. 生产性生物资产计算折旧的最低年限：林木类生产性生物资产，为 10 年；畜类生产性生物资产，为 3 年。

三、无形资产的税务处理

无形资产是指企业长期使用，但没有实物形态的资产，包括专利权、商标权、著作权、土地使用权、非专利技术、商誉等。

（一）无形资产的计税基础

1. 自行开发的无形资产，以开发过程中该资产符合资本化条件后至达到预定用途前发生的支出计价。

2. 购入的无形资产，以购买价款和支付的相关税费以及直接归属于使该资产达到预定用途发生的其他支出计价。

3. 通过捐赠、投资、非货币性资产交换、债务重组等方式取得的无形资产，以该资产的公允价值和支付的相关税费计价。

（二）无形资产的摊销

1. 在计算应纳税所得额时，企业按照规定计算的无形资产摊销费用，准予扣除。

2. 不得计算摊销费用扣除的无形资产：自行开发的支出已在计算应纳税所得额时扣除无形资产；自创商誉；与经营活动无关的无形资产；其他不得计算摊销费用扣除的无形资产。

3. 摊销方法及年限。无形资产按照直线法计算的摊销费用，准予扣除。无形资产的摊销年限不得低于 10 年。作为投资或者受让的无形资产，有关法律规定或者合同约定了使用年限的，可以按照规定或者约定的使用年限分期摊销。外购商誉的支出，在企业整体转让或者清算时，准予扣除。

四、长期待摊费用的税务处理

长期待摊费用是指企业已经支出，应当在 1 个年度以上或几个年度进行摊销的费用。在计算应纳税所得额时，企业发生的下列长期待摊费用按规定摊销的，准予扣除：

1. 已足额提取折旧的固定资产的改建支出；

2. 租入固定资产的改建支出；

3. 固定资产的大修理支出；

4. 其他应当作为长期待摊费用的支出。

固定资产的改建支出，是指改变房屋或者建筑物结构、延长使用年限等发生的支出。已足额提取折旧的固定资产改建支出，按照固定资产预计尚可使用年限分期摊销；租入固定资产改建支出，按照合同约定的剩余租赁期限分期摊销。改建的固定资产延长使用年限的，除上述两项规定外，应当适当延长折旧年限。

固定资产的大修理支出，是指同时符合下列条件的支出：修理支出达到取得固定资产时计税基础的 50% 以上；修理后固定资产的使用年限延长 2 年以上。该项支出，按照固定资产尚可使用年限分期摊销。

其他应当作为长期待摊费用的支出，自支出发生月份的次月起分期摊销，摊销年限不得低于 3 年。

五、存货的税务处理

存货，指企业在正常生产经营过程中持有以备出售的产成品或商品，或者为了出售仍然处在生产过程中的在产品，或者将在生产过程或提供劳务过程中耗用的材料、物料等。

（一）存货的计税基础

存货按照以下方法确定成本。

1. 通过支付现金方式取得的存货，以购买价款和支付的相关税费为成本。

2. 通过支付现金以外的方式取得的存货，以该存货的公允价值和支付的相关税费为成本。

3. 生产性生物资产收获的农产品，以产出或者采收过程中发生的材料费、人工费和分摊的间接费用等必要支出为成本。

（二）存货成本的计算方法

企业使用或者销售的存货的成本计算方法，可以在先进先出法、加权平均法、个别计价法中选用一种。计价方法一经选用，不得随意变更。

（三）存货成本的扣除

企业转让以上资产，在计算应纳税所得额时，资产的净值准予扣除。其中，资产的净值是指有关财产的计税基础减除已经按照规定扣除的折旧、折耗、摊销、准备金等后的余额。

除国务院财政、税务主管部门另有规定外，企业在重组过程中，应当在交易发生时确认有关资产的转让所得或者损失，相关资产应当按照交易价格重新确定计税基础。

六、投资资产的税务处理

投资资产，是指企业对外进行权益性投资和债权性投资形成的资产。

（一）投资资产成本的确定

1. 通过支付现金方式取得的投资资产，以购买价款为成本。

2. 通过支付现金以外的方式取得的投资资产，以该资产的公允价值和支付的相关税费为成本。

（二）投资资产成本的税前扣除方法

企业对外投资期间，投资资产的成本在计算应纳税所得额时，不得扣除；企业在转让或者处置投资资产时，投资资产的成本，准予扣除。

第四节
特别纳税调整

一、特别纳税调整的主要内容

1. 特别纳税调整的概念。企业与其关联方之间的业务往来，不符合独立交易原则而减少企业或者其关联方应纳税收入或者所得额的，税务机关有权按照合理方法进行调整。企业与其关联方共同开发、受让无形资产，或者共同提供、接受劳务发生的成本，在计算应纳税所得额时应当按照独立交易原则进行分摊。

2. 关联方的认定。关联方是指与企业有下列关联关系之一的企业、其他组织或者个人，具体指：

（1）在资金、经营、购销等方面存在直接或者间接的控制关系。

（2）直接或者间接地同为第三者控制。

（3）在利益上具有相关联的其他关系。

二、关联企业之间关联业务的税务处理

1. 企业与其关联方共同开发、受让无形资产，或者共同提供、接受劳务发生的成本，在计算应纳税所得额时应当按照独立交易原则进行分摊。

2. 企业与其关联方分摊成本时，应当按照成本与预期收益相配比的原则进行分摊并在税务机关规定的期限内，按照税务机关的要求报送有关资料。

3. 企业与其关联方分摊成本时违反上述第1、第2项规定的，其自行分摊的成本不得在计算应纳税所得额时扣除。

4. 预约定价安排。预约定价安排，是指企业就其未来年度关联交易的定价原则和计算方法，向税务机关提出申请，与税务机关按照独立交易原则协商、确认后达成的协议。企业可以向税务机关提出与其关联方之间业务往来的定价原则和计算方法，税务机关与企业协商、确认后，达成预约定价安排。

5. 企业报送资料。企业向税务机关报送年度企业所得税纳税申报表时，应当就其与关联方之间的业务往来，附送年度关联业务往来报告表。税务机关在进行关联业务调查时，企业及其关联方，以及与关联业务调查有关的其他企业，应当按照规定提供相关资

料。相关资料是指：

（1）与关联业务往来有关的价格、费用的制定标准、计算方法和说明等同期资料。

（2）关联业务往来所涉及的财产、财产使用权、劳务等的再销售（转让）价格或者最终销售（转让）价格的相关资料。

（3）与关联业务调查有关的其他企业应当提供的与被调查企业可比的产品价格、定价方式以及利润水平等资料。

（4）其他与关联业务往来有关的资料。

6. 利润归属。由居民企业，或者由居民企业和中国居民控制的设立在实际税负明显低于25%的税率水平的国家（地区）的企业，并非由于合理的经营需要而对利润不作分配或者减少分配的，上述利润中应归属于该居民企业的部分，应当计入该居民企业的当期收入。所指控制包括：

（1）居民企业或者中国居民直接或者间接单一持有外国企业10%以上有表决权股份，且由其共同持有该外国企业50%以上股份。

（2）居民企业，或者居民企业和中国居民持股比例没有达到第（1）项规定的标准，但在股份、资金、经营、购销等方面对该外国企业构成实质控制。

（3）上述所指的实际税负明显偏低是指实际税负明显低于企业所得税法规定的25%所得税税率的50%。

7. 超标利息支出。企业从其关联方接受的债权性投资与权益性投资的比例超过规定标准而发生的利息支出，不得在计算应纳税所得额时扣除。企业间接从关联方获得的债权性投资，包括：

（1）关联方通过无关联第三方提供的债权性投资。

（2）无关联第三方提供的、由关联方担保且负有连带责任的债权性投资。

（3）其他间接从关联方获得的具有负债实质的债权性投资。

权益性投资是指企业接受的不需要偿还本金和支付利息，投资人对企业净资产拥有所有权的投资。

三、关联企业之间业务往来的调整

1. 调整方法。税法规定对关联企业所得不实的，调整方法如下：

（1）可比非受控价格法，是指按照没有关联关系的交易各方进行相同或者类似业务往来的价格进行定价的方法。

（2）再销售价格法，是指按照从关联方购进商品再销售给没有关联关系的交易方的价格，减除相同或者类似业务的销售毛利进行定价的方法。

（3）成本加成法，是指按照成本加合理的费用和利润进行定价的方法。

（4）交易净利润法，是指按照没有关联关系的交易各方进行相同或者类似业务往来取得的净利润水平确定利润的方法。

（5）利润分割法，是指将企业与其关联方的合并利润或者亏损在各方之间采用合理标准进行分配的方法。

（6）其他符合独立交易原则的方法。

2. 核定应纳税所得额。税务机关在进行关联业务调查时，企业及其关联方以及与关联业务调查有关的其他企业，应当按照规定提供相关资料。企业不提供与其关联方之间业务往来资料，或者提供虚假、不完整资料，未能真实反映其关联业务往来情况的，税务机关依照企业所得税法规定有权依法核定其应纳税所得额。税务机关核定企业的应纳税所得额时可以采用下列方法：

（1）参照同类或者类似企业的利润率水平核定。

（2）按照企业成本加合理的费用和利润的方法核定。

（3）按照关联企业集团整体利润的合理比例核定。

（4）按照其他合理方法核定。

企业对税务机关按照前款规定的方法核定的应纳税所得额有异议的，应当提供相关证据，经税务机关认定后，调整核定的应纳税所得额。

企业实施其他不具有合理商业目的的安排而减少其应纳税收入或者所得额的，税务机关有权根据税收法律、行政法规的规定的合理方法调整。其中，不具有合理商业目的，是指以减少、免除或者推迟缴纳税款为主要目的。

税务机关对企业作出特别纳税调整的，除了应当补征的税款，还按照自税款所属纳税年度的次年6月1日起至补缴税款之日止的期间，按日加收利息。加收的利息，不得在计算应纳税所得额时扣除。利息，应当按照税款所属纳税年度中国人民银行公布的与补税期间同期的人民币贷款基准利率加5个百分点计算。企业依照企业所得税法规定，在报送年度企业所得税纳税申报表时，附送了年度关联业务往来报表的，可以只按规定的人民币贷款基准利率计算利息。

3. 纳税调整追溯期限。企业与其关联方之间的业务往来，不符合独立交易原则，或者企业实施其他不具有合理商业目的安排的，税务机关有权在该业务发生的纳税年度起10年内，进行纳税调整。

第五节
应纳企业所得税额的计算

一、居民企业应纳税额的计算

居民企业应纳税额等于应纳税所得额乘以适用税率，基本计算公式为

居民企业应纳税额 = 应纳税所得额 × 适用税率 − 减免税额 − 抵免税额

根据计算公式可以看出，应纳税额的多少，取决于应纳税所得额和适用税率两个因素。在实际业务中，应纳税所得额的计算一般有直接计算法和间接计算法两种方法。

（一）直接计算法

在直接计算法下，企业每一纳税年度的收入总额减除不征税收入、免税收入、各项扣除以及允许弥补的以前年度亏损后的余额为应纳税所得额。计算公式与前述相同，即为

应纳税所得额＝收入总额－不征税收入－免税收入－各项扣除－允许弥补亏损

（二）间接计算法

在间接计算法下，在会计利润总额的基础上加或减按照税法规定调整的项目金额后的余额为应纳税所得额。现行企业所得税年度纳税申报表采取该方法。计算公式为

应纳税所得额＝会计利润总额±纳税调整项目金额

纳税调整项目金额是指：一是企业财务会计制度规定的项目范围、扣除标准与税法规定的项目范围、扣除标准不一致应予调整的金额；二是企业按照税法的规定准予扣除的税收金额。

【案例1】 某企业 2010 年发生以下业务：

1. 销售产品收入 2 000 万元。

2. 接受捐赠材料一批，取得赠出方开具的增值税专用发票，注明价款 10 万元，增值税 1.7 万元。

3. 转让一项商标著作权，取得营业外收入 60 万元。

4. 收取当年让渡资产使用权的专利实施许可费，取得其他业务收入 10 万元。

5. 取得国债利息收入 2 万元。

6. 全年销售成本 1 000 万元，销售税金及附加 100 万元。

7. 全年销售费用 500 万元，含广告费 400 万元；全年管理费用 200 万元，含招待费 80 万元，新产品开发费用 70 万元；全年财务费用 50 万元。

8. 全年营业外支出 40 万元，含通过政府部门对灾区捐款 20 万元；直接对某私立小学捐款 10 万元；违反相关规定被工商局罚款 2 万元。

要求： 根据上述资料，回答下列问题。

1. 该企业的会计利润总额。

2. 该企业对收入的纳税调整额。

3. 该企业对广告费用的纳税调整额。

4. 该企业对招待费、新产品开发费用的纳税调整额合计数。

5. 该企业对营业外支出的纳税调整额。

6. 该企业当年应纳税所得额。

7. 该企业当年应缴纳的企业所得税额。

案例分析：

1. 该企业的会计利润总额。

会计利润 = 2 000 + 10 + 1.7 + 60 + 10 + 2 － 1 000 － 100 － 500 － 200 － 50 － 40 = 193.7（万元）

2. 该企业对收入的纳税调整额。

2 万元国债利息属于免税收入，调减收入 2 万元。

3. 该企业对广告费用的纳税调整额。

应以销售营业收入 2 010 万元（2 000 + 10）为基数，不能包括营业外收入。

广告费扣除限额 =（2 000 + 10）× 15% = 301.5（万元）

广告费超支 = 400 - 301.5 = 98.5（万元）

调增应纳税所得额 98.5 万元。

4. 该企业对招待费、新产品开发费用的纳税调整额合计数

招待费限额计算：① 80 × 60% = 48（万元）

② （2 000 + 10）× 5‰ = 10.05（万元）

因为税法规定业务招待费按照发生额的 60% 扣除，但最高不得超过当年销售（营业）额的 5‰，故招待费扣除限额应为 10.05 万元，超支 69.95 万元。

新产品开发费用加计扣除额 = 70 × 50% = 35（万元）；

招待费、新产品开发费用合计应调增应纳税所得额 = 69.95 - 35 = 34.95（万元）。

5. 该企业对营业外支出的纳税调整额。

捐赠限额 = 193.7 × 12% = 23.24（万元）

该企业 20 万元公益性捐赠可以扣除；直接对某私立小学的捐赠不得扣除；行政罚款不得扣除。

营业外支出应调增应纳税所得额为 10 + 2 = 12（万元）。

6. 该企业当年应纳税所得额 = 193.7 - 2 + 98.5 + 34.95 + 12 = 337.15（万元）

7. 该企业当年应缴纳的企业所得税额 = 337.15 × 25% = 84.29（万元）

二、境外所得已纳税款的扣除

企业所得税的税额扣除，是指国家对企业来自境外所得依法征收所得税时，允许企业将其已在境外缴纳的所得税税额从其应向本国缴纳的所得税税额中扣除。

税额扣除有全额扣除和限额扣除，我国税法实行限额扣除。税法规定，纳税人来源于中国境外的所得，已在境外缴纳的所得税税款，准予在汇总纳税时，从其应纳税额中扣除，但是扣除额不得超过其境外所得依我国税法规定计算的应纳税额。

"已在境外缴纳的所得税税款"，是指纳税人来源于中国境外的所得，在境外实际缴纳的所得税税款，不包括减免税或纳税后又得到补偿，以及由他人代为承担的税款。

"境外所得依税法规定计算的应纳税额"，是指纳税人的境外所得，依照我国企业所得税法的有关规定，扣除为取得该项所得摊计的成本、费用以及损失，得出应纳税所得额，据以计算的应纳税额。该应纳税额即为扣除（抵免）限额，应当分国（地区）不分项计算。其计算公式是

境外所得税税款扣除限额＝境内、境外所得按税法计算的应纳税总额×

（来源于某外国的所得）÷境内、境外所得总额

纳税人来源于境外所得在境外实际缴纳的税款，低于按上述公式计算的扣除限额的，可以从应纳税额中按实扣除；超过扣除限额的，其超过部分不得在本年度的应纳税额中扣除，也不得列为费用支出，但可用以后年度税额扣除的余额补扣，补扣期限最长不得超过 5 年。

【案例 2】某企业 2011 年度境内应纳税所得额为 100 万元，适用 25% 的企业所得税税率。另外，该企业分别在 A、B 两国设有分支机构（我国与 A、B 两国已经缔结避免双重征税协定），在 A 国分支机构的应纳税所得额为 50 万元，A 国企业所得税税率为 20%；在 B 国的分支机构的应纳税所得额为 30 万元，B 国企业所得税税率为 30%。假设该企业在 A、B 两国所得按我国税法计算的应纳税所得额和按 A、B 两国税法计算的应纳税所得额一致，两个分支机构在 A、B 两国分别缴纳了 10 万元和 9 万元的企业所得税。请计算该企业汇总时在我国应缴纳的企业所得税税额。

案例分析：

1. 该企业按我国税法计算的境内、境外所得的应纳税额。

应纳税额＝（100 + 50 + 30）×25% ＝45（万元）

2. A、B 两国的扣除限额。

A 国扣除限额＝45 × [50 ÷（100 + 50 + 30）] ＝12.5（万元）

B 国扣除限额＝45 × [30 ÷（100 + 50 + 30）] ＝7.5（万元）

在 A 国缴纳的所得税为 10 万元，低于扣除限额 12.5 万元，可全额扣除。在 B 国缴纳的所得税为 9 万元，高于扣除限额 7.5 万元，其超过扣除限额的部分 1.5 万元当年不能扣除。

3. 该企业汇总时在我国应缴纳的所得税＝45 − 10 − 7.5 ＝27.5（万元）

三、居民企业核定征收应纳税额的计算

为了加强企业所得税的征收管理，规范核定征收企业所得税工作，保障国家税款及时足额入库，维护纳税人合法权益，核定征收企业所得税的有关规定如下。

（一）核定征收企业所得税的范围

纳税人具有下列情形之一的，应采取核定征收方式征收企业所得税：

1. 依照税收法律法规规定可以不设账簿的或按照税收法律法规规定应设置但未设置账簿的；

2. 擅自销毁账簿或者拒不提供纳税资料的；

3. 虽设置账簿，但账目混乱或者成本资料、收入凭证、费用凭证残缺不全，难以查账的；

4. 发生纳税义务，未按照规定的期限办理纳税申报，经税务机构责令限期申报，逾期仍不申报的；

5. 申报的计税依据明显偏低，无正当理由的。

特殊行业、特殊类型的纳税人和一定规模以上的纳税人不适用本办法。

（二）核定征收企业所得税的办法

核定征收方式包括核定应纳税所得额征收和核定应税所得率征收两种办法，以及其他合理的办法。

1. 核定应纳税所得额征收。是指税务机关按照一定的标准、程序和方法直接核定纳税人年度应纳企业所得税额，由纳税人按规定进行申报缴纳的办法。

2. 核定应税所得率征收。是指税务机关按照一定的标准、程序和方法，预先核定纳税人的应税所得率，由纳税人根据纳税年度内的收入总额或成本费用等项目的实际发生额，按预先核定的应税所得率计算缴纳企业所得税的办法。

凡是具有下列情形之一的，需核定其应税所得率：能正确核算（查实）收入总额，但不能正确核算（查实）成本费用总额的；能正确核算（查实）成本费用总额，但不能正确核算（查实）收入总额的；通过合理方法，能计算和推定纳税人收入总额或成本费用总额的。

税务机关一般采用下列方法核定征收企业所得税：参照当地同类行业或者类似行业中经营规模和收入水平相近的纳税人的税负水平核定；按照应税收入额或成本费用支出额定率核定；按照耗用的原材料、燃料、动力等推算或测算核定；按照其他合理方法核定。采用上述某种方法不足以正确核定应纳税所得额或应纳税额的，可以同时采用两种以上的方法核定。采用两种以上方法测算的应纳税额不一致时，可按测算的应纳税额从高核定。实行核定应税所得率征收办法的，应纳税额的计算公式如下：

$$应纳所得税额 = 应纳税所得额 \times 适用税率$$
$$应纳税所得额 = 收入总额 \times 应税所得率$$

或：　应纳税所得额 = 成本费用支出额 ÷（1 - 应税所得）× 应税所得率

纳税人多业经营的，无论其经营项目是否单独核算，均由税务机关按主营项目确定适用的应税所得率。应税所得率应按规定的标准执行，详见表7-1。

表7-1　　　　　　　　　　　　　　应税所得率表

经营行业	应税所得率（%）
1. 农、林、牧、渔业	3 ~ 10
2. 制造业	5 ~ 15
3. 批发和零售业	4 ~ 15
4. 交通运输业	7 ~ 15
5. 建筑业	8 ~ 20
6. 饮食业	8 ~ 25
7. 娱乐业	15 ~ 30
8. 其他行业	10 ~ 30

3. 核定征收企业所得税的纳税人，按下列规定申报纳税。

主管税务机关根据纳税人应纳税额的大小确定纳税人按月或者按季预缴，年终汇算清缴。预缴方法一经确定，一个纳税年度内不得改变。

纳税人应依照确定的应税所得率计算纳税期间实际应缴纳的税额，进行预缴。按实际数额预缴有困难的，经主管税务机关同意，可按上一年度应纳税额的 1/12 或 1/4 预缴，或者按经主管税务机关认可的其他方法预缴。

纳税人年度终了后，在规定的时限内按照实际经营额或实际应纳税额向税务机关申报纳税。申报额超过核定经营额或应纳税额的，按申报额缴纳税款；申报额低于核定经营额或应纳税额的，按核定经营额或应纳税额缴纳税款。

对违反上述规定的行为，按照《税收征管法》及其实施细则的有关规定处理。

四、非居民企业应纳税额的计算

对于在中国境内未设立机构、场所的，或者虽设立机构、场所但取得的所得与其所设机构、场所没有实际联系的非居民企业的所得，按照下列方法计算应纳税所得额：

1. 股息、红利等权益性投资收益和利息、租金、特许权使用费所得，以收入全额为应纳税所得额。

2. 转让财产所得，以收入全额减除财产净值后的余额为应纳税所得额。财产净值是指财产的计税基础减除已经按照规定扣除的折旧、折耗、摊销、准备金等后的余额。

3. 其他所得，参照前两项规定的方法计算应纳税所得额。

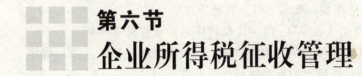

第六节
企业所得税征收管理

一、纳税地点

1. 除税收法律、行政法规另有规定外，居民企业以企业登记注册地为纳税地点；但登记注册地在境外的，以实际管理机构所在地为纳税地点。企业注册登记地，是指企业依照国家有关规定登记注册的住所地。

2. 居民企业在中国境内设立不具有法人资格的营业机构的，应当汇总计算并缴纳企业所得税。企业汇总计算并缴纳企业所得税时，应当统一核算应纳税所得额，具体办法由国务院财政、税务主管部门另行制定。

3. 非居民企业在中国境内设立机构、场所的，应当就其所涉机构、场所取得的来源于中国境内的所得，以及发生在中国境外但与其所涉机构、场所有实际联系的所得，以机构、场所所在地为纳税地点。

对非居民企业在中国境内未设立机构、场所的，或者虽设立机构、场所但取得的所得与其所设机构、场所没有实际联系的所得应缴纳的所得税，实行源泉扣缴制，以支付人为扣缴义务人。以扣缴义务人所在地为纳税地点。税款由扣缴义务人在每次支付或者到期应支付时，从支付或者到期应支付的款项中扣缴。

对非居民企业在中国境内取得工程作业和劳务所得应缴纳的所得税，税务机关可以指定工程价款或者劳务费的支付人为扣缴义务人。

扣缴义务人每次代扣的税款，应当自代扣之日起7日内缴入国库，并向所在地的税务机关报送扣缴企业所得税报告表。

二、纳税期限

企业所得税纳税义务发生时间为取得应纳税所得额的计征期终了日。

企业所得税实行按年计征，分月或者分季预缴，年终汇算清缴，多退少补的办法。

企业所得税的纳税年度，自公历1月1日起至12月31日止。企业在一个纳税年度的中间开业，或者由于合并、关闭等原因终止经营活动，使该纳税年度的实际经营期不足12个月的，应当以其实际经营期为一个纳税年度。企业清算时，应当以清算期间作为一个纳税年度。

三、企业所得税纳税申报

（一）预缴所得税

企业应当自月份或季度终了之日起15日内，向税务机关报送预缴企业所得税纳税申报表。依照企业所得税法缴纳的企业所得税，以人民币计算。所得以人民币以外的货币计算的，应当折合成人民币计算并缴纳税款。企业在纳税年度无论盈利或者亏损，都应当依照《企业所得税法》第五十四条规定的期限，向税务机关报送企业所得税月（季）度预缴纳税申报表（见表7-2）。

预缴所得税时，应当按纳税期限的实际数预缴。如实际数预缴有困难的，可以按上一年度应纳税所得额的1/12或1/4，或税务机关承认的其他方法预缴。

表7-2　　　　　　　　企业所得税月（季）度预缴纳税申报表（A类）

税款所属期间：　　年　月　日至　　年　月　日

纳税人识别号：

纳税人名称：

余额单位：人民币元（列至角分）

行次	项目	本期金额	累计金额
1	一、据实预缴		
2	营业收入		
3	营业成本		
4	实际利润额		
5	税率（25%）		
6	应纳所得税额（4行×5行）		
7	减免所得税额		

行次	项目	本期金额	累计金额
8	实际已缴所得税额		
9	应补（退）的所得税额（6行-7行-8行）		
10	二、按照上一纳税年度应纳税所得额的平均额预缴		
11	上一纳税年度应纳税所得税		
12	本月（季）应纳税所得额（11行÷12或11行÷4）		
13	税率（25%）		
14	本月（季）应纳所得税额（12行×13行）		
15	三、按照税务机关确定的其他方法预缴		
16	本月（季）确定预缴的所得税额		
17	总/分机构纳税人		
18	总机构	总机构应分摊的所得税额（9行或14行或16行×25%）		
19		中央财政集中分配的所得税额（9行或14行或16行×25%）		
20		分支机构分摊的所得税额（9行或14行或16行×50%）		
21	分支机构	分配比例		
22		分配的所得税额（20行×21行）		

谨声明：此纳税申报表是根据《中华人民共和国企业所得税法》、《中华人民共和国企业所得税法实施条例》和国家有关税收规定填报的，是真实的、可靠的、完整的。

法定代表人（签字）：   年   月   日

纳税人公章：	代理申报中介机构公章：	主管税务机关受理专用章：
	经办人：	
会计主管：	经办人执业证件号码：	受理人：
填表日期： 年 月 日	代理申报日期： 年 月 日	受理日期： 年 月 日

国家税务总局监制

（二）企业所得税汇算清缴

企业应当自年度终了之日起5个月内，向税务机关报送年度企业所得税纳税申报表及财务会计报告和税务机关规定应当报送的其他相关资料，并汇算清缴，结清应缴应退税款。企业在年度中间终止经营活动的，应当自实际经营终止之日起60日内，向税务机关办理当期企业所得税汇算清缴。

企业所得税年度纳税申报表分为主表及有关附表（收入、成本费用、纳税调整项目、弥补亏损、税收优惠境外所得抵免计算等明细表和相关纳税调整表）。填写报表时，先根据利润表填写有关附表，再根据企业资料填写主表的表头资料，然后根据附表资料分别填写主表的利润总额计算、应纳税所得额计算和应纳税额计算。企业在纳税年度内不管盈利还是亏损均应按规定期限报送上述资料。

表7-3　　　　　　　中华人民共和国企业所得税年度纳税申报表（A类）

税款所属期间：　　年　月　日至　　年　月　日

纳税人识别号：

纳税人编码：□□□□□□□

纳税人名称：

金额单位：人民币元（列至角分）

类别	行次	项目	金额
利润总额计算	1	一、营业收入（填附表一）	
	2	减：营业成本（填附表二）	
	3	营业税金及附加	
	4	销售费用（填附表二）	
	5	管理费用（填附表二）	
	6	财务费用（填附表二）	
	7	资产减值损失	
	8	加：公允价值变动收益	
	9	投资收益	
	10	二、营业利润	
	11	加：营业外收入（填附表一）	
	12	减：营业外支出（填附表二）	
	13	三、利润总额（10 +11 -12）	
应纳税所得额计算	14	加：纳税调整增加额（填附表三）	
	15	减：纳税调整减少额（填附表三）	
	16	其中：不征税收入	
	17	免税收入	
	18	减计收入	
	19	减、免税项目所得	
	20	加计扣除	
	21	抵扣应纳税所得额	
	22	加：境外应税所得弥补境内亏损	
	23	纳税调整后所得（13 +14 -15 +22）	
	24	减：弥补以前年度亏损（填附表四）	
	25	应纳税所得额（23 -24）	

续表

类别	行次	项目	金额
应纳税额计算	26	税率	
	27	应纳所得税额（25×26）	
	28	减：减免所得税额（填附表五）	
	29	减：抵免所得税额（填附表五）	
	30	应纳税额（27－28－29）	
	31	加：境外所得应纳所得税额（填附表六）	
	32	减：境外所得抵免所得税额（填附表六）	
	33	实际应纳所得税额（30＋31－32）	
	34	减：本年累计实际已预缴的所得税额	
	35	其中：汇总纳税的总机构分摊预缴的税额	
	36	汇总纳税的总机构财政调库预缴的税额	
	37	汇总纳税的总机构所属分支机构分摊的预缴税额	
	38	合并纳税（母子体制）成员企业就地预缴比例	
	39	合并纳税企业就地预缴的所得税额	
	40	本年应补（退）的所得税额（33－34）	
附列资料	41	以前年度多缴的所得税额在本年抵减额	
	42	以前年度应缴未缴在本年入库所得税额	

纳税人公章：	代理申报中介机构公章：	主管税务机关受理专用章：
经办人：	经办人及执业证件号码：	受理人：
申报日期：　　年 月 日	代理申报日期：　　年 月 日	受理日期：　　年 月 日

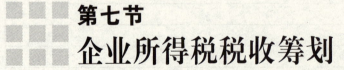

第七节
企业所得税税收筹划

　　我国企业所得税制度有很多税收优惠规定，如对高新技术企业的税收优惠制度，这就为进行企业所得税节税筹划提供了一定的空间。另外，企业所得税税负不易转嫁，加上征收企业所得税要进行各种扣除，每项扣除的规定也不尽相同，有多种合法的选择，使企业在各项税制要素的确定上特别是应纳税所得额的确定上，有一定的自主性，也为企业进行企业所得税的纳税筹划提供了可能性。

一、税收优惠的税收筹划

税收优惠，是指国家运用税收政策在税收法律、行政法规中规定对某一部分特定企业和课税对象给予减轻或免除税收负担的一种措施。税法规定的企业所得税的税收优惠方式包括免税、减税、加计扣除、加速折旧、减计收入、税额抵免等。

（一）免征与减征优惠

1. 从事农、林、牧、渔业项目的所得减免优惠政策。

（1）免征企业所得税的项目的所得：蔬菜、谷物、薯类、油料、豆类、棉花、麻类、糖料、水果、坚果的种植；农作物新品种的选育；中药材的种植；林木的培育和种植；牲畜、家禽的饲养；林产品的采集；灌溉、农产品初加工、兽医、农技推广、农机作业和维修等农、林、牧、渔服务业项目；远洋捕捞。

（2）减半征收企业所得税的项目的所得：花卉、茶以及其他饮料作物和香料作物的种植；海水养殖、内陆养殖。

2. 从事国家重点扶持的公共基础设施项目投资经营所得。国家重点扶持的公共基础设施项目是指《公共基础设施项目企业所得税优惠目录》规定的港口码头、机场、铁路、公路、电力、水利等项目。

从事国家重点扶持的公共基础设施项目投资经营所得，自项目取得第一笔生产经营收入所属纳税年度起，从第一年至第三年免征企业所得税，第四年至第六年减半征收企业所得税。

3. 从事符合条件的环境保护、节能节水项目所得。环境保护、节能节水项目的所得，自项目取得第一笔生产经营收入所属纳税年度起，从第一年至第三年免征企业所得税，第四年至第六年减半征收企业所得税。符合条件的环境保护、节能节水项目包括公共污水处理、公共垃圾处理、沼气综合开发利用、节能减排技术改造、海水淡化等。

4. 符合条件的技术转让所得。符合条件的技术转让所得是指一个纳税年度内，居民企业转让技术所有权所得不超过500万元的部分，免征企业所得税；超过500万元的部分，减半征收企业所得税。

（二）高新技术企业优惠

1. 国家需要重点扶持的高新技术企业，减按15%的税率征收企业所得税。重点扶持的高新技术企业是指拥有核心自主知识产权，并同时符合以下6个条件的企业。

（1）拥有核心自主知识产权是指在中国境内注册的企业，近三年内通过自主研发、受让、受赠、并购等方式，或通过五年以上的独占许可方式，对其主要产品的核心技术拥有自主知识产权。

（2）产品属于《国家重点主持的高新技术领域》规定的范围。

（3）研发费占销售收入的比例不低于规定比例。

（4）高新技术产品收入占企业总收入的比例不低于规定比例，是指高新技术产品收入占企业总收入的比例在60%以上。

（5）科技人员占企业职工总数的比例不低于规定比例，是指具有大专以上学历的科技人员占企业职工总数的30%以上，其中研发人员占企业职工总数的10%以上。

（6）高新技术企业认定管理办法规定的其他条件。

2. 经济特区和上海浦东新区新设立高新技术企业享受过渡性税收优惠。

（1）经济特区和上海浦东新区在 2008 年 1 月 1 日之后完成登记注册的国家重点扶持的高新技术企业取得的所得，自项目取得第一笔生产经营收入所属纳税年度起，从第一年至第二年免征企业所得税，第三年至第五年按照 25% 的法定税率减半征收企业所得税。

（2）经济特区和上海浦东新区新设立高新技术企业同时在经济特区和上海浦东新区以外的地区从事生产经营的，应该单独计算在经济特区和上海浦东新区取得的所得，并合理分摊期间费用，没有单独计算的，不得享受企业所得税优惠。

（3）经济特区和上海浦东新区新设立的高新技术企业在享受优惠期间，不再具有高新技术企业资格的，从不再具有高新技术企业资格年度起，停止享受过渡性税收优惠；以后再被认定为高新技术企业的，不得继续享受或重新享受过渡性税收优惠。

（三）小型微利企业优惠

符合条件的小型微利企业，减按 20% 的税率征收企业所得税。符合条件的小型微利企业，是指从事国家非限制和禁止行业，并符合下列条件的企业。

1. 工业企业，年度应纳税所得额不超过 30 万元，从业人数不超过 100 人，资产总额不超过 3 000 万元。

2. 其他企业，年度应纳税所得额不超过 30 万元，从业人数不超过 80 人，资产总额不超过 1 000 万元。

上述"从业人数"按企业全年平均从业人数计算，"资产总额"按企业年初和年末的资产总额平均计算。

（四）加计扣除优惠

1. 研究开发费。研究开发费是指企业为开发新技术、新产品、新工艺的研究开发费用支出，未形成无形资产计入当期损益的，在按照规定据实扣除的基础上，按照研究开发费用的 50% 加计扣除；形成无形资产的，按照无形资产成本的 150% 摊销。从 2008 年 1 月 1 日起，可以加计扣除的研究开发费按照下列规定执行。

企业从事"国家重点支持的高新技术领域"和国家发展改革委等部门公布的《当前优先发展的高技术产业化重点领域指南》规定项目的研究开发活动，其在一个纳税年度中实际发生的相关费用支出，允许在计算应纳税所得额时按规定加计扣除。对企业共同合作开发的项目，凡是符合条件的，由合作各方就自身承担的研发费用分别按照规定计算加计扣除。

对企业委托给外单位进行开发的研发费用，凡是符合条件的，由委托方按照规定计算加计扣除，受托方不再进行加计扣除。

企业结合财会核算和研发项目的实际情况，对发生的研发费进行收益化或本金化处理的，可以按照以下规定加计扣除：研发费计入当期损益未形成无形资产的，允许再按照当年研发费实际发生额的 50%，直接抵扣当年的应纳税所得额。研发费形成无形资产的，按照该无形资产成本的 150% 在税前摊销，除另有规定外，摊销期限不得低于 10

年。法律、行政法规和国税局规定不允许企业所得税前扣除的费用和支出项目，均不允许计入研究开发费用。

企业未设立专门的研发机构或企业研发机构同时承担生产经营业务的，应对研发费和生产经营费用分开进行核算，准确、合理地计算各项研究开发费用和支出，对划分不清的，不得实行加计扣除。

企业必须对研发费实行专账管理，同时必须按照规定，准确归集填写年度可加计扣除的各项研发费实际发生金额。

企业实际发生的研发费在年度中间预缴所得税时，允许据实计算扣除，在年度终了进行所得税申报和汇算清缴时，再按照规定加计扣除。

2. 企业安置残疾人员所支付的工资。企业安置残疾人员及国家鼓励安置的其他就业人员所支付的工资支出，可以在计算应纳税所得额时加计扣除。企业安置残疾人员所支付的工资的加计扣除，是指企业安置残疾人员的，在按照支付给残疾职工工资据实扣除的基础上，按照支付给残疾职工工资的100%加计扣除。企业安置国家鼓励安置的其他就业人员所支付的工资的加计扣除办法，由国务院另行规定。

（五）创投企业优惠

创业投资企业从事国家需要重点扶持和鼓励的创业投资，可以按投资额的一定比例抵扣应纳税所得额。

创投企业优惠，是指创业投资企业采取股权投资方式投资于未上市的中小高新技术企业2年以上的，可以按照其投资额的70%在股权持有满2年的当年抵扣该创业投资企业的应纳税所得额；当年不足抵扣的，可以在以后纳税年度结转抵扣。

（六）加速折旧优惠

企业的固定资产由于技术进步等原因，确需加速折旧的，可以缩短折旧年限或采取加速折旧的办法。可采取以上折旧办法的固定资产是指：

1. 由于技术进步，产品更新换代较快的固定资产；

2. 常年处于强震动、高腐蚀状态的固定资产。

采取缩短折旧年限方法的，最低折旧年限不得低于规定折旧年限的60%；采取加速折旧方法的，可以采取双倍余额递减法和年数总和法。

（七）减计税收优惠

减计税收优惠企业综合利用资源，生产符合国家产业政策规定产品所取得的收入，可以在计算应纳税所得额时减计收入。

综合利用资源是指企业以《资源综合利用企业所得税优惠目录》规定的资源为主要原料，生产国家非限制和禁止并符合国家和行业标准的产品取得的收入，减按90%计入收入总额。

上述所称原材料占生产产品材料的比例不得低于《资源综合利用企业所得税优惠目录》规定的标准。

（八）税额抵免优惠

税额抵免是指企业购置并实际使用《环境保护专用设备企业所得税优惠目录》、《节能节水专用设备企业所得税优惠目录》和《安全生产专用设备企业所得税优惠目录》规定的环境保护、节能节水、安全生产等专用设备的，该专用设备的投资额的10%可以从企业当年的应纳税额中抵免；当年不足抵免的，可以在以后5个纳税年度结转抵免。享受企业所得税优惠的企业，应当实际购置并自身实际投入使用前款规定的专用设备；企业购置上述专用设备在5年内转让、出租的，应当停止享用企业所得税优惠，并补缴已经抵免的企业所得税税款。转让的受让方可以按照该专用设备投资额的10%抵免当年企业所得税应纳税额；当年应纳税额不足抵免的，可以在以后5个纳税年度结转抵免。

（九）非居民企业优惠

非居民企业在中国境内未设立机构、场所的，或者虽设立机构、场所但所得与其所设机构、场所没有实际联系的，减按10%的税率征收企业所得税。该类非居民企业取得下列所得免征企业所得税：外国政府向中国政府提供贷款的利息所得；国际金融组织向中国政府和居民企业提供优惠贷款的利息所得；经国务院批准的其他所得。

（十）利用税收优惠进行税收筹划的方法

1. 选择新办企业的投资地点。国家为了适应各地区不同的情况，针对一些不同的地区制定了不同的税收政策，为企业进行注册地点选择的税收筹划提供了空间。企业在设立之初或扩大经营进行投资时，可以选择低税负的地区进行投资，以享受税收优惠的好处。

现行税法中规定的享受减免税优惠政策的地区主要包括国务院批准的"老、少、边、穷"地区、西部地区、东北老工业基地、经济特区、经济技术开发区、沿海开放城市、保税区、旅游度假区等。

2. 适时调整投资行业。纳税人要享受行业定期减免优惠，可以选择一些政策鼓励和扶持的项目。《企业所得税法》是以"产业优惠为主、区域优惠为辅"作为税收优惠的导向。无论是创业投资、初次投资还是增加投资，都可以根据税收优惠政策加以选择，充分享受税收产业优惠政策。但是，纳税人要从事政策鼓励和扶持的项目，需要研究行业的具体规定，注意审批程序，取得行业准入资格。如果选择公共设施免税项目，就必须符合《公共基础设施项目企业所得税优惠目录》的规定，否则即使从事公共设施建设，也不一定能享受免税。还要注意，企业同时从事享受不同企业所得税待遇的项目的，其优惠项目应当单独计算所得，并合理分摊企业的期间费用；没有单独计算的，不能享受企业所得税优惠。

> 【案例3】A创业投资有限责任公司于2009年采取股权投资方式投入资本2 000万元，在某高新技术开发区设立甲高新技术企业（小型），职工人数120人，甲企业已经通过高新技术企业认定。当年，甲企业实现利润200万元，2010年实现利润300万元。2011年1月，A公司把甲企业的股权转让，转让价格为3 500万元。
>
> **筹划分析：**
>
> 将A公司工商登记为"创业投资有限责任公司"，经营范围符合《创业投资企业管理暂行办法》的规定，投资设立的甲公司已经通过高新技术企业认定，可以享受按投资额的一定比例抵扣应纳税所得额的优惠。

筹划结果：

（1）A公司是甲企业的投资方，享有100%的股权。甲企业是高新技术开发区的高新技术企业，根据财税〔2000〕25号文件规定："对我国境内新办软件生产企业经认定后，自开始获利年度起，第一年和第二年免征企业所得税，第三年至第五年减半征收企业所得税。"甲企业在前两年免征企业所得税，两年并获利500万元，全部分配给A公司，而A公司从甲企业分得的利润属于免税收入，不必交税。

（2）2011年1月，A公司转让了甲企业的股权，转让价格为3 500万元，股权转让所得为3 500 - 2 000 = 1 500（万元）

A公司投资抵扣应纳税所得额的限额 = 2 000 × 70% = 1 400（万元）

应缴企业所得税 = （1 500 - 1 400）× 25% = 25（万元）

二、纳税人身份的税收筹划

纳税人身份的税收筹划主要是改变居民身份或通过纳税人之间的合并、分立，集团公司内设立子公司或分公司的选择，从而达到规避高税率、享受税收优惠的目的。

（一）居民企业与非居民企业

《企业所得税法》把企业分为居民和非居民两类，居民企业与非居民企业在税法上规定的差异（见表7-4），为企业进行税收筹划提供一定的空间。

表7-4 居民企业与非居民企业的比较

纳税人		征税对象	税率
居民企业		境内、外所得	基本税率25%
非居民企业	在中国境内设立机构、场所的	来源于中国境内的所得，以及发生在中国境外但与其所设机构、场所有实际联系的所得	基本税率25%
	在中国境内未设立机构、场所的	来源于中国境内的所得	低税率20%（减按10%征收）

企业应当尽可能避免作为居民企业进行纳税，还应注意要尽可能将企业设在避税地或低税地区；尽可能减少一些与境内机构、场所有实际联系的收入。

（二）企业合并与分立

1. 企业合并。一般情况下，被合并企业应视为按公允价值转让、处置全部资产，计算资产的转让所得，依法缴纳所得税；被合并企业以前年度的亏损不得结转到合并企业弥补。合并企业接受被合并企业的有关资产，计税时可按经评估确认的价值确定成本。合并企业和被合并企业为实现合并而向股东回购本公司股份，回购价格与发行价格之间的差额，应作为股票转让所得或损失。

合并企业支付给被合并企业或其股东的收购价款中，除合并企业股权以外的现金、有价证券和其他资产，不高于所支付股权票面价值20%的，当事人各方可选择按以下规定进行所得税税收处理：（1）被合并企业不确认全部资产的转让所得或损失，不计算缴纳所得税；被合并企业合并以前的全部企业所得税事项由合并企业承担，以前年度的亏损，如未超过法定弥补期限，可由合并企业与被合并企业资产相关所得弥补；合并企业接受被合并企业全部资产的计税成本，须以被合并企业原账面净值为基础确定。（2）被合并企业的股东以其持有的原被合并企业的股权交换合并企业的股权，不视为出售旧股、购买新股处理。被合并企业的股东换得新股的成本，须以其所持旧股的成本为基础确定。

因此企业在合并中由于产权交换支付方式不同，其转让所得、资产计价、亏损弥补等涉及所得税事项可选择不同的税务处理方法，企业在合并时进行税收筹划要注意以下几点。

①资产转让损益确认与否对所得税负的影响。在企业合并中，被合并企业是否确认财产转让收益取决于产权交换支付方式。在合并企业支付给被合并企业或其股东的收购价款中，非股权支付额不高于20%的，被合并企业可以不确认全部资产的转让所得或损失，只有待股权转让后才计算损益，作为资本利得所得税。如合并企业支付给被合并企业或其股东的非股权支付额高于20%的，被合并企业应视为按公允价值转让、处置全部资产，计算资产转让所得，依法缴纳财产转让所得税。

②资产计价税务处理对所得税负的影响。在非股权支付额不高于20%的情况下，合并企业接受被合并企业全部资产的计税成本，可按被合并企业原账面净值基础确定；而如果非股权支付额高于20%，合并企业接受被合并企业的资产，可按经评估确认的价值确定计税成本。由于两种不同情况下，合并企业接受的被合并企业的资产计入成本费用价值基础不同，必然导致税前扣除的金额不同，从而使合并后合并企业的所得税负不同。

③亏损弥补的处理对所得税负的影响。在非股权支付额不高于20%的情况下，被合并企业以前年度的亏损，如果未超过法定弥补期限的，可由合并企业继续按规定用以后年度实现的与被合并企业资产相关的所得弥补；而高于20%的，被合并企业以前年度的亏损，不得结转到合并企业弥补。

2. 企业并购后组织形式的设置。当并购企业并购目标企业后，目标企业通常成为并购企业的从属机构。从属机构的形式一般有分公司和子公司，对从属机构形式的不同选择，决定着并购后企业总体税收负担的高低。

（1）子公司和分公司的税收待遇差异。子公司和分公司的税收待遇差异主要体现在企业所得税的纳税主体和税收优惠方面。国际上通行的做法是把总公司和分公司作为一个纳税实体，允许它们合并纳税。分公司不是独立法人，税法中规定只有法人才可以享受的税收优惠待遇，如果总公司不符合条件，分公司就不能享受。子公司具备独立法人地位，国际上通行的做法是把母公司和子公司视为独立的法人，分别纳税。

（2）筹划思路。根据上述差异，可以做以下筹划。

①对于设立初期亏损的分支机构，或者在总公司亏损、分支机构盈利的情况下，分支机构宜采用分公司的形式，从而可以盈亏相抵；

②若分公司处于税率较高的地区，通过汇总纳税，从而实现规避高税率的目的。反之，分支机构适合选择子公司的形式。

> **【案例4】** 永康集团2010年新成立甲公司，从事生物制药及高级投资等盈利能力强的项目，2011年盈利1 000万元，永康集团将其注册为独立法人公司。永康集团另有一法人公司乙公司，常年亏损，但永康集团从整体利益出发不打算将其关闭，2008年乙公司亏损300万元。
>
> **筹划分析：**
>
> 按照现有的组织结构模式，甲公司、乙公司都是法人单位，应独立缴纳企业所得税，因而2011年甲公司应缴纳企业所得税为250万元（1 000×25%）；乙公司亏损，应缴纳的企业所得税为零，甲公司、乙公司合计缴纳企业所得税250万元。
>
> **筹划结果：**
>
> 若新华集团进行筹划，将乙公司变更公司登记为甲公司的分支机构，则乙公司不再是独立法人公司，就不再作为独立纳税人，而是由甲公司汇总纳税，故2011年甲公司、乙公司合计缴纳的企业所得税为175（万元）＝（1 000－300）×25%，经过税收筹划节省企业所得税75万元（250－175）。其实，现有企业集团也可参考上述思路，对成员公司进行身份变更，以实现公司之间的盈亏互抵，从而降低集团的整体税负。

3. 企业分立。一般情况下，被分立企业应视为按公允价值转让其被分离出去的部分或全部资产，计算被分立资产的财产转让所得，依法缴纳所得税；分立企业接受被分立企业的资产，在计税时可按经评估确认的价值确定成本。如是存续分立，被分立企业未超过法定弥补期限的亏损额可由存续企业继续弥补。如是新设分立，被分立企业未超过法定弥补期限的亏损额不得结转到分立企业弥补。分立企业支付给被分立企业或其股东的交换价款中，除分立企业股权以外的非股权支付额，不高于20%的，经税务机关审核确认，企业分立当事各方也可选择下列规定进行分立业务的所得税处理：被分立企业可不确认分离资产的转让所得或损失，不计算所得税；分立企业接受被分立企业的全部资产和负债的成本，须以被分立企业的账面净值为基础结转确定；被分立企业已分离资产相对应的纳税事项由接受资产的分立企业承继，被分立企业的未超过法定弥补期限的亏损额由接受分离资产的分立企业承继。企业在分立时进行税收筹划要注意以下几点。

①资产转让损益的确认。当被分立企业分离给分立企业的资产转让价格高于账面净值时，应选择分立企业支付给被分立企业的非股权支付额不高于20%的支付方式；当被分立企业分离给分立企业的资产转让价格低于账面净值时，则应选择分立企业支付给被分立企业的非股权支付额高于20%的支付方式，从而降低被分立企业的所得税负。

②资产计价的税收处理。当被分立企业分离给分立企业资产的评估价值低于账面净值时，应选择非股权支付额不高于20%的支付方式，从而降低分立企业的所得税负；当被分立企业分离给分立企业资产的评估价值高于账面净值时，要选择哪一种支付方式，则必须考虑其他方面的因素，因为不管采用哪种支付方式，分立企业都可按其所接受的

资产的评估价值确定结转计税成本。

③亏损弥补的处理。如果被分立企业尚有未超过法定弥补期限的亏损额时，应选择非股权支付额不高于20%的支付方式，因为选择这种支付方式可以降低分立企业的所得税负。而是否选择非股权支付额高于20%的支付方式，则还必须看企业采用的是存继分立还是新设分立。

三、计税依据的税收筹划

计税依据的确定较复杂，其筹划空间较大，也是企业所得税税收筹划的重点。按照新企业所得税法的规定。企业所得税的计税依据为应纳税所得额。应纳税所得额是企业每一纳税年度的收入总额，减除不征税收入、免税收入、各项扣除以及允许弥补的以前年度亏损后的余额。因此，企业所得税计税依据的筹划又可以分为收入的筹划、扣除的筹划和亏损的筹划。

（一）收入的筹划

1. 推迟收入的实现时间，以获得资金的时间价值。按照新企业所得税法，收入包括企业的货币形式收入和非货币形式收入，具体分为销售货物收入、提供劳务收入、转让财产收入、股息和红利等权益性投资收益、利息收入、租金收入、特许权使用费收入、接受捐赠收入和其他收入。股息、红利等权益性投资收益、利息收入、租金收入、特许权使用费收入、接受捐赠收入明确规定了收入确认的时点，这就为收入的税收筹划提供了依据和空间。比如，让被投资方推迟作出利润分配决定的日期，就可以推迟股息、红利等权益性投资收益的确认时间；推迟借债合同中债务人应付利息的日期，就可以推迟利息收入确认时间；推迟合同约定的承租人应付租金的日期，就可以推迟租金收入确认时间；推迟合同约定的特许权使用人应付特许权使用费的日期，就可以推迟特许权使用费收入确认时间；推迟实际收到捐赠资产的日期，就可以推迟接受捐赠收入确认时间；推迟企业分得产品的日期，就可以推迟采取产品分成方式取得收入的确认时间。推迟这些类型收入的确认时间，无疑会推迟缴纳企业所得税，相当于企业从税务局那里取得了一项无息贷款，使企业获得了资金的时间价值。

2. 减少收入额，以降低计税依据。这主要是充分利用免税收入的规定。按照企业所得税法，企业的免税收入包括国债利息收入，符合条件的居民企业之间的股息、红利等权益性投资收益，在中国境内设立机构或场所的非居民企业从居民企业取得与该机构或场所有实际联系的股息及红利等权益性投资收益，符合条件的非营利组织的收入。减少应税收入主要考虑剔除不确认为应税收入的项目，或设法增加免税收入和不征税收入。

在实践中具体采用的方法有：①销货退回及折让，应及时取得凭证冲减销售收入，以免虚增收入；②预收款、应收款是否确认为收入按税法规定，防止错记为收入；③多余的闲置资金，购买政府公债。

注意事项：目前有相当一部分企业在缩小应税收入时，采取了一系列的偷税、逃税方法，如采取漏记收入、私设小金库、账外设账等违法行为，不可效仿。

（二）税前准予扣除额最大化的筹划

企业所得税准予扣除额的筹划空间较大，也是计税依据筹划的重点。扣除额是指企业实际发生的与经营活动有关的、合理的支出按税收规定允许扣除的金额。准予扣除的项目包括成本、费用、税金及损失。扣除的筹划策略也主要包括以下几种。

期间费用的筹划。企业生产、经营中的期间费用包括销售费用、管理费用、财务费用，这些费用的大小直接影响企业的应纳税所得额。为了防止纳税人任意加大费用、减小应纳税所得额，《企业所得税法实施条例》对允许扣除项目做了规定，结合会计核算的费用项目划分需要，将费用项目分为三类：税法有扣除标准的费用项目、税法没有扣除标准的费用项目、税法给予优惠的费用项目。

税法有扣除标准的费用项目包括职工福利费、职工教育经费、工会经费、业务招待费、广告费和业务宣传费、公益性捐赠支出等。这类费用一般采用以下筹划方法：

第一，原则上遵照税法的规定进行抵扣，避免因纳税调整而增加企业税负。

第二，区分不同费用项目的核算范围，使税法允许扣除的费用得以充分抵扣。

第三，费用的合理转化，将有扣除标准的费用通过会计处理，转化为没有扣除标准的费用，以加大扣除项目总额、降低应纳税所得额。

税法没有扣除标准的费用项目包括劳动保护费、办公费、差旅费、董事会费、咨询费、诉讼费、租赁及物业费、车辆使用费、长期待摊费用摊销、房产税、车船税、土地使用税、印花税等。这类费用一般采用以下筹划方法：

第一，正确设置费用项目，合理加大费用开支。例如，不要将会议费、差旅费等其他开支混入业务招待费入账，因为纳税人发生的与其经营活动有关的合理的差旅费、会议费，只要能够提供证明其真实性的合法凭证，均可获得全额扣除，不受比例的限制。差旅费证明材料应包括出差人员姓名、地点、时间、任务、支付凭证等。会议费证明材料应包括会议时间、地点、出席人员、内容、目的、费用标准、支付凭证等。如果企业召开产品订货会，应当注意提供上述会议费的证明材料并记入"销售费用"或"管理费用"的"会议费"明细科目，避免记入"管理费用"的"业务招待费"明细科目。

第二，选择合理的费用分摊方法。例如，对低值易耗品、无形资产、长期待摊费用等摊销时，要视纳税人不同时期的盈亏情况而定：在盈利年度，应选择使费用尽快得到分摊的方法，使其抵税作用尽早发挥，推迟所得税纳税时间；在亏损年度，应选择使费用尽可能地摊入亏损并能全部得到税前弥补的年度，不要浪费费用分摊的抵税效应；在享受税收优惠的年度，应选择能使减免税年度摊销额最小、正常年度摊销额增大的摊销方法。

【案例 5】某房地产开发企业在北京一个黄金地段开发楼盘，广告费扣除率为 15%，预计本年销售收入为 7 000 万元，计划本年宣传费用开支 1 200 万元。企业围绕宣传费用开支 1 200 万元作出如下两个税收筹划方案：

方案一，在当地电视台黄金时间每天播出 4 次，间隔播出 10 个月；在当地报刊连续刊登 12 个月。该方案因广告费超支额需调增的所得税金额为

$$(1\ 200 - 7\ 000 \times 15\%) \times 25\% = 37.5\ (万元)$$

则广告实际总支出为

$$1\ 200 + 37.5 = 1\ 237.5\ (万元)$$

方案二，在当地电视台每天播出 3 次，间隔播出 10 个月；在当地报刊做广告。这两项活动共需支出 900 万元。此外，公司雇用少量人员在节假日到各商场和文化活动场所散发宣传材料需支出 30 万元，建立自己的网页和在有关网站发布售房信息，发布和维护费用需支出 270 万元。

筹划分析：

经比较，方案二为最佳方案，因网站发布和维护费用可在管理费用列支（税法未对此项广告宣传费用限制，一般作为管理费用中的其他项目列支）。此时，方案二的各项支出 1 200 万元均可在各项规定的扣除项目限额内列支，无须纳税调整，并且从多个角度对房产进行了宣传，对房产销售能起到很好的促进作用。

四、财务成果与分配的税收筹划

（一）亏损弥补的税收筹划

1. 企业亏损弥补的相关法律规定。《企业所得税法》规定，纳税人发生年度亏损的，可以用下一纳税年度的所得弥补；下一纳税年度的所得不足弥补的，可以逐年延续弥补，但是延续弥补期最长不得超过 5 年。5 年内不论是盈利或亏损，都作为实际弥补期限计算。这里所说的亏损，不是企业财务报表中反映的亏损额，而是企业财务报表中的亏损额经主管税务机关按税法规定核实调整后的金额。

在亏损弥补过程中要注意两个问题：一是自亏损年度的下一个年度起连续 5 年不间断地计算；二是连续发生年度亏损，也必须从第一个亏损年度算起，先亏先补，按顺序连续计算亏损弥补期，不得将每个亏损年度的连续弥补期相加，更不得断开计算。

2. 税收筹划思路。

（1）提前确认收入。企业在有延续 5 年可以弥补亏损的年度内，尽量提前确认收入。

（2）延后列支费用。如在有亏损可以弥补的年度，对坏账、呆账不计提坏账准备。将可以列入当期费用的项目予以资本化。将某些可控费用，如差旅费、办公费、绿化费、广告费、培训费、咨询费、招待费、维修费等延后支付。

（3）收购、兼并亏损企业。税法规定，企业以新设合并、吸收合并或兼并方式合并，被吸收或兼并企业已不具备独立纳税人资格的，各企业合并或兼并前尚未弥补的经营亏损，可在税法规定的弥补期限剩余期间内，由合并或兼并后的企业逐年弥补。

值得注意的是，企业所得税法明确将免税收入作为亏损额的减除项（如国债利息收入、符合条件的居民企业之间的股息、红利等权益性投资收益、在中国境内设立机构或场所的非居民企业从居民企业取得与该机构或场所有实际联系的股息及红利等权益性投资收益都是免税收入），可在计算亏损额前剔除，在亏损筹划时充分利用这一点也非常重要。

【案例6】假设某公司2008—2015年的盈亏情况如表7-5所示。

表7-5　　　　　　　　某公司2008—2015年的盈亏情况　　　　　　单位：万元

纳税年度	2008	2009	2010	2011	2012	2013	2014	2015
盈亏情况	-165	-56	40	40	35	45	20	60

请对该公司亏损弥补的政策运用进行税收筹划。

筹划分析：

根据表7-8，该公司2008年亏损165万元，2009年亏损56万元。2008年的亏损165万元可以在以后五年（2009—2013年）逐年延续弥补。2009年为亏损，不能弥补。2010—2013年在没有弥补亏损的情况下，盈利160万元，这样，该企业2008年的亏损到2013年已经满5年，只能弥补160万元，尚有5万元不能再弥补。其2009年的亏损56万元，只能用2014年的盈利20万元弥补，弥补不足的36万元，由于5年期满，也不得再结转弥补。但5年弥补期刚满，该公司在2015年即实现盈利60万元。设该公司所得税税率为25%。

2015年应纳所得税 = 60 × 25% = 15（万元）

筹划结果：

假如该企业通过业务安排（例如与客户签订合同时将交货时间提前，建筑业将原使用的全部完工法计算收入改为完工百分比法，新购固定资产不采用加速折旧法而采用年限平均法等），2014年的利润为56万元，2015年的利润为24万元，则2014年的利润可以全部弥补2002年的亏损。2015年应纳所得税 = 24 × 25% = 6（万元）　　节税额 = 15 - 6 = 9（万元）

（二）股利分配的税务筹划

企业税后利润向股东分配也存在分配与否和分配时间的选择问题。

1. 股利分配与否的选择。对公司股东所分配的股利，股东为企业的，还要合并计入企业利润总额征收企业所得税，对合伙人及合伙企业分得的盈余还要征收个人所得税。在这种情况下，企业如何使股东或合伙人尽量减少税收负担是需要考虑的问题。可行的方式就是延期分配股利或将股东（合伙人）应分得的股利（盈余）直接转作投资，以获得延迟缴纳的好处。

所谓延期付税，是指实行居民管辖权的国家对外国子公司取得的利润收入，在没有以股息等形式汇给母公司以前，对母公司不就国外子公司应分的股息征税。征税行为可以推迟到母公司取得股息之时。跨国公司还可以设法使外国子公司将其税后利润长期积累，在公司内部不予分配，或有意识地降低应分配股息的比例，从而可以相应地推迟或减少股东向母国缴纳的税收，达到税务筹划的目的。延期纳税使纳税人获得了一笔长期无息贷款，同时也降低了所得税的实际课征率。

这种方法目前也适用于我国的股份制企业，在国内利用留用利润来合理减轻税负，主要有两种做法：

（1）保留盈余提升股票价值。股份公司可以采取不直接分配股息，而使股票增值的方法来达到目的。例如，上海一家股份公司，2011年营业状况良好，但它并没有把利润全部分给股东，经董事会研究决定，把利润中的大部分作为公司的追加投资。这样，公司的资产总额加大了，而并没有多发行股票，使公司原有股票升值。与发放股息这种常规做法相比，保留盈余的优点有两方面：一方面，股东的个人所得税（股息部分）就无须再交；另一方面，公司也取得了再投资部分的优惠待遇。

（2）设立持股公司。这种方法也是针对股东而言的，如果某一公司想对某一股份公司投资可采取此办法，即在低税区建立持股公司。一般低税区本身通常对股息和资本利息免税，或只征很低的税，母公司将股息留在持股公司，就可暂时把低税区获得的税收优惠利益保存，获得延迟纳税的好处，但我国对企业从关联企业分得利润还要并入企业利润总额征收企业所得税，但其已纳税款可在确定实缴税款时予以抵免。在这种情况下，若企业与关联企业适用税率一致便不会增加企业税负，股利或盈余怎么分配似乎对企业没有多少影响；如果企业与关联企业适用税率不一致，尤其是关联企业适用低税率时，延期分配股利或盈余对企业的影响就不一样。它至少可为企业获得低税区税收优惠款项所带来的税收利益的时间价值。

若股东为个人，便不能享受税收抵免待遇，双重征税无法避免，在这种情况下，可将股利直接转增投资，以增加股东所持股票价值或延期支付股息，可给股东带来不缴股息个人所得税或缓缴个人所得税的利益。同时转让股票的所得是免征个人所得税的。

2. 股利分配时机选择。在直接投资中，投资人可以直接以实物进行投资，也可以用货币进行投资，假设某投资人是以货币形式进行投资并取得股权的，就称做股权投资。投资人从被投资企业获得的收益主要有股息（包括股息性所得）和资本利得。根据目前我国企业所得税相关法规的规定，企业股权投资取得的股息与资本利得的税收待遇是不同的。

股息性所得是投资方从被投资单位获得的税后利润，属于已征收过企业所得税的税后所得，原则上不再重复征收企业所得税。

资本利得是投资企业处理股权的收益，即企业收回、转让或清算处置股权投资所获得的收入，减除股权投资成本后的余额。这种收益应全额并入企业的应纳税所得额，依法缴纳所得税。

投资人可以充分利用上述政策差异进行税收筹划。例如，如果被投资企业是母公司下属的全资子公司，则没有进行利润分配的必要。但是，需要注意的是，如果投资方企业打算将拥有的被投资企业的全部或部分股权对外转让，则会造成股息所得转化为股权转让所得，使得本应享受免税或仅补税的股息性所得，转化为应全额并入所得额征税的股权转让所得。因此，在股权转让之前，投资人应该先将被投资企业的税后盈余分配完毕，只有这样才能获得税收筹划的好处。

因此，一般情况下被投资企业保留利润不分配，企业股权欲转让时，在转让之前必须将未分配利润进行分配。这样做对投资方来说，可以达到递延纳税的目的，同时又可以有效地避免股息性所得转化为资本利得，从而消除重复纳税；对于被投资企业来说，由于不分配可以减少现金流出，而且这部分资金无须支付利息，等于是增加了一笔无息贷款，因而可以获得资金的时间价值。

【本章小结】

　　本章主要阐述了有关企业所得税的税收构成要素，是围绕企业所得税的计算进行设计的，主要意图在于希望同学们在学习以后能够知悉企业所得税的计算要求，并在此基础上较准确地计算出企业所得税的数额。同时了解企业所得税的纳税筹划方法。

　　本章的重点内容大致分为三大部分：第一部分，企业所得税征收范围、纳税人和税率。这部分主要介绍有关企业所得税的理论性知识和三大基本要素的法律规定。其中，企业所得税的征收范围部分简单介绍了应税所得；纳税人部分介绍了纳税人的基本类型；企业所得税的税率部分简要介绍了企业所得税涉及的三种税率。第二部分，企业所得税应纳税额的计算。这部分是本章的核心，涉及很多具体而细致的法律规定，内容较多，主要涉及收入总额的确定、准予扣除的项目（扣除的项目及扣除的标准等）、不得扣除的项目、亏损弥补、应纳税所得额的计算方法、应纳税额的计算、企业所得税的纳税地点、纳税申报等内容。第三部分，介绍企业所得税的税收筹划税收优惠等内容。主要从纳税人身份、应税所得、费用扣除、费用转化、亏损弥补、优惠政策等方面介绍了企业所得税税收筹划的方法。

 【操作训练】

　　1. 茂源食品厂有职工200人，2011年全年获得产品销售收入1 500万元，车队提供运输劳务收入120万元，银行利息收入4万元，国债利息收入2万元，购买有价证券获净收益10万元，逾期未收回的包装物押金转作收入4万元。该企业2009年原材料消耗500万元，全部用于产品生产且产品均售出；固定资产折旧100万元；全年支付工资240万元；实际发生职工福利费、职工教育经费分别为34万元和6万元，实际拨缴工会经费4.8万元，企业向职工内部集资80万元，按15%年利率支付全年利息12万元，同期银行颁布利率10%；全年开支招待费15万元；全年支出营业费用300万元（其中广告及业务宣传费为200万元），全年企业对外赞助支出5万元，缴纳消费税45万元，营业税3.6万元，增值税50万元，城市维护建设税、教育附加费、房产税、印花税共12.45万元，购机器设备支出100万元，税收滞纳金1万元。请计算该企业2011年应纳所得税。

　　2. 某垃圾处理企业于2008年4月1日成立，预计2008—2011年应纳税所得额分别为15万元、50万元、100万元、150万元，所得税税率为25%。试计算该垃圾处理企业2008—2011年应缴企业所得税，并对其进行税收筹划。

第八章

个人所得税

GEREN SUODESHUI

【本章学习目标】

知识目标：了解个人所得税的纳税人、征收范围和税率、税收优惠政策，掌握个人所得税的计算方法，掌握个人所得税的纳税申报过程及报表的编制方法。

能力目标：具备个人所得税的计算能力、个人所得税的纳税申报能力，并能够通过税收优惠、分类所得以及纳税人身份进行个人所得税筹划。

 【导入案例】

王某是一家旅游公司的职员，业务淡旺季分明，工资在一年中波动不稳。2011 年 9 月，王某的工资加奖金扣除"三险一金"后税前收入 3 600 元，10 月份收入为 6 800 元，11 月份收入为 2 800 元，12 月份收入为 1 500 元。按照税法规定，个人工资、薪金收入在扣除"三险一金"后 3 500 元以下的不需要缴纳个人所得税，因此企业的财务人员在计算代扣代缴个人所得税时，对王某 9 月和 10 月的工资收入代扣代缴个人所得税共计 228 元。

如果该企业对 9—12 月的工资均衡发放，即扣除"三险一金"后税前收入每月为 3 675 元，则王某这四个月应缴纳的个人所得税为（3 675 − 3 500）×3% ×4 =21（元）。

企业财务人员的计算没有任何问题，但关键是在工资发放时，没有充分考虑纳税因素，没有实施税务筹划。如果该企业的管理人员有纳税意识，在年初就对本企业的经营情况作出分析，根据企业以往的经验对企业经营周期性的波动性事先作出有意识的安排，并对企业员工讲清楚，即在企业营销的旺季少发一些奖金，或者在财务上先把该提的奖金提出来，然后在业务淡季再慢慢地发出去，这样操作就可以达到为员工节税的目的。

【关键词】

居民纳税人 计税依据 费用扣除

第一节
个人所得税概述

个人所得税是以纳税个人（自然人）取得各项应纳税所得为征税对象所征收的一种税。

我国于 1980 年 9 月 10 日第五届全国人民代表大会第三次会议通过《中华人民共和国个人所得税法》，并于同年开征个人所得税，从开征至今共进行了六次修订。2011 年 6 月 30 日第十一届全国人民代表大会常务委员会第二十一次会议通过了《关于修改〈中华人民共和国个人所得税法〉的决定》，对个人所得税法进行了第六次修正，并于 2011 年 9 月 1 日起开始实施。

新个人所得税法的立法原则是，高收入者多缴税，中等收入者少缴税，低收入者不缴税。

一、个人所得税征税对象

我国个人所得税目前实行的是分类税制模式，是根据所得项目来分类征收的，具体分为工资、薪金所得，个体工商户生产、经营所得，对企事业单位的承包经营、承租经营所得，劳务报酬所得，稿酬所得，特许权使用费所得，利息、股息、红利所得，财产租赁所得，财产转让所得，偶然所得，其他所得十一个类别。个人所得税的形式，包括现金、实物、有价证券和其他形式的经济利益。

（一）工资、薪金所得

工资、薪金所得是指个人因任职或者受雇而取得的工资、薪金、奖金、年终加薪、劳动分红、津贴、补贴以及与任职或者受雇有关的其他所得。

1. 工资、薪金所得属于非独立个人劳动所得，所谓非独立个人劳动，是指个人从事的是由他人安排、制定并接受管理的劳动。如果个人与单位之间存在连续的任职或雇佣关系，那么个人从单位取得的所得应作为工资、薪金所得，是否具有"连续的任职或雇佣关系"可参考劳动合同、社会保险待遇等，否则，按照劳动报酬缴纳个人所得税。

2. 除《个人所得税法》第四条第四项所说的免税福利费之外支付给个人的福利费都应征收个人所得税。这里"免税福利费"是指根据国家有关规定，从企业、事业单位、国家机关、社会团体提留的福利费或者工会经费中支付给个人的生活补助费。下列不属于免税的福利费范围，应当并入纳税人的工资、薪金收入计征个人所得税：

（1）从超出国家规定比例或基数计提的福利费和工会经费中支付给个人的各种补

贴、补助。

（2）从福利费和工会经费中支付给单位职工的人人有份的补贴、补助。

（3）单位为个人购买汽车、住房、计算机等不属于临时性生活困难补助性质的支出。

3. 根据财企〔2009〕242 号文件，企业为职工提供的交通、住房、通信待遇，已经实行货币化改革的，按月按标准发放或支付的住房补贴、交通补贴或者车改补贴，以及企业发放的节日补助、未统一供餐而按月发放的午餐补贴，应当纳入职工工资总额，缴纳个人所得税。

4. 工资、薪金所得税前扣除项目在计算时，企事业单位按照国家或省（自治区、直辖市）人民政府规定或办法实际缴付的基本养老保险费、基本医疗保险费和失业保险费免征个人所得税；个人按照国家或省（自治区、直辖市）人民政府规定的缴费比例或办法实际缴付的基本养老保险费、基本医疗费和失业保险费，允许在个人应纳税所得额中扣除。企事业单位和个人超过规定比例和标准缴付的基本养老保险费、基本医疗保险费和失业保险费，应将超过部分并入当期工资、薪金收入，计征个人所得税。

5. 根据《住房公积金管理条例》，单位和个人分别在不超过职工本人上一年度月平均工资 12% 的幅度内，其实际缴存的住房公积金，允许在个人应纳税所得额中扣除。单位和职工个人缴存住房公积金的月平均工资不得超过职工工作地所在设区城市上一年度职工月平均工资的 3 倍。单位和个人超过上述规定比例和标准缴付的住房公积金，应将超过部分并入个人当期的工资、薪金收入，计征个人所得税。

6. 自 2011 年 5 月 1 日起，退休人员再任职取得的收入，按照"工资、薪金所得"应税项目征收个人所得税。用人单位只需要与退休人员签订了一年以上劳务合同，单位是否为离退休人员缴纳社会保险，不再作为离退休人员再任职的界定条件。

7. 实行内部退养的个人在其办理内部退养手续后至法定退休年龄之间从原单位取得的工资、薪金，不属于离退休工资，不享受免税，应按"工资、薪金所得"项目征收个人所得税。

个人在办理内部退养手续后从原单位取得的一次性收入，应按办理内部退养手续后至法定退休年龄之间的所属月份进行平均，并与领取当月的"工资、薪金"所得合并后作为应纳税所得额，扣除费用标准，以余额为标准确定所适用的税率。

（二）个体工商业户的生产、经营所得

个体工商业户的生产、经营所得具体是指：

1. 个体工商户从事工业、手工业、建筑业、交通运输业、商业、饮食业、服务业、修理业以及其他行业取得的所得。

2. 个人经政府有关部门批准，取得执照，从事办学、医疗、咨询以及其他有偿服务活动取得的所得。

3. 上述个体工商户和个人取得的与生产、经营有关的各项应纳税所得。

4. 其他个人从事个体工商业生产、经营取得的所得。

5. 个人从事彩票代销业务取得的所得，按照"个体工商户的生产、经营所得"项目计征个人所得税。

个体工商业户和从事生产、经营的个人，取得与生产、经营无关的其他各项应税所得，应分别按照其他应税所得项目的有关规定，计算征收个人所得税。如取得银行存款利息所得，应按"股息、利息、红利"税目的规定单独计征个人所得税。

（三）对企事业单位的承包经营、承租经营所得

对企事业单位的承包经营、承租经营所得，是指个人承包经营、承租经营以及转包、转租取得的所得，包括个人按月或者按次取得的工资、薪金性质的所得。承包项目分多种，如生产经营、采购、销售、建筑安装等各种承包。转包包括全部转包或部分转包，承包、承租经营方式很多，但大体上可以分为两类：

1. 个人对企事业单位承包、承租经营后，工商登记改变为个体工商户。这类承包、承租经营所得，应按个体工商户的生产、经营所得项目征收个人所得税，不再征收企业所得税。

2. 个人对企事业单位承包、承租经营后，工商登记仍为企业的，不论其分配方式如何，均应先按照企业所得税的有关规定缴纳企业所得税，然后根据承包、承租经营者按合同（协议）规定取得的所得，依照《个人所得税法》的有关规定缴纳个人所得税。具体为：

（1）承包、承租人对企业经营成果不拥有所有权的，仅按合同（协议）规定取得一定所得的，应按工资、薪金所得项目征收个人所得税。

（2）承包、承租人按合同（协议）规定只向发包方、出租人缴纳一定的费用，缴纳承包、承租费后企业的经营成果归承包人、承租人所有的，其取得的所得，按对企事业单位的承包经营、承租经营所得项目征收个人所得税。

（四）劳务报酬所得

劳务报酬所得是指个人从事设计、装潢、安装、制图、化验、测试、医疗、法律、会计、咨询、讲学、新闻、广播、翻译、审稿、书画、雕刻、影视、录音、录像、表演、广告、展览、技术服务、介绍服务、经纪服务、代办服务以及其他劳务取得的所得。

劳务报酬所得则是个人从事各种技艺、提供各种劳务取得的报酬，它与"工资、薪金所得"的主要区别在于，工资、薪金所得具有连续性，是因任职或受雇取得的所得；而劳务报酬所得是阶段性提供劳务，与任职受雇无关。例如，个人担任董事职务取得的董事费收入，属于劳务报酬性质，按劳务报酬所得征税。担任高级管理人员所得，则按工资、薪金所得征税。如果个人具有董事（长）和雇员的双重身份，其取得的董事费和工资薪金所得应当分别按照劳务报酬所得和工资、薪金所得征税。

再如，个人提供商品推销代理等服务活动按业绩从企业或服务对象取得的提成、佣金、奖励、劳务费，雇员按"工资、薪金所得"项目缴纳个人所得税，非雇员按"劳务报酬所得"项目缴纳个人所得税。

（五）稿酬所得

稿酬所得是指个人因其作品以图书、报刊形式出版、发行而取得的所得。作者去世

后，对取得其遗作的个人，按稿酬所得征收个人所得税；电影文学剧本以图书、报刊形式出版、发表而取得的所得，按稿酬所得计征个人所得税。

（六）特许权使用费所得

特许权使用费所得是指个人提供专利权、商标权、著作权、非专利技术以及其他特许权的使用权取得的所得。提供著作权的使用权取得的所得，不包括稿酬所得。

（七）利息、股息、红利所得

利息、股息、红利所得是指个人拥有债权、股权而取得的利息、股息、红利所得。利息，是指个人拥有债权而取得的利息，包括存款利息、贷款利息和各种债券的利息。税法规定，个人取得的利息所得，除国债和国家发行的金融债券利息外，应当依法缴纳个人所得税。股息、红利，是指个人拥有股权取得的股息、红利。按照一定的比率对每股发给的息金称为股息；公司、企业应分配的利润，按股份分配的称为红利。股息、红利所得，除另有规定外，都应当缴纳个人所得税。

（八）财产租赁所得

财产租赁所得是指个人出租建筑物、土地使用权、机器设备、车船以及其他财产取得的所得。

（九）财产转让所得

财产转让所得是指个人转让有价证券、股权、建筑物、土地使用权、机器设备、车船以及其他财产取得的所得。除股票转让所得外，对个人取得的各项财产转让所得，都要征收个人所得税。

（十）偶然所得

偶然所得是指个人得奖、中奖、中彩以及其他偶然性质的所得。得奖是指参加各种有奖竞赛活动，取得名次得到的奖金；中奖、中彩是指参加各种有奖活动，如有奖销售、有奖储蓄，或者购买彩票，经过规定程序，抽中、摇中号码而取得的奖金。偶然所得应缴纳的个人所得税税款，一律由发奖单位或机构代扣代缴。

（十一）其他所得

个人所得的形式，包括现金、实物、有价证券和其他形式的经济利益。所得为实物的，应当按照取得的凭证上所注明的价格计算应纳税所得额；无凭证的实物或者凭证上所注明的价格明显偏低的，参照市场价格核定应纳税所得额。所得为有价证券的，根据票面价格和市场价格核定应纳税所得额。所得为其他形式的经济利益的，参照市场价格核定应纳税所得额。

二、个人所得税纳税人

个人所得税的纳税人，是指在中国境内有住所，或者无住所而在中国境内居住满一年，以及在中国境内无住所又不居住，或无住所且居住不满一年，但有来源于中国境内所得的个人。包括中国公民，个体工商户以及在中国境内有所得的外籍人员和香港、澳门、台湾同胞。

个人所得税的纳税人按照住所标准和居住时间标准，分为居民纳税人和非居民纳税人，分别承担不同的纳税义务。

（一）居民纳税义务人

居民纳税义务人，是指在中国境内有住所，或者无住所而在中国境内居住满一年的个人。依据个人所得税法规定，在中国境内有住所的个人，是指因户籍、家庭、经济利益关系而在中国境内习惯性居住的个人。习惯性居住，是指个人因学习、工作、探亲等原因消除后，没有理由在其他地方继续居留，所要回到的地方，而不是指实际居住或在某一特定时期内的居住地。所谓在境内居住满一年，是指在一个纳税年度（公历1月1日起至12月31日止）中在中国境内居住满365日。计算居住天数时，对临时离境视同在华居住，不扣减其在华居住天数。临时离境，是指在一个纳税年度中，一次不超过30日或者多次累计不超过90日的离境。

居民纳税义务人负有无限纳税义务，应就其来源于中国境内和境外的应纳税所得额缴纳个人所得税。

（二）非居民纳税义务人

非居民纳税义务人，是指在中国境内无住所又不居住，或无住所且居住不满一年的个人。

在现实生活中，非居民纳税义务人，实际上是在一个纳税年度中，没有在中国境内居住，或者在中国境内居住不满一年的外籍人员（包括无国籍人员）或香港、澳门、台湾同胞。

针对非居民纳税人，税法规定的"在中国境内无住所"，一种是在一个纳税年度超过90日或183日但不满一年的个人；一种是居住不满90日或183日的个人。183日专指与我国签订有税收协定的国家，即该外国人来自于签有税收协定的国家，适用183日标准。具体划分标准见表8-1。

表8-1　　　　　　　　个人所得税居住时间标准划分

纳税人性质	居住时间	境内所得		境外所得	
		境内支付	境外支付	境内支付	境外支付
居民	境内有住所个人	纳税	纳税	纳税	纳税
	居住满5年个人	纳税	纳税	纳税	纳税
	居住满1年但不满5年	纳税	纳税	纳税	不纳税
非居民	居住超过90日或183日但不满1年	纳税	纳税	不纳税	不纳税
	居住未超过90日或183日	纳税	不纳税	不纳税	不纳税

上述两个判定标准只要具备其中任何一个就可以认定为居民纳税人。

非居民纳税义务人负有限纳税义务，应就其来源于中国境内的所得，向中国缴纳个人所得税。

三、个人所得税税率

我国的个人所得税的税率实行超额累进税率和单一的比例税率，根据个人所得税的征税范围不同而不同，其中，工资、薪金所得，个体工商户的生产、经营所得和对企事业单位的承包经营、承租经营所得，实行超额累进税率，其他八种征税收入，实行统一单一的比例税率20%。但不同项目的征税收入会有不同的征收方法及优惠政策。

（一）工资、薪金所得适用税

工资、薪金所得，适用七级超额累进税率，税率为3%～45%，具体见表8－2。

表8－2　　　　　　　七级超额累进税率（工资、薪金所得适用）

级数	全月应纳税所得额		税率（%）	速算扣除数（元）
	含税级距	不含税级距		
1	不超过1 500元的	不超过1 455元的	3	0
2	超过1 500元至4 500元的部分	超过1 455元至4 155元的部分	10	105
3	超过4 500元至9 000元的部分	超过4 155元至7 755元的部分	20	555
4	超过9 000元至35 000元的部分	超过7 755元至27 255元的部分	25	1 005
5	超过35 000元至55 000元的部分	超过27 255元至41 255元的部分	30	2 755
6	超过55 000元至80 000元的部分	超过41 255元至57 505元的部分	35	5 505
7	超过80 000元的部分	超过57 505元的部分	45	13 505

注：1. 本表所列含税级距与不含税级距，均为按照税法规定减除有关费用后的所得额；

2. 含税级距适用于由纳税人负担税款的工资、薪金所得；不含税级距适用于由他人（单位）代付税款的工资、薪金所得。

（二）个体工商户的生产、经营所得和对企事业单位的承包经营、承租经营所得适用税率

个体工商户的生产、经营所得和对企事业单位的承包经营、承租经营所得，适用5%～35%的五级超额累进税率，具体见表8－3。

表8－3　　　　　个体工商户的生产、经营所得和对企事业单位的

承包经营、承租经营所得个人所得税税率表

级数	全年应纳税所得额		税率（%）	速算扣除数（元）
	含税级距	不含税级距		
1	不超过15 000元的	不超过14 250元的	5	0
2	超过15 000元至3 0000元的部分	超过14 250元至27 750元的部分	10	750
3	超过30 000元至60 000元的部分	超过27 750元至51 750元的部分	20	3 750
4	超过60 000元至100 000元的部分	超过51 750元至79 750元的部分	30	9 750
5	超过100 000元的部分	超过79 750元的部分	35	14 750

注：1. 本表所列含税级距与不含税级距，均为按照税法规定以每一纳税年度的收入总额减除成本、费用以及损失后的所得额；

2. 含税级距适用于个体工商户的生产、经营所得和由纳税人负担税款的对企事业单位的承包经营、承租经营所得；不含税级距适用于由他人（单位）代付税款的对企事业单位的承包经营、承租经营所得。

（三）劳务报酬所得适用税率

劳务报酬所得，适用比例税率，税率为20%。对劳务报酬所得一次收入畸高的，可以实行加成征收。

"劳务报酬所得一次收入畸高",是指个人一次取得劳务报酬,其应纳税所得额超过20 000 元。对应纳税所得额超过20 000 元至50 000 元的部分,依照税法规定计算应纳税额后再按照应纳税额加征五成;超过50 000 元的部分,依照税法规定计算应纳税额后再按照应纳税额加征十成。因此,劳务报酬所得实际上适用20%、30%、40%的三级超额累进税率,具体见表8-4。

表8-4　　　　　　　　　　劳务报酬所得个人所得税税率表

级数	每次应纳税所得额	税率（%）	速算扣除数（元）
1	不超过20 000 元的	20	0
2	超过20 000 元至50 000 元的部分	30	2 000
3	超过50 000 元的部分	40	7 000

注:本表所称"每次应纳税所得额",是指每次收入额减除费用800 元（每次收入不超过4 000 元）或者减除20%的费用（每次收入超过4 000 元）后的余额。

（四）稿酬所得适用税率

稿酬所得,适用比例税率,税率为20%,并按应纳税额减征30%。

（五）特许权使用费所得,利息、股息、红利所得,财产租赁所得,财产转让所得,偶然所得和其他所得适用税率

特许权使用费所得,利息、股息、红利所得,财产租赁所得,财产转让所得,偶然所得和其他所得,适用比例税率,税率为20%。出租居民住房适用10%的税率。

第二节
个人所得税应纳税额的计算

一、应纳税所得额的规定

个人所得税的计税依据是纳税人取得的应纳税所得额。应纳税所得额是个人取得的各项收入减去税法规定的扣除项目或扣除金额之后的余额。这里的应纳税所得额的确定会涉及费用扣除标准、附加减除费用、对收入"次"的规定等相关问题。

（一）费用减除标准

个人所得税的费用扣除标准因取得收入的类别不同,其扣除范围和标准会有所不同。

1. 工资、薪金所得,自2011 年9 月1 日（含）以后,实行新的个人所得税法,纳税人以每月实际取得的工资、薪金所得减除费用标准3 500 元后的余额,为应纳税所得额。

　　对于中国境内无住所而在中国境内取得工资、薪金所得的纳税义务人和在中国境内有住所而在中国境外取得工资、薪金所得的纳税义务人，可以根据其平均收入水平、生活水平以及汇率变化情况确定附加减除费用，附加减除费用适用的范围和标准详见下面第（二）条。

　　2. 个体工商户、个人独资企业（非法人）和合伙企业自然人投资者的生产、经营所得，以每一纳税年度的收入总额减除全年成本、合理费用以及允许税前扣除的损失后的余额，为应纳税所得额。

　　（1）成本、费用，是指个体工商户从事生产、经营所发生的各项直接支出和分配计入成本的间接费用以及销售费用、管理费用、财务费用。从2011年9月1日起，对投资者的工资费用实行统一的扣除标准（每月3 500元），投资者的工资不得再以其他的形式在税前扣除。个体工商户向其他从业人员实际支付的合理的工资、薪金支出，允许在税前据实扣除。

　　（2）损失，是指个体工商户在生产、经营过程中发生的各项营业外支出。

　　个体工商户的税前列支的成本、费用、损失的扣除标准和企业所得税税前列支的扣除办法基本相同。如利息的扣除，业务招待费的扣除，广告、宣传费的扣除，固定资产的租赁费的扣除，新产品、新技术、新工艺研发的加计扣除等。具体如下：

　　① 个体工商户向其从业人员实际支付的合理的工资、薪金支出，允许在税前据实扣除。

　　②个体工商户拨缴的工会经费、发生的职工福利费、职工教育经费支出分别在工资薪金总额2%、14%、2.5%的标准内据实扣除。

　　③个体工商户每一纳税年度发生的广告费和业务宣传费用不超过当年销售（营业）收入15%的部分，可据实扣除；超出部分，准予在以后纳税年度结转扣除。

　　④个体工商户每一纳税年度发生的与生产经营有关的业务招待费，由其提供合法的凭证或单据，经主管税务机关审核后，按照发生额的60%扣除，但最高不得超过当年销售（营业）收入的5‰。

　　⑤个体工商户的年度经营亏损，经申报主管税务机关审核后，允许用下一年度的经营所得弥补。下一年度所得不足弥补的，允许逐年延续弥补，但最长不得超过5年。

　　（3）不得在所得税前列支的项目。

　　① 资本性支出，包括为购置和建造固定资产、无形资产以及其他资产的支出，对外投资的支出。

　　② 被没收的财物、支付的罚款。

　　③ 缴纳的个人所得税、税收滞纳金、罚金和罚款。

　　④ 各种赞助支出。

　　⑤ 自然灾害或者意外事故损失有赔偿的部分。

　　⑥ 分配给投资者的股利。

　　⑦ 用于个人和家庭的支出。

　　⑧ 个体工商户业主的工资支出。

⑨ 与生产经营无关的其他支出。

⑩ 国家税务总局规定不准扣除的其他支出。

个人独资企业、合伙企业投资者的经营所得比照"个体工商户的生产、经营所得"项目征收个人所得税，其生产经营所得的应纳税所得额计算比照个体工商户的生产经营所得的计算方法确定，但部分项目和标准按规定执行。

3. 对企事业单位承包经营、承租经营所得，是指个人承包经营、承租经营以及转包、转租取得的所得，包括个人按月或者按次取得的工资、薪金性质所得。因企事业单位承包经营、承租经营所得的性质不同，这部分所得税前扣除的标准也不尽相同。如果对承包、承租经营成果有控制权的，按照个体工商户生产、经营所得计算个人所得税的方法执行，这里对承包、承租经营成果有控制权，是指对承包、承租经营所得除了上缴一定的承包费或租金后的所得归承包者或承租者个人所有；如果对承包、承租经营成果没有控制权的，按照工资、薪金所得缴纳个人所得税，这里对承包、承租经营成果没有控制权，是指对承包、承租经营所得不归承包者个人所有，承包者只是按月或按年取得工资、薪金性质的所得。

4. 劳务报酬所得、稿酬所得、特许权使用费所得、财产租赁所得，这四项收入，每次收入不超过 4 000 元的，减除费用 800 元；4 000 元以上的，减除 20% 的费用，其余额为应纳税所得额。其中财产租赁所得，除可依据规定减除费用外，还可以减除在租赁过程中发生的合理的税费，以及根据提供的有效凭证，扣除该项财产实际开支的修缮费用。允许扣除的修缮费用，以每次 800 元为限，一次扣除不完的，准予在下一次继续扣除，直至扣完为止。

5. 财产转让所得，以转让财产的收入减除财产原值和合理费用后的余额，为应纳税所得额。这里的财产原值是指纳税义务人提供的完整、准确的财产原值凭证，不能提供正确的、完整的原始凭证的，由主管税务机关核定其财产原值。具体的规定如下：

（1）有价证券，为买入价以及买入时按照规定缴纳的有关费用。

（2）建筑物，为建造或者购进价格以及其他关费用。

（3）土地使用权，为取得土地使用权所支付的金额、开发土地的费用以及其他有关费用。

（4）机器设备、车船，为购进价格、运输费、安装费以及其他有关费用。

（5）其他财产，参照以上方法确定。

6. 利息、股息、红利所得，偶然所得和其他所得，以每次收入额为应纳税所得额，不允许扣除任何费用。

（二）附加减除费用适用的范围和标准

附加减除费用仅指工资、薪金所得这一项。其中对于中国境内无住所而在中国境内取得工资、薪金所得的纳税义务人和在中国境内有住所而在中国境外取得工资、薪金所得的纳税义务人，可以在每月减除 3 500 元费用的基础上，再减除 1 300 元的费用。具体是指下列人员：

1. 在中国境内的外商投资企业和外国企业中工作的外籍人员。

2. 应聘在中国境内的企业、事业单位、社会团体、国家机关中工作取得工资、薪金所得的外籍专家。

3. 在中国境内有住所而在中国境外任职或受雇取得工资、薪金所得的个人。

4. 华侨和香港、澳门、台湾同胞。

5. 财政部确定的取得工资、薪金所得的其他人员。

（三）每次收入的确定

工资、薪金所得，个体工商户生产经营所得，对企事业单位承包、承租经营所得是按月或按年所得来计算个人所得税，而劳务报酬所得，稿酬所得，特许权使用费所得，利息、股息、红利所得，财产租赁所得，财产转让所得，偶然所得和其他所得是按每次收入来计算个人所得税的。这里的"每次"是按照以下的方法确定：

1. 劳务报酬所得，属于一次性收入的，以取得该项收入为一次；属于同一项目连续性收入的，以一个月内取得的收入为一次。

2. 稿酬所得，以每次出版、发表所得的收入为一次。对于出版、发表同一作品，不论出版单位预付还是分笔支付稿酬，或者加印该作品后再付稿酬的，均应合并为一次；在两处或以上出版、发表同一作品而取得稿酬，可以分别各处取得的所得或再版所得分次征税；个人的同一作品在报刊上连载，应合并因连载而取得的所得为一次，连载之后又出书，或先出书后连载的取得的稿酬，可以视同再版分次征税。

3. 特许权使用费所得，以一项特许权的一次许可使用所取得的所得收入为一次。

4. 财产租赁地所得，以一个月内取得的收入为一次。

5. 利息、股息、红利所得，以支付利息、股息、红利时取得的收入为一次。所谓"每次收入"，利息、股息、红利所得是指以支付单位或个人每次支付利息、股息、红利时，个人所取得的收入为一次；对于股份制企业在分配股息、红利时，以股票形式向股东个人支付应得的股息、红利（派发红股），应以派发红股的股票票面金额为一次收入额。

6. 偶然所得，以每次取得该项收入为一次。

（四）其他规定

1. 纳税人在中国境内同时取得两项或两项以上应税所得，按照税法规定的工资、薪金所得，个体工商户生产经营所得，对企事业单位承包、承租经营所得的，同项所得应合并计算纳税。其他应税项目应就其所得分项分别计算纳税，纳税人兼有不同项目劳务报酬所得时，应分别减除费用，计算缴纳个人所得税。

2. 个人将其所得对教育事业和其他公益事业捐赠的部分，允许从应纳税所得额中扣除，扣除额以不超过纳税人申报应纳税所得额的30%为限。上述捐赠是指个人将其所得通过中国境内的社会团体、国家机关向教育和其他社会公益事业以及遭受严重自然灾害地区、贫困地区的捐赠。计算公式为

$$捐赠扣除限额 = 应纳税所得额 \times 30\%$$

如果实际捐赠额小于等于捐赠扣除限额，则据实际捐赠额扣除。如果实际捐赠额大于捐赠扣除限额时，只能按捐赠限额扣除。

应纳税额 = （应纳税所得额 – 允许扣除的捐赠额）×适用税率 – 速算扣除数

从 2000 年 1 月 1 日起，对企事业单位、社会团体和个人等社会力量，通过非营利性的社会团体和国家机关对公益性青少年活动场所（其中包括新建）的捐赠，在缴纳个人所得税前准予全额扣除。

3. 依照税法规定，取得的所得为外国货币的，应当按照填开完税凭证的上一月的最后一日人民币汇率中间价，折合成人民币计算应纳税所得额。

二、应纳税额的计算

（一）工资、薪金所得的计税方法

1. 工资、薪金所得的一般计税方法。工资、薪金所得适用七级超额累进税率，实行按月计征的方法，每月收入定额扣除 3 500 元或 4 800 元后的余额作为应纳税所得额，并按适用税率计算应纳税额。其计算公式为

应纳税额 = （每月收入额 – 3 500 元或 4 800 元）×适用税率 – 速算扣除数

> **【案例 1】** 某居民纳税人李某已经办理内退（还没有到法定退休年龄）2011 年 10 月自原任职单位取得工资、薪金税前收入 6 000 元，内退后李某还为另一家私营企业任职，每月从该家企业取得工资、薪金税前所得 8 000 元，李某的原单位和现任职单位各自都代扣代缴了个人所得税，请计算李某 2011 年 10 月应缴纳多少个人所得税？原单位和现单位各代扣代缴多少个人所得税？李某应补缴多少个人所得税？（其中工资、薪金收入已扣除了三险一金的个人缴纳部分，并且没有其他的任职所得，适用于以下各例题。）
>
> **案例分析：**
>
> 按照税法规定，工资、薪金所得，个体工商户生产经营所得，对企事业单位承包、承租经营所得的，同项所得应合并计算纳税。李某的原单位和现工作单位分别对李某的工资、薪金所得进行了个人所得税的代扣代缴，但李某还需要对其超过代扣代缴之外的个人所得税进行主动申报，补交个人所得税。
>
> 应纳税所得额 = 6 000 + 8 000 – 3 500 = 10 500（元），查个人所得税税率表 8 – 2 得到税率为 25%，速算扣除数为 1 005 元。
>
> 个人所得税税额 = 10 500×25% – 1 005 = 1 620（元）。
>
> 李某因为没有到法定退休年龄，因此不免个人所得税，原单位应代扣代缴的个人所得税 = （6 000 – 3 500）×10% – 105 = 145（元）。
>
> 李某现工作单位应代扣代缴的个人所得税（8 000 – 3 500）×10% – 105 = 345（元）。
>
> 李某应补缴的个人所得税 = 1 620 – 145 – 345 = 1 130（元）。

（1）单位为职工全额负担税款。

应纳税所得额 = （不含税收入额 – 费用扣除标准 – 速算扣除数）÷（1 – 税率）

应纳税额 = 应纳税所得额×适用税率 – 速算扣除数

（2）单位为其职工定额负担税款。

应纳税所得额＝职工取得的工资＋单位代职工负担的税款－费用扣除标准

应纳税额＝应纳税所得额×适用税率－速算扣除数

（3）单位为其职工定率负担税款。单位为其职工负担一定比例工资应纳的税款或者负担一定比例的实际应纳税款的，应将职工取得的未含单位负担的税款的收入额换算成应纳税所得额后，计征个人所得税税款。其计算公式为

应纳税所得额＝（未含单位负担的税款的收入额－费用扣除标准－速算扣除数×负担比例）÷（1－税率×负担比例）

应纳税额＝应纳税所得额×适用税率－速算扣除数

【案例 2】上海某公司聘用一名外籍专家，试用期内每月工资 10 000 元，公司代其缴纳个人所得税，试用期满后每月工资 22 800 元，公司为其负担工资所得 30%的税款，计算试用期内公司代其每月缴纳的个人所得税额和试用期后该外籍专家个人每月应纳的个人所得税税款。

案例分析：

试用期内应纳税所得额＝（10 000－4 800－555）÷（1－20%）＝5 806.25（元），查表 8－2，不含税级距税率为 20%，速算扣除数为 555 元。

公司代其缴纳的税额＝5 806.25×20%－555＝606.25（元）

试用期后应纳税所得额＝（22 800－4 800－1 005×30%）÷（1－25%×30%）＝19 133.51（元），查表 8－2，不含税级距的税率为 25%，速算扣除数为 1 005 元。

应纳税额＝19 133.51×25%－1 005＝3 778.38（元）

外籍专家应纳税额＝3 778.38×（1－30%）＝2 644.86（元）

---

2. 全年一次性奖金的计税方法。

（1）税前全年一次性奖金计税方法。全年一次性奖金是指行政机关、企事业单位等扣缴义务人根据其全年经济效益和对雇员全年工作业绩的综合考核情况，向雇员发放的一次性奖金，这里的一次性奖金也包括年终加薪、实行年薪制和绩效工资办法的单位根据考核情况兑现的年薪和绩效工资。

纳税人取得全年一次性奖金，单独作为一个月工资、薪金所得计算纳税，并按以下计税办法，由扣缴义务人发放时代扣代缴：

①先将雇员当月内取得的全年一次性奖金，除以 12 个月，按其商数确定适用税率和速算扣除数。

如果在发放年终一次性奖金的当月，雇员当月工资、薪金所得低于税法规定的费用扣除额，应将全年一次性奖金减除"雇员当月工资、薪金所得与费用扣除额的差额"后的余额，按上述办法确定全年一次性奖金的适用税率和速算扣除数。

②将雇员个人当月内取得的全年一次性奖金，按规定的适用税率和速算扣除数计算征税，计算公式如下：

a. 如果雇员当月工资、薪金所得高于（或等于）税法规定的费用扣除额，适用公式为

$$应纳税额 = 雇员当月取得全年一次性奖金 \times 适用税率 - 速算扣除数$$

b. 如果雇员当月工资、薪金所得低于税法规定的费用扣除额，适用公式为

$$应纳税额 = （雇员当月取得全年一次性奖金 - 雇员当月工资、薪金所得与费用扣除额的差额）\times 适用税率 - 速算扣除数$$

③在一个纳税年度内，对每一个纳税人，该计税办法只允许采用一次。

（2）税后全年一次性奖金计税方法。雇员取得全年一次性奖金并由雇主负担部分税款有关个人所得税计算方法如下：

雇主为雇员负担全年一次性奖金部分个人所得税款，属于雇员义额外增加的收入，应将雇主负担的这部分税款并入雇员的全年一次性奖金，换算为应纳税所得额后，按照规定方法计征个人所得税。

①雇主为雇员定额负担税款的计算公式：

$$应纳税所得额 = 雇员取得的全年一次性奖金 + 雇主替雇员定额负担的税款 - 当月工资、薪金低于费用扣除标准的差额$$

②雇主为雇员按一定比例负担税款的计算公式：

a. 查找不含税全年一次性奖金的适用税率和速算扣除数。

未含雇主负担税款的全年一次性奖金收入÷12，根据其商数找出不含税级距对应的适用税率和速算扣除数。

b. 计算含税全年一次性奖金。

$$应纳税所得额 = （未含雇主负担税款的全年一次性奖金收入 - 当月工资、薪金低于费用扣除标准的差额 - 不含税级距的速算扣除数 \times 雇主负担比例）÷（1 - 不含税级距的适用税率 \times 雇主负担比例）$$

③对上述应纳税所得额，扣缴义务人应按照税前全年一次性奖金计税方法计算应扣缴税款。计算公式：

$$应纳税额 = 应纳税所得额 \times 适用税率 - 速算扣除数$$
$$实际缴纳税额 = 应纳税额 - 雇主为雇员负担的税额$$

【案例3】中国公民王工程师受雇于某软件公司，每月工资性收入2 800元，由于2011年公司效益好，2012年1月取得全年奖金收入50 000元。

1. 如果单位不为其负担个人所得税，王工程师当月应纳个人所得税为多少？

2. 如果单位为其负担工资收入30%的税款，王工程师个人当月又应该缴纳多少个人所得税？

案例分析：

1. 单位不为其负担个人所得税。

（1）当月工资性收入2 800元<3 500元，该月工资收入不用缴纳个人所得税。

> （2）计算年度奖金适用的税率 = [50 000 - （3 500 - 2 800）] ÷ 12 = 4 108.33（元）查表 8 - 2 含税级距，适用税率是 10%，速算扣除数为 105 元。
>
> （3）一次性奖金收入应纳税额 = [50 000 - （3 500 - 2 800）] × 10% - 105 = 4 825（元）
>
> 王工程师 2012 年 1 月应纳个人所得税 = 4 825（元）
>
> 2. 单位为其负担工资收入 30% 的税款。
>
> （1）50 000 ÷ 12 = 4 166.67，查工资、薪金所得税税率表 8 - 2 中不含税级距，得到税率 20%，速算扣除数为 555 元。
>
> （2）应纳税所得额 = [50 000 - （3 500 - 2 800） - 555 × 30%] ÷ （1 - 20% × 30%） = 52 269.68（元）
>
> （3）[52 269.68 - （3 500 - 2 800）] ÷ 12 = 4 297.47 元，查表 8 - 2 中含税级距，得到税率 10%，速算扣除数为 105 元。
>
> 应纳税额 = [52 269.68 - （3 500 - 2 800）] × 10% - 105 = 5 051.97（元）
>
> 王工程师个人当月应缴纳税额 = 5 051.97 × （1 - 30%） = 3 536.38（元）

3. 特殊行业职工工资、薪金所得的计税方法。为了照顾采掘业、远洋运输业、远洋捕捞业因受季节、产量等等因素的影响，职工的工资、薪金收入呈现较大幅度波动的实际情况，对这三个特定行业的职工取得的工资、薪金所得采取按年计算、分月预缴的方式计征个人所得税。年度终了后 30 日内，合计其全年工资、薪金所得，再按 12 个月平均并计算实际应纳的税款，多退少补。用公式表示为

年应纳税所得税额 = [（全年工资、薪金收入 ÷ 12 - 费用扣除标准）× 税率 - 速算扣除数] × 12

考虑到远洋运输具有跨国流动的特性，因此，对远洋运输船员每月的工资、薪金收入在统一扣除 3 500 元的基础上，准予再扣除税法规定的附加减除费用标准。由于船员的伙食费统一用于集体用餐，不发给个人，故特案允许该项补贴不计入船员个人的应纳税工资、薪金收入。

（二）个体工商户生产、经营所得的计税方法

1. 个体工商户生产、经营所得应纳税额的计算公式。个体工商户的生产、经营所得适用五级超额累进税率，实行按年计算，分月或分季预缴，年终汇算清缴，多退少补的方法，以每一纳税年度的收入总额，减除成本、费用以及损失后的余额作为应纳税所得额，按适用税率计算应纳税额。其计算公式为

应纳税额 = [纳税年度收入总额 - （成本 + 费用 + 损失）] × 适用税率 - 速算扣除数

年度中间按月预缴时，应当将当月累计应纳税所得额换算成全年所得额，计算出全年所得税额，然后将全年所得税额再换算为当月累计应纳税额，求得本月应纳税额。其计算公式为

全年应纳税所得额 = 当月累计应纳税所得额 × （全年月份 ÷ 当月月份）

全年应纳所得税税额 = 全年应纳税所得额 × 适用税率 - 速算扣除数

当月累计应纳所得税税额＝全年应纳所得税税额×（当月月份÷全年月份）

本月应预缴所得税税额＝当月累计应纳所得税税额－上月累计已预缴所得税税额

（1）查账征收。对于实行查账征收的个体工商户，其生产、经营所得或应纳税所得额是每一纳税年度的收入总额，减除成本、费用以及损失后的余额。其计算公式为

应纳税所得额＝收入总额－（成本＋费用＋损失＋准予扣除的税金）

> **【案例4】** 某个体工商户2012年4月实现营业收入31 200元，营业成本19 500元，营业税金及附加2 000元，其他费用支出2 100元。该个体户1—3月累计应纳税所得额为21 000元，已缴纳个人所得税5 000元。计算5月应缴纳的个人所得税。
>
> **案例分析：**
>
> （1）4月应纳税所得额＝31 200－19 500－2 000－2 100＝7 600（元）
>
> （2）全年应纳税所得额＝（21 000＋7 600）×（12÷4）＝85 800（元）
>
> （3）全年应纳所得税税额＝85 800×30%－9 750＝15 990（元）
>
> （4）4月累计应纳所得税税额＝15 990×（4÷12）＝5 330（元）
>
> （5）4月应补缴所得税税额＝5 330－5 000＝330（元）

（2）对不建账或账证不健全的个体工商户实行核定征税。按照有关规定，达到规定经营规模的个体工商户，必须建账。对未达到规定经营规模暂未建账或经批准暂缓建账的个体工商户，可采取定期定额、核定利润率等征收办法征税。

2. 个体工商户、经营所得适用的速算扣除数表。个体工商户的生产、经营所得和对企事业单位的承包经营、承租经营所得个人所得税税率表见表8-3。

3. 个人独资和合伙企业应纳个人所得税的计算。个人独资企业、合伙企业投资者的经营所得比照"个体工商户的生产、经营所得"项目征收个人所得税，其生产经营所得的应纳税所得额计算比照个体工商户的生产经营所得的计算方法确定，但部分项目和标准按规定执行。计算公式为

应纳个人所得税税额＝应纳税所得额×适用税率－速算扣除数

（1）个人独资企业的投资者以全部生产经营所得为应纳税所得额，按适用税率计算应缴个人所得税。

（2）合伙企业的投资者按照合伙企业的全部生产经营所得和合伙协议约定的分配比例确定每一个投资者应纳税所得额（没有约定分配比例的，以全部应纳税所得额和合伙人数平均计算每个投资者的应纳税所得额），据此计算每个投资者应承担的应纳税所得额。然后按个体工商户的生产、经营所得计算缴纳个人所得税。

（3）个人投资两个或两个以上独资、合伙企业的，投资者个人应分别向企业实际经营管理所在地税务部门预缴个人所得税，年度终了后办理汇算清缴。

（4）个人独资、合伙企业的个人投资者用企业资金为本人、家庭成员及其相关人员支付与企业生产经营无关的消费性支出，以及购买汽车、住房等财产性支出，应当看做是企业对个人投资者的利润分配，作为投资者个人生产经营所得，按照个体工商户的生

产、经营所得计算缴纳个人所得税。

除个人独资、合伙企业以外的其他企业的个人投资者，以企业资金为本人、家庭成员及其相关人员支付与企业生产经营无关的消费性支出及购买汽车、住房等财产性支出，应当看做是企业对个人投资者的红利分配，按照"利息、股息、红利"所得计算缴纳个人所得税。

（三）企事业单位承包、承租经营所得的计税方法

1. 应纳税所得额的计算。无论对企事业单位承包、承租经营是以什么方式，应纳税所得额是以每一纳税年度的收入总额，减除必要费用后的余额。这里的"必要费用"是指每月减除 3 500 元。其计算公式为

应纳税所得额 = 个人承包、承租经营收入总额 − 每月 3 500 元①②

2. 应纳税额的计算方法。对企事业单位承包、承租经营所得适用五级超额累进税率，以其应纳税所得额按适用税率计算应纳税额。计算公式为

应纳税额 = 应纳税所得额 × 适用税率 − 速算扣除数

> 【案例5】李某 2011 年 9 月 1 日起开始承包某商店，当年取得经营收入 150 000 元，准许扣除的与经营收入相关的支出 102 000 元，2012 年取得经营收入 420 000 元，准许扣除的与经营收入相关的支出 295 000，此外，李某还每月从商店领取工资 3 000 元，计算李某 2011 年和 2012 年各应纳个人所得税为多少？
>
> **案例分析：**
>
> 承包经营所得应按年计算缴纳个人所得税，在一个纳税年度内，承包、承租经营不足 12 个月的，以其实际承包、承租经营的月份数为一个纳税年度计算纳税。
>
> 2011 年应纳税所得额 = 150 000 − 102 000 + 3 000 × 4 − 3 500 × 4 = 46 000（元），查个税税率表 8−3，税率为 20%，速算扣除数为 3 750 元。
>
> 2011 年应纳税额 = 46 000 × 20% − 3 750 = 5 450（元）
>
> 2012 年应纳税所得额 = 420 000 − 295 000 + 3 000 × 12 − 3 500 × 12 = 119 000（元），查个税税率表 8−3，税率为 35%，速算扣除数为 14 750 元。
>
> 2012 年应纳税额 = 119 000 × 35% − 14 750 = 26 900（元）

（四）劳务报酬所得个人所得税的计算

劳务报酬所得以个人每次取得的收入，定额或定率减除规定的费用后的余额为应纳税所得额。每次收入不超过 4 000 元的，定额减除费用 800 元，每次收入在 4 000 元以上的，定率减除 20% 的费用。

---

① 被承包、承租企业具有法人资格，承包、承租后没有变更工商登记的，仍以被承租、承包企业名义对外经营的，按照企业所得税法的有关规定先缴纳企业所得税，然后按上述公式求得应纳税所得额，计算缴纳个人所得税。

② 实行承包、承租经营的纳税义务人，应当以每一纳税年度取得的承包、承租经营所得计算纳税。在一个纳税年度内，承包、承租经营不足 12 个月的，以其实际承包、承租经营的月份数为一个纳税年度计算纳税。计算公式为

应纳税所得额 = 该年度承包、承租经营收入额 −（3 500 × 该年度实际承包、承租经营月份数）

1. 每次收入不足 4 000 元的应纳税额计算公式：

$$应纳税所得额 = 每次收入额 - 800$$

$$应纳税额 = （每次收入额 - 800）\times 20\%$$

2. 每次收入超过 4 000 元，应纳税所得额不足 20 000 元的应纳税额计算公式：

$$应纳税所得额 = 每次收入额 \times （1 - 20\%）$$

$$应纳税额 = 每次收入额 \times （1 - 20\%）\times 20\%$$

3. 每次收入的应纳税所得额超过 20 000 元的计算公式：

劳务报酬所得依其应纳税所得额 20% 的比例税率计算应纳税额。对纳税人取得的劳务报酬所得一次收入畸高者，应加成征收。用公式表示为

$$应纳税所得额 = 每次收入额 \times （1 - 20\%）$$

$$应纳税额 = 每次收入额 \times （1 - 20\%）\times 适用税率 - 速算扣除数（详见表8-4）$$

> **【案例6】** 某教授应邀到某地作报告，一次取得报酬 88 000 元，将其中 22 000 元通过民政部门捐赠给贫困地区，计算该教授应缴纳多少个人所得税？
>
> **案例分析：**
>
> 个人将其所得对教育事业和其他公益事业捐赠的部分，允许从应纳税所得额中扣除，扣除额以不超过纳税人申报应纳税所得额的 30% 为限。
>
> 应纳税所得额 = 88 000 × （1 - 20%）= 70 400（元）
>
> 公益救济性捐赠限额 = 70 400 × 30% = 21 120（元）
>
> 实际公益性捐赠额为 22 000 元，捐赠扣除限额 21 120 元，所以税前扣除捐赠额为 21 120 元，该教授实际应纳税所得额 = 70 400 - 21 120 = 49 280（元）。
>
> 20 000 元 < 49 280 元 < 50 000 元，查表 8 - 4 可得税率 30%，速算扣除数为 2 000 元。
>
> 应纳税额 = 49 280 × 30% - 2 000 = 12 784（元）[1]

不含税收入不超过 3 360 元的，按下列公式计算应纳税所得额：

$$应纳税所得额 = （不含税收入额 - 800）\div （1 - 适用税率）$$

不含税收入超过 3 360 元的，按下列公式计算应纳税所得额：

$$应纳税所得额 = [（不含税收入额 - 速算扣除数）\times （1 - 20\%）] \div [1 - 税率 \times （1 - 20\%）]$$

$$= [（不含税收入额 - 速算扣除数）\times （1 - 20\%）] \div 当级换算系数$$

$$应纳税额 = 应纳税所得额 \times 适用税率 - 速算扣除数$$

适用税率与换算系数见表 8 - 5。

---

[1] 注：单位或个人经常为纳税人代付税款的，按每次不含税收入 3 360 元为界线。

表8－5　　　　　　　　　　　不含税劳务报酬收入适用税率表

级数	不含税劳务报酬收入	税率（%）	速算扣除数（元）	换算系数（%）
1	不超过3 360元的	20	0	无
2	超过3 360～21 000元的部分	20	0	84
3	超过21 000～49 500元的部分	30	2 000	76
4	超过49 500元的部分	40	7 000	68

【案例7】某企业邀请一位专家进行工程规划设计，企业按约定在设计完成后支付该专家90 000元报酬，与报酬相关的个人所得税由公司代付，计算企业代付代缴该专家应纳的个人所得税。

案例分析：

企业代付代缴个人所得税的应纳税所得额＝[（90 000－7 000）×（1－20%）]÷68%＝97 647.06（元）（查表8－5可得速算扣除数为7 000元，换算系数为68）

应代付代缴个人所得税额＝97 647.06×40%－7 000＝32 058.82（元）

（五）稿酬所得个人所得税的计算

稿酬所得以个人每次取得的收入，定额或定率减除规定的费用后的余额为应纳税所得额。费用扣除计算方法与劳务报酬相同。稿酬所得按20%的比例税率和应纳税所得额计算应纳税额，并按规定对应纳税额减征30%。

1. 每次收入不足4 000元的应纳税额计算公式：

$$应纳税所得额＝每次收入额－800元$$

$$应纳税额＝（每次收入额－800元）×20%×（1－30%）$$

2. 每次收入超过4 000元的应纳税额计算公式：

$$应纳税所得额＝每次收入额×（1－20%）$$

$$应纳税额＝应纳税所得额×（1－20%）×20%×（1－30%）$$

【案例8】某作家从2011年1月起在一家杂志上连载其作品，至2011年8月连载全部结束，共取得稿酬16 000元。9月，又将该作品出书，取得稿酬40 000元，后因该作品畅销再加印发行，又取得稿酬10 000元。

案例分析：

（1）连载所得应纳税额＝16 000×（1－20%）×20%×（1－30%）＝1 792（元）

（2）出书后支付稿酬应纳税额＝40 000×（1－20%）×20%×（1－30%）＝4 480（元）

（3）加印稿酬应与前出版稿酬合并为一次计税，然后再减除前次已纳的税额。

加印稿酬应纳税额＝（40 000＋10 000）×（1－20%）×20%×（1－30%）－4 480＝1 120（元）

（六）特许权使用费所得的计税方法

特许权使用费所得以个人每次取得的收入，定额或定率减除规定的费用后的余额为应纳税所得额。费用扣除计算方法与劳务报酬相同。每次收入不超过 4 000 元的，定额减除费用 800 元，每次收入在 4 000 元以上的，定率减除 20% 的费用。

1. 每次收入不足 4 000 元的应纳税额计算公式：

$$应纳税额 =（每次收入额 - 800）×20\%$$

2. 每次收入超过 4 000 元的应纳税额计算公式：

$$应纳税额 = 每次收入额 ×（1 - 20\%）×20\%$$

（七）财产租赁所得的计税方法

财产租赁所得，以一个月内取得的收入为一次，定额或定率减除规定的费用后的余额为应纳税所得额。费用扣除计算方法与劳务报酬相同。每次收入不超过 4 000 元的，定额减除费用 800 元，每次收入在 4 000 元以上的，定率减除 20% 的费用。对个人按市场价格出租的居民住房取得的所得，自 2001 年 1 月 1 日起暂减按 10% 的税率征收个人所得税。

个人出租财产取得财产租赁收入，在计算征税时，除可依法减除规定费用和有关税、费外，还准予扣除能够提供有效准确凭证，证明由纳税义务人负担的该项出租财产实际开支的修缮费用。允许扣除的修缮费用，以每次 800 元为限，一次扣除不完的，准予在下一次继续扣除，直至扣完为止。

1. 每次收入不超过 4 000 元的：

$$应纳税额 = [每次收入额 - 出租财产过程中缴纳的税、费 - 出租财产实际开支的修缮费用（限 800 元）- 800] ×20\%$$

2. 每次收入超过 4 000 元的：

$$应纳税额 = [每次收入额 - 出租财产过程中缴纳的税、费 - 出租财产实际开支的修缮费用（限 800 元）] ×（1 - 20\%）×20\%$$

【案例 9】张某出租店面房一间，月租金为 2 500 元，缴纳各项税金及附加 105 元，2011 年 11 月发生修缮费用 900 元，由张某承担，并提供有关凭证。计算张某 2011 年 11 月和 12 月应纳的个人所得税。

案例分析：

月租金收入 2 500 元 < 4 000 元，应纳税额以每次收入减去出租过程中缴纳的税、费和实际开支的修缮费用，11 月的修缮费为 900 元，但每月扣除的修缮费以 800 元为限，超过的 100 元可以在 12 月继续扣除，然后再减去定额费用 800 元，乘以税率 20%。

11 月应纳税额 =（2 500 - 105 - 800 - 800）×20% = 159（元）

12 月应纳税额 =（2 500 - 105 - 100 - 800）×20% = 299（元）

（八）利息、股息、红利所得的计税方法

利息、股息、红利所得，偶然所得和其他所得，以每次收入额为应税所得额，不扣除任何费用。

$$应纳税额 = 应纳税所得额（每次收入额）× 20\%$$

（九）财产转让所得的计税方法

财产转让所得以每次转让收入总额扣除财产原值和合理费用的余额为应纳税所得额。其中合理费用是指卖出财产时按规定支付的有关费用。

财产转让所得按 20% 的比例税率计算应纳税额。用公式表示为

$$应纳税额 = （收入总额 - 财产原值 - 合理费用）× 20\%$$

其中，每次收入是指以一件财产的所有权一次转让取得的收入。

（十）偶然所得和其他所得个人所得税的计算

偶然所得和其他所得无费用扣除，收入即为应纳税所得额。

$$应纳税额 = 每次收入额 × 20\%$$

（十一）个人所得税的特殊计税方法

1. 境外缴纳税额抵免的计税方法。在中国境内有住所，或者无住所但在中国境内居住满一年的个人，从中国境内和境外取得的所得，都应缴纳个人所得税。实际上，纳税人的境外所得一般均已缴纳或负担了有关国家的所得税额。为了避免发生国家间对同一所得的重复征税，同时维护我国的税收权益，税法规定，纳税人从中国境外取得的所得，准予其在应纳税额中扣除已在境外实缴的个人所得税税款，但扣除额不得超过该纳税人境外所得依照我国税法规定计算的应纳税额。

我国个人所得税的抵免限额采用分国限额法计算，即以纳税人从中国境外取得的所得区别国家或地区的不同应税项目，依照税法规定的费用减除标准和适用税率计算抵免限额。对于同一国家或地区的不同应税项目，以其各项抵免限额之和作为来自该国或该地区所得的抵免限额。其计算公式为

来自某国或地区的抵免限额 = ∑（来自某国或地区的某一应税项目的所得 - 费用减除标准）× 适用税率 - 速算扣除数

或 = ∑（来自某国或地区的某一种应税项目的净所得 + 境外实缴税款 - 费用减除标准）× 适用税率 - 速算扣除数

上式中的费用减除标准和适用税率，均指我国个人所得税法及其实施条例规定的有关费用减除标准和适用税率。

如果纳税人在境外的所得实际缴纳的个人所得税低于或等于按我国税法规定所计算的应纳税额，则按境外实际缴纳的所得税予以抵免。纳税人某一纳税年度发生实缴境外税款超过抵免限额时，其超限额部分不允许在应纳税额中抵扣，但可以在以后纳税年度仍来自该国家或地区的不足限额，即实缴境外税款低于抵免限额的部分中补扣。下一年度结转后仍有超限额的，可继续结转，但每年发生的超限额结转期最长不得超过 5 年。

在计算出抵免限额和确定了允许抵免额之后，便可对纳税人的境外所得计算应纳税额。其计算公式为

应纳税额 = ∑（来自某国或地区的所得 − 费用减除标准）×适用税率 − 速算扣除数 − 允许抵免额

【案例 10】 某中国居民本年度在 A、B 两国取得应税收入。其中：在 A 国一公司任职，全年取得工薪收入 120 000 元，取得一项劳务报酬收入 50 000 元；在 B 国转让一项专利权取得特许权使用费收入 15 000 元，该纳税人已分别在 A 国和 B 国缴纳个人所得税 12 000 元和 2 500 元。

案例分析：

（1）A 国所得缴纳税款的抵免限额及应纳税额。

①工资、薪金所得按我国税法规定计算的应纳税额。

每月应纳税所得额 = 120 000 ÷ 12 − 4 800 = 5 200（元）

全年应纳税额 =（5 200 × 20% − 555）× 12 = 5 820（元）

②劳务报酬所得按我国税法规定计算的应纳税额。

应纳税所得额 = 50 000 ×（1 − 20%）= 40 000（元）

应纳税额 = 40 000 × 30% − 2 000 = 10 000（元）

③A 国的抵免限额 = 5 820 + 10 000 = 15 820（元）

④该纳税人在 A 国缴纳个人所得税 12 000 元，低于抵免限额，因此，可全额扣除，并需在我国补缴税款 3 820 元（15 820 − 12 000）。

（2）B 国所得缴纳税款的抵免限额及应纳税额。

B 国取得的特许权使用费所得按我国税法规定计算的应纳税额，即抵免限额：

15 000 ×（1 − 20%）× 20% = 2 400（元）

该纳税人在 B 国缴纳的税款超过抵免限额，不需补税。其超出抵免限额 100 元（2 500 − 2 400），不能在本年度扣除，但可在以后五个纳税年度内该纳税人从 B 国取得的特许权使用费所得的扣除限额的余额中补扣。

纳税人按规定申请扣除已在境外缴纳的个人所得税税额时，须提供境外税务机关填发的完税凭证原件。

---

2. 两个或两个以上的纳税人共同取得同一项收入的计税方法。两个或两个以上的纳税人共同取得同一项所得的，可以对每一个人分得的收入分别减除费用，各自计算应纳税款，即实行"先分、后扣、再税"的办法。

第三节
个人所得税纳税申报

一、源泉扣税

源泉扣缴税款法，是指按税法规定负有扣缴税款义务的单位或个人，在向个人支付应纳税所得时，应计算应纳税额，从其所得中扣除并缴入国库，同时向税务机关报送扣缴个人所得税报告表的一种纳税方法。

扣缴义务人在代扣税款时，必须向纳税人开具税务机关统一印制的代扣代收税款凭证、扣缴个人所得税报告表和包括每一纳税人姓名、单位、职务、收入、税款等内容的支付个人收入明细表以及税务机关要求报送的其他有关资料。

对工资、薪金所得和利息、股息、红利所得等，因纳税人数众多，不便一一开具代扣代收税款凭证的，经主管税务机关同意，可不开具代扣代收税款凭证，但应通过一定形式告知纳税人已扣缴税款。

扣缴义务人应设立代扣代缴税款账簿，正确反映个人所得税的扣缴情况，并如实填写"扣缴个人所得税报告表"及其他有关资料。对扣缴义务人按所扣缴的税款，付给2%的手续费。扣缴义务人每月所扣的税款，应当在次月7日内缴入国库。

扣缴义务人需要进行全员全额扣缴申报。全员全额扣缴申报是指扣缴义务人在代扣代缴的次月内，向主管税务机关报送其支付所得个人的基本信息、支付所得数额、扣缴税款的具体数额和总额以及其他相关涉税信息。

（一）扣缴义务人和代扣代缴的范围

1. 扣缴义务人。税法规定，个人所得税以取得应税所得的个人为纳税义务人，以支付所得的单位或者个人为扣缴义务人，包括企业（公司）、事业单位、财政部门、机关事务管理部门、人事管理部门、社会团体、军队、驻华机关（不包括外国驻华使领馆和联合国及其他依法享有外交特权和豁免权的国际组织驻华机构）、个体工商户等单位或个人。按照税法规定代扣代缴个人所得税，是扣缴义务人的法定义务，必须依法履行。

个人所得税以支付所得的单位或者个人为扣缴义务人，即凡是支付个人应税所得的企业、国家机关、政党机关、事业单位、社会团体、民办非企业单位及其他组织或者个人，均为个人所得税的扣缴义务人。

个人所得税的扣缴义务人，必须按照税法规定代扣代缴个人所得税。扣缴义务人拒不履行代扣代缴义务或违反税法规定，税务机关有权按照《中华人民共和国税收征收管理法》有关规定予以处罚。

2. 代扣代缴的范围。扣缴义务人在向个人支付下列所得时，应代扣代缴个人所得税：工资、薪金所得；对企事业单位的承包经营、承租经营所得；劳务报酬所得；稿酬所得；特许权使用费所得；利息、股息、红利所得；财产租赁所得；财产转让所得；偶然所得，以及经国务院财政部门确定征税的其他所得。

（二）代扣代缴的期限及责任

1. 代扣代缴的期限。扣缴义务人每月所扣的税款，自行申报纳税人每月应纳的税款，都应当在次月十五日内缴入国库，并向税务机关报送纳税申报表。特定行业的工资、薪金所得应纳的税款，可以实行按年计算、分月预缴的方式。

2. 代扣代缴的责任。发生的应税行为（2001年5月1日后），按照新的《税收征管法》进行处理：扣缴义务人应扣未扣、应收而不收税款的，由税务机关向纳税人追缴税款，对扣缴义务人处应扣未扣、应收未收税款50%以上3倍以下的罚款项；纳税人、扣缴义务人逃避、拒绝或者以其他方式阻挠税务机关检查的，由税务机关责令改正，可以处1万元以下的罚款；情节严重的，处1万元以上5万元以下的罚款。扣缴义务人有偷税或者抗税行为的，除依法追缴税款、处以罚款（罚金）外，对情节严重的，还应追究直接责任人的刑事责任。

二、自行申报纳税

自行申报纳税，是指在税法规定的纳税期限内，由纳税人自行向税务机关申报取得的应税所得项目和数额，如实填写"个人所得税纳税申报表"，并按税法规定计算应纳税额的一种纳税方法。

（一）自行申报纳税的纳税义务人

个人所得税自行申报的纳税义务人，是指在中国境内有住所，或者无住所而在中国境内居住满一年，以及在中国境内无住所又不居住，或无住所且居住不满一年，但有来源于中国境内所得的个人。包括中国公民，个体工商户以及在中国境内有所得的外籍人员和香港、澳门、台湾同胞。

（二）自行申报纳税的内容

纳税义务人有下列情形之一的，应当按照规定到主管税务机关办理纳税申报：

1. 年所得12万元以上的。

2. 从中国境内两处或者两处以上取得工资、薪金所得的。

3. 从中国境外取得所得的。

4. 取得应纳税所得，没有扣缴义务人的。

5. 国务院规定的其他情形。

（三）自行申报纳税的期限和地点

1. 自行申报纳税的期限。除特殊情况外，纳税人应在取得应纳税所得的次月15日内向主管税务机关申报所得并缴纳税款。

年所得12万元以上的纳税义务人，在年度终了后3个月内到主管税务机关办理纳税申报。

账册健全的个体工商户的生产、经营所得应纳的税款，按年计算、分月预缴，由纳税人在次月15日内申报预缴，年度终了后3个月内汇算清缴，多退少补。

纳税人年终一次性取得承包经营、承租经营所得的，自取得收入之日起 30 日内申报纳税；在一年内分次取得承包经营、承租经营所得的，应在取得每次所得后的 15 日内申报纳税，年度终了后 3 个月内汇算清缴，多退少补。

个人独资企业和合伙企业在年度中间合并、分离终止时，投资者应当在停止生产经营之日起 60 日内，向主管税务机关办理当期个人所得税汇算清缴。

在中国境外取得所得的纳税人，应在年度终了后 30 日内，将应纳的税款缴入国库，并向税务机关报送纳税申报表。

2. 自行申报纳税的纳税地点。申报地点一般为收入来源地的主管税务机关，纳税人从两处或两处以上取得工资、薪金所得的，可选择并固定在其中一地税务机关申报纳税；从境外取得所得的，应向境内户籍所在地税务机关申报纳税。纳税人要求变更申报纳税地点的须经原主管税务机关批准。

附：个人所得税月份（年度）申报表（见表 8 - 6）。

表 8 - 6 个人所得税纳税申报表
（适用于年所得 12 万元以上的纳税人申报）

所得年份： 年 填表日期： 年 月 日

金额单位：人民币元（列至角分）

纳税人姓名		国籍（地区）		身份证照类型		身份证照号码					
任职、受雇单位		任职受雇单位税务代码		任职受雇单位所属行业		职务			职业		
在华天数		境内有效联系地址				境内有效联系地址邮编			联系电话		
此行由取得经营所得的纳税人填写		经营单位纳税人识别号					经营单位纳税人名称				

所得项目	年所得额			应纳税所得额	应纳税额	已缴（扣）税额	抵扣税额	减免税额	应补税额	应退税额	备注
	境内	境外	合计								
1. 工资、薪金所得											
2. 个体工商户的生产、经营所得											
3. 对企事业单位的承包经营、承租经营所得											

续表

所得项目	年所得额			应纳税所得额	应纳税额	已缴（扣）税额	抵扣税额	减免税额	应补税额	应退税额	备注
	境内	境外	合计								
4. 劳务报酬所得											
5. 稿酬所得											
6. 特许权使用费所得											
7. 利息、股息、红利所得											
8. 财产租赁所得											
9. 财产转让所得											
其中：股票转让所得				—	—	—	—	—	—	—	
个人房屋转让所得											
10. 偶然所得											
11. 其他所得											
合　计											

我声明，此纳税申报表是根据《中华人民共和国个人所得税法》及有关法律、法规的规定填报的，我保证它是真实的、可靠的、完整的。

纳税人（签字）

代理人（签章）：　　　　　　　　　　　　　　　　　　　联系电话：

税务机关受理人（签字）：　　　税务机关受理时间：　年　月　日　受理申报税务机关名称（盖章）：

第四节
个人所得税税收筹划

一、税收优惠的税收筹划

（一）税收优惠规定

1. 免税项目。下列各项个人所得，免征个人所得税：

（1）省级人民政府、国务院部委和中国人民解放军军以上单位，以及外国组织、国际组织颁发的科学、教育、技术、文化、卫生、体育、环境保护等方面的奖金。

（2）个人取得的教育储蓄存款利息所得以及国务院财政部门确定的其他专项储蓄存款或者储蓄性专项基金存款的利息所得、国债和国家发行的金融债券利息。

（3）按照国家统一规定发给的补贴、津贴。这是指按照国务院规定发给的政府特殊津贴和国务院规定免纳个人所得税的补贴、津贴。

（4）福利费、抚恤金、救济金。其中，福利费是指根据国家有关规定，从企业、事业单位、国家机关、社会团体提留的福利费或者工会经费中支付给个人的生活补助费；救济金是指国家民政部门支付给个人的生活困难补助费。

（5）保险赔款。

（6）军人的转业费、复员费。

（7）按照国家统一规定发给干部、职工的安家费、退职费、退休工资、离休工资、离休生活补助费。

（8）依照我国有关法律规定应予免税的各国驻华使馆、领事馆的外交代表、领事官员和其他人员的所得。

（9）企业和个人按照省级以上人民政府规定的比例提取并缴付的住房公积金、医疗保险金、基本养老保险金、失业保险金，不计入个人当期的工资、薪金收入，免予征收个人所得税。超过规定的比例缴付的部分计征个人所得税。

个人领取原提存的住房公积金、医疗保险金、基本养老保险金时，免予征收个人所得税。

（10）中国政府参加的国际公约、签订的协议中规定免税的所得。

（11）经国务院财政部门批准的其他免税所得。

2. 减税项目。有下列情形之一的，经批准可以减征个人所得税：

（1）残疾、孤老人员和烈属的所得。

（2）因严重自然灾害造成重大损失的。

（3）其他经国务院财政部门批准减免的项目。

上述减税项目的减征幅度和期限，由省、自治区、直辖市人民政府规定。

3. 暂免征税项目。下列所得暂免征收个人所得税：

（1）个人举报、协查各种违法、犯罪行为而获得的奖金。

（2）个人办理代扣代缴税款手续，按规定取得的扣缴手续费。

（3）个人转让自用达 5 年以上，并且是唯一的家庭生活用房取得的所得。

（4）对个人购买福利彩票、体育彩票，一次中奖收入在 1 万元以下的（含 1 万元）暂免征收个人所得税，超过 1 万元的全额征收个人所得税。

（5）外籍个人以非现金形式或实报实销取得的住房补贴、伙食补贴、搬迁费、洗衣费。

（6）外籍个人按合理标准取得的境内、外出差补贴。

（7）外籍个人从外商投资企业取得的股息、红利所得。

（8）达到离、退休年龄，但确因工作需要，适当延长离、退休年龄的高级专家（指享受国家发放的政府特殊津贴的专家、学者），其在延长离、退休期间的工资、薪金所得，视同离、退休工资免征个人所得税。

（9）凡符合下列条件之一的外籍专家取得的工资、薪金所得，可免征个人所得税：

①根据世界银行专项贷款协议由世界银行直接派往我国工作的外国专家。

②联合国组织直接派往我国工作的专家。

③为联合国援助项目来华工作的专家。

④援助国派往我国专为该国援助项目工作的专家。

⑤根据两国政府签订的文化交流项目来华工作两年以内的文教专家，其工资、薪金所得由该国负担的。

⑥根据我国大专院校国际交流项目来华工作两年以内的文教专家，其工资、薪金所得由该国负担的。

⑦通过民间科研协定来华工作的专家，其工资、薪金所得由该国政府机构负担的。

（二）税收优惠的筹划方法

充分利用国家对个人所得税的减、免税的优惠政策来达到减轻个人所得税的负担。

1. 利用职工福利费、津贴、补贴的优惠政策来进行个税的筹划。新《个人所得税法》第四条第三项规定：按照国家统一规定发给的补贴、津贴免征个人所得税。这里的津贴、补贴包括：（1）独生子女的补贴；（2）执行公务员工制度未纳入基本工资总额的补贴、津贴差额和家属成员的副食品补贴；（3）托儿补助费；（4）差旅费津贴、误餐补助。其中，误餐补助是指按照财政部规定，个人因公在城区、郊区工作，不能在工作单位或返回就餐的，根据实际误餐顿数，按规定的标准领取的误餐费。单位以误餐补助名义发给职工的补助、津贴不包括在内。

> **【案例11】** 周先生2011年10月的基本工资为5 800元，交通补贴500元，通信补贴200元，误餐补助300元，国庆节补贴1 000元。试分析周先生10月应缴纳个人所得税的情况。如何进行税收筹划？
>
> **案例分析：**
>
> 应纳个人所得税 $= [(5\ 800 + 500 + 200 + 300 + 1\ 000) - 3\ 500] \times 10\% - 105 = 325$（元）
>
> 如果交通补贴、通信补贴、国庆节补贴不以货币化补贴的形式发放给职工，而是给实物或票据报销的形式发放给职工，就会给职工减少税收的负担，充分利用税收优惠政策达到筹划目的。具体操作如下：周先生2011年10月的基本工资5 800元，交通补贴可以用燃油费发票500元来报销，通信补贴可以用电话费发票200元来报销，误餐补助可以用实际误餐顿数10×30元/顿来处理，国庆节补贴1 000元。那么周先生10月的个人所得税应该缴纳多少？
>
> 根据《国家税务总局关于个人所得税有关政策问题的通知》（国税发〔1999〕58号）第二条规定企业采用报销私家车燃油费等方式向职工发放交通补贴行为，扣除一定标准的公务费用后，按照"工资、薪金"所得项目征收个人所得税，公务费扣除标准由当地政府规定。假如我们统一扣除公务费用80%。那么，周先生10月的个人所得税 $= [(5\ 800 + 1\ 000 + 500 \times 20\% + 200 \times 20\%) - 3\ 500] \times 10\% - 105 = 239$（元）。利用税收的优惠政策对周先生的个税进行筹划可以节税 $= 325 - 239 = 86$（元）。

2. 利用工资、薪金所得保险化的税收优惠政策进行个税的筹划。职工个人缴纳的基本医疗保险费、基本养老保险费、失业保险费和住房公积金，俗称"三险一金"，可以在计算个人所得税的应纳税所得额时扣除，即通过增加税收减免额这种税收筹划的方式，达到节税的目的。

【案例 12】李蕾从某大学毕业后想在北京发展，参加了许多的招聘会，其中一家营销公司给出的薪酬为每月 3 800 元，且给员工按北京市规定的比例缴纳"三险一金"；另一家为物流公司给出的薪酬为每月 4 200 元。这两份工作都比较适合她，从薪酬高低考虑，李蕾选择了物流公司。请问站在个人所得税筹划的角度，你对她的这种选择如何评价？

案例分析：

职工在和企业签订劳动合同时，应该明确企业是否为职工缴纳"三险一金"，缴纳"三险一金"的比例是多少？

从 2008 年起，根据北京市财税局有关规定，企业为职工缴纳"三险一金"的比例全部为固定比例，不再给一个选择的区间。这样可以使员工充分利用"三险一金"的扣除比例以达到节税的目的。

企业为职工缴纳"三险一金"是按国家规定比例上缴，同时为职工代扣代缴职工应缴纳的部分。职工个人缴纳的部分在计算个人所得税时可以全额抵免。李蕾如果选择营销公司工作，其月薪扣除个人缴纳的"三险一金"后，若不够 3 500 元，则不用缴纳个人所得税。职工缴纳的"三险一金"进入职工个人账户的部分，职工根据需要可以取出来使用，且"三险一金"孳生的利息免缴个人所得税。

李蕾仅根据薪酬的高低选择物流公司，如果物流公司不能给她缴纳"三险一金"，她就不能充分获得个人所得税的抵免额，每个月缴纳的个人所得税 =（4 200 − 3 500）× 3% = 21（元）。

3. 利用各项所得公益化的税收优惠政策进行个税的筹划。在各项所得适用不同税率的纳税临界点附近进行捐赠，可以获得减、免应税所得，从而降低应纳税额。

根据税法规定，个人通过非营利性的社会团体和国家机关（包括中国红十字会）向红十字会事业的捐赠、非营利性的老年服务机构的捐赠、对公益性青少年活动场所的捐赠、向农村义务教育的捐赠、向宋庆龄基金会等 6 家单位的捐赠，在计算个人所得税时准予全额扣除。

【案例 13】李林是一位小学教师，每月工资、薪金收入 6 800 元。2011 年 11 月，李老师拿到工资后，当即向红十字会捐赠 1 000 元给灾区，红十字会给李老师开具了捐赠专用发票。这次捐赠对李老师的个人所得税有何影响？

案例分析：

如果李老师不进行捐赠，其工资应纳个人所得税额 =（6 800 − 3 500）× 10% − 105 = 225（元）

对红十字会事业的捐赠可以全额扣除，李老师所在学校财务人员根据其提供的捐赠发票在扣缴个人所得税时，给予全额扣除。这项捐赠使得李老师在2011年11月缴纳个人所得税 = （6 800 – 3 500 – 1000）×10% – 105 = 125（元）。通过捐赠使李老师节税100元。

二、利用分类所得进行税收筹划

我国现行的《个人所得税法》把个人所得税的征收范围分为11个类别，不同类别的所得，个人所得税的征收方法有所不同，我们可以利用分类所得进行税收筹划。

1. 利用工资、薪金所得和劳务报酬所得互转进行个税筹划。劳务报酬以收入扣除800元或收入的20%为应纳税所得额，适用20%的税率。一次性劳务报酬收入大于20 000元，税率加成征收，最高适用40%的税率。

工资、薪金所得扣除3 500元（或4 800元）为应纳税所得额，适用七级超额累进税率，最高适用45%的税率。

劳务报酬所得与工资、薪金所得互换就是通过对比两种所得的应纳税所得额所适用的税率，以税率低者为税收筹划的基础。

【案例14】陈女士是一位国企的会计主管，已到法定退休年龄，退休工资为5 200元。因为陈女士经验丰富，退休后很多单位想聘用她，陈女士最终被某大型企业集团聘为董事会董事，主管单位财务工作，每年给她不少于10万元的年薪。请问陈女士如何筹划自己的报酬发放问题？

案例分析：

陈女士可以从以下几个方面考虑：

1. 陈女士已到退休年龄，退休工资可以享受免征个人所得税。

2. 根据《国家税务总局关于退休人员再任职界定问题的批复》（国税函〔2006〕526号）第三条，单位是否为离退休人员缴纳社会保险费，不再作为离退休人员再任职的界定条件。

陈女士需要和单位签订一年以上劳务合同，可以按照"工资、薪金"项目来缴纳个人所得税，而不是"劳务报酬"。按"工资、薪金"项目，每月在3 500元以下，不用再缴纳个人所得税，而按"劳务报酬"800元以上就得按照20%缴纳个人所得税。

3. 董事费收入从本质上说具有劳务服务性质，因此个人的董事费收入应作为劳务报酬所得缴纳个人所得税。而个人的年薪收入则应按照工资、薪金所得缴纳个人所得税，适用七级超额累进税率。

通过以上的考虑：陈女士作出两个方案：

（1）每月发放工资3 500元，余下部分按年终奖发放。

陈女士需要缴纳的个人所得税只有年终奖的部分 = 100 000 – 3 500×12 = 58 000（元）

58 000÷12 = 4 833.33 （元），查工资、薪金税率表8－2，陈女士应缴纳的个人所得税 = 58 000×20% － 555 = 11 045 （元）。

（2）把100 000元平均分配到每月工资，每月发放工资8 333.33元。（100 000÷12 = 8 333.33元）

陈女士应缴纳的个人所得税 =［（8 333.33 － 3 500）×20% － 555］×12 = 4 940 （元）。

通过计算，陈女士决定采用第二个方案。

2. 将财产租赁、财产转让所得与个体工商户的其他所得合并或分别计算应纳税所得额。财产租赁所得是租赁收入扣除一定费用后，按20%的税率缴纳个人所得税。财产转让所得是转让收入减去财产原值和合理费用后，按20%的税率缴纳个人所得税。个体工商户生产、经营所得是扣除一定的费用后，适用五级超额累进税率，5%至35%，可以通过不同类别所得的税率不同来进行个税的筹划。当个体工商户生产、经营所得较多时，财产租赁所得、财务转让所得也较多，这时就将企业的财产转出到投资者个人名下，按财产租赁所得或财产转让所得项目缴纳个人所得税；当个体工商户生产、经营所得为亏损，或盈利较少时，应将投资者个人名下的财产租赁所得、财产转让所得转移到企业，按个体工商户生产、经营所得项目缴纳个人所得税，达到节税的目的。

【案例15】某个人独资企业2012年度实现生产经营利润100 000元，此外，将一部分房屋出租（民用）取得收益24 000元（年租赁收入26 000元，与之相关的税费2 000元）。要求：为该公司进行税收筹划。

案例分析：

方案一：该房屋作为企业财产，租赁收益并入生产经营所得统一纳税。

应纳个人所得税税额 =（100 000 ＋ 24 000 － 3 500×12）×30% － 9 750 = 14 850 （元）。

方案二：该房屋作为投资者个人的其他财产，与企业无关，获得的租赁收益按"财产租赁所得"项目单独纳税。

"财产租赁所得"应纳个人所得税税额 = 24 000×（1 － 20%）×20% = 3 840 （元）

"生产、经营所得"应纳个人所得税税额 =（100 000 － 3 500×12）×20% － 3 750 = 7 850 （元）

投资者合计应纳个人所得税税额 = 3 840 ＋ 7 850 = 11 690 （元）

方案二比方案一减轻税负：14 850 － 11 690 = 3 160 （元）。

如果某企业财产已作为企业财产，则投资者可通过减资的形式将企业财产变成投资者个人的其他财产出租，获得财产租赁所得。

三、纳税人身份的税收筹划

1. 转移住所。纳税人把自己的居所迁出某一国，但又不在任何人地方取得住所，从而躲过居民纳税人的身份，达到免除个人所得税的纳税义务。

（1）将个人住所真正迁出高税国，或者利用居民纳税人居住时间的不同规定来躲避纳税义务人的身份，即在法律上不再成为高税国的居民。

（2）采用住所迁移的人多是已离退休的纳税人和在一国居住而在另外一国工作的纳税人。在一国居住而在另一国工作的纳税人以躲避高税负为目的。以住所转移或移民方式实现节税的纳税人必须使自己成为"真正"的移民，避免给政府一个虚假移民或部分迁移的印象。

（3）离退休的纳税人从高税国居住地搬迁至低税国居住地，以便在支付退休金和财产、遗产税收方面获得好处，如将住所迁移到避税港或自由贸易区、经济开发区等。

2. 税收流亡。为了躲避纳税，一个跨国自然人可以虚假地从一国迁往另一国，而实际上却不停地从这个国家流动到那个国家的现象，国际上常用"税收流亡"来形容，或称"税收难民"。

甲国规定凡在该国连续或累计逗留时间达一年以上者，为其居民。而乙国对这一居住时间的规定也为一年。丙国则规定为半年。这样，纳税人就可以通过在这些国家之间调整居住时间，把在这些国家停留的时间压缩到短于征税规定的天数。从而可以合法地避免成为这些国家的居民。

3. 合理安排居住时间。在实行收入来源地管辖权的国家，对临时入境者和非居民大多数提供税收优惠。

中国规定：外国人在中国境内居住时间连续或累计居住不超过90日，或者在税收协定规定的期间内连续或累计居住不超过183日的个人，其来源于中国境内的所得，由中国境外雇主支付并且不是由该雇主设在中国境内机构负担的工资、薪金所得免予缴纳个人所得税。

通过流动来降低税负还有一种方式，是在取得适当的收入之后，将财产或收入留在低税负地区，人则到高税负但生活费较低的地方生活，以取得低税负、低费用的双重好处。如香港收入高、税收负担低、生活费用高，于是有的香港人在取得收入后，就到内地来消费，既不承担内地的高税收负担，又躲避了香港的高消费费用。

【案例16】美国公民甲从2011年1月在我国境内的A居民企业任项目管理师。2010年他在中国境内停留310天；2011年4月和12月在美国休假共25天，甲于3月1日至3月21日和10月1日至10月11日分别到A居民企业的中国香港公司和日本公司提供技术支持。在以下两种情况，分析甲的纳税义务：（1）由美国总部支付的工薪，中国境内A企业不负担任何费用；（2）由美国总部支付的工薪，其报酬成本最终由中国A企业负担。

案例分析：

中国境内企业雇佣的个人，其"在中国境内实际工作期间"包括在中国境内工作期间所度过的法定公共假期、在中国境内或境外度过的年度休假或是培训的时间。因此 2010 年在中国实际工作时间是 335 天（310 + 25）。按照一年居住时间算，在一个年度内累积少于 90 天的离境忽略不计。因此 2011 年在日本和中国香港的 30 天时间忽略不计，即 2011 年整个年度都视为在中国居住。

第一种情况：由美国总部支付的工薪，中国 A 企业不负担任何费用。他在中国境内实际工作期间（335 天）内所获工薪所得向中国缴纳个人所得税。其临时离境期间在中国境外提供劳务而获得的收入无须向中国缴纳个人所得税。

第二种情况：由美国总部支付的工薪，其报酬成本最终由中国 A 居民企业负担。他应就其所得（来自中国境内实际工作期间及临时离境期间所获收入）向中国缴纳个人所得税。

【本章小结】

本章主要介绍了个人所得税的税收法律规定、个人所得税应纳税额的计算、个人所得税的纳税申报、个人所得税的筹划。

个人所得税是对个人（自然人）取得的各项应税所得征收的一种税。个人所得税的纳税人分为居民纳税人和非居民纳税人，其中居民纳税人负有无限纳税义务，非居民纳税人承担有限的纳税义务。个人所得税以纳税人取得的十一项应税所得为征税对象，对不同的所得项目，分别采用超额累进税率和比例税率计算征收。个人所得税以支付所得的单位和个人为扣缴义务人，实行自行申报纳税和代扣代缴相结合的纳税方式。

 【操作训练】

1. 范某是我国的农学专家，2011 年范某收入情况如下：

（1）其每月的工资收入为 6 000 元。

（2）向农科院提供了一项专有技术，一次取得专有技术使用费 50 000 元。

（3）范某出访美国期间，被邀请到某大学讲学，取得收入 2 000 美元（1 美元 = 8 元人民币），在美国该收入已纳个人所得税折合人民币 2 800 元。

（4）在出访法国期间，其专著被翻译成法文出版，获得版权收入 20 000 欧元（1 欧元 = 10 元人民币），在法国该项所得已纳个人所得税折合人民币 25 000 元。

要求：计算范某 2011 年应纳的个人所得税。

2. 居住于某市的中国公民吴先生是英达有限公司的总经理，2011 年收入情况如下：

（1）每月工资 8 800 元，公司每月发给伙食补贴 500 元，年终分得效益工资 100 000 元，年内收到单位分发的过节物资和其他实物性福利共计 20 000 元。

（2）转让手中股票取得收入 100 000 元。

（3）取得境外上市公司的股息收入 100 000 元，已在境外缴纳个人所得税30 000 元。

（4）转让居住 5 年的私有住房，取得收入 1 080 000 元，该房的购入原值为 480 000 元，发生合理费用 88 000 元。

（5）年初将自己拥有的一辆私家车出租，年租金 36 000 元，已按规定缴纳了营业税、城建税、教育费附加。

（6）取得保险赔款 30 000 元。

要求：

（1）正确计算该公民各项所得在我国应缴纳的个人所得税税额。

（2）指出各项所得的纳税申报方式，属于代扣代缴的请指出扣缴义务人。

（3）自行填报个人所得税纳税申报表，进行纳税申报。

3. 张强是一家从事餐饮业务的个体工商户，2011 年 12 月全月营业额为 120 000 元，当月原材料消耗为 40 000 元，电费、水费、房租、煤气费等共计 8 800 元，缴纳其他税费合计为 1 600 元，支付职工工资 35 000 元。月累计应纳税所得额为 385 000 元，1—11 月累计已预缴个人所得税 126 350 元，计算张强 12 月实际应交个人所得税。

4. 李小梅是全国著名的营销管理专家，最近她被某大型企业集团聘为常务副总裁，主管集团营销策划。该集团董事会允诺，扣除规定的社保费、住房公积金后，每年给她不少于 55 万元的年薪。同时，因为李小梅还担任集团下属子公司董事会的董事，每年可获得董事费收入 5 万元，这样，她每年的税前收入可达 60 万元。公司支付报酬的方式是否合理？请帮助她进行个人所得税的筹划。

5. 余丹在婚纱影楼做化妆师，由于该行业竞争比较激烈，每个月工资只有 2 800 元，余丹就利用业余时间为一家影视制作中心工作，每月可以获得劳务报酬 5 000 元。余丹获得两种收入，请你为她进行个人所得税的税收筹划。

6. 某个人独资企业 2012 年度实现内部生产经营所得 10 万元，另外，设备转让收益 3 万元（设备净值 100 万元，转让价 106 万元，转让过程中发生的费用 3 万元）。要求：为该公司进行税收筹划。

第九章
资源课税
ZIYUAN KESHUI

【本章学习目标】

知识目标：了解资源税的概念及特征，熟悉其纳税人、征税对象和计税依据。掌握资源税应纳税额的计算和征管。

能力目标：能够准确判断资源税的征税范围，确定其纳税人和计税依据，掌握应纳税额的计算，在此基础上进行纳税筹划。

 【导入案例】

某企业6月开采销售铅锌矿原矿4万吨，主要为三等级铅锌矿，含部分五等级铅锌矿，同时还销售伴采矿铟1 000吨。经核对，三等级原矿单位税额为3元/吨，五等级为2元/吨，由于铟在税目中未单列，比照五等级铅锌矿原矿的单位税额执行，该企业当月应纳多少资源税?

【关键词】

资源税　征税范围　应纳税额　纳税筹划

第一节
资源税

一、资源税概述

资源税是对在我国境内开采应税矿产品和生产盐的单位和个人，就其应税资源数量或销售额征收的一种税。

（一）资源税的特点

1. 征税范围较窄。自然资源是生产资料或生活资料的天然来源，它包括的范围很广，如矿产资源、土地资源、水资源、动植物资源等。目前我国的资源税征税范围较窄，仅选择了部分级差收入差异较大、资源较为普遍、易于征收管理的矿产品和盐列为征税范围。随着我国经济的快速发展，对自然资源的合理利用和有效保护将越来越重要，因此，资源税的征税范围应逐步扩大。中国资源税目前的征税范围包括矿产品和盐两大类。

2. 实行差别税额从量或从价征收。我国现行资源税实行从量定额或从价定率征收，对容易受市场因素影响导致价格起伏比较大的原油和天然气采取从价定率征收，有利于促进资源开采企业降低成本，提高经济效率。对其他矿产品和盐采取从量定额征收，税收收入不受产品价格、成本和利润变化的影响，能够稳定财政收入；同时，资源税按照"资源条件好、收入多的多征；资源条件差、收入少的少征"的原则，根据矿产资源等级分别确定不同的税额，以有效地调节资源级差收入。

3. 实行源泉课征。不论采掘或生产单位是否属于独立核算，资源税均规定在采掘或生产地源泉控制征收，这样既照顾了采掘地的利益，又避免了税款的流失。这与其他税种由独立核算的单位统一缴纳不同。

（二）资源税的作用

1. 调节资源级差收入，有利于企业在同一水平上竞争。

2. 加强资源管理，有利于促进企业合理开发、利用。

3. 与其他税种配合，有利于发挥税收杠杆的整体功能。

4. 以国家矿产资源的开采和利用为对象所课征的税。开征资源税，旨在使自然资源条件优越的级差收入归国家所有，排除因资源优劣造成企业利润分配上的不合理状况。

二、资源税纳税人

1. 纳税人：是指在中华人民共和国境内开采应税资源的矿产品或者生产盐的单位和个人。单位是指国有企业、集体企业、私营企业、股份制企业、其他企业和行政单位、事业单位、军事单位、社会团体及其他单位；个人是指个体经营者和其他个人；其他单位和其他个人包括外商投资企业、外国企业及外籍人员（国务院另有规定除外）。中外合作开采石油、天然气的，按照现行规定只征收矿区使用费，暂不征收资源税，因此中外合作开采石油、天然气的企业不是资源税的纳税义务人。

2. 扣缴义务人：为了加强资源税征收的管理，避免漏税，针对资源零星、分散、不定期开采的情况，资源税的暂行条例规定，收购未税矿产品的独立矿山、联合企业以及其他单位为资源税的扣缴义务人。独立矿山是指只有采矿或只有采矿和选矿，并独立核算、自负盈亏的单位，其生产的原矿和精矿主要用于对外销售。联合企业是指采矿、选矿、冶炼（或加工）连续生产的企业或者采矿、冶炼（或加工）连续生产的企业，其采矿单位，一般是该企业的二级企业或二级以下核算单位。其他单位也包括收购未税矿产品的个体户在内。

三、资源税税目与税率

（一）税目

1. 原油，是指开采的天然原油，不包括人造石油。

2. 天然气，是指专门开采的天然气和与原油同时开采的天然气，不包括煤矿生产的天然气。

3. 煤炭，是指原煤，不包括洗煤、选煤和其他煤制品。

4. 其他非金属矿原矿，是指原油、天然气、煤炭和井矿盐以外的非金属矿原矿。

5. 黑色金属矿原矿，是指纳税人开采后自用、销售的，用于直接入炉冶炼或作为主产品先入选精矿、制造人工矿，再最终入炉冶炼的黑色金属矿石原矿，包括铁矿石、锰矿石和铬矿石。

6. 有色金属矿原矿，包括铜矿石、铅锌矿石、铝土矿石、钨矿石、锡矿石、锑矿石、钼矿石、镍矿石、黄金矿石等。

7. 盐，有固体盐和液体盐两种。固体盐有海盐原盐、湖盐原盐和井矿盐；液体盐俗称卤水，是指氯化钠含量达到一定浓度的溶液，是用于生产碱和其他产品的原料。

（二）税率

税目		税率
1. 原油		销售额的5%～10%
2. 天然气		销售额的5%～10%
3. 煤炭	焦煤	8～20元/吨
	其他煤炭	0.3～5元/吨
4. 其他非金属矿原矿	普通非金属矿原矿	每吨或每立方米0.5～20元
	贵重非金属矿原矿	每千克或每克拉0.5～20元
5. 黑色金属矿原矿		2～30元/吨
6. 有色金属矿原矿	稀土矿	0.4～60元/吨
	其他有色金属矿原矿	0.4～30元/吨
7. 盐	固体盐	10～60元/吨
	液体盐	2～10元/吨

四、应纳税额的计算

（一）一般计税方法

目前，资源税的应纳税额，按从价定率或者从量定额的办法，具体计算方法：

1. 从价定率计税。

$$应纳税额 = 销售额 × 适应税率$$

销售额是指纳税人销售原油和天然气向购买方收取的全部价款和价外费用，但是不包括收取的增值税销项税额。

纳税人销售原油和天然气，价格明显偏低且没有正当理由，或者视同销售没有销售额的，由税务机关按下列顺序确定销售额：①按纳税人当月同类原油和天然气的平均销

售价格确定；②按纳税人最近时期同类原油和天然气的平均销售价格确定；③按组成计税价格确定。组成计税价格的公式为

$$组成计税价格 = 成本 × （1 + 成本利润率）$$

$$应纳税额 = 组成计税价格 × 适应税率$$

2. 从量定额计税。

$$应纳税额 = 课税数量 × 单位税额$$

纳税人开采或者生产应税产品销售的，以销售数量为课税数量；纳税人开采或者生产应税产品自用的，以自用数量为课税数量。

（二）应纳税额的计算的特殊规定

《中华人民共和国资源税暂行条例实施细则》规定：纳税人不能准确提供应税产品销售数量或移送使用数量的，以应税产品的产量或主管税务机关确定的折算比换算成的数量为课税数量。自产自用产品的课税数量资源税纳税人自产自用应税产品，因无法准确提供移送使用量而采取折算比换算课税数量办法的，具体规定如下：

1. 煤炭，对于连续加工前无法正确计算原煤移送使用量的，可按加工产品的综合回收率，将加工产品实际销量和自用量折算成原煤数量作为课税数量。

2. 金属和非金属矿产品原矿，因无法准确掌握纳税人移送使用原矿数量的，可将其精矿按选矿比折算成原矿数量作为课税数量。

【案例1】 某煤矿企业用自产原煤加工并销售洗煤7.2万吨，洗煤的实际综合回收率为80%，当地税务机关规定的综合回收率为90%。核定该企业的原煤单位税额为4元/吨。计算该企业应纳多少资源税？

案例分析：

1. 按实际综合回收率80%换算原煤计税：

$$应纳资源税 = 72\,000 ÷ 80\% × 4 = 360\,000（元）$$

2. 若该企业无法准确计算原煤移送使用量，则按税务机关确定的综合回收率90%换算为原煤计税：

$$应纳资源税 = 72\,000 ÷ 90\% × 4 = 320\,000（元）$$

五、资源税征收管理

（一）纳税义务发生时间

1. 纳税人销售应税产品，其纳税义务发生时间为：①纳税人采取分期收款结算方式的，其纳税义务发生时间，为销售合同规定的收款日期当天。②纳税人采取预收货款结算方式的，其纳税义务发生的时间，为发出应税产品的当天。③纳税人采取其他结算方式的，其纳税义务发生时间，为收讫销售款或者取得索取销售款凭据的当天。

2. 纳税人自产自用应税产品的纳税义务发生时间，为移送使用应税产品的当天。

3. 扣缴义务人代扣代缴税款的纳税义务发生时间，为支付首笔货款或者开具应支付货款凭据的当天。

（二）纳税地点

1. 凡是缴纳资源税的纳税人，都应当向应税产品的开采或者生产所在地主管税务机关缴纳税款。

2. 如果纳税人在本省、自治区、直辖市范围内开采或者生产应税产品，其纳税地点需要调整的，由所在地省、自治区、直辖市税务机关决定。

3. 如果纳税人应纳的资源税属于跨省开采，其下属生产单位与核算单位不在同一省、自治区、直辖市的，对其开采的矿产品一律在开采地纳税，其应纳税款由独立核算、自负盈亏的单位，按照开采地的实际销售量（或者自用量）及适用的单位税额计算划拨。

4. 扣缴义务人代扣代缴的资源税，也应当向收购地主管税务机关缴纳。

（三）纳税申报期限

资源税的纳税期限为 1 日、3 日、5 日、10 日、15 日或者 1 个月，纳税人的纳税期限由主管税务机关根据实际情况具体核定。不能按固定期限计算纳税的，可以按次纳税。

纳税人以 1 个月为一期纳税的，自期满之日起 10 日内申报纳税；以 1 日、3 日、5 日、10 日、15 日为一期纳税的，自期满之日起 5 日内预缴税款，于次月 1 日起 10 日内申报纳税并结清上月税款。

六、资源税税收筹划

（一）税收优惠的筹划

有下列情形之一的，减征或者免征资源税：

1. 开采原油过程中用于加热、修井的原油，免税。

2. 纳税人开采或者生产应税产品过程中，因意外事故或者自然灾害等原因遭受重大损失的，由省、自治区、直辖市人民政府酌情决定减税或者免税。

3. 对地面抽采煤层气暂不征收资源税。

4. 国务院规定的其他减税、免税项目。

纳税人的减税、免税项目，应当单独核算销售额或者销售数量；未单独核算或者不能准确提供销售额或者销售数量的，不予减税或者免税。

【案例 2】某铁矿企业销售铁矿石原矿 3.6 万吨。在开采铁矿石过程中，伴采的锡矿石原矿 8 000 吨，锰矿石 1.2 万吨，该铁矿属于入选地下矿（重点矿山），资源等级三等，规定铁矿石原矿适用的单位税额为每吨 15 元，锡矿石、锰矿石原矿单位税额分别为每吨 4 元和每吨 2 元。该企业应纳资源税为多少元？

案例分析：

纳税人开采或者生产不同税目应税产品的，应当分别核算不同税目应税产品的销售额或者销售数量；未分别核算或者不能准确提供不同税目应税产品的销售额或者销售数量的，从高适用税率。

> 方案一：如果该矿山混合计算销售数量，则
>
> 　　应纳资源税 = （36 000 + 8 000 + 12 000） × 15 = 840 000（元）
>
> 方案二：如果该矿山分别核算销售数量，则
>
> 　　　　铁矿石应纳资源税 = 36 000 × 15 = 540 000（元）
>
> 锡矿石应纳资源税 = 8 000 × 4 = 32 000（元）
>
> 锰矿石应纳资源税 = 12 000 × 2 = 24 000（元）
>
> 合计资源税 = 540 000 + 32 000 + 24 000 = 596 000（元）
>
> 该矿山利用税收优惠，减轻了税负 568 000 元（840 000 - 272 000）。

（二）利用折算比的筹划

> **【案例3】** 某铜矿 12 月销售铜矿时原矿 30 000 吨，移送入选精矿 4 000 吨，实际选矿比为 20%，该矿山铜矿属于 5 等，按规定适用 1.2 元/吨单位税额，对有色金属矿按规定税额的 70% 征收，假定税务机关确定的选矿比为 30%。该矿山移送精矿应纳税额怎样计算较好？
>
> **案例分析：**
>
> 方案一：按实际选矿比计算：
>
> 应纳资源税 = 入选精矿 ÷ 选矿比 × 单位税额
>
> 　　　　　 = 4 000 吨 ÷ 20% × 1.2 元/吨 = 24 000（元）
>
> 方案二：按税务机关确定的选矿比计算：
>
> 应纳资源税 = 4 000 ÷ 30% × 1.2 元/吨 = 16 000（元）
>
> 由此可见，两种方法应纳税额相差：24 000 - 16 000 = 8 000（元）
>
> 选择税务机关确定的选矿比计税比较好。

第二节
土地增值税

一、土地增值税概述

土地增值税是指转让国有土地使用权、地上的建筑物及其附着物并取得收入的单位和个人，以转让所取得的收入包括货币收入、实物收入和其他收入为计税依据向国家缴纳的一种税负，不包括以继承、赠与方式无偿转让房地产的行为。纳税人为转让国有土地使用权及地上建筑物和其他附着物产权，并取得收入的单位和个人。课税对象是指有

偿转让国有土地使用权及地上建筑物和其他附着物产权所取得的增值额。土地价格增值额是指转让房地产取得的收入减除规定的房地产开发成本、费用等支出后的余额。土地增值税实行四级超额累进税率。

与其他税种相比，土地增值税具有以下四个特点：

1. 以转让房地产的增值额为计税依据。土地增值税的增值额是以征税对象的全部销售收入额扣除与其相关的成本、费用、税金及其他项目金额后的余额，与增值税的增值额有所不同。

2. 征税面比较广。凡在我国境内转让房地产并取得收入的单位和个人，除税法规定免税的外，均应依照土地增值税条例规定缴纳土地增值税。换言之，凡发生应税行为的单位和个人，不论其经济性质，也不分内、外资企业或中、外籍人员，无论专营或兼营房地产业务，均有缴纳增值税的义务。

3. 实行超率累进税率。土地增值税的税率是以转让房地产增值率的高低位依据来确认，按照累进原则设计，实行分级计税，增值率高的，税率高，多纳税；增值率低的，税率低，少纳税。

4. 实行按次征收。土地增值税在房地产发生转让的环节，实行按次征收，每发生一次转让行为，就应根据每次取得的增值额征一次税。

土地增值税的开征，具有极其重要的作用：有利于增强国家对房地产开发商和房地产交易市场的调控；有利于国家抑制炒买炒卖土地获取暴利的行为；有利于增加国家财政收入为经济建设积累资金。

二、土地增值税征税范围、纳税人、税率

（一）征税范围

1. 一般规定。土地增值税的征收范围包括：①转让国有土地使用权。国有土地是指国家法律规定属于国家所有的土地。②地上的建筑物及其附着物连同国有土地使用权一并转让。地上的建筑物是指建于土地上的一切建筑物，包括地上地下的各种附属设施。附着物是指附着于土地上的不能移动或一经移动即遭损坏的物品。③土地增值税只对有偿转让的房产征税，对以继承赠与方式转让房地产的，因其只发生房地产产权的转让，没有取得相应的收入，属于无偿转让房地产的行为，所以不能将其纳入土地增值税的征税范围。当然，对于以赠与之名，行出售或交换之实的行为，不能作为赠与对待，应征收土地增值税。

2. 征税范围的若干具体规定。

经济行为	征免范围的确认
1. 以出售方式转让国有土地使用权、地上的建筑物及附着物	（1）出售国有土地使用权的。"将生地变熟地"，然后直接将空地出售出去。这属于国有土地使用权的有偿转让，应纳入土地增值税的征税范围 （2）取得国有土地使用权后进行房屋开发建造然后出售的，应纳入土地增值税的征税范围 （3）存量房地产的买卖，应纳入土地增值税的征税范围

续表

经济行为	征免范围的确认
2. 以继承、赠与方式转让房地产	（1）房地产的继承。房地产的继承不属于土地增值税的征税范围 （2）房地产的赠与。房地产的赠与不属于土地增值税的征税范围
3. 房地产的出租	由于产权不变更，不属于土地增值税的征税范围
4. 房地产的抵押	对房地产的抵押，在抵押期间不征收土地增值税
5. 房地产的交换	对个人之间互换自有居住用房地产的，经当地税务机关核定，可以免征土地增值税
6. 以房地产进行投资、联营	将房地产转让到所投资、联营的企业中时，暂免征收土地增值税。对投资、联营企业将上述房地产再转让的，应征收土地增值税
7. 合作建房	对于一方出地，一方出资金，双方合作建房，建成后按比例分房自用的，暂免征收土地增值税；建成后转让的，应征收土地增值税
8. 企业兼并转让房地产	暂免征收土地增值税
9. 房地产的代建房行为	虽有收入取得，但是没有发生房地产权属的转移，不属于土地增值税的征税范围
10. 房地产的重新评估	不发生房地产权属的转移，房产产权、土地使用人也未取得收入，不属于土地增值税的征税范围

是否缴纳土地增值税，有如下三个确定标准。

（1）确定国有土地使用权及其地上建筑物和附着物的标准。只对转让国有土地使用权及其地上建筑物和附着物的行为征收土地增值税，而对于转让非国有土地使用权的行为不征税。转让的土地，其所有权是否为国家所有，是判定是否属于土地增值税征税范围的第一个标准。

（2）确定国有土地使用权及其地上建筑物和附着物转让的标准。只有国有土地使用权及其地上建筑物和附着物发生转让行为，才征收土地增值税，对不发生转让行为的不征收土地增值税。这里，土地使用权、地上的建筑物及其附着物是否发生转让是判定是否属于土地增值税征税范围的第二个标准。

（3）房地产转让收入的确定。是否取得收入，是判定是否属于土地增值税征税范围的第三个标准。

需要强调的是，无论是单独转让国有土地使用权，还是房屋产权与国有土地使用权一并转让的，只要取得收入，均属于土地增值税的征税范围。

（二）纳税人

土地增值税的纳税义务人是转让国有土地使用权、地上一切建筑物及其附着物产权并取得收入的单位和个人。单位包括各类企业、事业单位、国家机关和社会团体及其组织，个人包括个体经营者，纳税义务人均包含外国企业和外籍人员。

（三）税率（附税率表）

土地增值税以纳税人转让房地产所取得的增值额为计税依据，即转让收入减去准予扣除项目金额后的金额。土地增值税实行四级超率累进税率。按照增值额与扣除项目金额的比率从低到高划分为四个级次，税率如下表所示。

级数	增值额与扣除项目金额的比率	税率（%）	速算扣除系数（%）
1	不超过50%的部分	30	0
2	超过50%至100%的部分	40	5
3	超过100%至200%的部分	50	15
4	超过200%的部分	60	35

注：上述所列四级超率累进税率，每级"增值额未超过扣除项目金额的比率"，均包括本比率数。

三、应税收入和扣除项目的确定

（一）应税收入的确定

应税收入是纳税人转让房地产取得的全部价款和相关经济利益，包括货币收入、实物收入和其他收入。

1. 货币收入。货币收入是指纳税人转让房地产而取得的现金、银行存款、支票、银行本票、汇票等各种信用票据和国库券、金融债券、企业债券、股票等有价证券。

2. 实物收入。实物收入是指纳税人转让房地产而取得的各种实物形态的收入，如存货、房屋、土地等。

3. 其他收入。其他收入是指纳税人转让房地产而取得的无形资产收入或具有财产价值的权利，如专利权、商标权、著作权、专有技术使用权、土地使用权、商誉权等。这种类型的收入比较少见，其价值需要进行专门的评估。

（二）扣除项目的确定

房地产企业销售新房，可以扣除的项目：

1. 取得土地使用权所支付的金额。纳税人为取得土地使用权所支付的地价款或出让金，以及按国家统一规定缴纳的有关费用。

2. 房地产开发成本。房地产开发成本是指纳税人房地产开发项目实际发生的成本，包括土地的征用及拆迁补偿费、前期工程费、建筑安装工程费、基础设施费、公共配套设施费、开发间接费用等。

3. 房地产开发费用。房地产开发费用是指与房地产开发项目有关的销售费用、管理费用和财务费用。财务费用中的利息支出，凡能够按转让房地产项目计算分摊并提供金融机构证明的，允许据实扣除，但最高不能超过按商业银行同类同期贷款利率计算的金额，其他房地产开发费用，按地价和开发成本计算的金额之和的5%以内计算扣除。

凡不能按转让房地产项目计算分摊利息支出或不能提供金融机构证明的，房地产开发费用按地价和开发成本金额之和的10%以内计算扣除。

上述计算扣除的具体比例，由各省、自治区、直辖市人民政府法规规定。

根据上述规定，房地产开发费用为计算扣除，与实际发生额无关。

4. 与转让房地产有关的税金。与转让房地产有关的税金是指在转让房地产时缴纳的营业税、城市维护建设税、印花税。因转让房地产缴纳的教育费附加，也可视同税金予以扣除。

5. 其他扣除项目。根据现行规定，对从事房地产开发的企业，可按上述第1、第2项金额之和，加计20%的扣除。这样做的目的主要为了抑制炒买炒卖房地产的投机行为，保护正常开放投资者的积极性。

销售存量房可以扣除的项目有：存量房地产是指纳税人通过购买或自建方式取得，并已办理了房地产权属登记手续的房地产。纳税人转让存量房地产，应如实申报房地产成交价格；对于申报的成交价格明显偏低又无正当理由的，主管地方税务机关依法进行调整，确定计税价格。纳税人转让存量房地产，应依照不同情况，确定土地增值税的扣除项目金额：（1）采用重置成本评估方式的，纳税人须提供房地产评估机构出具的重置成本评估报告，且须经主管地方税务机关确认，方可按评估的重置成本价乘以成新度折扣率后的价格确认扣除项目金额；（2）纳税人转让存量房地产，凡不能取得评估价格，但能提供购房发票的，经主管地方税务机关确认，《中华人民共和国土地增值税暂行条例》第六条第（一）、（三）项规定的扣除项目的金额，可按发票所载金额并从购买年度起至转让年度止每年加计5%计算扣除项目。"每年"按购房发票所载日期起至售房发票开具之日止，每满12个月计一年；超过一年，未满12个月但超过6个月的，可以视同为一年。对纳税人购买房地产时缴纳的契税，凡能提供契税完税凭证的，准予作为"与转让房地产有关的税金"予以扣除；但不作为加计5%的基数。

纳税人转让存量房地产，应依据现行税收政策据实清算。对既不能提供重置成本评估报告，又不能提供购房发票的，主管税务机关应依法核定征收土地增值税。计算方式为计税价格乘以核定征收率。

四、应纳税额的计算

（一）增值额的确定

转让房地产所取得的收入额减按规定计算的扣除项目金额后的余额，即为计算土地增值税的增值额。

（二）应纳税额的计算方法

土地增值税采用超率累进税率，只有在计算增值率后，才能确定具体适用税率。其计算公式如下：

$$增值额 = 收入额 - 扣除项目金额$$
$$增值率 = 增值额 \div 扣除项目金额 \times 100\%$$
$$应纳税额 = 土地增值额 \times 适用税率 - 扣除项目金额 \times 速算扣除系数$$

【案例4】 某房地产公司开发100栋花园别墅，其中80栋出售，10栋出租，10栋待售。每栋地价14.8万元，登记、过户手续费0.2万元，开发成本包括土地征用及拆迁补偿费、前期工程费、建筑安装工程费等合计50万元，贷款支付利息0.5万元（能提供银行证明）。每栋售价180万元，营业税税率5%，城建税税率5%，教育费附加征收率3%。问该公司应缴纳多少土地增值税？

案例分析：

先确定转让收入，然后计算各个扣除项目金额，用转让收入减去扣除项目金额得到增值额，用增值额除以扣除项目金额得到相对率，然后确定相应的税率和速算扣除率，再用计税公式就可以将土地增值税计算出来。

转让收入：$180 \times 80 = 14\ 400$（万元）

取得土地使用权所支付的金额与房地产开发成本合计：

$(14.8 + 0.2 + 50) \times 80 = 5\ 200$（万元）

房地产开发费用扣除：

$0.5 \times 80 + 5\ 200 \times 5\% = 300$（万元）

转让税金支出：

$14\ 400 \times 5\% \times (1 + 5\% + 3\%) = 777.6$（万元）

加计扣除金额：

$5\ 200 \times 20\% = 1\ 040$（万元）

房地产公司扣除项目合计：

$5\ 200 + 300 + 777.6 + 1\ 040 = 7\ 317.6$（万元）

增值额 $= 14\ 400 - 7\ 317.6 = 7\ 082.4$（万元）

增值额与扣除项目金额比率 $= 7\ 082.4 \div 7\ 317.6 \times 100\% = 96.79\%$

应纳增值税税额 $= 7\ 082.4 \times 40\% - 7\ 317.6 \times 5\% = 2\ 467.08$（万元）

五、土地增值税的缴纳与征收

（一）申报纳税程序

土地增值税的纳税人应在转让房地产合同签订后的 7 日内，到房地产所在地主管税务机关办理纳税申报，并向税务机关提交房屋及建筑物产权、土地使用权证书，土地转让、房地产买卖合同，房地产评估报告及其他与转让房地产有关的资料。纳税人因经常发生房地产转让而难以在每次转让后申报的，经税务机关审核同意后，可以定期进行纳税申报，具体期限由税务机关根据情况确定。另外，根据有关规定，对于纳税人预售房地产所取得的收入，凡当地税务机关规定预征土地增值税的，纳税人应当到主管税务机关办理纳税申报，并按规定比例预交，待办理决算后，多退少补；凡当地税务机关规定不预交土地增值税的，也应在取得收入时先到税务机关登记或备案。

在实际工作中，土地增值税的纳税人主要分为两大类，一类是从事房地产开发（包括专营和兼营）的纳税人，也就是通常所说的房地产开发公司；另一类是其他的纳税人。这两类纳税人办理纳税申报的内容和方法不尽相同。

申报纳税并按下列程序办理纳税申报手续：

1. 单位和个人转让存量房地产的纳税申报。

国内单位和个人转让存量房地产的，应在办理存量房地产交易立契手续时，到房地产坐落地房地产管理部门办理纳税申报手续。

外国驻华机构，外国公民，华侨以及港澳台同胞转让存量房地产的，应在办理存量房地产交易立契手续时，到地方税务局办理纳税申报手续。

办理申报时需携带的资料：房地产买卖合同、委托书、公证书；房屋所有权证；土地使用权证；房地产价格评估报告；有关税费缴纳凭证（包括营业税、城建税、教育费附加、印花税、交易手续费、评估费等）。

2. 房地产开发公司的纳税申报。对从事房地产开发业务的土地增值税纳税人应在取得销售（预售）许可证起每季度终了后15日内到开发企业核算地地方税务局办理纳税申报手续（含零申报）。

纳税人销售普通住宅，经主管税务机关审核符合普通标准住宅标准，并已由税务机关核准的开发项目，应于年度终了后15日内，到核算地税务机关办理申报手续。

房地产开发企业办理土地增值税纳税申报手续时，应向税务机关提供的资料主要有：当期财务会计报表（包括损益表、主要开发产品（工程）销售明细表、在建开发项目成本表、已完工开发项目成本表等）；银行贷款利息结算通知单；转让房地产有关资料（商品房购销合同副本、项目工程合同结算单等）；有关的完税凭证（包括营业税、城建税、教育费附加等）；开发建造普通标准住宅的房地产开发企业还需携带经审核的"普通标准住宅审核表"；房地产开发合同（合建协议书）。

（二）纳税时间和缴纳方法

土地增值税按照转让房地产所取得的实际收益计算征收，由于计税时要涉及房地产开发的成本和费用，有时还要进行房地产评估等，因此，其纳税时间就不可能像其他税种那样作出统一规定，而是要根据房地产转让的不同情况，由主管税务机关具体确定。主要有三种情况：

1. 以一次交割、付清价款方式转让房地产的。对于这种情况，主管税务机关可在纳税人办理纳税申报后，根据其应纳税额的大小及向有关部门办理过户、登记手续的期限等，规定其在办理过户、登记手续前数日内一次性缴纳全部土地增值税。

2. 以分期收款方式转让房地产的。对于这种情况，主管税务机关可根据合同规定的收款日期来确定具体的纳税期限。即先计算出应缴纳的全部土地增值税税额，再按总税额除以转让房地产的总收入，求得应纳税额占总收入的比例。然后，在每次收到价款时，按收到价款的数额乘以这个比例来确定每次应纳的税额，并规定其应在每次收款后数日内缴纳土地增值税。

3. 项目全部竣工结算前转让房地产的。纳税人在项目全部竣工结算前转让房地产取得的收入，由于涉及成本确定或其他原因，无法据实计算土地增值税的，可以预征土地增值税，待该项目全部竣工、办理结算后再进行清算，多退少补。主要涉及两种情况：

（1）纳税人进行小区开发建设的，其中一部分房地产项目因先行开发并已转让出去，但小区内的部分配套设施往往在转让后才建成。在这种情况下，税务机关可以对先行转让的项目，在取得收入时预征土地增值税。

（2）纳税人以预售方式转让房地产的，对在办理结算和转交手续前就取得的收入，税务机关也可以预征土地增值税。具体办法由省级地方税务局根据当地情况制定。

根据税法规定，凡采用预征方法征收土地增值税的，在该项目全部竣工办理结算时，都需要对土地增值税进行清算，根据应征税额和已征税额进行清算，多退少补。

（三）纳税地点

土地增值税的纳税人应向房地产所在地主管税务机关办理纳税申报，并在税务机关核定的期限内缴纳土地增值税。

房地产所在地是指房地产的坐落地。纳税人转让的房地产坐落在两个或两个以上地区的，应按房地产所在地分别申报纳税。

在实际工作中，纳税地点的确定又可分为以下两种情况：

（1）纳税人是法人的。当转让房地产坐落地与其机构所在地或经营所在地一致时，则在办理税务登记的原管辖税务机关申报纳税即可；如果转让的房地产坐落地与其机构所在地或经营所在地不一致时，则应在房地产坐落地所管辖的税务机关申报纳税。

（2）纳税人是自然人的。当转让的房地产坐落地与其居住所在地一致时，则在住所所在地税务机关申报纳税；当转让的房地产坐落地与其居住所在地不一致时，在办理过户手续所在地的税务机关申报纳税。

附：土地增值税纳税申报表

土地增值税纳税申报表（一）

（从事房地产开发的纳税人适用）

税款所属时间：　　年　月　日　　　　　　　　　填表日期：　　年　月　日

纳税人编码：　　　　　　　　　　　　金额单位：人民币元　面积单位：平方米

纳税人名称		项目名称		项目地址		
业　　别		经济性质		纳税人地址		邮政编码	
开户银行		银行账号		主管部门		电　话	

项　　目	行次	金　额
1. 转让房地产收入总额　1 = 2 + 3	1	
其中　货币收入	2	
实物收入及其他收入	3	
2. 扣除项目金额合计　4 = 5 + 6 + 13 + 16 + 20	4	
（1）取得土地使用权所支付的金额	5	
（2）房地产开发成本　6 = 7 + 8 + 9 + 10 + 11 + 12	6	
其中　土地征用及拆迁补偿费	7	
前期工程费	8	
建筑安装工程费	9	
基础设施费	10	
公共配套设施费	11	
开发间接费用	12	
（3）房地产开发费用　13 = 14 + 15	13	

续表

项　　　目		行次	金　额
其中	利息支出	14	
	其他房地产开发费用	15	
（4）与转让房地产有关的税金等　16＝17＋18＋19		16	
其中	营业税	17	
	城市维护建设税	18	
	教育费附加	19	
（5）财政部规定的其他扣除项目		20	
3．增值额 21＝1－4		21	
4．增值额与扣除项目金额之比（％）22＝21÷4		22	
5．适用税率（％）		23	
6．速算扣除系数（％）		24	
7．应缴土地增值税税额　25＝21×23－4×24		25	
8．已缴土地增值税税额		26	
9．应补（退）土地增值税税额　27＝25－26		27	

授权代理人	（如果你已委托代理申报人，请填写下列资料） 为代理一切税务事宜，现授权_____（地址）_____为本纳税人的代理申报人，任何与本报表有关的来往文件都可寄与此人。 授权人签字：_____	声明	我声明：此纳税申报表是根据《中华人民共和国土地增值税暂行条例》及其《实施细则》的规定填报的。我确信它是真实的、可靠的、完整的。 声明人签字：_____
纳税人 签　章		法人代表 签　　章		经办人员 （代理申报 人）签章		备注

（以下部分由主管税务机关负责填写）

主管税务机 关收到日期		接收人		审核日期		税务审核 人员签章	
审核记录						主管税务 机关盖章	

土地增值税纳税申报表（二）
（非从事房地产开发的纳税人适用）

税款所属时间： 年 月 日 　　　　　　　　填表日期： 年 月 日

纳税人编码： 　　　　　　　　　金额单位：人民币元　面积单位：平方米

纳税人名称		项目名称		项目地址	
业　别		经济性质		纳税人地址		邮政编码	
开户银行		银行账号		主管部门		电　话	

项　　　　目	行次	金　额
1. 转让房地产收入总额　1 = 2 + 3	1	
其中　货币收入	2	
实物收入及其他收入	3	
2. 扣除项目金额合计　4 = 5 + 6 + 9	4	
（1）取得土地使用权所支付的金额	5	
（2）旧房及建筑物的评估价格　6 = 7 × 8	6	
其中　旧房及建筑物的重置成本价	7	
成新度折扣率	8	
3. 与转让房地产有关的税金等　9 = 10 + 11 + 12 + 13	9	
其中　营业税	10	
城市维护建设税	11	
印花税	12	
教育费附加	13	
4. 增值额　14 = 1 − 4	14	
5. 增值额与扣除项目金额之比（%）　15 = 14 ÷ 4	15	
6. 适用税率（%）	16	
7. 速算扣除系数（%）	17	
8. 应缴土地增值税税额　18 = 14 × 16 − 4 × 17	18	

授权代理人	（如果你已委托代理申报人，请填写下列资料） 为代理一切税务事宜，现授权_____（地址）_____为本纳税人的代理申报人，任何与本报表有关的来往文件都可寄与此人。 授权人签字：_____	声明	我声明：此纳税申报表是根据《中华人民共和国土地增值税暂行条例》及其《实施细则》的规定填报的。我确信它是真实的、可靠的、完整的。 声明人签字：_____	
纳税人 签章		法人代表 签　章		经办人员 （代理申报人）签章		备注	

（以下部分由主管税务机关负责填写）

主管税务机 关收到日期		接收人		审核日期		税务审核 人员签章	
审核记录						主管税务 机关盖章	

六、土地增值税的税收筹划

（一）利用税收优惠的筹划

土地增值税的减免。

（1）纳税人建造普通标准住宅出售，增值额未超过扣除项目金额20%的。

（2）因国家建设需要依法征用、收回的房地产。

（3）个人因工作调动或改善居住条件而转让原自用住房，经向税务机关申报核准，凡居住满5年或5年以上的，免予征收土地增值税；居住满3年未满5年的，减半征收土地增值税；居住未满3年，按规定计征土地增值税。对个人销售住房暂免征收土地增值税。（本通知自2008年11月1日起实施）

（4）企事业单位、社会团体以及其他组织转让旧房作为廉租住房、经济适用住房房源且增值额未超过扣除项目金额20%的，免征土地增值税。

【案例5】 某房地产开发企业，2008年商品房销售收入为1.5亿元，其中普通住宅的销售额为1亿元，豪华住宅的销售额为5 000万元。税法规定的可扣除项目金额为1.1亿元，其中普通住宅的可扣除项目金额为8 000万元，豪华住宅的可扣除项目金额为3 000万元。

案例分析：

根据土地增值税的计算公式：

增值率＝增值额÷扣除项目金额×100%＝

（收入额－扣除项目金额）÷扣除项目金额×100%

应纳税额＝增值额×适用税率－扣除项目金额×速算扣除系数

方案一：普通住宅和豪华住宅不分开核算。

增值率＝（15 000－11 000）÷11 000×100%＝36%

应纳税额＝（15 000－11 000）×30%＝1 200（万元）

方案二：普通住宅和豪华住宅分开核算，但没有控制好增值率，使其超过了20%，则：

普通住宅：增值率＝（10 000－8 000）÷8 000×100%＝25%

应纳税额＝（10 000－8 000）×30%＝600（万元）

豪华住宅：增值率＝（5 000－3 000）÷3 000×100%＝67%

应纳税额＝（5 000－3 000）×40%－3 000×5%＝650（万元）

两者合计为1 250万元，此时分开核算比不分开核算多支出税金50万元。这是因为普通住宅的增值率为25%，超过了20%，还得缴纳土地增值税。但如果能使普通住宅的增值率控制在20%以内，则可大大减轻税负。控制普通住宅增值率的方法是降低房屋销售价格，销售收入减少了，而可扣除项目金额不变，增值率自然会降低。当然，这会带来另一种后果，即导致销售收入减少，此时是否可取，就得比较减少的销售收入和控制增值率减少的税金支出的大小，从而作出选择。

假定上例中普通住宅的可扣除项目金额不变，仍为 8 000 万元，要使增值率为 20%，则销售收入从（a − 8 000）÷ 8 000 × 100% = 20% 中可求出，a = 9 600 万元。此时该企业共应缴纳的土地增值税为 650 万元，节省税金 600 万元，考虑减少的 400 万元收入后仍可节省 200 万元税金。

假定上例中其他条件不变，只是普通住宅的可扣除项目金额发生变化，使普通住宅的增值率限制在 20%，那么可扣除项目金额从（10 000 − b）÷ b × 100% = 20% 中可计算出，b = 8 333 万元。此时，该企业仅豪华住宅缴纳 650 万元土地增值税，可扣除项目金额比原可扣除项目金额多支出 333 万元，税额却比不分开核算少缴纳 550 万元，比分开核算少缴纳 600 万元。净收益分别增加 217 万元（550 − 333）和 267 万元（600 − 333）。增加可扣除项目金额的途径很多，但是在增加房地产开发费用时，应注意税法规定的比例限制。税法规定，开发费用的扣除比例不得超过取得土地使用权支付的金额和房地产开发成本金额总和的 10%，而各省市在 10% 之内确定了不同的比例，纳税人需注意。

（二）利用调节增值额方式进行的筹划

土地增值税计算中增值率的高低决定了适用税率的高低。增值率取决于房地产开发收入和扣除项目金额。降低增值率的方法有两种：一是合理定价，通过适当降低价格可以减少增值额，降低土地增值税的适用税率，从而减轻税负。但是，价格的降低会减少企业的收益。二是增加扣除额。纳税人应当通过事先测算，制定最佳销售价格，达到降低税负、综合经济效益最佳的目的。

【案例 6】某房地产公司开发一栋普通标准住宅，房屋售价为 1 000 万元，按照税法规定可扣除费用为 800 万元。

纳税分析：

增值额为 200 万元，增值率为：200/800 × 100% = 25%，该房地产公司需要缴纳土地增值税：200 × 30% = 60（万元），营业税：1 000 × 5% = 50（万元）；城市维护建设税和教育费附加：50 × 10% = 5（万元）。不考虑企业所得税，该房地产公司的利润为：1 000 − 800 − 60 − 50 − 5 = 85（万元）。

纳税筹划：

如果该房地产公司将该房屋进行简单装修，费用为 200 万元，房屋售价增加至 1 200 万元。则按照税法规定可扣除项目增加为 1 000 万元，增值额为 200 万元，增值率为：200/1 000 × 100% = 20%。不需要缴纳土地增值税。该房地产公司需要缴纳营业税：1 200 × 5% = 60（万元）；城市维护建设税和教育费附加：60 × 10% = 6（万元）。

如不考虑企业所得税，则该房地产公司的利润为：1 200 − 1 000 − 60 − 6 = 134（万元），比筹划前增加利润 49 万元（134 − 85）。

（三）税率的税收筹划

土地增值税实行的是四级超率累进税率，增值额占扣除项目金额在50%以下适用税率最低为30%，而增值额占扣除项目金额比例超过200%时，适用税率高达60%，因此应尽量将高税率通过降低增值率的办法来适用低税率，从而达到节税的目的。

【案例7】某房地产企业开发了某花园小区项目，小区可售建筑面积为1万平方米，扣除项目中总建筑成本费用1 200万元。2008年12月小区房屋销售比例达到90%，开发商共取得房屋销售收入1 350万元，税务机关要求其进行土地增值税清算。企业在清算时，确定了该项目的单位建筑成本费用为1 200元/平方米，缴纳土地增值税217.11万元。2009年该项目又销售了门面房500平方米，取得销售收入500万元，税务机关要求其再次清算土地增值税。

案例分析：

方法一，确定500万元是售房所取得的全部收入，按照税法规定允许从售房收入总额中减去扣除项目金额，确定土地增值额和增值率，以此来计算土地增值税。

售房取得收入500万元减去允许扣除的开发成本及费用60万元，再减去营业税金及附加27.5万元，增值额为412.5万元。

根据增值额与扣除项目的比值为增值率的公式，求得增值率为472%。根据超过扣除项目金额200%的部分适用税率为60%的规定，按速算扣除系数35%计算，该房地产企业应缴纳土地增值税216.87万元。

用方法一计算的理由是，土地增值税首次进行清算之后，再销售是一个独立的销售行为，是建立在首次清算确认过单位建筑成本费用的基础之上。因此，土地的增值额、增值率很容易计算出来，适用税率也容易确定，套用公式计算即可，便于税务人员的税收管理征管。

方法二，2009年取得的500万元售房收入，增值额计算方法同方法一，都是412.5万元，但增值率的确定就不一样了。根据配比原则计算相应的扣除项目，确定增值率，以此来计算土地增值税。

确定增值率的计算过程为：售房的全部收入＝首次清算收入1 350万元＋再销售500万元＝1 850万元，开发成本及费用扣除金额＝首次清算扣除金额1 167.2万元＋再销售扣除金额87.5万元＝1 254.7万元，增值额＝1 850万元－1 254.7万元＝595.3万元，增值率为48%。

由于增值率是48%，未超过50%，对应的适用税率为30%，速算扣除系数为0，应缴纳土地增值税123.75万元。

用方法二计算的理由是，在国家税收政策没有改变的情况下，对于同一个房地产开发项目的应纳土地增值税是一个确定值，不可能随着销售的时点不同而改变，不管过程如何变化，但最终土地增值税适用税率肯定是一个定值。

第三节
城镇土地使用税

一、城镇土地使用税纳税人、征税范围和适用税额

（一）纳税人

在城市、县城、建制镇、工矿区范围内使用土地的单位和个人，为城镇土地使用税的纳税人。单位包括国有企业、集体企业、私营企业、股份制企业、外商投资企业、外国企业以及其他企业和事业单位、社会团体、国家机关、军队以及其他单位；个人包括个体工商户以及其他个人。

城镇土地使用税的纳税人通常包括以下几类：

1. 拥有土地使用权的单位和个人。

2. 拥有土地使用权的单位和个人不在土地所在地的，其土地的实际使用人和代管人为纳税人。

3. 土地使用权未确定或权属纠纷未解决的，其实际使用人为纳税人。

4. 土地使用权共有的，共有各方都是纳税人，由共有各方分别纳税。

（二）征税范围

城镇土地使用税的征税范围为城市、县城、建制镇和工矿区范围内国家所有和集体所有的土地。城镇土地使用税以纳税人实际占用的土地面积为计税依据，土地面积计量为每平方米。纳税人实际占用地土地面积按下列办法确定：

（1）凡由省、自治区、直辖市人民政府确定的单位组织测定土地面积的，以测定的面积为准。

（2）尚未组织测量，但纳税人持有政府部门核发的土地使用证书的，以证书确认的土地面积为准。

（3）尚未核发出土地使用证书的，应由纳税人申报土地面积，据以纳税，待核发土地使用证以后再作调整。

（三）适用税额

城镇土地使用税采用定额税率，采用有幅度的差别税额，按大、中、小城市和县城、建制镇、工矿区分别规定每平方米土地使用税年应纳税额。具体标准如下：

大、中、小城市以公安部门登记在册的非农业正式户口人数为依据，按照国务院颁布的《城市规划条例》中规定的标准划分。城镇土地使用税税率表见下表。

级别	人口（人）	每平方米税额（元）
大城市	50 万以上	1.5～30
中等城市	20 万～50 万	1.2～24
小城市	20 万以下	0.9～18
县城、建制镇、工矿区		0.6～12

二、应纳税额的计算

（一）计税依据

城镇土地使用税以纳税人实际使用的土地面积为依据，按照规定的税额，按年计算，分期缴纳。

（二）应纳税额的计算

城镇土地使用税的应纳税额计算公式如下：

年应纳税额 = 应税土地的实际使用面积（平方米）× 适用单位税额

【案例8】某企业实际占用土地面积 20 000 平方米，该企业所在地土地使用税年税额为 4 元/平方米，计算该企业应缴纳土地使用税为：20 000 × 4 = 80 000（元）

三、城镇土地使用税的缴纳与征收

（一）纳税期限

城镇土地使用税实行按年计算、分期缴纳的征收方法，具体纳税期限由省、自治区、直辖市人民政府确定。

（二）纳税义务发生时间

1. 纳税人购置新建商品房，自房屋交付使用之次月起，缴纳城镇土地使用税。

2. 纳税人购置存量房，自办理房屋权属转移、变更登记手续，房地产权属登记机关签发房屋权属证书之次月起，缴纳城镇土地使用税。

3. 纳税人出租、出借房产，自交付出租、出借房产之次月起，缴纳城镇土地使用税。

4. 房地产开发企业自用、出租、出借本企业建造的商品房，自房屋使用或交付之次月起，缴纳城镇土地使用税。

5. 纳税人新征用的耕地，自批准征用之日起满 1 年时开始缴纳土地使用税。

6. 纳税人新征用的非耕地，自批准征用次月起缴纳城镇土地使用税。

（三）纳税地点和征收机构

城镇土地使用税在土地所在地缴纳。

纳税人使用的土地不属于同一省、自治区、直辖市管辖的，由纳税人分别向土地所在地的税务机关缴纳土地使用税；在同一省、自治区、直辖市管辖范围内，纳税人跨地区使用的土地，其纳税地点由各省、自治区、直辖市地方税务局确定。

四、城镇土地使用税的税收筹划

（一）法定减免缴纳土地使用税的优惠

1. 下列土地免缴土地使用税：

（1）国家机关、人民团体、军队自用的土地；

（2）由国家财政部门拨付事业经费的单位自用的土地；

（3）宗教寺庙、公园、名胜古迹自用的土地；

（4）市政街道、广场、绿化地带等公共用地；

（5）直接用于农、林、牧、渔业的生产用地；

（6）经批准开山填海整治的土地和改造的废弃土地，可从使用的月份起免征土地使用税5～10年；

（7）财政部和省地税局另行规定免税的能源、交通、水利设施用地以及其他用地；

2. 纳税人纳税确有困难的，经税务机关批准可酌情给予减税或免税照顾。

【案例9】随着城市化进程的推进，广州市草伊浓乳业有限公司所在地位置由原来的郊县变成了市区，税额激增，并且原材料的供应也不如原来稳定。该厂占地8 000平方米，厂房原值1 400万元，平均每年缴纳增值税500万元。专家建议，该厂应该用在市区的土地与交通便利的农村土地进行置换，置换差价正好用于扩建厂房，以后的税收也相应减少。（城镇土地使用税适用税率为5元/平方米，厂房折旧扣除率为30%）

案例分析：

1. 搬迁前应纳税额：

城镇土地使用税 = 8 000 × 5 = 40 000（元）

房产税 = 1400 × （1 - 30%）× 1.2% = 11.76（万元）

城建税 = 500 × 5% = 25（万元）

合计税额 = 4 + 11.76 + 25 = 40.76（万元）

2. 搬迁后，由于地处农村，该公司城镇土地使用税为零，免征房产税，城建税税率降为1%，每年只纳：

城建税 = 500 × 1% = 5（万元）

搬迁后每年节约税款 = 40.76 - 5 = 35.76（万元）

如果该公司设在农村会影响企业的业务发展，建议公司将总部、销售部门设在城市，而将工厂、生产车间设在农村，同时在厂房附件建立奶牛饲养基地或与农户签订饲养收购合同，以保证原材料质量和来源稳定。

（二）地方税务局确定减免土地使用税的优惠

下列土地由省、自治区、直辖市地方税务局确定减免城镇土地使用税：

1. 个人所有的居住房屋及院落用地；

2. 免税单位职工家属的宿舍用地；

3. 民政部门举办的安置残疾人员占一定比例的福利工厂用地；

4. 集体和个人举办的各类学校、医院、托儿所、幼儿园用地。

【案例10】 澳新乳制品公司位于市区外围,总占地面积310亩,其中,厂房和办公区占地160亩,奶牛饲养场占地110亩,职工宿舍占地30亩,医院占地4亩,托儿所占地6亩,核定的城镇土地使用税税额为2.5元/平方米(1亩＝666.67平方米)。公司账上的土地未区分不同用途。

案例分析:

正常纳税:每年应纳城镇土地使用税＝310×667×2.5＝516 925(元)

若经过筹划,企业账上分别注明不同用地,根据减免税规定,直接用于农、林、牧、渔的生产用地,集体举办的医院、托儿所用地免税,但企业职工家属的宿舍用地不能免税。筹划后的纳税情况是:

每年应纳城镇土地使用税＝(310－110－4－6)×667×2.5＝316 825(元)

每年少纳城镇土地使用税＝516 925－316 825＝200 100(元)

【本章小结】

本章主要介绍了资源税、土地增值税和城镇土地使用税三个税种的构成要素和应纳税额的计算,资源税主要是对不同的矿产品应该分别核算以便享受相应的税收优惠,煤炭的综合回收率和金属矿产品的选矿比在纳税人和税务机关之间有差异,这也是纳税筹划的重点;土地增值税实行四级超率累进税率,最核心的纳税筹划思路就是降低增值率选用低税率,具体方法是扩大扣除项目金额,分散收入,从而降低增值率,特别是增值率20%的免税规定,更是筹划的要点;城镇土地使用税主要是区分征税范围,利用税收优惠和差异性规定进行纳税筹划。

 【操作训练】

1. 某联合矿山6月主要开采销售原矿共计11万吨,其中,铁矿石原矿8万吨,伴采的锡矿石原矿3万吨。已知铁矿石和锡矿石的原矿单位税额分别为16元/吨和4元/吨。要求计算纳税人采取统一核算和分别核算中的哪种方式应纳资源税更少?并说明其原因。

2. 某企业准备在临近厂房的市郊为职工建造宿舍,某房地产开发公司正好拥有厂房附近的一块土地,双方通过协商,达成合作意向。要求:请设计三种有效的土地增值税节税方案,并简要说明对双方来说各种方案的利弊所在。

3. 某食品公司计划投资建立一个占地面积为7 000平方米,厂房价值为1 300万元,年应纳增值税为400万元的牛肉干加工厂。该厂主要以城市为产品销售地,同时又以毗邻省城的某县农村为原料来源地,所以其厂址无论选在省城还是农村,对生产与销售各有利弊(土地使用税单位税额为4元/平方米,房产税减除比例为25%)。要求:如果从房产税、城镇土地使用税和城市维护建设税纳税筹划综合考虑,食品公司应如何为牛肉干加工厂选址?理由何在?

第十章
财产课税
CAICHAN KESHUI

【本章学习目标】

　　知识目标：了解财产税的概念及特征，熟悉其纳税人、征税对象和范围。掌握财产
　　　　　　　税应纳税额的计算和征管。

　　能力目标：能够准确判断财产税的征税范围，确定其纳税人和计税依据，掌握应纳
　　　　　　　税额的计算，在此基础上进行纳税筹划。

【导入案例】

　　王明有一幢商品房价值 500 万元，李立有货币资金 300 万元，两人共同投资开办新
华有限责任公司，新华公司注册资本为 800 万元。新华公司正常缴纳契税多少？有什么
方法进行纳税筹划？

【关键词】

　　房产税　契税　车船税　车辆购置税　纳税筹划

第一节
房产税

一、房产税纳税人、征税范围、税率

（一）纳税人

房产税的纳税义务人是在征税范围内房产的产权所有人。具体规定如下：

1. 产权属国家所有的，由经营管理单位纳税；产权属集体和个人所有的，由集体单位和个人纳税。

2. 产权出典的，由承典人纳税。

3. 产权所有人、承典人不在房屋所在地的，由房产代管人或者使用人纳税。

4. 产权未确定及租典纠纷未解决的，由房产代管人或者使用人纳税。

5. 纳税单位和个人无租使用房产管理部门、免税单位及纳税单位的房产，应由使用人代为缴纳房产税。

（二）征税范围

房产税的征税范围为城市、县城、建制镇和工矿区的房产。房产是以房屋形态表现的财产。房产税的征税范围不包括农村，这主要是为了减轻农民的负担。

（三）税率

房产税采用的是比例税率。由于房产税的计税依据是从价计征和从租计征的方式，所以房产税的税率也有两种：从价计征的房产税税率为1.2%；从租计征的房产税税率为12%。从2001年1月1日起，对个人按市场价格出租仍用于居住的居民住房，暂按4%的税率征收房产税。对企事业单位、社会团体以及其他组织按市场价向个人出租用于居住的住房，减按4%的税率征收房产税。

二、房产税应纳税额的计算及征管

（一）计税依据

房产税的计税依据有两种，从价计征的计算和从租计征的计算。

从价计征是按房产的原值减除一定比例后的剩余价值计征，从租计征是按房产的租金收入计征。房产税的计税依据是房产的计税价值或房产的租金收入。按照房产的计税价值征税的，称为从价计征；按照房产的租金收入计征的，称为从租计征。从价计征的房产税的计税价值是房产原值一次减除10%~30%后的剩余价值，具体扣除比例由当地省、自治区、直辖市人民政府确定。房产的租金收入是房屋产权所有人出租房产使用权所得的报酬，包括货币收入和实物收入。

（二）应纳税额的计算

1. 从价计征房产税的计算。从价计征是按房产的原值减除一定比例后的剩余价值计征，其计算公式为

$$应纳税额 = 应税房产原值 \times （1 - 扣除比例） \times 1.2\%$$

房产原值是"固定资产"账户中记载的房屋原价，扣除比例是省、自治区、直辖市人民政府规定的10%~30%比例，计征的适用税率为1.2%。

【案例1】某企业一幢房产原值600 000元，已知房产税税率为1.2%，当地规定的房产税扣除比例为30%，该房产年度应缴纳的房产税税额为多少元？

案例分析：

从价计征的房产税以房产余值作为计税依据，应纳房产税 = 600 000 × （1 - 30%） × 1.2% = 5 040（元）。

2. 从租计征房产税的计算。从租计征是按房产的租金收入计征，对个人按照市场价格出租的居民住房，用于居住的，暂减按4%的税率征收房产税。其计算公式为

$$应纳税额 = 租金收入 \times 12\% （或4\%）$$

> **【案例2】** 甲企业一办公楼的房屋原值为500万元，建筑面积为3 000平方米。2011年1月1日，甲企业将办公楼的一部分出租给乙企业，出租面积为600平方米，租金为20万元，租赁期限为一年，该企业于6月1日一次性取得全部租金，则甲企业2011年全年应纳的房产税为多少万元？
>
> **案例分析：**
> 房屋租赁企业房产税 = 房屋租赁收入 × 12%（每月）
> 房屋自用企业房产税 = 房屋原值 × 70% × 1.2%（每年）
> 出租部分房产税 = 20 × 12% = 2.4（万元）
> 自用部分房产税 = 500 万元 ×（1 - 30%）× 1.2% ×（3 000 - 600）/3 000 = 3.36（万元）
> 2011 年全年应纳房产税 = 2.4 + 3.36 = 5.76（万元）

（三）征收管理

1. 纳税义务发生时间。

（1）纳税人将原有房产用于生产经营，从生产经营之月起缴纳房产税。

（2）纳税人自行新建房屋用于生产经营，从建成之次月起缴纳房产税。

（3）纳税人委托施工企业建设的房屋，从办理验收手续之次月起缴纳房产税。

（4）纳税人购置新建商品房，自房屋交付使用之次月起缴纳房产税。

（5）纳税人购置存量房，自办理房屋权属转移、变更登记手续，房地产权属登记机关签发房屋权属证书之次月起缴纳房产税。

（6）纳税人出租、出借房产，自交付出租、出借房产之次月起，缴纳房产税。

（7）房地产开发企业自用、出租、出借本企业建造的商品房，自房屋使用或交付之次月起缴纳房产税。

2. 纳税期限。房产税实行按年计算、分期缴纳的征税方法，具体纳税期限由省、自治区、直辖市人民政府确定。各地一般按季度或半年征收。

3. 纳税地点。房产税在房产所在地缴纳。房产不在同一地方的纳税人，应按房产的坐落地点分别向房产所在地的税务机关纳税。

4. 纳税申报。房产税的纳税人应按照条例的有关规定，现有房屋的坐落地点、结构、面积、原值、出租收入等情况及时向当地税务机关办理纳税申报，并如实填写"房产税纳税申报表"（表略）。

三、房产税的税收筹划

（一）利用税收优惠进行的筹划

1. 国家机关、团体和军队自用的房产，免征房产税。

2. 国家财政部门拨付事业经费的单位（包括实行差额预算管理的事业单位）自用房产，免征房产税。

3. 宗教寺庙、公园、名胜古迹自用的房产。

4. 个人拥有的非营业用的房产。

5. 经财政部门批准免税的其他房产。

> 【案例3】甲企业位于某市市区，企业除厂房、办公用房外，还包括厂区围墙、烟囱、水塔、变电塔、游泳池、停车场等建筑物，总计工程造价10亿元，除厂房、办公用房外的建筑设施工程造价2亿元。假设当地政府规定的扣除比例为30%。
>
> **案例分析：**
>
> 方案一：将所有建筑物都作为房产计入房产原值。应纳房产税 = 100 000 × (1 - 30%) × 1.2% = 840（万元）。
>
> 方案二：将游泳池、停车场等都建成露天的，在会计账簿中单独核算。应纳房产税 = (100 000 - 20 000) × (1 - 30%) × 1.2% = 672（万元）。
>
> 由此可见，方案二比方案一少缴房产税168万元。

（二）合理确定房产原值进行的筹划

房产原值应包括与房屋不可分割的各种附属设备或一般不单独计算价值的配套设施。主要有：暖气、卫生、通风、照明、煤气等设备；各种管线，如蒸汽、压缩空气、石油、给水排水等管道及电力、电讯、电缆导线；电梯、升降机、过道、晒台等。属于房屋附属设备的水管、下水道、暖气管、煤气管等从最近的探视井或三通管算起。电灯网、照明线从进线盒连接管算起，计算原值。

纳税人对原有房屋进行改建、扩建的，要相应增加房屋的原值。

能够和房屋分开各自形成固定资产的，最好分开，否则其他固定资产就要和房屋一起计算房产税。

> 【案例4】某一特大型企业，新建一厂房并安装两条生产线。厂房价值2 000万元，设备价值2 000万元，总价值4 000万元。
>
> **案例分析：**
>
> 1. 如果将厂房及设备共形成一项固定资产，则年纳房产税 = 4 000 × (1 - 30%) × 1.2% = 33.60（万元）；
>
> 2. 如果将厂房及设备分别形成固定资产，则年纳房产税 = 2 000 × (1 - 30%) × 1.2% = 16.80（万元）。
>
> 年可节房产税 = 33.60 - 16.80 = 16.80（万元）

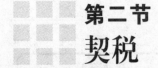

第二节
契税

一、契税纳税人、征税范围、税率

（一）纳税人

契税的纳税义务人为在我国境内转移土地、房屋权属，承受的单位和个人。境内是指中华人民共和国实际税收行政管辖范围内。土地、房屋权属是指土地使用权和房屋所有权。单位是指企业单位、事业单位、国家机关、军事单位和社会团体以及其他组织。个人是指个体经营者及其他个人，包括中国公民和外籍人员。

（二）征税范围

1. 国有土地使用权出让。国有土地使用权出让是指土地使用者向国家交付土地使用权出让费用，国家将国有土地使用权在一定年限内让与土地使用者的行为。

2. 土地使用权的转让。土地使用权的转让是指土地使用者以出售、赠与、交换或者其他方式将土地使用权转移给其他单位和个人的行为。土地使用权的转让不包括农村集体土地承包经营权的转移。

3. 房屋买卖。房屋买卖是指房屋承受者通过让渡经济利益而取得房屋所有权的行为。以下几种特殊的情况视同买卖房屋：以房产抵债或实物交换房屋，以房屋作投资或作股权转让，买房拆料或翻建新房。

4. 房屋赠与。房屋赠与是指房屋产权所有人将房屋无偿转让给他人所有。

5. 房屋交换。房屋交换是指房屋所有者之间互相交换房屋的行为。

6. 承受国有土地使用权支付的土地出让金。对承受国有土地使用权所应支付的土地出让金，要计征契税。不得因减免土地出让金而减免契税。

（三）税率

考虑到我国幅员辽阔、各地经济差别较大的情况，契税实行3%～5%的比例税率。各省、自治区、直辖市人民政府可以在此范围内根据本地区实际情况决定。

从2010年10月1日起，对个人购买普通住房，且该住房属于家庭唯一住房的，减半征收契税。对个人购买90平方米及以下普通住房，且该住房属于家庭唯一住房的，减按1%税率征收契税。

二、契税应纳税额的计算及征管

（一）计税依据

契税的计税依据是在土地、房屋权属转移时双方当事人签订的契约价格。根据土地、房屋交易的不同情况，具体确定如下：

1. 国有土地使用权出让、土地使用权出售、房屋买卖，以成交价格为计税依据。成交价格是指土地、房屋权属转移合同确定的价格，包括承受者应交付的货币、实物、无形资产或者其他经济利益。

2. 土地使用权赠与、房屋赠与，由征收机关参照土地使用权出售、房屋买卖的市场价格核定。

3. 土地使用权交换、房屋交换，为所交换的土地使用权、房屋的价格差额。土地使用权交换、房屋交换价格不相等的，由多交付货币、实物、无形资产或者其他经济利益的一方缴纳税款。交换价格相等的，免征契税。

4. 以划拨方式取得土地使用权，经批准转让房地产时，由房地产转让者补交契税。计税依据为补交的土地使用权出让费用或者土地收益。

5. 房屋附属设施征收契税的依据。采取分期付款方式购买房屋附属设施土地使用权、房屋所有权的，应按合同规定的总价款计征契税；承受的房屋附属设施权属如为单独计价的，按照当地确定的适用税率征收契税，如与房屋统一计价的，适用与房屋相同的契税税率。

6. 个人无偿赠与不动产行为，应对受赠人全额征收契税。

（二）应纳税额的计算

契税应纳税额的计算公式为

$$应纳税额 = 计税依据 \times 税率$$

【案例5】李某购买商品房一套（二手房也交契税），面积140平方米，属于普通住宅，假定当地的税率为3%，成交价为2 000元/平方米，计算应交的契税是多少？

案例分析：

该商品房属于当地的普通住宅标准，减半征收契税。

应纳的契税金额 = 成交价 × 适用税率 = 2 000 × 140 × 3% ÷ 2 = 4 200（元）

【案例6】李某购买商品房一套（二手房也交契税），面积141平方米属于非普通住宅，假定当地的税率为3%，成交价为2 000元/平方米，计算应交的契税是多少？

案例分析：

应纳的契税金额 = 成交价 × 适用税率 = 2 000 × 141 × 3% = 8 460（元）

购买商品房，一定要考虑面积的大小，最好别超过当地的普通住宅标准，因为自用的普通住宅要减半征收契税，如果当地的契税税率为3%，那么普通住宅按成交价的1.5%征收，而非普通住宅按成交价的3%征收。

（三）征收管理

1. 纳税义务发生时间。契税的纳税义务发生时间是纳税人签订土地、房屋权属转移合同的当天，或者纳税人取得其他具有土地、房屋权属转移合同性质凭证的当天。

2. 纳税期限。纳税人应当自纳税义务发生之日起 10 日内，向土地、房屋所在地的契税征收机关办理纳税申报，并在契税征收机关核定的期限内缴纳税款。

3. 纳税地点。契税在土地、房屋所在地的征收机关缴纳。

4. 征收管理。纳税人办理纳税事宜后，征收机关应向纳税人开具契税完税凭证。纳税人持契税完税凭证和其他规定的文件材料，依法向土地管理部门、房产管理部门办理有关土地、房屋权属变更登记手续。土地管理部门和房产管理部门应向契税征收机关提供有关资料，并协助契税征收机关依法征收契税。

三、契税的税收筹划

（一）利用税收优惠进行的筹划

有关优惠政策：

1. 土地、房屋被县级以上人民政府征用，占用后重新承受土地、房屋权属的，其成交价格没有超出土地、房屋补偿费，安置补助费的部分免征契税（比如拆迁户可免征契税）。

2. 城镇职工按照规定第一次购买公有住房免征契税。

3. 个人购买自用普通商品住房减半征收契税（关于普通住房的标准各地不太一样，一般在 140 平方米以下）。

4. 居民上市出售已购公有住房后一年内新购各类商品房，按新购商品房与出售已购公房成交价的差额计征契税。

5. 交换房屋，价格相等的免征契税，交易价格不相等的，按多交付房款缴纳契税。

6. 按《继承法》规定的法定继承人继承房屋权属免征契税。

7. 对于夫妻离婚，因财产分割及房屋所有权证变更登记免征契税。

【案例7】 王明有一幢商品房价值 500 万元，李立有货币资金 300 万元，两人共同投资开办新华有限责任公司，新华公司注册资本为 800 万元。新华公司正常缴纳契税为多少？有什么方法进行纳税筹划？

案例分析：

正常纳税：新华公司接受房产投资后应缴纳契税 $= 500 \times 4\% = 20$（万元）。

非公司制企业，按照《中华人民共和国公司法》的规定，整体改建为有限责任公司（含国有独资公司）或股份有限公司，或者有限责任公司整体改建为股份有限公司的，对改建后的公司承受原企业土地、房屋权属免征契税。

根据上述文件对于免征契税的规定，提出纳税筹划方案如下：

第一步，王明到工商局注册登记成立王明个人独资公司，将自有房产投入王明个人独资公司，由于房屋产权所有人和使用人未发生变化，故无须办理房产变更手续，不需缴纳契税。

第二步，王明对其个人独资公司进行公司制改造，改建为有限责任公司，吸收李立投资，改建为新华有限责任公司，改建后的新华有限责任公司承受王明个人独资公司的房屋免征契税，新华公司减少契税支出 20 万元。

（二）利用房产交换进行的筹划

房产交换的契税计税依据是房产差价，如果差额为零就无须纳税，而且只由给付货币的一方纳税。

> **【案例8】** 金信公司有一块土地价值3 000万元拟出售给南方公司，然后从南方公司购买其另外一块价值3 000万元的土地。双方签订土地销售与购买合同后，金信公司和南方公司分别需要缴纳多少契税？有何方法进行纳税筹划？
>
> **案例分析：**
>
> 正常纳税：金信公司应缴纳契税＝3 000×4%＝120（万元），南方公司应缴纳契税＝3 000×4%＝120（万元）。
>
> 根据规定：土地使用权、房屋交换，契税的计税依据为所交换的土地使用权、房屋的价格差额，由多交付货币、实物、无形资产或其他经济利益的一方缴纳税款，交换价格相等的免征契税。
>
> 根据上述文件对于免征契税的规定，提出纳税筹划方案如下：金信公司与南方公司改变合同订立方式，签订土地使用权交换合同，约定以3 000万元的价格等价交换双方土地。根据契税的规定，金信公司和南方公司各自免征契税120万元。

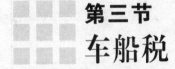

第三节
车船税

一、车船税纳税人、征税范围、税额

（一）纳税人

车船税的纳税义务人是指在中华人民共和国境内，车辆、船舶的所有人或者管理人，应当依照《中华人民共和国车船税法》的规定缴纳车船税。

（二）征税范围

车船税的征税范围是依法应当在我国车船管理部门登记的车船（除规定减免的车船外）。具体规定如下：

1. 车辆，包括机动车辆和非机动车辆。

2. 船舶，包括机动船舶和非机动船舶。

（三）适用税额（表）

车船税实行有幅度的定额税率。对各类车辆分别规定一个最低到最高限度的年税额，同时授权国务院财政部门、税务主管部门可以根据实际情况，在"车船税税目税额表"规定税目范围和税额幅度内，划分子税目，并明确车辆的子税目税额幅度和船舶的具体适用税额。车辆的具体适用税额由省、自治区、直辖市人民政府在规定的子税目税额幅度内确定。这样规定，主要是考虑到中国幅员辽阔，车辆种类繁多，很难硬性规定一个统一的税额。

对车船税额的确定，还要注意以下几种情况：

（1）对车辆净吨位尾数在半吨以下者，按半吨计算；超过半吨者，按 1 吨计算。

（2）机动车挂车，按机动载货汽车税额的 7 折计算征收车船税。

（3）对拖拉机，主要从事运输业务的，按拖拉机所挂拖车的净吨位计算，税额按机动载货汽车税额的 5 折计算征收车船税。

（4）对客货两用汽车，载人部分按乘人汽车税额减半征税；载货部分按机动载货汽车税额征税。

（5）船舶不论净吨位或载重吨位，其尾数在半吨以下者免算（含半吨），超过半吨者，按 1 吨计算；但不及 1 吨的小型船只，一律按 1 吨计算。拖轮本身不能载货，其计税标准可按马力计算。1 马力折合净吨位 1/2。

（6）载重量超过 1 吨而在 1.5 吨以下的渔船，可以按照非机动船 1 吨税额计征。

乘用车

排量划分	年基准税额
1.0 升（含）以下	60 ~ 360 元
1.0 升至 1.6 升（含）	300 ~ 540 元
1.6 升至 2.0 升（含）	360 ~ 660 元
2.0 升至 2.5 升（含）	660 ~ 1 200 元
2.5 升至 3.0 升（含）	1 200 ~ 2 400 元
3.0 升至 4.0 升（含）	2 400 ~ 3 600 元
4.0 升以上	3 600 ~ 5 400 元

备注：核定载客人数 9 人（含）以下。

商用车客车

计税单位	年基准税额
每辆	480 ~ 1 440 元

备注：核定载客人数 9 人以上，包括电车。

商用车货车

计税单位	年基准税额
整备质量每吨	16 ~ 120 元

备注：包括半挂牵引车、三轮汽车等。

挂车

计税单位	年基准税额
整备质量每吨	按照货车税额的 50% 计算

其他车辆专用作业车、轮式机械车

计税单位	年基准税额
整备质量每吨	16 ~ 120 元

备注：不包括拖拉机。

摩托车

计税单位	年基准税额
每辆	36 ~ 180 元

机动船舶

计税单位	年基准税额
净吨位每吨	3 ~ 6 元

备注：拖船、非机动驳船分别按照机动船舶税额的 50% 计算。

游艇

计税单位	年基准税额
艇身长度每米	600 ~ 2 000 元

二、车船税应纳税额的计算及征管

（一）计税依据

车船税的计税依据是以征税对象的计量标准，从量计征。按照车船的种类和性能，分别确定为辆、净吨位和载重吨位。具体规定如下：

1. 乘用车、商用车客车、摩托车，以"辆"为计税依据。

2. 商用车货车、挂车、其他车辆专用作业车、轮式机械车，以"整备质量每吨"为计税依据。

3. 游艇，以"艇身长度每米"，机动船舶以"净吨位"为计税依据。

（二）应纳税额的计算

车船税应纳税额的计算公式为

乘用车、商用车客车、摩托车的应纳税额 = 辆数 × 年基准税额

商用车货车、挂车、其他车辆专用作业车、轮式机械车的应纳税额

= 整备质量吨数 × 年基准税额

游艇的应纳税额 = 艇身长度米数 × 年基准税额

机动船舶应纳税额 = 净吨位数 × 年基准税额

拖船、非机动驳船分别按照机动船舶税额的 50% 计算。

（三）征收管理

1. 纳税义务发生时间。车船税纳税义务发生时间为取得车船所有权或者管理权的当月。购置的新机动车，购置当年的应纳税款从购买日期的当月起至该年度终了按月计算。对于在国内购买的机动车，购买日期以《机动车销售统一发票》所载日期为准；对于进口机动车，购买日期以《海关关税专用缴款书》所载日期为准。

2.纳税期限。车船税按年申报，分月计算，一次性缴纳。纳税年度为公历1月1日至12月31日。具体申报纳税期限由省、自治区、直辖市人民政府规定。

3.纳税地点和征收机关。

（1）车船税的纳税地点，由省、自治区、直辖市人民政府根据当地实际情况确定，一般为纳税人所在地。跨省、自治区、直辖市使用的车船，纳税地点为车船的登记地。

（2）车船税实行源泉控制，一律由纳税人所在地的地方税务局负责征收和管理，各地对外省、市来的车船不再查补税款。

（3）车船的所有人或者管理人未缴纳车船税的，使用人应当代为缴纳车船税。

（4）从事机动车交通事故责任强制保险业务的保险机构为机动车车船税的扣缴义务人，应当依法代收代缴车船税。

4.纳税申报。车船税的纳税人应按照条例的有关规定及时办理纳税申报，并如实填写"车船税纳税申报表"。

三、车船税的税收筹划

（一）利用税收优惠进行的筹划

法定免征车船税：

1.非机动车船（不包括非机动驳船）；

2.拖拉机；

3.捕捞、养殖渔船；

4.军队、武警专用的车船；

5.警用车船；

6.按照有关规定已经缴纳船舶吨税的船舶；

7.依照我国有关法律和我国缔结或者参加的国际条约的规定应当予以免税的外国驻华使馆、领事馆和国际组织驻华机构及其有关人员的车船。

国务院规定的减免税项目如下：

1.节约能源、使用新能源的车船可以免征或减半征收车船税；具体范围由国务院有关部门制定。

2.按照规定缴纳船舶吨税的机动船舶，自车船税法实施之日起5年内免征车船税。

3.依法不需要在车船登记管理部门登记的机场、港口、铁路站场内部行驶或者作业的车船，自车船税法实施之日起5年内免征车船税。

经国务院批准，财政部、国家税务总局、工信部三部委于2012年3月6日联合发布《节约能源 使用新能源车辆减免车船税的车型目录（第一批）》。根据国家政策规定：自2012年1月1日起，对节约能源的车辆，减半征收车船税。

消费者购买属于目录中的车型就可以享受减半征收的税收优惠，还可以享受节能惠民补贴。

（二）选择车船类型进行的筹划

【案例9】假定有两只船，一只船的净吨位是 3 000 吨，而另一只船的净吨位是 3001 吨（当然这种现象比较极端，也比较少见，但很能说明问题）。

案例分析：

这样第一只船适用税额为 3.20 元/吨，其每年应缴纳车船使用税税额的计算如下：

应纳税额 = 3 000 × 3.20 = 9 600（元）

而另一只船由于适用税额为 4.20 元/吨，则每年应缴纳车船使用税税额的计算如下：应纳税额 = 3 001 × 4.20 = 12 604.2（元）

可见，虽然净吨位只相差 1 吨，但由于其税额的全额累进功能，致使其每年应纳车船使用税的税额有急剧的变化。因而企业和个人在选择购买船只时，一定要考虑该种吨位的船只所能带来的收益和因吨位发生变化所引起的税负增加之间的关系，然后选择最佳吨位的船只。

第四节
车辆购置税

一、车辆购置税纳税人、征税范围、税率

（一）纳税人

车辆购置税的纳税人是指在我国境内购置应税车辆的单位和个人。其中购置是指购买使用行为，进口使用行为，受赠使用行为，自产自用行为，获奖使用行为以及以拍卖、抵债、走私、罚没等方式取得并使用的行为，这些行为都属于车辆购置税的应税行为。

车辆购置税的纳税人具体是指：

所称单位，包括国有企业、集体企业、私营企业、股份制企业、外商投资企业、外国企业以及其他企业，事业单位、社会团体、国家机关、部队以及其他单位。

所称个人，包括个体工商户及其他个人，既包括中国公民又包括外国公民。

（二）征税对象和征税范围

车辆购置税以列举的车辆作为征税对象，未列举的车辆不纳税。其征税范围包括汽车、摩托车、电车、挂车、农用运输车，具体规定如下：

1. 汽车：包括各类汽车。

2. 摩托车。

（1）轻便摩托车：最高设计时速不大于 50km/h，发动机汽缸总排量不大于 50 的两个或三个车轮的机动车；

（2）二轮摩托车：最高设计车速大于 50km/h，或发动机汽缸总排量大于 50 的两个车轮的机动车；

（3）三轮摩托车：最高设计车速大于 50km/h，发动机汽缸总排量大于 50，空车质量不大于 400kg 的三个车轮的机动车。

3. 电车。

（1）无轨电车：以电能为动力，由专用输电电缆供电的轮式公共车辆；

（2）有轨电车：以电能为动力，在轨道上行驶的公共车辆。

4. 挂车。

（1）全挂车：无动力设备，独立承载，由牵引车辆牵引行驶的车辆；

（2）半挂车：无动力设备，与牵引车共同承载，由牵引车辆牵引行驶的车辆。

5. 农用运输车。

（1）三轮农用运输车：柴油发动机，功率不大于 7.4kw，载重量不大于 500kg，最高车速不大于 40km/h 的三个车轮的机动车；

（2）四轮农用运输车：柴油发动机，功率不大于 28kw，载重量不大于 1 500kg，最高车速不大于 50km/h 的四个车轮的机动车。

为了体现税法的统一性、固定性、强制性和法律的严肃性特征，车辆购置税征收范围的调整，由国务院决定，其他任何部门、单位和个人无权擅自扩大或缩小车辆购置税的征税范围。

（三）税率

实行统一比例税率，税率为 10%。

二、计税依据及应纳税额的计算

（一）购买自用车辆应纳税额的计算

车辆购置税实行从价定率的办法计算应纳税额，计算公式为：应纳税额 = 计税价格×税率。如果消费者买的是国产私车，计税价格为支付给经销商的全部价款和价外费用，不包括增值税税款（税率17%）。

应纳车辆购置税额 = 车辆购置税计税价格×10%

车辆购置税计税价格 = 发票金额÷（1+17%）

【案例10】丰田凯美瑞2.4升，售价为 234 000 元，计算应纳的车辆购置税。

案例分析：

计税价格 = 234 000÷（1+17%）= 200 000（元）

增值税税额 = 200 000×17% = 34 000（元）

应纳车辆购置税 = （234 000 - 34 000）×10% = 20 000（元）

即：应纳车辆购置税 = ［234 000÷（1+17%）］×10% = 20 000（元）

（二）进口自用车辆应纳税额的计算

如果消费者买的是进口私车，计税价格的计算公式为

$$计税价格＝关税完税价格＋关税＋消费税$$

其中，消费税是指对我国境内生产、委托加工、零售和进口《中华人民共和国消费税暂行条例》中所列应税消费品的单位和个人，就其取得销售额或销售数量所征收的一种流转税。计算公式为

$$消费税应纳税额＝组成计税价格×消费税税率$$

$$组成计税价格＝（关税完税价格＋关税）÷（1－消费税税率）$$

公式中的关税完税价格是指海关核定的关税计税价格。

【案例 11】 吴某 2006 年 1 月 8 日进口一辆小轿车，到岸价格为 400 000 元，已知关税税率为 50%，消费税税率为 8%，吴某应纳车辆购置税为 65 217.39 元。

案例分析：

1. 应纳关税＝关税价格×关税税率＝400 000×50%＝200 000（元）
2. 计税价格＝关税完税价格＋关税＋消费税

　　　　　＝（到岸价格＋关税）÷（1－消费税税率）

　　　　　＝（400 000＋200 000）÷（1－8%）＝652 173.91（元）
3. 应纳税额＝652 173.91×10%＝65 217.39（元）

（三）其他自用车辆应纳税额的计算

纳税人自产、受赠、获奖或者以其他方式取得并自用车辆，计税依据由车购办参照国家税务总局核定的应税车辆最低计税价格核定。

购买自用或者进口自用车辆，纳税人申报的计税价格低于同类型应税车辆的最低计税价格，又无正当理由的，计税依据为国家税务总局核定的应税车辆最低计税价格。

最低计税价格是指国家税务总局依据车辆生产企业提供的车辆价格信息并参照市场平均交易价格核定的车辆购置税计税价格。

申报的计税价格低于同类型应税车辆的最低计税价格，又无正当理由的，是指纳税人申报的车辆计税价格低于出厂价格或进口自用车辆的计税价格。

按特殊情况确定的计税依据：对于进口旧车、因不可抗力因素导致受损的车辆、库存超过三年的车辆、行驶 8 万公里以上的试验车辆、国家税务总局规定的其他车辆，主管税务机关根据纳税人提供的《机动车销售统一发票》或有效凭证注明的价格确定计税价格。

【案例 12】 广州市某市民因参加比赛获得一部价值 18 万元的新轿车，该车国家税务总局核定的最低计税价格为 21.06 万元。该市民应纳车辆购置税为多少？

案例分析：

应纳车辆购置税额＝21.06÷（1＋17%）×10%＝1.8（万元）

三、车辆购置税征管

（一）纳税申报

车辆购置税实行一车一申报，纳税人应当在向公安机关车辆管理机构办理车辆登记注册前，缴纳车辆购置税。

纳税人应当持主管税务机关出具的完税证明或者免税证明，向公安机关车辆管理机构办理车辆登记注册手续；没有完税证明或者免税证明的，公安机关车辆管理机构不得办理车辆登记注册手续。

税务机关应当及时向公安机关车辆管理机构通报纳税人缴纳车辆购置税的情况。公安机关车辆管理机构应当定期向税务机关通报车辆登记注册的情况。

税务机关发现纳税人未按照规定缴纳车辆购置税的，有权责令其补缴；纳税人拒绝缴纳的，税务机关可以通知公安机关车辆管理机构暂扣纳税人的车辆牌照。

（二）纳税地点

纳税人购置应税车辆，应当向车辆登记注册地的主管税务机关申报纳税；购置不需要办理车辆登记注册手续的应税车辆，应当向纳税人所在地的主管税务机关申报纳税。

（三）纳税环节

车辆购置税是对应税车辆的购置行为课征，征税环节选择在使用环节（最终消费环节）。具体而言，纳税人应当在向公安机关等车辆管理机构办理车辆登记注册手续前，缴纳车辆购置税。即车辆购置税是在应税车辆上牌登记注册前的使用环节征收。

车辆购置税选择单一环节，实行一次课征制度，购置已征车辆购置税的车辆，不再征收车辆购置税。但减税、免税条件消失的车辆，即减税、免税车辆因转让、改制后改变了原减、免税的前提条件，就不再属于免税、减税范围，应按规定缴纳车辆购置税。

（四）纳税期限

纳税人购买自用应税车辆的，应当自购买之日起60日内申报纳税；进口自用应税车辆的，应当自进口之日起60日内申报纳税；自产、受赠、获奖或者以其他方式取得并自用应税车辆的，应当自取得之日起60日内申报纳税。车辆购置税税款应当一次缴清。

四、车辆购置税的税收筹划

（一）利用税收优惠进行的筹划

1. 外国驻华使馆、领事馆和国际组织驻华机构及其外交人员自用车辆免税。

2. 中国人民解放军和中国人民武装警察部队列入军队武器装备订货计划的车辆免税。

3. 设有固定装置的非运输车辆免税。

4. 防汛部门和森林消防等部门购置的由指定厂家生产的指定型号的用于指挥、检查、调度、报汛（警）、联络的专用车辆。

5. 回国服务的留学人员用现汇购买1辆个人自用国产小汽车。

6. 长期来华定居专家1辆自用小汽车。

7. 自2004年10月1日起，三轮农用运输车免征车辆购置税。

8. 有国务院规定予以免税或者减税的其他情形的，按照规定免税或者减税。

按照税法规定，进口小轿车和进口零部件时，其适用的税率不同。利用这一点，我们可以采用整车和零部件分别报税，减少税负。

【案例 13】 某进出口公司 2009 年 5 月 25 日从德国进口一辆小轿车自用，报关进口时，海关审定的计税价为 450 000 元/辆（含随同报关的工具件和零部件 50 000 元/辆），海关课征关税 405 000 元/辆，海关代征消费税 68 400 元/辆，增值税 156 978 元/辆。

案例分析：

纳税筹划前应纳车辆购置税为：

组成计税价格 = 关税完税价格 + 关税 + 消费税 = 450 000 + 405 000 + 68 400 = 923 400（元）

应纳车辆购置税税额 = 自用数量 × 组成计税价格 × 税率 = 923 400 × 10% = 92 340（元）

购置轿车实际支付款项 =（450 000 + 405 000 + 68 400 + 156 978）+ 184 680 = 1 265 058（元）

如果该进出口公司进口报关时，将每部车的工具件和零部件 50 000 元单独报关进口，纳税情况如下所示。

依照有关规定，假定进口小轿车整车的税率为 90%，进口零部件的税率为 45%，则

应纳关税 = 400 000 × 90% + 50 000 × 45% = 382 500（元）

少纳关税 = 405 000 − 382 500 = 22 500（元）

应纳消费税 =（400 000 + 382 500）× 8% = 62 600（元）

少纳消费税 = 68 400 − 62 600 = 5 800（元）

国内增值税 = [（400 000 + 50 000）+ 382 500 + 62 600] × 17% = 152 167（元）

少纳增值税 = 156 978 − 152 167 = 4 811（元）

车辆购置税组成计税价格 = 400 000 + 382 500 + 62 600 = 845 100（元）

应纳车辆购置税 = 845 100 × 10% = 84 510（元）

少纳车辆购置税 = 92 340 − 84 510 = 7 830（元）

购置两部轿车实际支付款 = 450 000 + 382 500 + 62 600 + 152 167 + 84 510 = 1 131 777（元）

相比节约税收 = 1 172 718 − 1 131 777 = 40 941（元）

（二）选择经销商及经销方式的筹划

由于目前汽车经销方式灵活多样，对购车一族，汽车经销商一般采用两种经销方式：一是经销商自己从厂家或上级经销商购进再卖给消费者，以自己名义开具机动车销售发票，并按规定缴纳税；二是以收取手续费形式代理卖车，即由上级经销商直接开具

机动车发票给消费者，本级经销商以收取代理费形式从事中介服务。由于车辆购置税目前征收以机动车发票上注明金额为计税依据，因此，两种不同购进方式对消费者缴纳车购税的影响较大，采用付手续费方式进行购车，将支付给本级经销商的报酬从车辆购置税计税价格中剥离，从而消费者可少缴车购税，因此，购车一族应把握购进方式的利润平衡点，多选择付手续费方式购车，同时从减少车辆流通环节入手进行购车，所以消费者要尽量向上级经销商或生产厂家购车，在获得价格优惠的同时少缴车辆购置税。

> **【案例14】** 甲某从广东广州市某汽车经销商购买一辆帕萨特领驭轿车，该级经销商开给甲某机动车发票注明价格为 180 341（不含税）元，乙某也从同一经销商处购同型号车，不过乙某以支付手续费 10 000 元由经销商到广东广州经销商处购车，乙某另外支付购车款 170 341（不含税）元给广州经销商，由广州经销商向乙某开具机动车发票，则甲某应缴车购税 = 180 341 × 10% = 18 034.1 元，乙某应缴车购税 = 170 341 × 10% = 187 034.1 元，两者相差 1 000 元。

（三）利用代收款项与价外费用的区分进行的筹划

按税法规定：（1）代收款项应区别对待征税。凡使用代收单位的票据收取的款项，应视为代收单位的价外费用，应并入计算征收车辆购置税；凡使用委托方的票据收取，受托方只履行代收义务或收取手续费的款项，不应并入计征车辆购置税，按其他税收政策规定征税。（2）购买者随车购买的工具件或零件应作为购车款的一部分，并入计税价格征收车辆购置税；但如果不同时间或销售方不同，则不应并入计征车辆购置税。（3）支付的车辆装饰费，应作为价外费用，并入计征车辆购置税；但如果不同时间或收款单位不同，则不应并入计征车辆购置税。

> **【案例15】** 王某于 2007 年 3 月 12 日，从广州市某汽车公司购买一辆奔腾轿车供自己使用，支付车款 230 000 元（含增值税）：另外支付的各项费用有：临时牌照费用 200 元，购买工具用具 3 000 元，代收保险金 350 元，车辆装饰费 15 000 元。各项款项由汽车销售公司开具发票。
>
> **案例分析：**
>
> 未进行纳税筹划时，应纳的车辆购置税为
>
> 计税价格 = （230 000 + 200 + 3 000 + 350 + 15 000）÷（1 + 17%）= 212 435.90（元）
>
> 应纳车辆购置税税额 = 212 435.90 × 10% = 21 243.59（元）
>
> **纳税分析：**
>
> 将各项费用分开由有关单位（企业）另行开具票据，使其不计车辆购置税。经过纳税筹划，各项费用另行开具票据，其应纳车辆购置税为
>
> 计税价格 = 230 000 ÷（1 + 17%）= 196 581.20（元）
>
> 应纳车辆购置税税额 = 196 581.20 × 10% = 19 658.12（元）
>
> 相比少纳车辆购置税税额 = 21 243.59 - 19 658.12 = 1 585.47（元）

【本章小结】

本章主要介绍了房产税、契税、车船税和车辆购置税的构成要素和计算方法，房产税房产价值的确定是纳税筹划的重点，契税主要是计税依据的确定，特别是交换的计税依据是差额，这是进行契税纳税筹划的主要方面，车船税和车辆购置税主要是利用税收优惠和差异性规定进行了相应的纳税筹划。

【操作训练】

1. 甲公司有价值450万元的房屋，乙企业有价值500万元的仓库。甲有取得乙仓库的意向，而乙准备在取得甲房屋以后进行简单装修，并以500万元出售，丙公司也准备以500万元购置甲的房屋（当地契税税率为4%）。要求：为甲乙丙三家设计一个合理合法的购置流程，从而达到比最初的购置流程更佳的契税节税效果。

2. 老张现有一套居住四年半的住宅欲转让给亲戚，但经咨询双方要承担买卖房屋相关的几个税种的税负。要求：老张和亲戚各自须缴纳哪些税？你认为有哪些方法可帮助他们实现减轻税负的愿望？

3. 鸿运建材厂准备投资建厂，征用土地面积为3万平方米，房产价值6000万元。由于所需原材料及生产的产品重量体积都比较大，在建厂选址时就运费和纳税问题产生了两种意见：

方案一，将厂房建在城外6公里处的农村，该企业不需要缴纳城镇土地使用税、房产税，但当年得缴纳耕地占用税（每平方米单位税额20元）；

方案二，厂房建在城区三环，因为客户大多在城里，估算这样每年能节约运费10万元，但每年要缴纳城镇土地使用税、房产税（城镇土地使用税单位税额每平方米4元，房产税减除比例25%）。以上哪种方案对企业更有利？

参考文献

［1］全国注册税务师执行考试资格编写组．税法Ⅰ［M］．北京：中国税务出版社，2011.

［2］全国注册税务师执行考试资格编写组．税法Ⅱ［M］．北京：中国税务出版社，2011.

［3］全国注册税务师执行考试资格编写组．税务代理实务［M］．北京：中国税务出版社，2011.

［4］全国注册会计师协会．税法［M］．北京：经济科学出版社，2011.

［5］康运河．国家税收［M］．北京：北京大学出版社，2007.

［6］阮银兰．纳税实务［M］．北京：清华大学大学出版社，2011.

［7］马海涛．中国税制［M］．北京：中国人民大学出版社，2009.

［8］杨虹．中国税制［M］．北京：中国人民大学出版社，2012.

［9］李淑娟．税收筹划［M］．北京：清华大学大学出版社，2009.

［10］梁建民，卢富生．税收筹划［M］．北京：中国出版集团现代教育出版社，2011.

［11］周叶．税收筹划［M］．上海：上海财经大学出版社，2003.

［12］李杰．中国税收及筹划［M］．北京：机械工业出版社，2008.

［13］宋风轩，于艳芳．税法及税收筹划［M］．北京：人民邮电出版社，2010.

［14］徐信艳．税收实务与税收筹划［M］．上海：上海交通大学出版社，2010.

［15］陈天灯．企业纳税实务与筹划［M］．北京：北京交通大学出版社，2011.

［16］计金标．税收筹划［M］．北京：中国人民大学出版社，2012.

［17］梁俊娇．税收筹划［M］．北京：中国人民大学出版社，2012.

［18］姚云霞．税务会计与纳税筹划实务［M］．北京：中国经济出版社，2011.

［19］张云莺．税收筹划［M］．北京：清华大学出版社，2010.

［20］叶青．企业税务会计［M］．北京：首都经贸大学出版社，2011.

［21］张立．税务筹划学［M］．上海：上海财经大学出版社，2010.

［22］徐伟．地税报税实务［M］．北京：北京大学出版社，2010.

［23］查方能．纳税筹划［M］．大连：东北财经大学出版社，2009.

［24］王素荣．税务会计与税收筹划［M］．北京：机械工业出版社，2011.

高职高专系列教材书目

一、高职高专金融类系列教材

货币金融学概论	周建松	主编	25.00 元	2006.12 出版
货币金融学概论习题与案例集	周建松 郭福春等	编著	25.00 元	2008.05 出版
金融法概论（第二版）	朱 明	主编	25.00 元	2012.04 出版
（普通高等教育"十一五"国家级规划教材）				
商业银行客户经理	伏琳娜 满玉华	主编	36.00 元	2010.08 出版
商业银行客户经理	刘旭东	主编	21.50 元	2006.08 出版
商业银行综合柜台业务	董瑞丽	主编	36.00 元	2012.08 出版
（第二版）				
（国家精品课程教材·2006）				
商业银行综合业务技能	董瑞丽	主编	30.50 元	2008.01 出版
商业银行中间业务	张传良 倪信琦	主编	22.00 元	2006.08 出版
商业银行授信业务	王艳君 郭瑞云 于千程	编著	45.00 元	2012.10 出版
商业银行业务与经营	王红梅 吴军梅	主编	34.00 元	2007.05 出版
商业银行服务营销	徐海洁	编著	27.00 元	2008.08 出版
商业银行基层网点经营管理	赵振华	主编	32.00 元	2009.08 出版
商业银行柜面英语口语	汪卫芳	主编	15.00 元	2008.08 出版
银行卡业务	孙 颖 郭福春	编著	36.50 元	2008.08 出版
银行产品	彭陆军	主编	25.00 元	2010.01 出版
银行产品	杨荣华 李晓红	主编	29.00 元	2012.12 出版
反假货币技术	方秀丽 陈光荣 包可栋	主编	58.00 元	2008.12 出版
小额信贷实务	邱俊如	主编	23.00 元	2012.03 出版
商业银行审计	刘 琳 张金城	主编	31.50 元	2007.03 出版
金融企业会计	唐宴春	主编	25.50 元	2006.08 出版
（普通高等教育"十一五"国家级规划教材）				
金融企业会计实训与实验	唐宴春	主编	24.00 元	2006.08 出版
（普通高等教育"十一五"国家级规划教材辅助教材）				
新编国际金融	徐杰芳	主编	39.00 元	2011.08 出版
国际金融概论	方 洁 刘 燕	主编	21.50 元	2006.08 出版
（普通高等教育"十一五"国家级规划教材）				
国际金融实务	赵海荣 梁 涛	主编	30.00 元	2012.07 出版
风险管理	刘金波	主编	30.00 元	2010.08 出版
外汇交易实务	郭也群	主编	25.00 元	2008.07 出版
外汇交易实务	樊祎斌	主编	23.00 元	2009.01 出版
证券投资实务	徐 辉	主编	29.50 元	2012.08 出版
国际融资实务	崔 荫	主编	28.00 元	2006.08 出版
理财学（第二版）	边智群 朱澍清	主编	39.00 元	2012.01 出版

（普通高等教育"十一五"国家级规划教材）

投资银行概论	董雪梅		主编	34.00 元	2010.06 出版
金融信托与租赁	蔡鸣龙		主编	30.50 元	2006.08 出版
公司理财实务	钭志斌		主编	34.00 元	2012.01 出版
个人理财规划	胡君晖		主编	29.00 元	2012.07 出版
证券投资概论	王 静		主编	22.00 元	2006.10 出版

（普通高等教育"十一五"国家级规划教材/国家精品课程教材·2007）

金融应用文写作	李先智	贾晋文	主编	32.00 元	2007.02 出版
金融职业道德概论	王 琦		主编	25.00 元	2008.09 出版
金融职业礼仪	王 华		主编	21.50 元	2006.12 出版
金融职业服务礼仪	王 华		主编	24.00 元	2009.03 出版
金融职业形体礼仪	钱利安	王 华	主编	22.00 元	2009.03 出版
金融服务礼仪	伏琳娜	孙迎春	主编	33.00 元	2012.04 出版
合作金融概论	曾赛红	郭福春	主编	24.00 元	2007.05 出版
网络金融	杨国明	蔡 军	主编	26.00 元	2006.08 出版

（普通高等教育"十一五"国家级规划教材）

现代农村金融	郭延安	陶永诚	主编	23.00 元	2009.03 出版
"三农"经济基础	凌海波	郭福春	主编	34.00 元	2009.08 出版

二、高职高专会计类系列教材

管理会计	黄庆平		主编	28.00 元	2012.04 出版
商业银行会计实务	赵丽梅		编著	43.00 元	2012.02 出版
基础会计	田玉兰	郭晓红	主编	26.50 元	2007.04 出版
基础会计实训与练习	田玉兰	郭晓红	主编	17.50 元	2007.04 出版
新编基础会计及实训	周 峰	尹 莉	主编	33.00 元	2009.01 出版
财务会计（第二版）	尹 莉		主编	40.00 元	2009.09 出版
财务会计学习指导与实训	尹 莉		主编	24.00 元	2007.09 出版
高级财务会计	何海东		主编	30.00 元	2012.04 出版
成本会计	孔德兰		主编	25.00 元	2007.03 出版

（普通高等教育"十一五"国家级规划教材）

成本会计实训与练习	孔德兰		主编	19.50 元	2007.03 出版

（普通高等教育"十一五"国家级规划教材辅助教材）

管理会计	周 峰		主编	25.50 元	2007.03 出版
管理会计学习指导与训练	周 峰		主编	16.00 元	2007.03 出版
会计电算化	潘上永		主编	40.00 元	2007.09 出版

（普通高等教育"十一五"国家级规划教材）

会计电算化实训与实验	潘上永		主编	10.00 元	2007.09 出版

（普通高等教育"十一五"国家级规划教材辅助教材）

财政与税收（第三版）	单惟婷		主编	35.00 元	2009.11 出版
税收与纳税筹划	段迎春	于 洋	主编	36.00 元	2013.01 出版
金融企业会计	唐宴春		主编	25.50 元	2006.08 出版

（普通高等教育"十一五"国家级规划教材）

金融企业会计实训与实验	唐宴春	主编	24.00 元	2006.08 出版

（普通高等教育"十一五"国家级规划教材辅助教材）

会计综合模拟实训	施海丽	主编	46.00 元	2012.07 出版
会计分岗位实训	舒 岳	主编	40.00 元	2012.07 出版

三、高职高专经济管理类系列教材

经济学基础	高同彪	主编	45.00 元	2012.07 出版
管理学基础	曹秀娟	主编	39.00 元	2012.07 出版
大学生就业能力实训教程	张国威 褚义兵 王小云 张雅娟等	编著	25.00 元	2012.08 出版

四、高职高专保险类系列教材

保险实务	梁 涛 南沈卫	主编	35.00 元	2012.07 出版
保险营销实务	章金萍 李 兵	主编	21.00 元	2012.02 出版
新编保险医学基础	任森林	主编	30.00 元	2012.02 出版
保险学基础	何惠珍	主编	23.00 元	2006.12 出版
财产保险	曹晓兰	主编	33.50 元	2007.03 出版

（普通高等教育"十一五"国家级规划教材）

人身保险	池小萍 郑祎华	主编	31.50 元	2006.12 出版
人身保险实务	朱 佳	主编	22.00 元	2008.11 出版
保险营销	章金萍	主编	25.50 元	2006.12 出版
保险营销	李 兵	主编	31.00 元	2010.01 出版
保险医学基础	吴艾竞	主编	28.00 元	2009.08 出版
保险中介	何惠珍	主编	40.00 元	2009.10 出版
非水险实务	沈洁颖	主编	43.00 元	2008.12 出版
海上保险实务	冯芳怡	主编	22.00 元	2009.04 出版
汽车保险	费 洁	主编	32.00 元	2009.04 出版
保险法案例教程	冯芳怡	主编	31.00 元	2009.09 出版
保险客户服务与管理	韩 雪	主编	29.00 元	2009.08 出版
风险管理	毛 通	主编	31.00 元	2010.07 出版
保险职业道德修养	邢运凯	主编	21.00 元	2008.12 出版
医疗保险理论与实务	曹晓兰	主编	43.00 元	2009.01 出版

五、高职高专国际商务类系列教材

国际贸易概论	易海峰	主编	36.00 元	2012.04 出版
国际商务文化与礼仪	蒋景东 刘晓枫	主编	23.00 元	2012.01 出版
国际结算	靳 生	主编	31.00 元	2007.09 出版
国际结算实验教程	靳 生	主编	23.50 元	2007.09 出版

如有任何意见或建议，欢迎致函编辑部： jiaocaibu@ yahoo. com. cn。